Alexander Markus Homes

Heimerziehung: Lebenshilfe oder Beugehaft?
Gewalt und Lust im Namen Gottes

„Wenn ich alle die Gefühle und ihren qualvollen Widerstand auf ein Grundgefühl zurückführen und mit einen einzigen Namen bezeichnen sollte, so wüsste ich kein anderes Wort als: Angst!
Angst war es, Angst und Unsicherheit, was ich in all jenen Stunden des gestörten Kinderglücks empfand:
Angst vor Strafen, Angst vor Regungen meiner Seele, die ich als verboten und verbrecherisch empfand."
Hermann Hesse

Dieses Buch widme ich allen Menschen, die Opfer der Schwarzen Heim-Pädagogik wurden und werden.

Zu diesem Buch

Die in diesem Buch beschriebenen unmenschlichen Zustände legen Zeugnis dafür ab, dass die Schwarze Pädagogik immer noch Teile unseres Erziehungssystems beherrscht und nicht der Vergangenheit angehört. Sie wird oft noch unverhohlen und bewusst gegen Kinder und Jugendliche eingesetzt. Hierbei spielt es überhaupt keine Rolle, ob die Täter und Täterinnen aus dem konfessionellen, privaten oder staatlichen Heimbereich oder aus dem familiären Umfeld kommen: Opfer sind auch weiterhin junge Menschen, die der psychischen und physischen Gewalt, Erniedrigung, Demütigung und den hiermit verbundenen Schmerzen, Trauer, Einsamkeit und traumatischen Erlebnissen der Schwarzen Pädagogik hilflos und wehrlos ausgesetzt sind.

Der Autor

Alexander Markus Homes, geboren 1959, ist in katholischen Heimen aufgewachsen. Er arbeitet als Journalist und Buchautor. Von ihm ist zuletzt das Sachbuch „Von der Mutter missbraucht. Frauen und die sexuelle Lust am Kind" bei Books on Demand GmbH, Norderstedt (ISBN 3-8334-1477-4) erschienen.

Alexander Markus Homes

Heimerziehung: Lebenshilfe oder Beugehaft?

Gewalt und Lust im Namen Gottes

Sachbuch

© Alle Rechte vorbehalten
Homes, Alexander Markus
Heimerziehung: Lebenshilfe oder Beugehaft? Gewalt und Lust im Namen Gottes: Sachbuch
Herstellung & Vertrieb: Books on Demand GmbH, Norderstedt
2004
ISBN 3-8334-4780-X

Inhalt

Einleitung

1. Gewalt gegen Kinder – ganz normal?
Oder: Was totgeschwiegen wird
Seite 7

2. Gewalt im Schatten des Kreuzes
Oder: Der christliche Kreuzzug gegen die
Kinder des Teufels
Seite 17

3. Gewalt auch heute noch in der Heimerziehung?
Oder: Aktuelle Fälle
Seite 124

4. Der sexuelle Missbrauch von Heimkindern
Oder: Kinder und sexueller Missbrauch
in der katholischen Kirche
Seite 178

5. Die Nichtanzeige eines Kindesmissbrauchs
erfüllt keinen Straftatbestand
Oder: Das Kartell des Schweigens
Seite 220

6. Was dieses Buch will
Oder: Die Rechte des Kindes
Seite 226

7. Gestohlene Kindheit
Seite 229

Einleitung

„Wir konnten nicht begreifen, warum man uns gedemütigt, fallengelassen, bedroht, ausgelacht, wie Holz behandelt, mit uns wie mit Puppen gespielt oder uns blutig geschlagen hat oder abwechselnd beides. Mehr noch, wir durften nicht einmal merken, dass uns all dies geschieht, weil man uns alle Misshandlungen als zu unserem Wohl notwendige Maßnahmen angepriesen hat."
Alice Miller, Am Anfang war Erziehung

1

Gewalt gegen Kinder – ganz normal?
Oder: Was totgeschwiegen wird

In diesem Buch wird das Leben von jungen Menschen in einem von einem Priester und Nonnen geleiteten katholischen Heim geschildert: Aus der Innenwelt dieses Heimes beschreibt der Verfasser die körperliche und seelische Gewalt, die Demütigung, Erniedrigung und Ablehnung, die Ängste, Schmerzen und Trauer, die Hoffnungslosigkeit und Einsamkeit sowie den sexuellen Missbrauch, denen Kinder im Namen Gottes durch Nonnen, den Priester und Erzieherinnen im „Heim der traurigen Kinder" hilflos ausgeliefert sind. Aber auch die unerfüllten Hoffnungen, Wünsche, Sehnsüchte nach Wärme, Geborgenheit und Zärtlichkeit der Opfer der Schwarzen Pädagogik werden geschildert. Das Erleben von Gewalt in ihren schlimmsten Formen, der die Kinder durch eine Nonne hilflos und wehrlos ausgesetzt sind, ist für diese jungen Menschen das Durchleben der Hölle auf Erden. Diese Nonne, Schwester Emanuela, wird im Verlauf der Handlung in sich steigender Form zum Synonym für brutalste Gewalt.
Wie ein roter Faden zieht sich durch das Buch der langsame, körperliche wie auch seelische Verfall der Kinder: Am Anfang ihrer „Heim-Karriere" waren diese Kinder oft noch Kinder, auch wenn sie zuvor im Elternhaus misshandelt wurden. Doch im Verlauf ihres „Heim-Lebens" hat man sie durch die psychische, physische und verbale Gewalt („Gott wird euch bestrafen; für euch ist nicht der Himmel, sondern die Hölle und das Fegefeuer bestimmt!"), aber auch durch medikamentöse Ruhigstellung, Stück für Stück ihrer Kindheit (und: Unschuld) beraubt! Diese „Kinder" haben die kindliche Spontaneität verloren: Diese „Kin-

der" lachen nicht mehr, sie können nicht mehr glücklich sein und keine Gefühle zeigen.

Aus der Innenwelt der (sexuell) missbrauchten Kinder heraus wird das hilflose Ausgeliefertsein, die tiefe gefühlsmäßige Abneigung durch die Erwachsenen, die großen Schmerzen und Ängste, die sich immer tiefer in die Kinderseelen hineinfressen, geschildert.

Die Leser erleben, wie das Jugendamt und die Polizei in einem „Kartell des Schweigens" durch ein Heimkind, das sich kurzfristig den „Mauern der Gewalt" durch Flucht entziehen konnte, über die alltägliche Gewalt im „Heim der traurigen Kinder" aufgeklärt werden. Doch mehr als Betroffenheit zeigen die Verantwortlichen nicht; sie schweigen.

Die Leser erleben einen Richter, der durch ein Heimkind von der alltäglichen Gewalt im Heim erfährt, der aber schweigt. Und der sich somit in das „Kartell des Schweigens" einreiht. Der Richter, der für das Kind nur die Worte übrig hat: „Mein Junge, Gott möge dich beschützen!", spricht sich „Im Namen des Volkes" für die weitere Heimunterbringung dieses Heimkindes aus – und verkündet auf Antrag des Jugendamts, der Heimleitung und des Heimarztes, der diesen Jungen sexuell missbraucht hat, stillschweigend einen entsprechenden Gerichtsbeschluss.

Die Leser erleben, wie sich eine einzige Nonne – allerdings vergeblich – für die Heimkinder einsetzt, die auch keine Konfrontation mit dem Heimleiter, der auch gleichzeitig Priester ist, scheut – und die sich das Leben nimmt.

Der Verfasser hat ganz bewusst die (Tatsachen-)Romanform gewählt, um die dort beschriebenen Kinder zu schützen. Der Verfasser verbürgt sich dafür, dass das Heim und diese Menschen existieren und dass diese die in diesem dokumentarischen und authentischen Roman beschriebene physische und psychische Gewalt, Demütigung, Erniedrigung, Herabwürdigung tatsächlich erlebt haben. Diese gefolterten und für ihr Leben geschädigten Opfer der Schwarzen Pädagogik, der klerikalen Heimerziehung wollen mit Namen nicht genannt werden. Ihr alleiniges Ziel ist es, die für sie unerträgliche Erinnerung an dieses „Leben": diese „Kindheit", diese „Jugend" aus ihrem Gedächtnis zu verdrängen und abzutöten. Doch nach Meinung des Verfassers verkennen sie die unumstößliche Tatsache, dass diese „Kindheit" und „Jugend" sich nicht verdrängen und abtöten lässt. Dennoch respektiert der Verfasser den Wunsch der Betroffenen auf Anonymität.

Die verbalen, seelischen und körperlichen Gewaltakte gegenüber Kindern, die in diesem Buch beschrieben werden, sind weder übertrieben noch veraltet. So fanden sie statt, und so finden sie auch heute noch statt. Natürlich nicht überall, in jedem Heim, aber oft genug. Eine Gestalt wie die der Schwester Emanuela wurde nicht erfunden, solche Personen gab und gibt es. Fromme Gelassenheit und Nächstenliebe konnte jäh umschlagen in heftigste Wut, die sich in verbalen, psychischen wie physischen Attacken Kindern gegenüber äußerte. Wieweit

Gewalt ganz bewusst als „pädagogisches Mittel" eingesetzt wird, ist nicht statistisch erfasst, aber die Fälle, die ans Licht der Öffentlichkeit kommen, beweisen, dass es keine seltenen Einzelfälle sind.

Ich bin 1961, nachdem meine Eltern mich vielfach schwer misshandelt hatten, mit knapp zwei Jahren ins Heim gekommen. Mit sieben Jahren wurde mir von pädagogischen Experten Debilität (Med.: leichter Grad des Schwachsinns) unterstellt. Dies hatte für mich katastrophale Folgen: Ich kam am 13. April 1966 in das katholische Pflege- und Bildungsheim St. Vincenzstift in Rüdesheim-Aulhausen am Rhein. Eine Anstalt, in der – damals – etwa vierhundert Jungen und Mädchen, Frauen und Männer untergebracht waren. Ihnen wurde von „Experten" bescheinigt, geisteskrank oder (leicht) schwachsinnig bzw. geistig behindert zu sein.

Das Jugendamt Trier musste für meine Unterbringung in das St. Vincenzstift nachträglich eine vormundschaftsgerichtliche Genehmigung einholen. Der Grund: Das St. Vincenzstift galt – damals – als geschlossene Anstalt. Dem Antrag vom 18. April 1966 war ein ausgefüllter „Ärztlicher Fragebogen für idiotische oder epileptische Kinder" vom 19. August 1965 beigefügt. Das Jugendamt Trier deklarierte diesen bereits acht Monate alten „Ärztlichen Fragebogen", der durchaus im Dritten Reich den (NS-)Ärzten als Standard-Fragebogen gedient haben könnte, an das Gericht als „amtsärztlichen Untersuchungsbericht". Obwohl die Fragen bezüglich der „Idiotie und des Schwachsinns" in keiner Weise beantwortet, geschweige aus medizinischer und psychiatrischer Sicht fundiert bestätigt wurden, also eine entsprechende Indikation nicht bejaht worden ist, gab der Amtsgerichtsrat Dr. K. vom Amtsgericht Rüdesheim am Rhein dem Antrag statt. Unter „II. Fragen über Idioten, Schwachsinnige" wurde bei Punkt 1. abgefragt: „Ist der Schwachsinn angeboren? Oder in welchem Alter zuerst beobachtet worden?". Die Medizinalrätin Dr. R. von der Gesundheitsbehörde der Stadt Trier beantwortete die Frage wie folgt: „Nach dem Bericht des Jugendamtes Trier wurde der Junge von klein auf vernachlässigt und misshandelt." Unter Punkt 2. wurde abgefragt: „Was hält man für die Ursache des Schwachsinns: Erblichkeit, Krankheiten, Verletzungen, geistige Anstrengung, heftige Gemütsbewegungen wie Furcht, Schrecken?". Hier verwies die Medizinalrätin auf Ziffer I. Dort wurde unter den Punkten 11. und 12. abgefragt: „Sind oder waren die Eltern blutsverwandt? Sind oder waren die Eltern dem Trunke ergeben? oder syphilitisch infiziert vor der Geburt des Kindes? Sind bei des Kindes Großeltern, Großonkeln oder Großtanten, bei den Eltern, Onkeln, Tanten, bei Vettern oder Basen oder bei den Geschwistern des Kindes irgendwelche nervöse Erkrankungen, insbesondere Geistesstörung, Fallsucht, Hysterie, Migräne oder Selbstmord oder Verbrechen vorgekommen? Bei wem?" Beide Fragen wurden von ihr mit: „Nicht bekannt" beantwortet. Im Rahmen einer richterlichen Anhörung vom 23. Mai 1966, wo es um die Frage meiner weiteren Unterbringung im St. Vincenzstift ging,

scheint sich der – damals – für die Anstalt zuständige Obermedizinalrat Dr. E. mit dem „Ärztlichen Fragebogen", insbesondere mit der dort aufgeführten Terminologie inhaltlich identifiziert zu haben. Obwohl ich mich erst sechs Wochen im St. Vincenzstift befand, kam dieser Obermediziner zu einem für mich verheerenden Schluss:
„Das Kind befindet sich seit dem 13. April 1966 im Bildungs- und Pflegeheim St. Vincenzstift. Es leidet an einer Geistesschwäche im Sinne eines Schwachsinns leichten Grades."
Noch in zahlreichen Stellungnahmen an das Gericht bestätigte der Obermedizinalrat:
„Mit einer Heilung der wahrscheinlich endogen bedingten Geistesschwäche ist nicht zu rechnen." – „Bei A. H. handelt es sich nicht um eine Geisteskrankheit, sondern um eine Geistesschwäche im Sinne einer Debilität, die ihn ein Leben lang begleiten wird."
Diese Urteile führten dazu, dass ich fast zehn Jahre meines Lebens im St. Vincenzstift habe leben müssen.
Das St. Vincenzstift, in dem die „Dernbacher Schwestern" – wie sich die Nonnen vom „Orden der Armen Dienstmägde Jesu Christi" nennen – damals in leitender Funktion beschäftigt waren (siehe auch Kapitel 2) –, war für mich die „Hölle auf Erden": Im „Namen Gottes", im „Namen Jesu Christi", im Namen der Schwarzen Pädagogik wurden Kinder und Jugendliche (sicherlich nicht alle!) zum Teil schlimmsten körperlichen und seelischen Misshandlungen wehr- und hilflos ausgesetzt bzw. unterworfen. Wenn ich die Formulierung: im „Namen Gottes" bzw. im „Namen Jesu Christi" hier verwende, so hat das seine Berechtigung: Uns wurde immer wieder zu verstehen gegeben, dass wir von den Stellvertretern Gottes und Jesu Christi – konkret: im Namen und Auftrag von Gott und seinem Sohn Jesus Christus – erzogen werden. Der liebe Gott sei allgegenwärtig, er würde uns auf Schritt und Tritt verfolgen, beobachten, kontrollieren. Jede körperliche Bewegung, jeder Atemzug, jeder Gedanke und jede Gefühlsregung würde Gott seinen Stellvertretern mitteilen. Kurzum: Gott habe die göttliche überirdische Fähigkeit, uns mit seinen Augen und Ohren zu kontrollieren: jede Sekunde, Minute, Stunde, Tag, Monat und Jahr.
Wenn wir bedroht, bestraft, geschlagen, misshandelt wurden, so haben die Nonnen – stellvertretend – im Auftrag Gottes gehandelt: Es waren Gottes Worte, Gottes mahnende und aggressive Blicke, Gottes Hände, Gottes Füße, die uns beschimpften, demütigten, bestraften, prügelten. Es war Gottes Wille: Die uns auffressenden Ängste, Schmerzen, Trauer, Vereinsamung, die sich immer tiefer in unsere Seelen hineinbohrte und hineinfraß. Wir hatten unsere Kindheit Gott und seinem Sohn Jesus Christus zu verdanken.
Nach der Heimentlassung war ich voller Wut und voller Hass. Ich habe es dennoch geschafft, mich von dieser „Kindheit", die keine Kindheit war, zu befreien. Mir ist es gelungen, die Wut und den Hass zu besiegen.

In einer 1981 als Buch erschienenen „Heimbiografie" mit dem Titel „Prügel vom lieben Gott", das in den Medien bundesweit große Beachtung fand, habe ich diese Zeit des Grauens literarisch verarbeitet und verfremdet.

Völlig losgelöst von „Prügel vom lieben Gott" sind die Erfahrungen und Erlebnisse zu sehen, die viele ehemalige HeimbewohnerInnen des St. Vincenzstiftes gemacht haben:

Die traumatischen Erlebnisse, die körperliche und seelische Gewalt, die Ängste, die Demütigungen, die seelischen Wunden, die Alpträume, die Lieblosigkeit, die Schmerzen, die Schmerzensschreie, die Aggressivität, den Hass, den Groll, die Bitterkeit. Die Einsamkeit, die Vereinsamung, die Isolierung, die Enttäuschung, die Traurigkeit, die Hoffnungslosigkeit. Den Schrei und die große Sehnsucht nach Liebe, Wärme, Geborgenheit, Anerkennung, Selbstachtung.

Das Buch „Prügel vom lieben Gott" und unzählige Gespräche mit Menschen haben mich von dieser „Kindheit" befreit wie zahlreiche gerichtliche Auseinandersetzungen mit dem St. Vincenzstift. Das St. Vincenzstift verfolgte meiner Auffassung nach das Ziel, die Justiz zu missbrauchen und mit ihrer Hilfe eine „Mauer des Schweigens" über die damalige Zeit des Grauens auszubreiten. Ich wurde damals wegen Verleumdung und übler Nachrede angezeigt und angeklagt. In dem Strafprozess haben zahlreiche frühere Leidensgenossen, aber auch ehemalige Erzieher meine Vorwürfe hinsichtlich zum Teil schwerer Misshandlungen bestätigt. Ein Sozialarbeiter bestätigte zum Beispiel dem Richter, dass „körperliche Züchtigungen und Essensentzug zum pädagogischen Konzept, ja gewissermaßen zum Alltag" des Heimes gehörten. Das Strafverfahren gegen mich wurde auf Antrag der Anklagebehörde eingestellt und ein Ermittlungsverfahren gegen Nonnen und Erzieher des St. Vincenzstiftes wegen Körperverletzung und Misshandlung Schutzbefohlener eingeleitet.

„Für eine Verurteilung der beschuldigten Pädagogen und Nonnen war es allerdings zu spät", schrieb damals der *SPIEGEL*: „Auch das neue Verfahren wurde eingestellt, die Vergehen waren verjährt. Und nachdem diese Gefahr vorüber war, drehten die Aulhausener Heimerzieher den Spieß um."

Nachdem die Misshandlungen – durch die eingetretene Verjährung – nachträglich „sanktioniert" wurden, wurde nach Erscheinen meines Buches „Prügel vom lieben Gott" mein Verleger und ich mit einer einstweiligen Verfügung konfrontiert. Das St. Vincenzstift erreichte „mit dem ganzen Gewicht der katholischen Kirche" (*Frankfurter Rundschau*, 22. Februar 1982), dass die Verbreitung meines Buches vom Landgericht Wiesbaden gerichtlich untersagt – soll heißen: verboten – wurde. In einem Brief an das Wiesbadener Gericht prangerte der Verband Deutscher Schriftsteller dieses Vorgehen an als „Zensur eines kritischen Buches".

Auch im Rahmen dieses Zivilprozesses bestätigten ehemalige Leidensgenossen die zum Teil schweren psychischen und physischen Misshandlungen. Die *Frankfurter Rundschau* schrieb am 22. Februar 1982: „Das Sonderpädagogische Zentrum St. Vincenzstift zu Rüdesheim nahm für sich das Recht in Anspruch, mit jener vom Autor fiktiv „Heim zum lieben Gott" genannten Anstalt identisch zu sein, unter deren Dach die gesammelten Erfahrungen mit literarischen Mitteln gebracht worden waren."

Im Rahmen eines gerichtlichen Vergleichs wurde nur ein einziger Zusatz in das Buch aufgenommen, der dort bereits in anderen Worten enthalten war, und das Buch konnte wieder unverändert verbreitet werden:

„Die in diesem Buch geschilderten konkreten Ereignisse, Personen und Zustände sind nicht Dokumentation, sondern literarisch verarbeitet und verfremdet."

Die *Frankfurter Rundschau* führte hierzu zutreffend aus: Die einstweilige Verfügung wurde erlassen, obwohl der „Autor die Handlung verfremdet hat" und im „Vorspruch alle Personen, Orte und Institutionen für ‚unbenannt' erklärte". Zahlreiche Medien solidarisierten sich damals mit mir – hier einige Beispiele:

SPIEGEL: „Ein deprimierendes Beispiel für die Situation von Heimkindern..." – *Frankfurter Rundschau*: „... Impulse für eine Diskussion über Zustände in Kinder- und Jugendheime..." – *Sozialmagazin*: „Alexander Homes' Buch ist bedeutungsvoll, auch als Literatur." – *Podium*: „... hatte ich ... niemals den Eindruck, dass sich der Verfasser in seine Erinnerung verrannte. Vielmehr ließ er eine Wut aufkommen über das, was im Heim Alltag ist." Und der Schriftsteller Martin Walser erklärte: „Homes hat mich gepackt, er gehört zweifellos zu den auswählbaren Naturschreibern."

Die Intervention der katholischen Amtskirche.

Am 21. Januar 1997 erhielte ich völlig unerwartet eine Kopie der Seiten 10 bis 12 meines im Oktober 1996 erschienenen Buches „Gestohlene Kindheit". Mein damaliger Verleger, der katholische Patmos Verlag in Düsseldorf, verlangte plötzlich für die Vorbereitungen zum geplanten Nachdruck von „Gestohlene Kindheit", dass diese Seiten, in denen ich mich kurz mit meiner eigenen Kindheit im St. Vincenzstift in Rüdesheim-Aulhausen beschäftigt habe, auf etwa eine Buchseite zusammengestrichen wird. Ich wurde darüber aufgeklärt, dass kurz nach Erscheinen des Buches ein Anwalt höchstpersönlich in Düsseldorf im Namen und Auftrag des St. Vincenzstifts vorstellig geworden sei. Dieser Anwalt, der bereits 1981 für das St. Vincenzstift eine einstweilige Verfügung gegen mein Buch „Prügel vom lieben Gott" erwirkte, soll auf Änderungen bestanden haben. Der Verlag bestand mir gegenüber darauf, dass – bezogen auf die Originalausgabe – der 3 Absatz der Seite 10, die gesamte Seite 11 (von zwei Sätzen abgesehen) und die Seite 12 der Zensur anheimfallen.

Das Ziel der anwaltlichen Intervention dürfte gewesen sein zu erreichen, dass bei einem Nachdruck der „Fall St. Vincenzstift" nur noch in völlig abgeschwächter Form, und nur am Rande, Erwähnung findet. Der Grund: Mit der „Schwärzung" sollte möglicherweise eine erneute öffentliche Diskussion über den Anfang der achtziger Jahre bundesweit diskutierten „Fall St. Vincenzstift" verhindert werden. Möglicherweise spekulierte man darauf, dass ich eine Zensur an meinem Buch nicht hinnehmen würde – und der Patmos Verlag dann eine zweite Auflage nicht druckt.

In Schreiben und Telefonaten machte ich dem Patmos Verlag zunächst deutlich, dass, abgesehen von einer modifizierten Darstellung des Vergleichs bezüglich des Prozesses um mein Buch „Prügel vom lieben Gott", niemand von mir eine derartige Zensur an meinem Werk verlangen kann. Um den Nachdruck nicht zu gefährden, gab ich dennoch in einigen Punkten nach. Und trotzdem erreichten mich insgesamt fünf verschiedene Kopien mit Änderungswünschen.

Im Februar 1997 hatten wir uns in Düsseldorf schlussendlich auf ein paar Änderungen verständigt und festgelegt. Der Patmos Verlag lehnte jedoch den Abdruck einer von mir überarbeiteten, aktualisierten Fassung des „Falles St. Josephshaus" in Klein-Zimmern (Heimträger: Bistum Mainz) generell ab. Zwei Tage nach dem Gespräch in Düsseldorf erreichte mich erneut eine Fassung der Seiten mit Änderungswünschen, die sich kaum von den vorherigen unterschied: Der Verleger wollte offenbar von der Vereinbarung in Düsseldorf plötzlich nichts mehr wissen. Nachdem ich in wesentlichen Punkten meine Zustimmung verweigerte, lehnte dieser, als habe er auf diesen Moment gewartet, einen Nachdruck ab mit dem Hinweis, eine Vereinbarung für den Nachdruck habe es nicht gegeben.

Da große Teile der katholischen Amtskirche ein Interesse daran hatten, dass das Buch „Gestohlene Kindheit" für immer vom Markt verschwindet, war man daran interessiert, alles zu unternehmen, um dieses Ziel auch tatsächlich zu erreichen: Der gleiche Anwalt vertrat die Interessen des Mainzer Bischofs Karl Lehmann gegen Hans Meiser, der sich im Dezember 1996 auf der Grundlage meines Buches „Gestohlene Kindheit" in seiner (RTL-)Fernsehsendung mit dem Thema: Gewalt in Heimen beschäftigte – und er war auch zumindest in rechtsberatender Form für die von mir in diesem Buch beschriebene St. Josef-Stiftung Eisingen tätig. Auch die St. Josef-Stiftung ließ damals prüfen, ob es eine juristische Handhabung gibt, gegen mein Buch „Gestohlene Kindheit" vorzugehen. Die Juristen haben jedoch keine greifbare Chance gesehen, einen Prozess zu gewinnen.

Mir war es gelungen, den Ullstein Buchverlag für eine Taschenbuchausgabe von „Gestohlene Kindheit" zu gewinnen. Nachdem die Ull-

> stein-Taschenbuchausgabe im Juli 1998 erschienen war, wurde der Wiesbadener Anwalt wieder erneut aktiv. Im März 1999 gelang es ihm, den Ullstein Buchverlag davon zu überzeugen, „Gestohlene Kindheit" vom Markt zu nehmen. Der Verlag unterrichtete mich nicht. Ich erfuhr hiervon erst durch Zufall im Spätsommer 1999. Bis heute hat weder der Anwalt noch der Ullstein Buchverlag mir über die angeblichen inkriminierenden Stellen im Buch Auskunft gegeben. Der Ullstein Buchverlag verweist auf den Anwalt, der mir nur lapidar mitteilte, in dem Buch seien Unwahrheiten enthalten. Was für angebliche Unwahrheiten, teilte er mir nicht mit.

Die im St. Vincenzstift erlittene Gewalt hat bei vielen ehemaligen Heiminsassen – soweit sie von Gewalt betroffen waren – zu Traumen geführt. Diese traumatischen Erlebnisse werden sie niemals vergessen können. Noch schlimmer: Diese „Kindheit" führte viele von ihnen automatisch in eine psychotische oder neurotische Entwicklung. Ihrer Kindheit und Jugend beraubt, sind sie am Leben gescheitert.
Mit zwei Zitaten aus Briefen ehemaliger Heiminsassen will ich verdeutlichen, was (konfessionelle) Erziehung in einem (konfessionellen) Heim für Dauerschäden bei betroffenen Menschen anrichten kann:

- „Im Heim kamen wir nie mit Mädchen zusammen. Ich hatte oft von einem Mädchen geträumt, nachts, wenn ich mich selbst befriedigte. Heute bin ich auf der Suche nach Frauen, die Ähnlichkeit haben mit einer der Nonnen oder Erzieherinnen, die mich früher als kleines Kind schon prügelten, wenn ich mich an sie anschmiegen wollte. Wenn ich also eine entsprechende Frau kennen lerne, will ich immer, dass sie mich gewaltsam nackt auszieht und mich dann ganz brutal schlägt. – Nur so komme ich heute zu einem Orgasmus."

- „Ich komme heute nur zu einem Orgasmus, wenn mich ein anderer Mann mit einer Peitsche schlägt, dann ist das schön für mich. Er muss fest auf mich einschlagen, und dann sehe ich meine Erzieher, die auf mich einschlagen. Ich nehme den Schlagenden nicht wahr, sondern den Erzieher. Früher wurde ich als Kind schon geschlagen, immer und in jeder Situation. Wenn also ein Mann auf mich einschlägt, bin ich der kleine Junge, der nach Zärtlichkeit schreit und dafür Schläge bekommt – wie früher!"

Kinder waren schon immer der Gewalt von Erwachsenen – hilflos und wehrlos – ausgesetzt: Gewalt gegen Kinder ist nicht nur mit körperlicher Gewalt gleichzusetzen: Auch psychischer Gewalt, die oft schlimmer wirkt, sind Kinder – hilflos und wehrlos – ausgesetzt: (Wut-)Ausbrüche, Beschimpfen, Schreien und Brüllen, Wut und Hass, hektische Gesten, Lautstärke der Sprache überfluten, bedrohen, vergewaltigen Gefühle und Seele eines Kindes durch Ablehnung und Verachtung, Demütigung und Herabsetzung. Oft ist die brutale Gewalt an Kindern, der Missbrauch, die Manipulation, die Beschränkung der Freiheit, die Demütigung gepaart mit einer Hass-Liebe.

Was im Rahmen der Heim-Erziehung – unabhängig davon, ob es sich um konfessionelle, private oder staatliche Heime handelt – Kindern angetan wurde – und zum Teil heute noch angetan wird –, ist eine Geschichte der Rechtlosigkeit von Kindern, ist eine Geschichte von Erniedrigung, Kränkungen und schwersten körperlichen und seelischen Misshandlungen. Erwachsene, konkret: Nonnen, Patres, Erzieher, Erzieherinnen und Eltern sind schnell dabei, ihre Aggressionen und Hassgefühle, die mit ihrer eigenen, oft mit großer Gewalt verbundenen und erlebten Kindheit zusammenhängen, an den ihnen anvertrauten Kindern abzureagieren. Viele, sicherlich nicht alle, befriedigen überdies ihr Bedürfnis nach Macht.

In einem Gespräch mit mir, das ich in dem von mir herausgegebenen Buch: „Heimerziehung – Lebenshilfe oder Beugehaft?" (Fischer Taschenbuchverlag, Frankfurt/M., 1984) abgedruckt habe, berichtet eine Nonne, die in katholischen Heimen arbeitete, ganz offen und ehrlich, wie „im Namen Jesu Christi" Kinder körperlich und seelisch gequält, gedemütigt, bestraft wurden (das gesamte Interview ist im Kapitel 2 abgedruckt):

„Auch ich fing an, Kinder zu schlagen, zu bestrafen, sie mit Sanktionen zu belegen. Und ich wusste – wie alle Nonnen und Erzieher auch –, dass die Kinder sich nicht wehren konnten. Sie waren uns, unseren Launen, unserer Macht hilflos ausgeliefert! Wir haben alle bei den Kindern eine große Angst verbreitet. Die Angst beherrschte ihre Seele und ihren kleinen Körper und ihr junges Leben... Wir haben den Kindern immer wieder gesagt, dass wir sie im Namen von Jesus Christus erziehen und ihnen helfen wollen. Doch in Wirklichkeit haben wir – auch wenn diese Erkenntnis schmerzlich ist! – gegen diese christlichen Grundsätze verstoßen!"

Mit dem Straf- und Unterdrückungsinstrument: „Gott" wurde den Kindern Gehorsam, Willigkeit, Anpassung und Unterwerfung abverlangt:

„Durch die Drohung mit Gott", gesteht diese Nonne, „hatten wir die Kinder unter Kontrolle, auch ihre Gedanken und Gefühle. Ist das nicht das Ziel jeder konfessionellen Erziehung, jedes konfessionellen Heims?"

Sie selbst bekennt sich dazu, Kinder auf das Schwerste misshandelt zu haben:

„Ich träume heute noch von diesen Heimkindern. Aber es sind keine schönen Träume, keine schönen Erlebnisse, die da wach werden. Erst vor kurzem hatte ich wieder einen dieser Träume: Ich sah wieder, wie ich einen etwa sieben Jahre alten Jungen bei der Selbstbefriedigung erwischte. Ich war außer mir und stellte ihn zur Rede. Doch das Kind begriff nichts. Meine Wut wurde immer größer, und ich zog ihn an den Haaren in den Duschraum. Dort habe ich kaltes Wasser in eine Wanne einlaufen lassen und den Jungen mit Gewalt dort hineingezerrt und ihn viele Male untergetaucht. Ich sah – wie damals in der Wirklichkeit –, wie er sich zu wehren versuchte; ich hörte ihn wieder schreien. Es kostete eine ganze Menge Kraft, diesen kleinen, zierlichen Körper wieder und wieder unterzutauchen. Ich merkte, wie die Kraft des Jungen nachließ. Sein Gesicht lief blau an, und dennoch machte ich weiter. Der Junge bekam kaum noch Luft, als ich endlich von ihm abließ."

Körperliche und seelische Misshandlungen, denen Kinder durch Erwachsene – hilflos und wehrlos – ausgesetzt sind, hinterlassen ein Leben lang Spuren. Diese Kinder sind gekennzeichnet: Geschlagene Kinder schlagen weiter, bedrohte Kinder bedrohen weiter, gedemütigte Kinder demütigen weiter... Kurzum: Junge Gewaltopfer werden selbst zu Angreifern und Gewalttätern (vgl. hierzu mein Buch „Von der Mutter missbraucht. Frauen und die sexuelle Lust am Kind").

Cathy Spatz Widom, Psychologin der Staatlichen Universität von New York in Albany, hat 20 Jahre lang 908 misshandelte Kinder beobachtet. Die am häufigsten verprügelten und vernachlässigten Kinder wurden, so Widom, die gewalttätigsten Jugendlichen. Die Kinder, denen man Fürsorge, Zuneigung und Liebe vorenthalten hatte, verübten 50 Prozent mehr Gewaltverbrechen als andere Gleichaltrige (*Frankfurter Rundschau*, 14.10.1995).

Adrian Raine von der Universität Südkalifornien untersuchte 4269 Jungen, denen in früher Kindheit körperliche und seelische Gewalt angetan wurde und die missbraucht worden sind. Raine fand heraus, dass sie alle bis zum 18. Lebensjahr dreimal so viele Gewaltvergehen begangen hatten wie andere Jugendliche (*Frankfurter Rundschau*, 14.10.1995).

„Die Menschen, die Sie vor sich haben, seien sie nun Psychopathen, seien sie kriminell, seien sie irgendwie sinnesgeschädigt, auch ganz normal, diese Menschen leiden unter dem gleichen Fluch der Erbsünde, unter dem die ganze Menschheit leidet."
Karl Erlinghagen (zitiert nach Spiegel, Ausgabe 21/2003, S. 71)

2

Gewalt im Schatten des Kreuzes
Oder: Der christliche Kreuzzug gegen die Kinder des Teufels

Im 19. Jahrhundert entstanden zahlreiche Orden, Brüder- und Diakonissenanstalten, die sich alle zur Aufgabe machten, sittlich gefährdete, verwahrloste Kinder zu erziehen. Gerade die von den Schwesternkongregationen in völliger Abgeschiedenheit geführten streng religiös-reglementierten klosterähnlichen Anstalten waren eher „Zuchthäuser" für Kinder – Zwangserziehungsanstalten, umringt von Mauern, Zäunen und Gittern. Durch eine repressive christliche Erziehung sollten die Kinder, denen aus Sicht der Kirchen sittliche Moral und Religiosität fehlte, moralisch und religiös gefestigt werden. Der christliche autoritäre Erziehungsstil diente insbesondere dazu, Kindern neben moralischen und religiösen Werten auch Disziplin, Gehorsam, Fleiß, Sauberkeit und Unterordnung beizubringen. Auf die Erziehung von Mädchen bezogen, denen willkürlich der Stempel „haltlos", „triebhaft", „sexuell verwahrlost", „unordentlichen Lebenswandel", „Herumtreiberei" usw. aufgedrückt wurde, erfolgte eine Orientierung an der traditionellen Rolle des „anständigen Mädchens". Diese Mädchenerziehung war auf eine spätere Heirat und Mutterschaft ausgerichtet. Als Vorbereitung hierzu wurden die Mädchen im hauswirtschaftlichen Bereich ausgebildet.
Mit Blick auf die fundamentalistische Religionserziehung, die das Ziel einer totalen Christianisierung der Kinder mit allen Mitteln verfolgte, gab es zwischen evangelischen und katholischen Anstalten kaum einen Unterschied: Morgen- und Abendandacht, Tischgebet, Bibelstunden und Gottesdienst waren Pflicht, die notfalls mittels Straf- und Gewaltanwendung durchgesetzt wurden. Auch hinsichtlich der Sittlichkeitserziehung gab es überhaupt keinen Unterschied: Die Anwendung eines Belohnungs- und Strafsystems war ein eminent wichtiger Bestandteil der repressiven christlichen Erziehung.
Auch während des „Dritten Reiches" konnten die katholischen und evangelischen Heimträger ihre „Zuchthäuser", die Zwangserziehungs-

anstalten weiterbetreiben, zumal große Ähnlichkeiten zwischen kirchlichen und nationalsozialistischen Erziehungskonzepten bestanden (von der „neuen Sittlichkeit" des aufkommenden Nationalsozialismus Anfang der dreißiger Jahre waren die Kirchen sehr angetan). Sie passten sich dem Hitlerregime ohne Wenn und Aber an. Insofern ist es auch nicht verwunderlich, dass, von einzelnen Christen einmal abgesehen, die Kirchen sich dem Gesetz zur „Verhütung erbkranken Nachwuchses" von 1933 weitgehend unterwarfen, das die Sterilisation von Menschen – bei vermeintlicher Erbkrankheit – auch gegen ihren Willen erlaubte.

Die konfessionellen Heime und deren Träger und Verbände waren insbesondere für Menschen zuständig, die unter das Sterilisationsgesetz fielen: Menschen mit „Erbschaden" (Gebrechen), sonstige „Schwererbgeschädigte", „einwandfrei erbbiologisch minderwertige Fälle", „Schwachsinnige" – hierzu gehörten auch Zöglinge, die aus einer „schwer asozialen Familie" stammten. Viele dieser Heiminsassen wurden zwangssterilisiert, viele durch das Euthanasieprogramm getötet, wobei nur wenige der konfessionellen Anstalten, wenn überhaupt, nennenswerten Widerstand leisteten.

Die beiden Kirchen und deren Personal überstanden das „Dritte Reich" weitgehend unbeschadet. Die im NS-Staat tätigen christlichen Mitarbeiter und Mitarbeiterinnen, Ordensleute, Nonnen, Priester und Patres konnten ihre fundamentalistische, repressive, autoritäre christliche Erziehung in den Anstalten auch nach dem Krieg uneingeschränkt im Namen Gottes fortsetzen.

Viele von ihnen misshandelten auch in den fünfziger und sechziger Jahren – bis Anfang der siebziger Jahre – zehntausende Kinder und Jugendliche, die ihnen in Heimen anvertraut waren.

Die repressive, autoritäre christliche Erziehung wurde offenbar auch von christlichen „Experten" für zwingend notwendig erachtet. Das dokumentiert das Handbuch der Heimerziehung[1], das sich auch der christlichen Heimerziehung widmet, und zwar in zwei großen Kapiteln (ein katholisches und ein evangelisches). Das katholische Heft kam 1954 heraus, bearbeitet von dem langjährigen Vorsitzenden des Caritasverbandes, G. von Mann. Dort steht geschrieben: „Katholische Erziehung ist eine *Erziehung zum Geheimnis*. Sie führt in die Geheimnisse des Glaubens ein (619)", die für die „Entwicklung und Lebensbewährung" entscheidend sind und in einer nichtkonfessionellen Erziehung „ausfallen müssten" (697). Mit Blick auf die Kinder und Jugendlichen, die „areligiös" oder „religiös gleichgültig" ins Heim kommen, ist die „Beseitigung der Widerstände (…) gegen die Religion" (717) die Hauptaufgabe des Heims.

Und in dem Heft zur evangelischen Erziehung (1954) führt Kurt Frör[2] unter anderem aus, die Erziehung verhilft dem „in Erbsünde verstrickte(n) Mensch(en) zu weltlicher, äußerlicher Zucht" (579). „Eine christliche Erziehung ohne Gesetz und darum auch ohne Zwang und Strafe wäre eine enthusiastische Illusion. Mit dem Evangelium kann man nicht erziehen" (580). Aber auch die erlösende Gnade soll „ungekünstelt und unaufdringlich, aber echt und wirksam in den alltäglichen Situationen" verkündet werden. Hierbei wirkt „Christus als der auferstandene Herr selber und unmittelbar hinein in den pädagogischen Bezug" (580).

Die repressive autoritäre Erziehungsideologie der evangelischen Heimerziehung, die mit der katholischen Erziehungsideologie völlig übereinstimmt, wird spätestens durch folgende Aussage Frör's überdeutlich: „Der junge Mensch ist ein aufständischer, und solange es Menschen auf dieser ihrem Ende zueilenden Welt gibt, wird es Strafe geben müssen, auch in einem christlichen Erziehungsheim (...). Die erbarmende Liebe schafft die Strafe nicht ab, sondern weiß, dass sie dem vom Chaos bedrohten natürlichen Menschen durch Zucht und Strafe einen unentbehrlichen Dienst tut."[3] Und Frör weiter: „Isolierung, Hospitalismus und Autoritarismus sind nur scheinbar ständige Probleme der Heimerziehung. Aber ihre Gegenpole: Indifferentismus, Überforderung durch zu frühe Freiheit und Autoritätsschwund sind ebenso gefährlich."[4]

Im Rahmen der christlichen „Sexualerziehung" wird die Triebunterdrückung jeglicher Sexualität theologisch untermauert begründet. So führt Hermann Josef Kreutz (kath.) aus: „Ausgehend vom Schöpfungsgedanken Gottes (...), von den vom Schöpfer gegebenen Lebensgesetzen (...), von der Aufgabe und der beseligenden Schönheit der Treue, sieht der Erzieher in der Geschlechtskraft eine hohe Gabe Gottes, die rein bewahrt werden muss." Die lebenslängliche monogame Bindung ist vom Schöpfer vorgegeben. Die göttliche Weltordnung stellt durch Gesetz unmissverständlich klar, dass der Geschlechtstrieb in seinem „ursprünglichen Sinn" der Fortpflanzung dient. Er darf hiervon nicht losgelöst „und in den Dienst selbstsüchtiger Lustgewinnung" gestellt werden. Derjenige, der Sexualität mit Lust verwechselt, handelt nicht „als Mensch".[5] Und Hermann Maass (kath.) bringt die von ihm theologisch begründete Triebunterdrückung auf den menschenverachtenden Punkt: „Der Mensch, der zum Sklaven seiner Triebe und seiner Hormone wird, ist kein Mensch mehr, (...) er verliert seine Menschenwürde und sinkt damit auf eine Stufe, die unter der des Tieres liegt (...). Werden die weiblichen Reize im Bereich heutiger Erotik nicht zu einem Mittel der Entfesselung der Sinnlichkeit, welches die menschliche Sexualität zur Karikatur der Sexualität des Schmetterlings abstempelt?"[6]

Die Grundlage der – insbesondere katholischen – christlichen Heimerziehung ist die Lehre von der Erbsünde: „Für den religiösen Erzieher sind Sünde und Gnade ernst zu nehmende Wirklichkeiten, ohne die auch das natürliche Verhalten nicht restlos verstanden werden kann", so Rudolf Wasmer im Handbuch der Heimerziehung, Seite 755. Und er fährt fort: „Als übernatürliche Gegebenheit sind sie dem psychologischen Verständnis und Zugriff nicht unmittelbar zugänglich. Teufel können nicht durch Psychologie und Pädagogik, sondern nur durch die Engel Gottes ausgetrieben werden." Gegen Sünde und Teufel gibt es aber „besondere Erziehungsmittel als Sondergut. Jedoch ist sie (die Kirche) sehr vorsichtig in der Zulassung des Exorzismus, weil hier gar zu leicht eine Fälschung eintreten und das Heilige so der Verachtung oder Verspottung verfallen kann".[7] Vom Fluch der Erbsünde sprach 1959 auch der Frankfurter Jesuitenpater Karl Erlinghagen auf einer Tagung über katholische Heimerziehung: „Die Menschen, die Sie vor sich haben, seien sie nun Psychopathen, seien sie kriminell, seien sie irgendwie sinnesgeschädigt, auch ganz normal, diese Menschen leiden unter dem gleichen Fluch der Erbsünde, unter dem die ganze Menschheit leidet."[8]

Die Kinder des Teufels

Der christliche „Kreuzzug" gegen die „Kinder des Teufels" machte vor den Toren der Anstalten nicht halt: Die „Teufelsaustreibung", die aus christlicher Sicht nicht durch Psychologie und Pädagogik durchzuführen war, konnte ganz offensichtlich nur durch die VertreterInnen Gottes, die „Engel Gottes", die „Bräute Jesu Christi" an den Kindern und Jugendlichen vorgenommen werden. Gegen „Sünde und Teufel" konnte zwangsläufig nur und ausschließlich eine fundamentalistisch repressive, autoritäre, menschenverachtende, pervertierte religiöse Erziehung zum Einsatz kommen. Mit anderen Worten: Eine Art von „Exorzismus" war es, der auch und gerade von den „Bräuten Jesu Christi" eingesetzt wurde, um – bildlich formuliert – junges Leben zu zerstören.
Die Kinder, vom Fluch der Erbsünde umgeben, vom „Teufel" besessen, wurden zu gottlosen Psychopathen, Verwahrlosten, Kriminellen und sexuell-triebgesteuerten Kreaturen erklärt und diffamiert. Von der Erbsünde, ja vom „Teufel" mussten sie im Namen Gottes befreit werden, koste es, was es wolle. Die Folge: Viele dieser vom „Teufel" besessenen Kinder und Jugendlichen, denen man nicht den „Teufel" aus dem Körper prügeln konnte, wurden aufgegeben. Unter kaum vorstellbaren Lebensbedingungen wurden sie vor allem in christlich geführten Pflege- und Verwahranstalten „lebendig begraben".

Die repressiven Ideologien beherrschten viele Jahrzehnte große Teile der kirchlichen Heimerziehung: Hunderttausende fielen einer „Zwangsmissionierung" zum Opfer – viele verabschiedeten sich vom Christentum. Zehntausende wurden traumatisiert und verbringen den Rest ihres Lebens in psychiatrischer Behandlung oder Haftanstalten. Über die Suizid-Häufigkeit kann nur gerätselt werden.
Die Zwangsmissionierung hat exakt das Gegenteil von dem erreicht, für das sie angetreten war. Doch es gibt auch viele Betroffene, die sich nicht vom Christentum verabschiedet haben – trotz schlimmster Gewalt, die sie unter dem Kreuz ausgesetzt waren.

Christine H.-D. war sieben Jahre alt, als sie 1962 mit fünf Geschwistern in das katholische Kinderheim St. A. untergebracht wurde; dort lebte sie bis 1970. In ihren Schilderungen beschreibt sie die alltägliche Gewalt, der sie, ihre Geschwister und andere Kinder unter dem Kreuz wehr- und hilflos ausgesetzt waren. Frau H.-D., die trotz der erlebten Gewalt an Gott glaubt, beschreibt auch die Angst, die Hoffnungslosigkeit, die Verzweiflung, die Trauer und die Einsamkeit. Ihre Erinnerungen an diese Zeit hat sie zu Papier gebracht und dem Verfasser zum Abdruck überlassen.

„Wenn Gott will, dass du stirbst, dann wird er dich zu sich holen."

Wenige Tage vor meinem siebten Geburtstag hielt ein großer schwarzer Wagen vor unserem Haus – und eine freundliche Dame kam auf unser Haus zu. Ich bat sie einzutreten, Platz zu nehmen. Ich bot ihr eine Tasse Kaffee an, aber sie lehnte dankend ab und wunderte sich gleichzeitig über meine Selbstständigkeit. Seit einigen Tagen war ich mit meinen Geschwistern allein.

Unser Erzeuger wurde in seinem Stolz verletzt, als seine Frau ihm davon lief. Es war ein Grund mehr, sich zu besaufen. Ich war froh darüber, dass mir und meinen Geschwistern der Anblick und der Gestank des Alkohols erspart blieb. Ich kümmerte mich um den Haushalt, und meine Geschwister hatte ich wie so oft gewaschen und angezogen. Nein, ich war nicht dumm. Mit 6 Jahren hatte ich soviel Verantwortungsgefühl wie kaum ein Erwachsener. Heute weiß ich, dass ich ohne die Hilfe von oben als kleines Kind nicht die Verantwortung und die Selbstständigkeit hätte aufbringen können. Oftmals schaute ich in den Himmel und bedankte mich beim „lieben Gott" für seine Hilfe. Möglicherweise entwickelte ich sogar einen Schutzmechanismus, der mich und meine Geschwister vor der Verwahrlosung gerettet hat.

Ich wusste, das wir irgendwohin gebracht würden, wo es uns angeblich besser ergehen sollte. Meine Mutter war ja schon weg. Kurz nach der Geburt ihres sechsten Kindes hatte sie uns im Stich gelassen. Mein Vater hatte sich noch nicht einmal von uns verabschiedet. Die Dame brauchte mir nicht zu erzählen, wo sie uns abliefert. Für mich war die Sachlage eindeutig: wir sollten in ein Kinderheim untergebracht werden. Ich erinnerte mich noch an den Kohlenkeller meiner Tante. Ich nahm meine kleinere Schwester an die Hand und rannte, als wäre der Teufel hinter uns her, zum Kohlenkeller, um uns zu verstecken. Ich glaubte, wenn sie uns nicht finden würden, dann führen sie ohne uns los. Irgendwann kamen wir aus dem Versteck heraus, um zu sehen ob diese Frau, die uns von zu Hause fortbringen wollte, weggefahren ist. Wir rannten zu unserer Tante und glaubten uns vor der

Einweisung eines Kinderheimes gerettet zu haben. Es war ein Fehlschlag. Als ich die Tür aufmachte, sah ich diese Frau, die nicht verstehen konnte, warum ich mich mit Händen und Füßen dagegen wehrte, von zu Hause weggebracht zu werden. Ich versprach ihr, mich selbst um meine Geschwister zu kümmern, den Haushalt zu machen, das Essen zu kochen und sie könne öfter vorbei kommen und sich von meiner Selbstständigkeit überzeugen. „Und die Schule, du musst doch zur Schule gehen, wer soll sich in dieser Zeit um deine Geschwister kümmern", wetterte sie. Ach ja, die Schule, die hatte ich aus lauter Fürsorge um meine Geschwister vergessen. Ich verstand meine ausweglose Situation und fügte mich der Aufforderung, ins Auto zu steigen. Ich hatte das Gefühl der tiefen Trauer, so, als wäre mein Herz in dicken Ketten gelegt, die ich mit innerer Kraft hätte sprengen wollen. Nach Außen hin war ich jeglicher Reaktion unfähig. Ich drückte unseren Säugling, den ich im Arm hielt, ganz fest an mich, so als suchte ich einen Halt, um die Kraft nicht zu verlieren. Von der Geburt unseres sechsten Kindes habe ich nichts mitbekommen. Ich erinnere mich daran, meine Mutter nur im schwangeren Zustand gesehen zu haben. Als der Wagen losfuhr, schaute ich mir die Gegend sehr genau an, um irgendwann wieder nach Hause zurück zu finden und mich gleichzeitig auch von allem zu verabschieden. Als wir an unserem Haus vorbeifuhren, winkte mir unsere Nachbarin traurig zu. Vierzig Jahre später fuhr ich zu diesem Haus und es kam mir vor, als wäre diese Nachbarin nicht älter geworden. So wie ich sie in Erinnerung hatte, genau so stand sie mir gegenüber. Es dauerte nicht lange, bis sie mich wieder erkannte. Wir unterhielten uns über die Geschehnisse, die im Haus gegenüber stattgefunden hatten, in unserem Haus.

Ich weiß nicht wie lange wir gefahren sind, als plötzlich der Wagen vor einem riesigen Gebäude, das mit einem schmiedeeisernen Gitter umzäunt war, stehen blieb. Wir stiegen die riesige Treppe hinauf und hielten an einer schweren Holztür, die von einer Nonne geöffnet wurde, die uns freundlich hinein bat. Die Nonne schien mir sehr vertraut zu sein und ich dachte: Die hat uns immer mit Essen versorgt, aus dem Altenheim. Aber es war nur die Kleidung, in der die Nonnen für mich alle gleich aussahen. Das Portal, unter dem wir standen, war wunderschön. Es war alles so sauber und glänzend. Die Säulen aus hellem Stein und der dunkle Steinboden gaben mir das Gefühl der Kälte und eine Form von Macht und Disziplin, die ich gleichzeitig unheimlich fand. Die nette Dame schaute mich an und sagte mir, dass dies mein neues Zuhause sei. Nicht lange danach wurden wir in den einzelnen Gruppen verteilt und ich fragte die Nonne, wann ich meine Geschwister wiedersehen dürfe, aber sie gab mir keine Antwort darauf. An die Zeit des Wiedersehens mit meinen Geschwistern kann ich mich nicht erinnern. Ich weiß nur noch, dass eines auf die Babystation und drei andere Geschwister in die Kleinkinderstation gebracht wurden. Meine 5-jährige Schwester und ich kamen auf die selbe Station.

Ich genoss das Schaumbad, den Geruch und die Sauberkeit um mich herum. Nach dem Bad wurden mir meine schönen langen Haare, die lockig waren, abgeschnitten. Ich verstand die Welt nicht mehr, fing bitterlich an zu weinen und ließ mich mit nichts mehr beruhigen. Zu diesem Zeitpunkt war mir nicht klar, wie verlaust wir waren und die Haare deswegen abgeschnitten werden mussten. Es war ein ständiges Wechselbad meiner kleinen Gefühlswelt. Ich wollte mich an irgendetwas Gutem orientieren, um mich sicher fühlen zu können. Es waren die Gerüche von heißer Milch, die wir jeden Abend zum Abendbrot serviert bekamen, die geregelten Mahlzeiten, die Spielsachen, das geordnete Zusammenleben innerhalb der Gruppe, all das, was ich von Haus aus nie kennen gelernt hatte. Ich begegnete ihnen mit Respekt und Ehrfurcht und sammelte sie als Erinnerungen wie wertvolle Schätze. Leider fehlte mir jeder Bezug zu den Erwachsenen. Mir war klar, dass Weinen überhaupt nichts an der Situation ändern würde. Ich weinte mehr um meine Geschwister und um die Tatsache, nicht zu wissen wie es ihnen geht. Mir um meine Eltern Gedanken zu machen, habe ich konsequent abgelehnt. Für mich existierten sie nicht mehr und ich würde sie nie wieder so nah an mich heranlassen. Wieder entwickelte ich für mich Schutzmechanismen, einen für mein Inneres und einen für Außen. Ich stellte mir vor, ein Vogel zu sein, der in einem goldenen Käfig lebt – und die Tür nur von mir aufzumachen ist. Kinder hätte ich hineingelassen, aber die Erwachsenen niemals. Ob ich die nächsten 2 Jahre noch geweint habe, oder fröhlich und unbeschwert war, weiß ich nicht mehr. An eines kann ich mich noch sehr genau erinnern: Ich half immer sehr gerne mit, wenn es darum ging, nach dem Essen die Teller und die Tische zu säubern, den Boden zu wischen und die Kleineren ins Bett zu bringen. Dies tat ich mit einem enormen Verantwortungsgefühl, dass ich zu Hause schon hatte. Ich galt als brav, liebenswert und fleißig. Und wie so oft, schaute ich zum Himmel und bedankte mich beim „lieben Gott" für vieles und auch für die Tatsache, das ich nicht so bin wie meine Eltern.

„Die Nonne mit ihrem versteinerten Gesichtsausdruck hatte kein Verständnis für meine Tränen."

Ein Jahr später, kurz vor meinem achten Lebensjahr, wurde unsere Gruppe aufgelöst und wir Kinder in verschiedenen Gruppen untergebracht. Ich kann mich noch gut an diesen Tag erinnern. Ich stand mit den andern Neulingen in einer Reihe und hatte eine Puppe im Arm. Ich hielt mich an der Puppe fest, so als könnte sie mich vor Böswilligkeiten beschützen. Eine andere Nonne, namens T., war für die Gruppe der größeren Kinder zuständig. Auf Anhieb wusste ich, hier beginnt der Ernst des Lebens. Ich erkannte etwas Böses in ihren Augen. Sie schlug die Kinder in meinem Beisein und jagte somit allen Kindern Angst ein. Ich wusste, dass ich mich vor den Schlägen der Nonne nicht würde

schützen können und ich ihr hilflos ausgeliefert sein würde. Von diesem Zeitpunkt an war mir klar, dass ich auf mich allein gestellt war und keine Hilfe zu erwarten hatte. Jedem Kind wurde ein eigener Schrank zugeteilt, der in Ordnung zu halten war – und ein Bett. Die Spielsachen gehörten allen Kindern, so dass keiner etwas Eigenes hatte. Die Puppe, die meine einzige Stütze und auch mein Trost war, wurde mir weggenommen mit der Begründung, sie einem Kind zu schenken, dass kein Spielzeug hatte. Meine Puppenstube sah ich auch nie wieder.
Ein zweites Mal wurde mir meine Familie genommen. Ich fühlte mich todunglücklich und von allen verlassen, sogar vom „lieben Gott". Ich durfte nicht einmal über den Verlust der Puppe weinen, die doch mein einziger Trost war. Die Nonne mit ihrem versteinerten Gesichtsausdruck hatte kein Verständnis für meine Tränen. Sie zog mich an den Haaren und schleifte mich in den großen Schlafsaal, wo mein Bett stand und befahl, mich auszuziehen und ohne Abendessen ins Bett zu gehen. Ich weinte mich in den Schlaf hinein und dachte mit Angst an den kommenden Tag.

„Durch das Geschrei der Nonne und das Gewimmer der Geschlagenen wurden auch einige Kinder wach."

Einige Kinder wurden durch diese Behandlungsmethoden psychisch und physisch sehr krank und reagierten mit Magenschmerzen, Darmproblemen, Angstzuständen, Konzentrations- und Reaktionsstörungen – und einige wurden zu Bettnässern.
Ich machte mir große Sorgen um meine ein Jahr jüngere Schwester. Wenn sie die Gelegenheit hatte, saß sie auf einem Stuhl in der Ecke, hielt ihre zerfetzte Puppe im Arm, die „Schlummerle" hieß und schaukelte mit ihrem Körper stundenlang hin und her. Sie wirkte auf mich sehr verstört und abwesend. Sie war dünn und ihre Haut immer sehr blass. Wenn ich sie ansprach, dann holte ich sie aus irgendeiner anderen Welt heraus – und es dauerte einige Minuten, bis sie auf meine Worte reagieren konnte. Ihre Augen waren weit aufgerissen, kraftlos und ohne jeglichen Glanz. Sie sah durch mich hindurch, wenn ich mit ihr sprach, es machte mir Angst, ihre Augen machten mir Angst. Den psychischen Zerfall meiner Schwester konnte ich nach vielen Monaten nicht mehr mit ansehen. Sie hatte sich aufgegeben. Und ich musste sie als ältere Schwester davor beschützen abzutauchen. Mir war klar, sie musste bei Verstand bleiben, um hier lebend wieder herauszukommen. Ich packte sie mir behutsam bei der Schulter, stellte sie auf ihre Füße und schüttelte sie so heftig wie ich nur konnte. Ich schrie: „Hör auf damit" – und gab ihr eine schallende Ohrfeige. „Irgendwann schaffen wir es, hier auch wieder herauszukommen. Ich helfe dir dabei, indem ich immer auf dich aufpassen werde und dich beschütze. Aber wenn du so weitermachst, dann bringen sie dich in die Klapse

und wir sehen uns bestimmt nicht wieder." Meine Schwester hatte große Angst genauso misshandelt zu werden, wie manch andere von uns: „Am liebsten möchte ich sterben", vertraute sie mir an.
Ich erinnerte sie an mein Versprechen und konnte sie ein wenig beruhigen. Meine Schwester gehörte mit zu den Bettnässern, die von unserer Nonne blau geschlagen wurden. Sie wurden nachts mit Schlägen aus dem Bett getrieben, unter die eiskalte Dusche gestellt und auf den nassen Rücken geschlagen, immer und immer wieder. „Das ist gut für die Durchblutung", betonte sie. Durch das Geschrei der Nonne und das Gewimmer der Geschlagenen wurden auch einige Kinder wach. Manche von ihnen zogen sich aus Angst die Bettdecke über den Kopf und einige hielten sich die Ohren zu, weil sie das Geschrei und das Gewimmer nicht mehr ertragen konnten. Ich lief in den Schlafsaal, wo meine Schwester ihr Bett hatte und sah, dass es leer war. Sie war es, die diesmal daran glauben musste. Ich rannte ins Badezimmer und schrie die Nonne an: „Lassen Sie meine Schwester sofort in Ruhe, sonst werde ich es der Oberschwester melden." Ich handelte mir ein paar Ohrfeigen ein, aber das war mir egal, meine Schwester war mir in dem Moment wichtiger. Zur Strafe musste ich das Bettlaken meiner Schwester auswaschen und dass Bett neu beziehen.

„Der Nonne machte es Freude, Kinder weinend und kraftlos zu sehen. Selbstbewusste Kinder waren für sie ein Dorn im Auge."

Nein, es gab wirklich keinen Grund, Kinder so zu misshandeln. Wir waren ohnehin schon verängstigte und eingeschüchterte kleine Wesen. Ich hatte genauso viel Angst vor dieser Nonne, wie alle Kinder in unserer Gruppe, aber ich ließ die Angst nicht meine Seele auffressen. Ich erinnere mich noch gut an die weiteren Schläge, die ich von der Nonne bekam. Ich kam von der Schule, wollte an meinen Schrank mich umziehen und diesen öffnen, aber es fehlte der Schlüssel. Man hatte mir ausrichten lassen, ich sollte zur Schwester gehen und mir dort meinen Schlüssel abholen. Kaum ausgesprochen, diesen haben zu wollen, ohrfeigte sie mich mehrfach und öffnete meinen Schrank. Verständnislos blickte ich sie an und wollte ihr sagen, dass der Schrank in Ordnung gewesen ist. Sie räumte ihn komplett aus und hinterließ mir ein Chaos. Ich wusste, dass dies nur ein Vorwand war, mich zu schlagen um mir klar zu machen, dass mir keiner hilft. Sie wollte mir ihre Macht demonstrieren. Später habe ich festgestellt, dass sie solange auf ein Kind einschlägt, bis es weinte. Wie es den Anschein hatte, machte es ihr Freude, Kinder weinend und kraftlos zu sehen. Selbstbewusste Kinder waren für sie ein Dorn im Auge. Sie ging den Weg des geringsten Widerstandes und war perfekt in ihren Foltermethoden.
In der Schule konnte ich mich nicht konzentrieren und hatte dementsprechend auch große Probleme, was die schulischen Leistungen an-

ging. Den Lehrern konnte ich meine Zurückhaltung und meine schlechten Zensuren nicht erklären. Es wurde immer behauptet, ich sei zu faul zum Lernen, was mit Sicherheit nicht den Tatsachen entsprach.

Wer glaubt schon einem Kind, wenn es die Wahrheit spricht. Ich konnte mir an einer Hand abzählen, was mit mir passiert, wenn ich meinem Lehrer über die Misshandlungen der Kinder im Kinderheim erzählt hätte. Damals wurde darauf geachtet, dass Misshandlungen an Kindern in den Familien unterbunden und die Kinder sozialverträglich versorgt wurden, sei es durch Nachbarn oder die Fürsorge. Jedoch dachte niemand daran, speziell dieses Kinderheim ohne Voranmeldung zu kontrollieren. Ich nehme an, dass die Angestellten der Fürsorgeämter an die Möglichkeiten der verschiedensten Arten der Kindesmisshandlung in einem Heim, das von Nonnen geführt wurde, überhaupt nicht dachten. Da dies eine kirchliche Einrichtung war und Nonnen als selbstlos, fürsorglich und aufopfernd für andere Menschen tätig waren, wäre es ein Risiko für mich gewesen, anderen Menschen von meinem Leid und dem Leid der anderen Kinder zu erzählen. Man hätte mich als schwererziehbar abgestempelt und ich wäre im Erziehungsheim gelandet. Weiterhin hätte man mir nicht geglaubt und wäre der Sache auch nicht nachgegangen. Ich war nur ein Kind zwischen 8 und 10 Jahre, aber klug genug zu sehen, wie verlogen und scheinheilig die Erwachsenen waren.

„Ich wusste, die Nonne kann mich noch so viel schlagen, Gott wird bei mir sein."

Als ich neun Jahre alt war, hatte ich ein Erlebnis, das kaum ein Mensch glauben kann. Aber ich weiß und Gott weiß es, dass es so war. Ich lag mit sechs anderen Kindern im großen Schlafsaal und wurde nachts durch ein lautes Geräusch wach. Ich nehme an, der Sturm, der in dieser Nacht wütete, hatte das Fenster aufgeschlagen. Ich wunderte mich noch darüber, dass die anderen Kinder weiterschliefen. Ich lag auf meinem Bauch und räkelte mich nach oben. Es war eine Erscheinung in der Gestalt eines Engels mit hellem Haar und einem weißen Gewand, der lächelte. Trotzdem er so jung und wunderschön aussah, erkannte ich in ihm meine Großmutter, die wesentlich älter und krank verstorben war. Sie streckte ihre Hand nach mir aus. Ich rutschte weiter auf dem Bauch nach oben, streckte meinen Arm weit nach oben, öffnete meine Hand, um ihre Hand zu erreichen und bat sie mich mitzunehmen. Es fehlten nur ein paar Millimeter und unsere Hände hätten sich berührt. Sie war schon wieder weg als ich merkte, dass mein Arm immer noch oben war und ich mich immer noch sagen hörte: „Nimm mich bitte mit." Ich wischte mir die Tränen ab und dachte über das Geschehene nach. Innerlich wurde ich viel ruhiger und besonnener. Ich wusste von der Minute an, ich bin nicht mehr allein und habe genug Kraft bekommen, den Heimaufenthalt mit innerer Stärke zu überstehen. Durch mein Erlebnis mit meinem Schutzengel wurde ich ein sehr gläubiges Kind. Jeden Abend betete ich zu Gott und wünschte ihm eine „gute Nacht". Ich fing an Gott zu lieben, weil er mir täglich die zu spürende Kraft gab durchzuhalten. Ich wusste, die Nonne kann mich noch so viel schlagen, Gott wird bei mir sein. Er kann mir zwar die Schmerzen der Misshandlung nicht nehmen, aber mir die Kraft geben, nicht verrückt zu werden durch so viel Ungerechtigkeit. Ich wusste, dass Gott sie irgendwann dafür bestrafen wird für das, was sie mir und den anderen Kindern antat.

„Wenn unsere Nonne mit uns betete, dann machte sie vor Schlägen auch nicht halt."

In unserer Gruppe war es unter anderem auch an der Tagesordnung, dass Kinder, die beim Essen erbrochen hatten, auf die Toilette gezerrt wurden und das Erbrochene immer und immer wieder aufessen mussten, bis es drin blieb und der Teller leer war. Die Nonne ließ das Kind dabei nicht aus den Augen um sicher zu gehen, das der Teller leer gegessen wurde. Wenn ich daran zurück denke, dreht sich bei mir der Magen um und ich bekomme Brechreiz.
Wie immer wurde gemeinsam zu Abend gegessen. Mir ging es nicht gut – und ich hatte keinen Appetit. Ich wollte zu Bett, weil ich Bauchweh hatte. Die Nonne zwang mich den Teller leer zu essen. Ich erbrach immer und immer wieder in meinen Teller. Die Nonne gab mir eine schallende Ohrfeige, packte mich am Arm und zog mich Richtung Toilette, wo ich das Erbrochene aufessen musste. Ich schob mit Ekel einen Löffel voll in meinen Mund – und drei kamen wieder heraus. Irgendwann schluckte ich nur noch meine eigene Magensäure hinunter. Sie nahm mir jede Gelegenheit, das Erbrochene ins Klo zu kippen. Sie stellte sich in den Türrahmen und erfreute sich an meiner Übelkeit. Irgendwann war der Teller leer und ich war wie benebelt, aber die Nonne hatte mal wieder ihren Spaß gehabt.
Am anderen Morgen hatte ich hohes Fieber und war nicht in der Lage zu schlucken oder zu sprechen. Ich hatte Mumps. Dass die Nonne an diesem Morgen schon sehr früh in Exerzitien fuhr, um sich von den Kindern zu erholen und um innere Einkehr zu halten, habe ich erst viel später erfahren. Ich wurde gehegt und gepflegt und konnte mich auch mal von den Schlägen erholen. Jeden Tag wurde mein Hals dreimal mit heißem Olivenöl eingerieben und dicke Umschläge gemacht. Man brachte mir das Essen ans Bett und ich konnte lesen und schlafen, soviel ich wollte, um wieder zu Kräften zu kommen. Es kam mir so vor als gäbe man mir die Gelegenheit, alle Freiheiten der Welt in mich aufzusaugen. Wie bescheiden ich doch war. Nicht geschlagen oder auf eine andere Art misshandelt zu werden, bedeutete für mich frei zu sein. Ich genoss die Abwesenheit unserer Nonne und brachte den Klei-

neren in unserer Gruppe das Beten bei. Ich entwickelte einen Schutzmechanismus für die Kleinen und für mich gegen die Ohnmacht der Schläge. Ich erzählte den Kleinen, wie gut es tut jeden Tag zu beten, um von Gott beschützt zu werden und jeden Tag durch ihn neue Kraft zu bekommen, um weiterleben zu können. Es war ein schönes Bild, wie die Kleinen im Halbkreis mit den Rücken zu mir knieten und wir gemeinsam beteten. Ich hatte das Gefühl, als hing an mir ein großer roter Mantel aus reiner Seide, den ich nur ausbreiten bräuchte, um uns alle darunter zu beschützen. Wenn unsere Nonne mit uns betete, dann machte sie vor Schlägen auch nicht halt. Vielleicht war es auch ein Grund für mich mit den Kleinen zu beten, um der Nonne immer weniger Gelegenheit zu geben, Ohrfeigen zu verteilen.

Eines Abends, etwa drei Wochen später, stellte sie mich auf die Probe. Sie hatte von der Erzieherin erfahren, wie gut ich mit den Kleinen unserer Gruppe zurecht kam und wie fürsorglich ich mich, während ihrer Abwesenheit, um sie gekümmert hatte. Unter Androhung, es richtig zu machen, sonst blühe mir was, gesellte sie sich zu unserem gemeinsamen Abendgebet. Langsam spürte ich die Angst in mir hochsteigen und gleichzeitig die hasserfüllten Augen der Nonne im Rücken. Aber ich wusste auch, dass Gott mir die Kraft dazu gibt, die Probe ohne Schläge zu bestehen. Ich schaute hinter mich und blickte ihr in die Augen, das Gesicht war wie versteinert. Irritiert und ohne ein Wort zu sagen, verließ sie den Raum. Es kam mir vor, als sei sie auf mich eifersüchtig, als hätte ich mich mit Gott gegen sie verschworen. Nein, Gott würde sich niemals auf so einen Pakt einlassen. Das war mir zu diesem Zeitpunkt als 10-Jährige schon klar. Ich denke, sie spürte die Kraft, die in mir war – und wer sie mir gab. Aber sie konnte mir auch nicht das Beten verbieten. Das wusste sie – und jetzt erkannte sie auch meine Stärken. Ich hatte erreicht, genau so meine Kraft einzusetzen wie sie es tat, aber auf einer ganz anderen Ebene. Dabei erkannte ich ihre Hilflosigkeit und wie schwach sie in Wirklichkeit war. Mir war bewusst, dass sie gar keine andere Möglichkeit hatte als ihre körperliche Kraft für die ständigen Schläge zu verbrauchen, weil ihr die innere Kraft von Gott versagt blieb. Aber wie sehr sie mich hasste, sollte ich noch reichlich zu spüren bekommen.

„Die Nonne ließ sich immer mehr einfallen, um mich und die anderen Kinder auf die schlimmste Art und Weise zu züchtigen."

Samstags hatten wir Badetag. Wir mussten uns alle an die Wand stellen und unsere Unterhosen ausziehen. Ich verstand nicht, warum wir diese nicht kommentarlos in den Wäschekorb packen durften. Ich schämte mich ungeheuerlich, vor der Nonne ohne Unterhose dazustehen. Jedes Kind musste seine Unterhose in die Hände nehmen und auseinander spreizen. Der Reihe nach schaute sie sich die Unterhosen

an und verteilte aufgrund schmutziger Unterhosen Ohrfeigen. Diese Situation war mit Sicherheit nicht nur für mich demütigend.
Ich beschloss, jeden Abend meine Unterhose mit Seife auszuwaschen. Ich wusste, dass es verboten war, aber ich wollte deswegen nie wieder geohrfeigt werden. Ich wartete, bis alle zu Bett gingen und schlich mich ins große Badezimmer. Ich hatte gerade meine Unterhose ausgewaschen und im Handtuch ausgewrungen, als mich die Nonne dabei erwischte. Sie schlug mir meine Unterhose ins Gesicht und schlug mir dermaßen auf den Rücken, dass es nur so knallte. Damit nicht genug: Sie sperrte mich in die kleine Besenkammer und verriegelte die Tür. Viele Kakerlaken leisteten mir die ganze Nacht Gesellschaft. Am nächsten Morgen wurde ich freigelassen und ging wie immer zur Schule.
Diese Misshandlungen, die ich bis zu diesem Zeitpunkt beschrieben habe, wiederholten sich täglich. Die Nonne ließ sich immer mehr einfallen, um mich und die anderen Kinder auf die schlimmste Art und Weise zu züchtigen.

„Von der Nonne habe ich gelernt zu hassen und mit Hass zu reagieren."

Täglich erlebte ich von Neuem das Unrecht an uns geschlagenen Kindern. Es ist ganz selbstverständlich, wenn man geschlagen wird, dass man weint. Wenn eines der Kinder weinte aufgrund der Schläge, dann gab es so lange Ohrfeigen, bis nicht mehr geweint wurde. Ich merkte wie hilflos und ohnmächtig mich das machte, dabei zu zusehen und nicht eingreifen zu können, weil mir der Mut fehlte. Ich wollte wenigstens die Kleineren vor Schlägen schützen. Ich fing an, die Nonne zu hassen. Aber dieses Hassgefühl kam nicht von ungefähr. Von der Nonne habe ich gelernt zu hassen und mit Hass zu reagieren.
Irgendwann, denke ich, wurden für sie die Schläge mit der bloßen Hand auch schmerzhafter und sie griff zu den verschiedensten Gegenständen, um ihre Hände zu schonen. Ich bekam einmal mit, wie sie eines der Kinder mit dem Handfeger auf den nackten Po so lange prügelte, bis es blutunterlaufende Striemen hatte. Bei jeder Gelegenheit nahm sie ein großes Holzlineal und schlug auf die Handrücken der Kinder so massiv ein, dass diese tagelang mit Salbe behandelt werden mussten. Dabei nahm sie gezielt die Linke, damit wir auch weiterhin unsere Hausaufgaben erledigen konnten.
Es war ein Abend wie jeder andere, an dem ich keine Rechtfertigung der Schläge seitens der Nonne erkennen konnte. Diesmal musste meine Schwester, die mit weiteren drei anderen Kindern mit einem Lineal geschlagen wurde, dran glauben. Sie mussten der Nonne beide Hände entgegenstrecken, mit den Handrücken nach oben. Sie bestimmte die Höhe der Hände, damit auch jeder Schlag ein Treffer wurde, und drohte ihnen mit doppelt so viel Schläge, wenn sie ihre Hände zurückzögen. Alle Kinder blickten wie versteinert zu dem Schauspiel hinüber, warte-

ten auf die Dinge, die da kommen mögen. In meiner Wut schupste ich mir den Weg frei und riss der Nonne das Lineal aus der Hand. Ich hatte noch nicht einmal mehr Angst – und mir war egal, was mit mir danach passierte. Ich schrie sie an und sagte, dass sie kein Recht hat uns zu schlagen, dass es einfach ist auf die einzuschlagen, die sich nicht wehren können, dass ich sie deswegen hasse und Gott sie dafür strafen wird. Für Sekunden war es totenstill. Die anderen Kinder begriffen nicht, dass man sich gegen eine Nonne durchsetzen kann. Die größeren Kinder, zwischen 13 und 14 Jahre alt, regten sich über mein Einmischen auf und unterstützten die Nonne, indem sie mich beschimpften. „Also gut, meine Liebe", hörte ich die Nonne sagen. „Wenn du dich so toll einsetzen kannst für die Kleinen, dann hast du bestimmt auch nichts dagegen, für die Kleinen die Prügel in Empfang zu nehmen."

Freiwillig und kommentarlos gab ich ihr das Lineal zurück und streckte ihr die Hände mit den Handrücken entgegen. Mit aller Kraft, die sie in den Armen hatte, schlug sie zu – und ich gab keinen Laut von mir. Als sie sah, dass ich nicht weinte, wurde sie noch wütender. Sie wollte mit aller Gewalt erreichen, dass ich mein Gesicht vor Schmerz verzerre und anfange in Tränen auszubrechen. Ich schaute sie an, als würden ihre Schläge bei mir nicht ankommen. „Schlag doch, du mieses kleines Arschloch, schlag doch, Gott wird dich sowieso bestrafen", dachte ich. Irgendwann hörte sie dann auf zu schlagen. Ich rannte ins Badezimmer, kühlte meine Hände, die aussahen wie Boxerhandschuhe, und weinte fürchterlich. Ich wusste nicht, was mir mehr wehtat: die Schmerzen in meiner kleinen Seele, oder die Schmerzen an meinen Händen. Kurze Zeit später kam die Nonne, um sich von dem Zustand meiner Hände zu überzeugen. Tja, sie hatte ganze Arbeit geleistet. Sie wollte mir meine Hände mit Salbe einreiben und sie verbinden, aber ich lehnte dankend ab. Ich sagt ihr, man könne nicht einen Vogel abschießen, ihn dabei verletzen, ihn verbinden und dann behaupten, das habe man nicht gewollt. Sie schickte mich auf die Krankenstation, die es in unserem Kinderheim gab, und verbot mir mit jemanden darüber zu sprechen. Wie gerne hätte ich alles erzählt, aber ich wusste auch, was mich dann erwartet, davor hatte ich die größte Angst.

„Das Nonnengesicht war versteinert und blass, der Blick voller Hass."

Auch abends musste von den Kindern alles geputzt werden. Meine Schwester war diesmal dran, die Küche zu putzen. Ich bot ihr meine Hilfe an, aber sie lehnte ab, weil es verboten war zu helfen. Ich fand, sie machte es recht gut in ihrem Alter. Ich war gerade 12 und sie war 11 Jahre alt. Ich setzte mich zu den anderen und wir spielten ein Gesellschaftsspiel, als ich wie aus heiterem Himmel ein Geschrei aus der Küche hörte. Ich sprang auf und rannte dahin. Ich fand meine

Schwester Tränen überströmt und mit blauen Striemen im Gesicht, in einer überschwemmten Küche vor. Ich ließ mir von meiner Schwester erzählen, was passiert ist. Angeblich hatte meine Schwester nicht sauber genug geputzt. Als Strafe dafür wurde sie von der Nonne mit dem aus dem Wasser gezogenen Aufnehmer rechts und links ins Gesicht geschlagen – und bekam von ihr noch drei Eimer Wasser in die Küche geschüttet. Es reichte mir, das Maß an Misshandlungen war voll.

Wie von Sinnen rannte ich mit meiner Schwester in das Büro der Heimleiterin, die auch Nonne war .Ich hatte das angeschwollene Gesicht meiner Schwester als Beweis, zumindest glaubte ich es damals. Ich kam gerade noch dazu, der Heimleitung von den täglichen Kindesmisshandlungen zu erzählen, als unsere Nonne schon in der Tür stand. Wir wurden in die Gruppe zurückgeschickt. Die beiden Nonnen hatten ein längeres Gespräch geführt – und ich wäre sehr gerne dabei gewesen. Ich malte mir aus, dass sie strengstens ermahnt würde, dies zu unterlassen, denn sonst würde ihr verboten, zu den Kindern zu gehen. Ich fühlte mich nicht erleichtert, einen Bruchteil von dem, was in unserer Gruppe geschieht, erzählt zu haben.

Ich wusste damals nicht, dass es soziale Stellen gab, an die man sich wenden konnte. Niemandem habe ich von den Misshandlungen erzählen können. Die nette Dame, die uns damals ins Kinderheim brachte, habe ich nicht wiedergesehen. Nach 1 Stunde kam unsere Nonne in die Gruppe zurück. Das Gesicht hat sich verändert. Es war versteinert und blass, ihr Blick mir gegenüber voller Hass. Ich rechnete mit einer Ohrfeige, aber sie nahm Abstand davon, mich zu schlagen, obwohl ihr danach war.

„Die Kirche war der Ort der Wärme und Geborgenheit."

Ich habe ganz vergessen zu erwähnen, dass es auch schöne Tage gab. Ich sang im Kirchenchor mit, spielte Flöte, spielte bei Theaterstücken mit und sang auch ab und zu mal Solo. Das waren Tage und Stunden, wo die Nonne keine Gelegenheit hatte, mich zu schlagen. Damit nicht genug. Ich suchte weiter nach Möglichkeiten, der Nonne aus dem Weg zu gehen. Auf der Kleinkinderstation war immer Personalmangel. Ich bot ihnen meine Hilfe an, und es gelang mir in den Ferienzeiten drei Wochen täglich zu arbeiten. Ich erkämpfte mir noch einen gesicherten Ort, die Sakristei. Diese Nonne war schon sehr alt und schaffte es nicht mehr, alles alleine zu machen. Ich wienerte die Marmorböden um den Altar herum, machte sauber und räumte auf. Es war ein ruhiger Ort, ein Ort der Besinnlichkeit und der Zufriedenheit, der Ruhe und der Freundlichkeit, der Wärme und Geborgenheit. Am liebsten wäre ich für immer da geblieben.

All das, was ich so sehr vermisste, war an einem kleinen Ort, zusammengebündelt wie ein immerblühender Blumenstrauß. Ich liebte Gott immer noch und es war für mich eine Kleinigkeit, sein Haus zu wienern. Ab und zu schaute ich hoch zu Jesus und wollte von ihm wissen, ob sein Haus auch für ihn sauber genug ist. Stundenlang polierte ich auf Knien den Marmorboden um den Altar herum und er strahlte wunderschön. Ich war gerade 10 oder 11 Jahre alt. Als die liebenswerte Nonne das sah, schlug sie die Hände über den Kopf zusammen. Ihre Sorge galt dem alten Pastor, der möglicherweise auf meinem blankpolierten Marmorboden ausrutschen könnte. Ich wollte dem lieben Gott gefallen und nahm die Gelegenheit war, die gesegneten Hostien heimlich aus der Schublade zu nehmen. Ich glaubte fest daran, dass diese gesegneten Hostien mich braver machen würden und gleichzeitig wusste ich, dass Stehlen keine Tugend ist. Aber Gott würde mir das verzeihen, dessen war ich mir sicher, denn ich hatte vorher mit ihm darüber gesprochen. Durch meine tägliche Beschäftigung gewann ich etwas Abstand zu unserer Prügelnonne. Allmählich gingen die Ferien zu Ende und der Alltagstrott hatte uns wieder.

„Sie riss das Fenster auf, ließ das Kind aus dem Fenster heraushängen und hielt es nur noch an den Füßen fest."

Es war um die Nikolauszeit. Wie immer war es um 19 Uhr dunkel draußen. Die Nonne ließ auch zu dieser Zeit keine Gelegenheit aus, die Kleineren in Angst und Schrecken zu versetzen. Wenn eines der Kleinen ihrer Meinung nach nicht artig war, drohte sie damit, das Kind in den großen Sack zu stecken, den Knecht Ruprecht bei sich habe und der unter dem Fenster stünde. Sie riss das Fenster auf, ließ das Kind aus dem Fenster heraushängen und hielt es nur noch an den Füßen fest. Teilweise erbrachen die Kleinen durch diesen Schock. Ich schrie sie an, sie solle es sein lassen und dass sich ein Kind dabei ernsthaft verletzen könne. Als Strafe dafür musste ich fünfmal um den riesigen Häuserblock laufen. Ich wusste, dass sie das nicht kontrollieren konnte und versteckte mich so unter dem Küchenfenster, dass mich keiner sehen konnte. Ich konnte sie anlügen, ohne ein schlechtes Gewissen zu haben.
Der 6. Dezember stand bevor und irgendetwas mieses hatte unsere Nonne für uns Kinder geplant. Sie war so merkwürdig ruhig und grinste immerzu. Am anderen Tag wussten wir, was uns blühen sollte. Wir wurden alle in ein Zimmer gebeten. Die Tische waren in Hufeisenform an die Seite gestellt und dann ging die Post ab. Sie hatte für uns Knecht Ruprecht bestellt, der uns mit einer dicken Rute vermöbelte, so dass wir Kinder alle in Panik gerieten. Ich sah noch, wie die Nonne, die meiner Meinung nach krank im Kopf war, die Türen abschloss, so dass niemand der Kinder fliehen konnte. Eines der Kinder riss das Fenster auf und wollte aus lauter Panik herunter springen. Wie von Geisterhand riss ich die Kleine vom Fenstersims an mich und schupste sie mit den anderen Kleinen unter die Tische und stellte Stühle davor, um sie einigermaßen vor Schlägen zu schützen. Ich bekam die meisten Schläge ab. Die Nonne machte diesen brutalen Menschen, der schwarz

gekleidet und angemalt war, auf mich aufmerksam. Das ganze Spektakel dauerte eine halbe Stunde. Es wurden erst einmal die körperlichen Schäden behoben. Blutige Nasen, zerkratzte und blutverschmierte Gesichter und Gliedmaßen. Ich kümmerte mich um die Kleineren, redete mit ihnen und tat so, als sei alles nur ein Spaß gewesen, um sie zu beruhigen. Ich wusste, es war blutiger Ernst, der auch als solche Angelegenheit endete. Das Resultat dieses Abends war gewesen, dass die Kleinen nicht einschlafen konnten aus Angst davor, er könne noch mal wiederkommen.

Am 6. Dezember des Folgejahres lief es etwas anders ab. Wie es den Anschein hatte, bekam sie für den Prügeljob keinen anderen und verkleidete sich selbst. Mich hatte sie dabei wieder mal auf dem Kieker. Aus fadenscheinigen Gründen wurde ich wieder einmal ohne Abendessen ins Bett geschickt. Die Lampen wurden ausgemacht, so dass es stockdunkel war. Unsere Nonne hörte ich kurze Zeit später mit der Rute und verstellter Stimme durch den langen Flur latschen. Sie fand wie so oft wieder einmal eine Gelegenheit, mich zu schlagen. Ich wollte mir nicht anmerken lassen, dass ich sie erkannt habe, da ich nicht wusste wie sie reagieren würde. Also tat ich so, als würde ich weinen und versprach mich zu bessern. Im Bett krümmte ich mich vor Lachen. Ich fragte mich allen Ernstes, wie sie so dumm sein konnte zu glauben, dass ein Kind, das so viel hinter sich hatte und keine acht Jahre mehr war, noch an den Knecht Ruprecht glauben könne. .

„Wenn Gott will, dass du stirbst, dann wird er dich zu sich holen."

Irgendwann traf ich einen meiner Brüder im Heim wieder, den ich so lange nicht gesehen hatte. So abgemagert und dünn war er, dass ich mir als 12-Jährige um ihn Sorgen machte. Immer wieder hatte er nach den Eltern gefragt und wann sie uns denn mal besuchen kämen und ob er sie überhaupt noch einmal wiedersehen würde. Seine Augen waren matt vor Trauer – und ich wollte ihm Kraft geben. Später erzählte er mir sein Leid und was er in den letzten Jahren alles durchleben musste. Er war psychisch so angegriffen, dass er zum Bettnässer wurde. Seine Nonne war genau so sadistisch veranlagt wie unsere. Wenn er zur nachtschlafenden Zeit ins Bett gepinkelt hatte, musste er in der Nacht die Bettwäsche durchwaschen, wurde durchgeprügelt, unter die kalte Dusche gestellt und musste, nur mit einer Unterhose bekleidet, auf dem kalten Kachelboden im Badezimmer schlafen. Mein Bruder war zu diesem Zeitpunkt erst 8 Jahre alt. Meiner Schwester, die mit mir in einer Gruppe zusammen war, hatte täglich das selbe Schicksal zusätzlich zu erleiden. Es waren die gleichen Methoden mit Bettnässern so umzugehen. So war wohl die Vereinbarung, die beide Nonnen untereinander trafen. Wenn ich mich einmischte, bezog ich Prügel.

Oftmals wurde ich nachts durch das Weinen meiner Schwester wach, dann war es wieder so weit, sie hatte wieder ins Bett gepinkelt. Ich war wütend über mich selbst, weil ich nicht eingreifen konnte. Wie gern hätte ich all die Schläge und die Misshandlungen meinen Geschwistern erspart. Meine Schwester erzählte mir, dass sie nicht mehr leben möchte, sondern lieber tot wäre, damit alles Leid ein Ende habe. Ich schüttelte und brüllte sie an: „Wenn Gott will, dass du stirbst, dann wird er dich zu sich holen. Also bete zu Gott, damit er dir Kraft gibt, ich mache das auch so."

Mit 12 Jahren wurde ich sehr krank. Die Psyche war schlimmer angegriffen, als ich mir selbst eingestehen wollte. Ich hatte eine Blinddarmentzündung und wurde operiert. Es ist überhaupt nichts Weltbewegendes, sondern ein fast alltäglicher Eingriff, der im Krankenhaus vorgenommen wird. Ich war psychisch so tief unten, dass ich einfach nicht mehr aufwachen wollte. Die Ärzte hatten ihre liebe Not mit mir. Ich kam auf die Intensivstation und wurde von allen abgeschirmt, ich lag im Sterben. Wie mir der Chefarzt später erzählte, hatte ich ihm im Unterbewusstsein noch mitgeteilt, dass ich nicht mehr leben möchte. Er muss des Öfteren an mein Gewissen appelliert haben, an meine Geschwister zu denken und sie nicht im Stich zu lassen. Ja, meine Geschwister, an die hatte ich überhaupt nicht mehr gedacht, als ich beschloss, nicht mehr aufzuwachen. Ich muss weiterhin für meine Geschwister da sein und sie vor weiteren Misshandlungen beschützen und mich nicht einfach von der beschissenen Welt verabschieden. Der Chefarzt hatte mit seinem Appell an mein Gewissen appelliert, mit Erfolg. Nach zwei Wochen Koma wurde ich das erste Mal wieder wach. Unsere Nonne saß an meinem Bett und weinte. Ob sie in dieser Zeit verstanden hat, was sie alles falsch gemacht hatte, ich weiß es nicht, ich habe sie nie danach gefragt. Eigentlich war es mir auch egal, sie konnte das, was sie uns angetan hatte, nicht mehr zurücknehmen.

„Ich konnte es nicht glauben, aus dieser Hölle herauszukommen."

Als ich 14 Jahre alt war, stellte sich für mich die Frage, weiter zur Schule zu gehen oder eine Ausbildung anzufangen. Da ich es nicht länger im Heim aushielt, entschied ich mich für eine Ausbildung, um endlich aus diesem verdammten Kinderheim heraus zu kommen. Für meinen Lehrer war es unverständlich, dass ich so früh die Schule verlassen wollte. Da uns Kindern nicht geglaubt wurde, wenn wir versucht hatten über die asozialen Verhältnisse im Heim zu berichten, habe ich es nicht noch einmal versucht, es ihm zu erklären. Ich schwor mir, mich nie wieder schlagen zu lassen, geschweige mir jemals von irgendjemandem etwas sagen zu lassen.

Endlich war es soweit, das Heim zu verlassen. Ich konnte es nicht glauben, aus dieser Hölle herauszukommen. Ich war fest davon überzeugt, aus meinem Leben etwas Gutes zu machen. Die Angst, nicht zu wissen, welchen Weg ich überhaupt gehen muss und welcher der Richtige ist, habe ich ignoriert. Ich kannte nichts von den Gefahren, die außerhalb des Kinderheimes existierten. In den Minuten, die ich mit meinem kleinen Koffer in der Hand vor dem riesigen Tor des Heimes stand, habe ich mir gewünscht, an die Hand genommen und geführt zu werden. Gleichzeitig atmete ich die Luft der Befreiung und fühlte mich glücklich. Glücklich darüber, nicht mehr geschlagen zu werden und gleichzeitig die Angst davor, nicht zu wissen, wohin mit mir und wie ich mich fremden Menschen gegenüber verhalten muss, um nicht auf die schiefe Bahn zu geraten. Ich musste lernen zwischen den Menschen zu unterscheiden, die es gut mit mir meinten und derer, die ich meiden sollte.

Zu diesem Zeitpunkt war ich sehr empfänglich für freundliche Worte und Blicke von Menschen, die ich nicht kannte und verband Freundlichkeit mit Vertrauen. Diese Kombination ist immer eine gefährliche Basis für Kinder mit solch einem Schicksal, wie ich es hatte, auf die schiefe Bahn zu gelangen. Heute wundert es mich nicht, dass einige, die mit mir im Kinderheim aufgewachsen sind, als Prostituierte arbeiten und sich der Gewalt aussetzen.

Aber da waren noch meine Geschwister, die ich schutzlos zurück lassen musste. Jetzt hatte ich Gelegenheit, dem Vormund vom Jugendamt alles zu erzählen, ohne dafür geschlagen zu werden. Ich fühlte mich erwachsen und war doch sehr unselbstständig. Ich hatte keine Ahnung von Formalitäten und Bürokram. Das einzige, was ich besaß, war mein Musiktalent, meine innere Stärke, die man über Jahre versucht hat aus mir herauszuprügeln, meinen Glauben an Gott, der mir die Kraft gab, gegen das Unrecht zu kämpfen und mein Verantwortungsgefühl gegenüber anderen Hilfebedürftigen.

Während ich noch mit meinem Glücksgefühl frei zu sein, beschäftigt war, stand mein Vormund vor mir, um mich zu meiner Ausbildungsstelle zu fahren, die, wie ich erfuhr, in Bonn war. Wir entfernten uns immer weiter von diesem Heim – und ich dachte abermals an meine Geschwister. Ich erzählte meinem Vormund von den Repressalien und dass man meine Geschwister unbedingt da herausholen müsse. Ich dachte, da ich kein Heimkind mehr bin sondern erwachsen, würde sie mir glauben. Im Heim zeigte man mir, als Erwachsener niemals den Kindern zu glauben, wenn sie was erzählen. Auch diesmal glaubte sie mir nicht. Ich war entsetzt darüber, dass sie an meinen Worten zweifelte und sie mich immer noch als Kind, womöglich noch als Heimkind abstempelte. Meine Vorstellung von der Ehrlichkeit der Erwachsenen untereinander zerbrach wie ein Spiegel, in tausend Stücke.

In Bonn angekommen, stiegen wir aus dem Auto aus und näherten uns einer wunderschön angelegten Bungalow- Reihe, die durch eine durchgehende Überdachung miteinander verbunden war. Es war auch ein Kinderheim, in dem ich die Möglichkeit hatte, an den Wochenen-

den in den verschiedenen Kindergruppen zu arbeiten und für die Kinder da zu sein.
Blass wurde ich vor Schreck, als eine Nonne auf uns zukam. Ich ging zum Auto zurück und bat darum, wieder abzufahren. Ich konnte den Anblick einer Nonne nicht mehr ertragen. Ich sah meine Freiheit, die ich eine Stunde zuvor genossen hatte, wieder davonfliegen und die Zeit der Schläge wieder auf mich zukommen. Ich machte meinem Vormund klar, dass ich mich nie wieder schlagen und mir nie wieder etwas sagen lassen würde.
Die acht Jahre der Misshandlungen im Kinderheim haben aus mir eine Rebellin gemacht, die lernen musste, sich selbst zu erziehen, um sich in der Welt der Erwachsenen zurecht zu finden. Nun, eine weitere Nonne kam auf uns zu, die sich als meine Ausbilderin vorstellte. Sie hatte etwas Freundliches an sich, das mich wieder beruhigte. Es waren ihre Augen, die viel Wärme und Freundlichkeit ausstrahlten. Trotz ihrer Freundlichkeit behielt ich meine Skepsis gegenüber den Erwachsenen, zumindest eine Zeit lang bei, bis ich den Unterschied zwischen Vertrauen und Freundlichkeit gelernt habe. Ich begann an mir eine psychologische und pädagogische Therapie durchzuführen, mit der ich mich selbst erzog, um aus mir einen einigermaßen angenehmen und gesellschaftsfähigen Menschen zu machen.

Der nächste Lebensabschnitt stand für weitere zwei Jahre bevor, es galt, mit Erfolg zu bestehen. Eigentlich fühlte ich mich mit vierzehn Jahren schon sehr erwachsen und war mir meiner täglichen Pflichten bewusst, die ich auch verantwortungsvoll erfüllte. Ich erkannte sehr schnell, dass ich viel erwachsener und ernsthafter war als die anderen Mädels in meinem Alter. Trotz meiner großen Bemühungen in den schulischen Fächern konnte ich mich kaum verbessern.
Ich ließ meine Kindheit gedanklich Revue passieren und mir wurde bewusst, dass ich erheblichen psychischen Schaden durch die täglichen Misshandlungen im Heim genommen habe und nicht in der Lage war, diese Schäden auszuräumen. Mein Gehirn war blockiert und für die Theorie nicht mehr aufnahmefähig. Trotzdem wollte ich die Schule schaffen. Fünf Prüfungen waren für diese Ausbildung zu absolvieren. Wer die erste Prüfung, die schriftliche, nicht schaffte, durfte an den folgenden nicht mehr teilnehmen. Mathematik war für mich ein rotes Tuch und der Horror schlechthin. Ich war nie gut in Mathe, aber ich lernte die Formeln auswendig, um meinen Abschluss zu schaffen. Nach zwei Jahren hatte ich eine abgeschlossene Berufsausbildung nachzuweisen. Ich war stolz darauf es geschafft zu haben.

Wir waren alle aus den unterschiedlichsten Gründen im Heim. Manchen Kindern sind beide Elternteile verstorben, bei manchen nur die Mutter, die meisten aber aus finanziell schwachen Familien stammend, viele wurden als Säugling irgendwo ausgesetzt. Was mir damals schon aufgefallen war, die Kinder, die nie Besuch bekamen und deren

Familienangehörige sich nicht blicken ließen, hatten die meisten Schläge zu erwarten. Wenn ich zurück denke, war in den ganzen Jahren kein Tag dabei, der ohne Schläge seitens der Nonne ablief. Aus meiner heutigen Sicht kann ich mit ruhigem Gewissen sagen, ohne übertreiben zu wollen, dass außer Schläge auch Methoden der Folter in diesem Heim jahrelang stattfanden.

Wenn ich nach 40 Jahre auf die schreckliche Zeit zurückblicke, dann weiß ich heute, dass diese Nonne sadistische und masochistische Neigungen hatte. Mag sein, dass sie mit ihrer Art zu leben, nämlich in Armut und Keuschheit, schon lange nicht mehr einverstanden war. Sie wollte sich an kleinen hilfebedürftigen Kindern schadlos halten, um zu vermeiden, dass aus ihnen einmal etwas wird.

Irgendwann hatte ich mal der Nonne in einem schnippischen Ton angekündigt, dass ich mich über sie und ihre Misshandlungen beschweren und es in die Welt hinausschreien würde, damit alle Bescheid wüssten. Sie antwortete mir hämisch und so selbstsicher, dass ich sowieso keinen hätte, dem ich es sagen könnte und mir außerdem auch niemand glauben würde, wenn ich es erzählte. Sie sollte damit Recht behalten.

In einem Begleitbrief zu ihrem Erinnerungsbericht führt Frau H.-D. aus:

„Die Ergebnisse einer jahrlangen Kindesmisshandlung sind unterschiedlich für das spätere Leben: Bei meinem Bruder ist es die Abwehrhaltung bei einer Umarmung einer Frau, eine meiner Schwestern ist sehr früh drogen- und tablettenabhängig geworden; hinzu kamen noch Bulimie und Magersucht. Allgemein sind auch nach über vierzig Jahren solche Menschen verhaltensgestört, indem sie rebellisch sind, ein Leben lang gegen das Unrecht, das um sie herum passiert, kämpfen und sich unsachlich und lauthals einmischen. Es sind Menschen, die erhebliche Konzentrationsschwierigkeiten haben, wenn es darum geht schulische Leistungen zu erbringen. Viele von den Geschädigten erlernen einen sozialen Beruf, viele kommen mit ihrem Leben überhaupt nicht zurecht. Was bei mir sehr auffällig war, dass ich, nachdem ich aus dem katholischen Heim entlassen wurde, sehr anfällig für Komplimente war. Mir hätte dadurch einiges zustoßen können. Aber eigenartigerweise wusste ich mich vor gefährlichen Situationen zu schützen. Das hatte nichts mit Vertrauen zu tun, sondern mit einem gesunden Menschenverstand und eine Portion Instinkt. Was immer noch geblieben ist, ist die Schreckhaftigkeit und die Angst, wenn es abends dunkel wird. Bis zu meinem vierzigsten Lebensjahr schaute ich in die Schränke, unter den Betten, ob auch kein Fremder da war. Bis heute sind mir dominante Menschen ein Gräuel, denen ich aus dem Weg gehe."

Es kann nicht ernsthaft bestritten werden, dass grundsätzlich Nonnen (und katholische und evangelische Geistliche sowie Mitarbeiterinnen und Mitarbeiter im kirchlichen Dienst), unabhängig davon, welchem Orden sie angehören, Kinder (zwangs-)missionieren.

Der Verfasser ist fest davon überzeugt, dass viele dieser weiblichen Missionare im Namen Gottes psychische und physische Gewalt, auch schlimmste Gewalt anwendeten, um Heimkindern durch Zwangsmissionierung das Christentum mittels einer fundamentalistisch orientierten christlichen Schwarzen Pädagogik quasi in die Kinderseele hineinzuprügeln. Sie haben im Rahmen der Zwangsmissionierung Heimkinder im Namen Jesu Christi geprügelt, malträtiert, gequält, erniedrigt und entwürdigt, um ihnen Disziplin, Gehorsam, Fleiß, Sauberkeit, Unterordnung und den Glauben an ihren Gott aufzuzwingen.

Die religiösen Vollstrecker und Vollstreckerinnen des christlichen Terrors im Namen Gottes beherrschten bis weit in die 70er Jahre hinein die westdeutsche Heimerziehung. Es waren insbesondere Nonnen – nicht alle –, die die Zwangsmissionierung zum Christentum mit zum Teil schlimmster Gewalt betrieben haben. Nonnen, die sich, wie zahlreiche untenstehende Betroffenenberichte zeigen, an den Leiden, den Ängsten, den Schmerzen der ihnen anvertrauten Kindern geweidet haben. Diese „Bräute Jesu Christi" gehören Schwestern-Orden an wie beispielsweise der „Ordensgemeinschaft der Armen Dienstmägde Jesu Christi" in Dernbach, dem „Orden der Hedwigschwestern" in Berlin und dem „Paderborner Vincentinerinnen-Orden".

Gewalt im Schatten des Kreuzes

„Der Zweck unseres Vereins ist die Ausbreitung des christlichen Lebens."
Katharina Kasper (Kasper schrieb dies in ihrer ersten Ordensregel)

Am 15. August 1851 gründet Katharina Kasper die „Gemeinschaft der Armen Dienstmägde Jesu Christi", 1852 erhält sie den Ordensnamen Maria und wird Mutter Maria genannt. Am 7. Juli 1871 wird die fromme Frau zur Generaloberin gewählt. Von Dernbach aus entsendet sie im Laufe der Jahre Schwestern nach Holland, USA, England, Indien, Mexiko und Brasilien. Am 2. Februar 1898 stirbt sie in Dernbach. Zu dem Zeitpunkt zählt die Kongregation knapp 1800 Schwestern, 1936 sind es über 4000 – und heute rund 1000 Schwestern, die als „Arme Dienstmägde Jesu Christi" tätig sind. „Sie leben als Mitglieder einer geistlichen Gemeinschaft innerhalb der katholischen Kirche nach den Räten des Evangeliums. Sie wollen in dieser Welt durch ihr Dasein und Sosein bezeugen, dass Jesus Christus die Mitte von allen und allem ist und dass sich einst alles in Ihm vollendet", so die „Gemeinschaft der Armen Dienstmägde Jesu Christi" auf ihrer Homepage (dernbacher.de). Und weiter heißt es dort: „Als apostolisch tätige Kongregation arbeiten die Armen Dienstmägde Jesu Christi in den verschiedenen Diensten, ihrer Sendung entsprechend orientiert an Jesus, dem Gottesknecht, und Maria, der Magd des Herrn. Sie sind nicht auf bestimmte Aufgaben festgelegt, sondern offen für die Anforderungen im jeweiligen Heute, denn Katharina Kasper schrieb in ihrer ersten Ordensregel: Der Zweck unseres Vereins ist die Ausbreitung des christlichen Lebens. Die Frohe Botschaft zu verkünden, ist der Auftrag der Gemeinschaft und jeder einzelnen Schwester." Katharina Kasper wurde am 16. April 1978 in Rom selig gesprochen.

Nicht alle „Dernbacher Schwestern", wie sich die Nonnen vom „Orden der Armen Dienstmägde Jesu Christi" nennen, haben die „Ausbreitung des christlichen Lebens" mit friedlichen und gewaltlosen Mitteln betrieben. Einige der „Armen Dienstmägde Jesu Christi", der „Bräute Jesu Christi" haben im Namen Gottes offenbar die Menschenrechte und Menschenwürde von Kindern und Jugendlichen mit Füßen getreten.

„Die konfessionellen Heime sind die schlimmsten Heime für Kinder!"

In einem Interview, das der Verfasser mit einer Nonne vom „Orden der Armen Dienstmägde Jesu Christi" geführt hat, berichtet die fromme Frau ganz offen und ehrlich, wie „im Namen Jesu Christi" Kinder in einem katholischen Heim, in dem sie arbeitete, körperlich und seelisch gequält, gedemütigt, bestraft wurden. Mit dem Straf- und Unterdrückungsinstrument „Gott", so die Nonne, wurde den Kindern Gehorsam, Willigkeit, Anpassung und Unterwerfung abverlangt. Sie selbst bekennt sich dazu, Kinder auf das Schwerste misshandelt zu haben[9]:

Nonne B.: Ich bin als Einzelkind in einer strengen religiösen Familie aufgewachsen. Mit Gleichaltrigen kam ich eigentlich kaum in Kontakt, da meine Eltern nicht wollten, dass ich mich mit anderen Kindern abgebe. Es war ein behütetes Leben. Als ich erwachsen war, wollten meine Eltern, dass ich Nonne werde; also trat ich in einen Orden ein. Ich selbst dachte damals, dass ich als Nonne jungen Menschen helfen kann.

Homes: Sie haben viele Jahre in einem Kinderheim gearbeitet. Wie war diese Zeit?

Nonne B.: Ich habe als junge Nonne Heime gesehen, in denen kleine Kinder untergebracht waren, ausgestoßen und alleine gelassen. Ich war damals erschüttert, und ich schwor bei Gott, dass ich diesen Kindern helfen wollte. Sie sollten sich im Heim wohlfühlen, das Heim sollte für sie ein Zuhause sein. Ich wollte ihnen helfen, im Namen Gottes, im Namen der christlichen Nächstenliebe.

Bei meinen Besuchen in katholischen Heimen habe ich Nonnen und weltliche Erzieher erlebt, die eine große Kälte ausstrahlten. Sie machten fast alle irgendwie einen brutalen Eindruck auf mich, der einen in Angst versetzen konnte. Ich sprach damals mit ihnen, bevor ich selbst im Heim arbeitete. Sie redeten alle von Nächstenliebe, aber ich hatte den Eindruck, dass sie davon nur redeten und gerade das Gegenteil von dem praktizierten: Sie schlugen aus nichtigen Anlässen auf kleine Kinder ein oder verhängten Strafen. Sie waren einfach sehr autoritär, und was mir besonders auffiel: Sie waren fast alle nicht in der Lage, Kinder wirklich zu lieben!

Als ich dann selbst im Heim arbeitete, wollte ich nicht dieselben Fehler machen. Ich wollte wohl auch autoritär sein, aber niemals wollte ich den Kindern mit Gewalt begegnen. Doch schon bald hatte ich meinen Vorsatz aufgegeben. Ich verhielt mich den Kindern gegenüber ebenso wie die anderen Nonnen. Auch ich fing an, Kinder zu schlagen, zu bestrafen, sie mit Sanktionen zu belegen. Und ich wusste – wie alle Nonnen und Erzieher auch –, dass die Kinder sich nicht wehren konnten. Sie waren uns, unseren Launen, unserer Macht hilflos ausgeliefert! Wir haben alle bei den Kindern eine große Angst verbreitet. Die Angst beherrschte ihre Seele und ihren kleinen Körper und ihr junges Leben. Ich hatte geglaubt, diese Mittel einsetzen zu dürfen, weil ich mit der ganzen Situation nicht fertig wurde. Wir konnten nicht anders; wir hatten einfach keine anderen Möglichkeiten, ihnen zu helfen, wir hatten ja auch keine pädagogische Ausbildung. Wir dachten, wenn wir die Kinder einer strengen religiösen Erziehung unterwerfen, so wäre das tatsächlich die beste Hilfe, die man ihnen zuteil werden lassen kann. Doch ich muss sagen: Ich war wie alle anderen Nonnen und Erzieher einem großen Irrglauben, ja einen Wahnsinn verfallen. Wir alle glaubten, dass das die beste Erziehung ist. Wir dachten uns nichts dabei, die Kinder streng anzufassen, auch mal zuzuschlagen, sie zu irgend etwas zu zwingen. Wir haben den Kindern immer wieder gesagt, dass wir sie im Namen von Jesus Christus erziehen und ihnen helfen wollen. Doch in Wirklichkeit haben wir – auch wenn diese Erkenntnis schmerzlich ist! – gegen diese christlichen Grundsätze verstoßen! Wir sind nicht auf die Kinder zugegangen wie Menschen, sondern wir haben sie innerlich irgendwie abgelehnt. Das wurde aus unserer Handlungsweise ganz deutlich.

Homes: Wie sah diese religiöse Pädagogik im Einzelnen aus?

Nonne B.: Das Heim, in dem ich arbeitete, war ein katholisches Heim. Gott war das Fundament der Erziehung! Die Gespräche mit den Kindern, unser Handeln und Auftreten war immer vom christlichen Glauben bestimmt. Durch die Drohung mit Gott hatten wir die Kinder unter Kontrolle, auch ihre Gedanken und Gefühle. Ist das nicht das Ziel jeder konfessionellen Erziehung, jedes konfessionellen Heims?

Homes: Sie berichten, dass Sie die Kinder geschlagen und bestraft haben. Nennen Sie doch bitte einmal Beispiele.

Nonne B.: Ich träume heute noch von diesen Heimkindern. Aber es sind keine schönen Träume, keine schönen Erlebnisse, die da wach werden. Erst vor kurzem hatte ich wieder einen dieser Träume: Ich sah wieder, wie ich einen etwa sieben Jahre alten Jungen bei der Selbstbefriedigung erwischte. Ich war außer mir und stellte ihn zur Rede. Doch das Kind begriff nichts. Meine Wut wurde immer größer, und ich zog ihn an den Haaren in den Duschraum. Dort habe ich kaltes Wasser in eine Wanne einlaufen lassen und den Jungen mit Gewalt dort hineingezerrt und ihn viele Male untergetaucht. Ich sah – wie damals in der Wirklichkeit –, wie er sich zu wehren versuchte; ich hörte ihn wieder schreien. Es kostete eine ganze Menge Kraft, diesen kleinen, zierlichen Körper wieder und wieder unterzutauchen. Ich merkte, wie die Kraft des Jungen nachließ. Sein Gesicht lief blau an, und dennoch machte ich weiter. Der Junge bekam kaum noch Luft, als ich endlich von ihm abließ.
Ich erinnere mich an einen anderen Traum, der ebenfalls ein wirkliches Erlebnis in Form von schrecklichen Bildern für mich lebendig werden ließ. Ein Kind schrie, weil es von einem anderen Kind geschlagen wurde. Ich konnte diese Schreie nicht mehr ertragen, brüllte es an. Doch das Kind schrie weiter. Ich fasste ihn am Kopf und schlug ihn mehrmals gegen die Wand. Auf einmal hatte ich Blut an den Händen, und ich erschrak. Ich sah das Kind an. Das Kind zitterte am ganzen Körper und lief davon.
Es sind schreckliche Szenen, ich weiß! Doch was hilft das denn heute noch den Betroffenen – nichts!

Homes: Sie sagen, dass Sie sich nicht anders zu helfen wussten. Das verstehe ich nicht ganz.

Nonne B.: Wir waren alle, die Nonnen und die Erzieher, nicht pädagogisch ausgebildet. Damals gab es das ja nicht. Wir gingen in die Heime, ohne wirklich genau zu wissen, was auf uns zukommt. Wir wussten nicht, dass wir besser fahren, wenn in der Erziehung auf autoritäres Verhalten weitgehend verzichtet wird. Wir hatten uns eigentlich nie Gedanken darüber gemacht, wie die Kinder darauf reagieren. Ich habe nicht begriffen oder damals nicht begreifen wollen, dass das Kind möglicherweise innerlich geschrien und gelitten hat. Dieses Nachdenken hilft natürlich den Betroffenen nicht mehr, das ist geschehen. Wir haben viele Fehler gemacht. Es war für die Kinder teilweise eine furchtbare, grauenhafte Zeit; es war ein großes Verbrechen ihnen und Gott gegenüber.

> Ein Kind sagte einmal zu mir: „Der liebe Gott wird Sie für alles, was Sie uns angetan haben, bestrafen." Damals ballte ich meine Hand zu einer Faust zusammen und schlug dem Kind ins Gesicht. Heute weiß ich, was das Kind mir mitteilen wollte.
>
> Homes: Sie sagen, dass Sie damals nicht begriffen haben, was es für ein Kind heißt, ständig unter Angst aufwachsen zu müssen. Wissen Sie heute wirklich, was es für ein Kind heißt, nicht geliebt, sondern gehasst zu werden?
>
> Nonne B.: Ich bin nicht sicher, ob ich wirklich weiß, was es für ein Kind bedeutet, überhaupt in einem Heim leben zu müssen und dann noch unter solchen schlimmen Bedingungen. Ich kann es, wenn überhaupt, nur erahnen. Dass wir die Kinder zu keinem Zeitpunkt geliebt, sondern gehasst haben, stimmt so nicht ganz. Ich habe versucht, in christlicher Nächstenliebe zu handeln. Ich kann mir nichts anderes vorwerfen als das, überhaupt in einem Heim gearbeitet zu haben. Vielleicht war das aber keine Liebe, sondern nur Hass. Und wenn mir heute Kinder von damals in meinen Träumen begegnen, weiß ich: Sie müssen sehr viel unter unserer Gewalt gelitten haben!
>
> Homes: Wissen Sie, was aus diesen Kindern geworden ist?
>
> Nonne B.: Ich weiß heute nur von ein paar wenigen, wo sie leben. Ich glaube, vier sitzen im Gefängnis, drei sind in einer Nervenheilanstalt, drei sind heute Mönche, und von vieren weiß ich, dass sie arbeiten. Ich bin mir heute sicher: Die konfessionellen Heime sind die schlimmsten Heime für Kinder!

Kinderheim St. Josef in Eschweiler
Die Faust Gottes

Im Kinderheim St. Josef in Eschweiler waren die „Bräute Jesu Christi" von der „Ordensgemeinschaft der Armen Dienstmägde Jesu Christi" viele Jahre beschäftigt. Einige von ihnen sollen in den 50er und 60er Jahren zahlreiche der ihnen anvertrauten Kinder misshandelt, malträtiert, gepeinigt und gequält haben.

Seit einigen Jahren erhebt Hermine Schneider schwerste Vorwürfe gegen das Kinderheim, in dem sie von 1958 bis 1970 untergebracht war. Seit zwei Jahren steht sie mit einem Infostand in der Eschweiler Fußgängerzone und klärt die Menschen über die „dunkle Vergangen-

heit" des St. Josef Kinderheims auf. Ihre Anklage: Im Kinderheim seien sie und viele andere Kinder durch Nonnen, Erzieherinnen und Erzieher psychischer und physischer Gewalt, teilweise schwerster Gewalt wehr- und hilflos ausgesetzt gewesen. Vereinzelt seien Kinder sogar von einer Erzieherin mehrfach sexuell missbraucht worden. Diese Vorwürfe werden von ehemaligen Heimkindern bestätigt. Demnach haben sie in dem katholischen Kinderheim zwischen 1956 und 1970 Gewalt, teilweise schlimmste Gewalt erlebt (siehe unten).
Nachdem die Medien über den Fall berichteten, gab Pfarrer Peter Müllenborn, Vorsitzender des Kirchenvorstands der Katholischen Kirchengemeinde St. Peter und Paul, die Träger der Einrichtung ist, gegenüber Hermine Schneider mit Schreiben vom 25.02.2002 folgende Erklärung ab:

„Erklärung

Frau Hermine Schneider behauptet, dass während ihrer Unterbringungszeit im Kinderheim St. Josef in Eschweiler in der Zeit von 1960 bis 1970 Misshandlungen an Kindern stattgefunden haben.

Sollte diese Behauptung von Frau Schneider zutreffen, erklärt die Kath. Pfarrgemeinde St. Peter und Paul – ohne Anerkennung einer Rechtspflicht – hiermit, dass sie sich von solchen etwaigen Misshandlung distanziere, diese verurteile und sich für diese etwaigen Misshandlungen gegenüber Frau Schneider und anderen Betroffenen entschuldige."

Diese rein vorsorglich erklärte Entschuldigung – natürlich ohne Anerkennung einer Rechtspflicht – für den Fall, dass damals im Kinderheim „etwaige Misshandlungen" stattgefunden haben, führt der Kirchenmann offenbar kurze Zeit später selbst ad absurdum. Gegenüber den *Eschweiler Nachrichten* (Ausgabe 20.07.2002) versichert der Gottesmann:

„Die Vorwürfe sind haltlos und können nicht belegt werden."

Auch das Bischöfliche Generalvikariat des Bistums Aachen sah sich veranlasst, zu den Vorwürfen Stellung zu nehmen. In einem Schreiben des Justitiars vom 16. Juni 2003 an Hermine Schneider wird mit Blick auf die „Sach- und Rechtslage" darauf hingewiesen, dass kein Schadensersatz geleistet werden könne:

„Sehr geehrte Frau Schneider,

der Unterzeichner hatte Gelegenheit, Ihr Fax vom 09.06.2003 und Ihre mündlich vorgetragenen Forderungen mit Herrn Generalvikar zu besprechen.

Es ist selbstverständlich, dass Missbrauchshandlungen und körperliche Züchtigungen an Kindern auf das Schärfste zu verurteilen sind.

Die von Ihnen beschuldigten und namentlich benannten Ordensschwestern der Genossenschaft der Armen Dienstmägde Jesu Christi Dernbach, auf diesen Umstand haben Sie selbst hingewiesen, sind verstorben, sie können zu den erhobenen Vorwürfen und geschilderten Sachverhalten nicht gehört werden.

Die Verjährungsproblematik ist Ihnen, auf diesen Umstand haben Sie selbst hingewiesen, bekannt. ...

Das Bistum kann aufgrund der Sach- und Rechtslage keinen Schadensersatz leisten. Auch Ihr Hinweis, ansonsten weitere Veröffentlichungen in der Angelegenheit vornehmen zu wollen, können zu keiner anderen Beurteilung führen.

Der Unterzeichner bedauert, Ihnen keinen anderen Bescheid erteilen zu können."

Das Schreiben enthält auch eine Erklärung des Pressesprechers, der darauf hinweist, dass „heute Fälle von sexuellem Missbrauch in kirchlichen Einrichtungen durch den Bischof an den Vatikan zu melden sind, um ggfalls Untersuchungen zu veranlassen". Er betont hierbei eine aus seiner Sicht wichtige Tatsache:

„Frau Schneider bezieht diese Meldepflicht auf die von ihr vorgetragenen Vorkommnisse in Eschweiler, was ich ihr gegenüber in mehreren Telefonaten verneint habe. In diesem Zusammenhang hatte ich auf den Bischöflichen Beauftragten für den Sexuellen Missbrauch durch Geistliche, Herrn Pfr. K., Viersen, hingewiesen. Herr Pfr. K. sah sich aufgrund der lange zurückliegenden Vorwürfe nicht zuständig und hat dieses Frau Schneider und mir entsprechend zurückgemeldet."[10]

Abschließend führt der Pressesprecher hierzu aus:

„Ich habe Frau Schneider in den beiden letzten Telefonaten mitgeteilt, dass ich ihrem Wunsch nach Vermittlung an den Vatikan und an Herrn Pfarrer Müllenborn nicht entsprechen kann, auch weil ich nicht zuständig bin. Insofern hat es keine Zusage bezüglich eines Anrufes von mir bei Frau Schneider gegeben, sondern den deutlichen Hinweis, für ihre Anliegen kein kompetenter Gesprächspartner zu sein."

„Diesen Ausführungen", so der Justitiar des Bischöflichen Generalvikariat, „kann der Unterzeichner nichts hinzufügen."

Die Katholische Kirchengemeinde St. Peter und Paul, die sich gegenüber Hermine Schneider und anderen Betroffenen für den Fall, dass damals im Kinderheim „etwaige Misshandlungen" stattgefunden haben, rein vorsorglich entschuldigte („ohne Anerkennung einer Rechtspflicht"), wechselte plötzlich ihre Strategie: Die Kirchengemeinde beantragte bei dem Landgericht Aachen den Erlass einer einstweiligen Verfügung, um den von Hermine Schneider betriebenen Infostand, den sie mit anderen Betroffenen in der Eschweiler Fußgängerzone regelmäßig aufstellt, verbieten zu lassen. In der mündlichen Verhandlung vor dem Landgericht, die am 26.03.2003 stattfand, konnte sich die Kirchengemeinde jedoch nicht durchsetzen. Auf Vorschlag des Richters kam es zu einem Vergleich. Hinsichtlich der Misshandlungsvorwürfe trug der Gerichtsvorsitzende unter anderem vor:
„Der Sach- und Streitgegenstand wurde weiter ausführlich erörtert, insbesondere wurde auch klargestellt, dass die nachfolgende Unterlassungserklärung der Verfügungsbeklagten (Hermine Schneider) sich auf den heutigen Zeitpunkt der mündlichen Verhandlung bezieht, und dass aus der Sicht der Kammer einfache Züchtigungen etwa Anfang der 90er Jahre im Kinderheim St. Josef in Eschweiler nicht als Misshandlungen in erheblichem Umfang zu bewerten sind."
Der Vergleich lautet:
„Die Verfügungsbeklagte unterlässt es ohne Anerkennung einer rechtlichen Verpflichtung und zur Vermeidung eines Ordnungsgeldes bis zu 250.000,00 Euro, wörtlich oder sinngemäß die Behauptung aufzustellen, an der Behauptung mitzuwirken oder durch Verwendung von Bild- oder Tonmaterial den Einruck zu erwecken, dass in dem Kinderheim St. Josef in Eschweiler Kinder missbraucht oder misshandelt werden oder in der Zeit von 1991 bis heute in erheblichem Umfang misshandelt wurden."
Offenbar wurde „etwa Anfang der 90er Jahre" mindestens ein Kind von einem Erzieher misshandelt.
Der heutige Heimleiter Wolfgang Gerhards versicherte gegenüber der *Eschweiler Zeitung* (Ausgabe 3.12.2002):
„Anfang der 90er haben wir einen Mitarbeiter entlassen, dessen Erziehungsmethoden unseren nicht entsprach."
Die „Ordensgemeinschaft der Armen Dienstmägde Jesu Christi" setzte nunmehr ein schweres Geschütz ein: Gegen zehn frühere Heimbewohner erstattete der Orden Strafanzeige wegen Verdachts des Betruges bzw. des versuchten Betruges, nachdem diese beim Versorgungsamt Aachen Opferentschädigungsrente beantragten und mit ihren Gewalterfahrungen im Kinderheim St. Josef begründeten. Diese Behauptungen, so der Anwalt des Ordens gegenüber dem *Kölner Stadt-Anzeiger* (Ausgabe 11.2.2004), seien „falsch und ehrkränkend". Deshalb, so der Anwalt, der sich auf Aussagen von Ordensschwestern und anderen ehemaligen Heimbewohnern stützt, bestünde der Verdacht des Betruges (Pressevertretern wurden die Aussagen einer Ordensschwester, dreier ehemaliger Heimbewohner sowie zweier ehemaliger Heimbewoh-

nerinnen, die später selbst im Heim arbeiteten, überreicht). Auf einer Pressekonferenz im Bischöflichen Generalvikariat in Aachen, die die Katholische Kirchengemeinde St. Peter und Paul, die „Ordensgemeinschaft der Armen Dienstmägde Jesu Christi" und ihre Anwälte im Februar 2004 veranstalteten, erklärte Anwalt Wimmer, der den Orden vertritt:

„Unterdessen haben nämlich zehn dieser Heimkinder beim Versorgungsamt hier in Aachen einen Antrag auf Entschädigung nach dem Opferentschädigungsgesetz gestellt. Dieses legt aus unserer Sicht den Verdacht des versuchten Betruges nahe. Wer unter Angabe unwahrer Tatsachen, die für die Entschädigung von maßgeblicher Bedeutung sind, versucht sich eine Entschädigung zu erschleichen, der begeht einen versuchten Betrug und wenn er die Entschädigung kriegt, dann begeht er einen vollendeten Betrug. Wir sind unserer Sache so sicher, ich sag das jetzt mit Vorbehalt, man kann sich auf dieser Erde seiner Sache nie ganz sicher sein, aber wir sind unserer Sache nach den von uns durchgeführten sorgfältigen monatelangen Ermittlungen so sicher, dass wir heute bei der Staatsanwaltschaft in Aachen drei Strafanträge und Strafanzeigen erstattet haben."

Tatsächlich hat Anwalt Wimmer neben den drei namentlich bekannten Personen sieben weitere Personen, deren Namen ihm zu dem Zeitpunkt nicht bekannt waren, angezeigt (diese Anzeigen richteten sich damals zunächst gegen unbekannt).

Die Ermittlungsverfahren sind später von der Staatsanwaltschaft eingestellt worden.

Anwalt Wimmer, der sein anwaltliches Mandat sehr Ernst nimmt, trug auf der Pressekonferenz engagiert weiter vor:

„Sehen Sie mal, wenn einer behauptet, er sei vierzehn Jahre lang täglich oder wöchentlich mehrfach regelmäßig verprügelt worden, und nicht nur er, sondern ganz viele Leute in dem Heim und das ganze Heim hätte das gewusst, dann klingt das erst mal nicht sehr wahrscheinlich. Wenn dann eine Zahl von Ordensschwestern auftritt, denen ich a priori Vertrauen schenke, die mir detailliert erklären, dass das frei erfunden sei, die nicht nur einfach sagen, dass stimmt nicht, sondern mir erklären, wie die Tagesabläufe in diesem Heim gewesen sind, die mir die Kinder erklären, die mir von der Hermine Schneider ein Bild geben, ein fröhliches Kind ist das hier, wenn Sie das gerne mal aufnehmen wollen mit der Kamera, das liegt auf dem Boden, hat auch keine Mädchenkleider an, wie sie das behauptet, sondern tollt da rum, das heißt nun nichts, das hatte die in ihrem Fotoalbum, aber dem Unbefangenen stellt sich schon die Frage, ob es vielleicht sein könnte, dass da eine Gruppe schwieriger Menschen versucht, ihre Vergangenheit zu heroisieren, und möglicherweise auch materielle Vorteile aus ihren Behauptungen zu ziehen. Ich sag das sehr behutsam, ich kann es nicht ausschließen, die Staatsanwaltschaft wird es klären."

Mit Gott und Peitsche

In einem Fernsehbeitrag des *Westdeutschen Rundfunks* (WDR), der am 16. September 2005 unter dem Titel *Hermines Mission* ausgestrahlt wurde, begründete die Generalvikarin des Ordens, Schwester Christiane Humpert, die Einschaltung der Staatsanwaltschaft aus „Verantwortung gegenüber den toten Mitschwestern aus Eschweiler":

„Was wir aus unserer Sicht und Erkenntnis für ausgeschlossen halten, ist, dass das täglich, regelmäßig mit einem fast sadistischen, einer sadistischen Freude geschieht, dass Kinder blutig geschlagen werden. Das halten wir nicht für möglich, es sei denn, es wird uns etwas anderes bewiesen, aber zurzeit können wir das nicht zuordnen, wohl aber das mal ne Tracht Prügel oder auch mal ne Ohrfeige oder vielleicht eine andere in der Erregung erteilte Strafe da gewesen ist, wobei es uns nicht mehr, also wie gesagt, Aussage steht gegen Aussage, wahrscheinlich nicht nur in Eschweiler, es wäre vielleicht auch in anderen Kinderheimen so, die Frage, ist es wirklich so, dass da eine Benachteiligung stattgefunden hat oder sind nur Mittel angewandt worden, die wir heute als nicht mehr adäquat ansehen."

Steht wirklich Aussage gegen Aussage? Sagen die Betroffenen die Unwahrheit, um, wie es Anwalt Wimmer ausdrückte, „materielle Vorteile aus ihren Behauptungen zu ziehen"?
Die Generalvikarin räumt immerhin die „Tracht Prügel oder auch mal ne Ohrfeige oder vielleicht eine andere in der Erregung erteilte Strafe" ein. Was waren das für andere „Mittel", die angewandt wurden, „die wir heute als nicht mehr adäquat ansehen"? Waren es die brutalen Mittel, wie sie von zahlreichen früheren Heimbewohnern in ihren Aussagen und „Eidesstattlichen Erklärungen" benannt worden sind: Stöcke, Kleiderbügel, Handfeger, Rohrstöcke, Bambusstöcke, Ledergürtel, Lederriemen, Peitsche, Krückstock?
Die Anklage der Betroffenen wiegt sehr schwer: Kinder, Heimkinder sind demnach Gewalt, ja schwerster Gewalt wehr- und hilflos ausgesetzt gewesen. Und es waren nach Angaben Betroffener vorwiegend Schwestern der „Armen Dienstmägde Jesu Christi", die sie zum Teil blutig geschlagen haben sollen. Für die Betroffenen muss das Kinderheim die Hölle auf Erden gewesen sein.

„Während meines Aufenthaltes im Eschweiler Kinderheim von 1958 bis 1970 hat bei mir ein ständiger Missbrauch durch das Erziehungspersonal des Kinderheimes St. Josef stattgefunden", versichert Hermine Schneider gegenüber dem Versorgungsamt. „Dabei möchte ich besonders hervorheben, dass wir ständig gezwungen wurden, Mahlzeiten gegen unseren Willen zu uns zu nehmen. Wenn ich mich weigerte, eine bestimmte Mahlzeit zu essen, wurde ich unter Schlägen gezwungen, die Mahlzeit zu mir zu nehmen. Wenn ich dann aufgrund der Übelkeit das Essen erbrochen hatte, löffelte man mir unter Schlägen bzw. Ohrfeigen das Erbrochene wieder in den Mund und zwang mich, das alles herunterzuschlucken."

Man habe sie nicht nur gezwungen, das Essen, auch das Erbrochene zu sich zu nehmen. Sie sei auch von einer Nonne schwer misshandelt worden:

„Bei einem Vorfall wurde ich von Schwester B. so heftig gegen einen Heizkörper geworfen, dass ich wohl eine Schädelfraktur mit Platzwunde erlitten habe. Ich kann mich noch genau daran erinnern, dass ich in einer Blutlache im Spielzimmer des Kindergartens unmittelbar neben dem Heizkörper wach geworden bin. Die erlittene Verletzung wurde nur notdürftig versorgt. (...) Der Vorfall mit der Heizung hat kurz vor Nikolaus im Jahre 1961 oder 1962 stattgefunden. Zu diesem Zeitpunkt konnte ich noch nicht gehen und fuhr mit einem vierrädrigen Maikäfer im Heim herum. Zu Weihnachten habe ich dann eine Negerpuppe mit Puppenwagen geschenkt bekommen."

Auch sei sie und andere Kinder sexueller Gewalt ausgesetzt gewesen:

„Weiterhin möchte ich mitteilen, dass in der Zeit von 1959 bis 1963 auf einem besonderen Speicher des Eschweiler Kinderheimes die Kinder und auch ich missbraucht worden sind. Dieser Speicher ist ca. 20 Quadratmeter groß. Zum damaligen Zeitpunkt vor dem Umbau konnte ein Erwachsener auf dem Speicher nicht stehen. Die Zugangstür des Speichers liegt ca. 1 Meter über der Tür des Schwesternzimmers, so dass man hier ohne Leiter keinen Zugang hatte. Auf die Frage der Zugangsmöglichkeit zu dem Speicher erkläre ich, dass sich damals auf dem Speicher eine Zugtreppe hinter der Luke befand. Beim Öffnen der Luke war dann die Leiter herausziehbar. Die Luke wurde von Schwester L. mit einer langen Stange, an der sich ein Haken befand, geöffnet. Mit dem Öffnen der Tür fuhr dann die Leiter quasi heraus. Auch Frau Therese H. hat häufig diese Tür geöffnet und dort Kinder missbraucht."

Auf die Frage des Sachbearbeiters des Versorgungsamtes nach der Art und Weise der konkreten Misshandlungen, erklärt Frau Schneider:

„Es war so, dass auf dem Speicher eine Glasplatte lag. Auf diese Glasplatte musste ich mich dann nackt legen. Dann wurde ich auf der Glasplatte entweder von Schwester L. oder von Frau H. oder von anderen Pflegekräften auf der Platte hin und her bewegt. Ich wurde in die Achselhöhle gefasst. Ob man mich an meinem Geschlechtsteil anfasste, kann ich heute nicht mehr sagen, ich war einfach schockiert. Infolge der ständigen Berührungen auf der Glasplatte, insbesondere durch das Anfassen im Achselbereich, schlafe ich heute noch zwanghaft mit eingewinkelten Armen (Frau Schneider stellte später klar, dass sie nur von Frau H. sexuell missbraucht wurde; von Schwester L. und anderen Pflegekräften habe sie in dem Zusammenhang nicht gesprochen – Anm. d. Verf.). Weiterhin möchte ich hinzufügen, dass Frau Therese H. mich nicht nur auf der Glasplatte im Speicher angefasst hat, sondern auch mich mit dem Vorwand, an einem Tonbandgerät Aufnahmen von

Radio Luxemburg machen zu können, in ihr Zimmer gelockt hat. Auch dann hat sie mich gezwungen, mich nackt auf eine Glasplatte zu legen, so dass sie dann wieder an mir herumfummeln konnte. Auch hier weiß ich nicht, ob sie mich direkt an meinem Geschlechtsteil berührt hat. ..."

Der Antrag auf Opferentschädigung wurde mit Bescheid vom 01.02.2005 abgelehnt. Im Sinne des Opferentschädigungsgesetzes (OEG) wurde immerhin anerkannt, dass Frau Schneider einmal gezwungen worden sei, Vanillepudding zu essen, „obwohl Sie dabei erbrachen und unter Androhung von Schlägen den Teller einschließlich des Erbrochenen leer essen mussten. Auch einmalige Schläge mit einem Kleiderbügel beim Spielen im Sandkasten sind belegt. Insoweit liegen bestätigende Zeugenaussagen vor. Diese beiden Gewalttaten sind jedoch für sich nicht geeignet, die Gesundheitsstörungen, für die Sie Versorgung begehren, zu verursachen".
Weiter trägt das Versorgungsamt vor:
„Der von Ihnen geschilderte Wurf gegen einen Heizkörper konnte von keinem Zeugen bestätigt werden. In diesem Zusammenhang haben Sie hier im Versorgungsamt laut Anhörungsprotokoll vom 08.01.2003 Folgendes vorgetragen:
‚Der Vorfall mit der Heizung hat kurz vor Nikolaus im Jahre 1961 oder 1962 stattgefunden. Zu diesem Zeitpunkt konnte ich noch nicht gehen und fuhr mit einem vierrädrigen Maikäfer im Heim herum.'
Kurz vor dem Nikolaustag 1961 oder 1962 waren Sie bereits 5 bzw. 6 Jahre alt.
Dass Sie zu diesem Zeitpunkt noch nicht gehen konnten, ist nicht glaubhaft. Ihre Angaben können daher für dieses Tatgeschehen insgesamt nach § 15 VfG-KOV (Gesetz über das Verwaltungsverfahren der Kriegsopferversorgung) der Entscheidung nicht zugrunde gelegt werden. Sie sind nicht nachgewiesen. (...)
Sie tragen vor, dass Sie und andere Kinder auf einem Speicher und in einem Zimmer des Heimes sexuell missbraucht worden seien. Keiner der befragten ehemaligen Heimbewohner konnte dies bestätigen. Zudem wäre ein langjähriger und regelmäßiger Missbrauch, den Sie für sich und auch gegenüber anderen Kindern behaupten, höchstwahrscheinlich aufgefallen, weil die Kindergruppen mit jeweils 40 Kindern überfüllt waren. Diese Meinung vertritt jedenfalls eine ehemalige Heimbewohnerin in ihrer Aussage zu dieser Fragestellung.
Ihre eigenen Schilderungen zum Missbrauch erscheinen auch in Anwendung des oben genannten § 15 VfG-KOV nicht glaubhaft.
Laut dem Protokoll Ihrer Anhörung vom 08.01.2003 sollen Sie in den Jahren 1959 – 1963 nackt auf eine Glasplatte gelegt und dann von einer Schwester oder anderen Pflegekräften hin und her bewegt worden sein. An Berührungen Ihres Geschlechtsteils konnten Sie sich nicht erinnern. Weiter haben Sie ausgesagt, dass eine Pflegekraft Sie unter dem Vorwand, Tonbandaufnahmen zu fertigen, in ihr Zimmer

gelockt und dort gezwungen habe, sich nackt auf eine Glasplatte zu legen. Dann soll sie an Ihnen ‚herumgefummelt' haben. Auch in dieser Vernehmung waren Ihnen Berührungen des Geschlechtsteils nicht erinnerlich.

Was nach Ihrer jetzigen Erinnerung ‚wirklich' geschehen sein soll, haben Sie erst später bei der Begutachtung im ‚Klinikum der Universität Köln' am 10.10.2003 beschrieben. Prof. Dr. J. K. gibt Ihre Aussage in seinem Gutachten wie folgt wieder:

‚Im Alter von 3 Jahren sei sie wohl das erste Mal sexuell missbraucht worden. Sie sei von einer Schwester auf den Speicher gebracht worden. Dort habe man ihr versichert, dass nichts passiere, wenn sie nicht schreie. Wenn sie es täte, bekäme sie Prügel. ‚Sag niemandem etwas. Sei lieb. Es wird schön sein.' Das sei sie auf einer Glasplatte gelegt worden. Diese sei zuvor angewärmt worden, darunter habe sich eine Art Campingkocher befunden. Es sei tatsächlich angenehm warm gewesen, sie sei abgeküsst worden. Dabei habe die Schwester jedes Mal gestöhnt. Dieser Akt habe ca. 30 Minuten gedauert und habe ein bis zweimal pro Woche stattgefunden, vom dritten bis zum elften Lebensjahr. Ab dem siebenten Lebensjahr sei dies nicht mehr im Speicher erfolgt, sondern in einem Zimmer. Man habe ihr gesagt: ‚Du hattest gute Noten. Zur Belohnung darfst du Radio hören bei mir.' Sobald das Radio eingeschaltet worden sei, habe man das Zimmer abgeschlossen und sie ausgezogen. Dann sei sie stets gefragt worden: ‚Spürst du das?' An dieser Stelle der Exploration fängt die Probandin an zu weinen. Sie sei nackt ausgezogen worden, habe ‚verwelkte' Brüste liebkosten müssen, bis zum Orgasmus der betreffenden Schwester.'[11]

Sie haben die nunmehr behaupteten konkreten Missbrauchsschilderungen nicht von Beginn an ins Verfahren eingebracht. Die Aussage hat sich erst im Laufe des Verfahrens gebildet. Im Übrigen verehren Sie die ‚Täterin' (Frau H.), die bereits im Jahre 1994 verstorben ist, in besonderer Weise und verspüren für sie bis heute ein starkes sexuelles Empfinden, so dass hinsichtlich Deutung und Bewertung der vorgetragenen Tatsachen Ihre persönliche Wahrnehmung und die Realität insgesamt nicht glaubhaft in Einklang zu bringen sind und damit weder nachgewiesen noch nach § 15 VfG-KOV der Entscheidung zugrunde gelegt werden kann.[12]

Tätliche Angriffe im Sinne des OEG sind nicht nachgewiesen.

Nach Ihren Angaben bei der Begutachtung durch Dr. S. am 19.05.2003 wurden Sie, obwohl als Junge geboren, bis zum 6. Lebensjahr als Mädchen erzogen und danach als Junge, wogegen Sie sich wehrten. Tätliche Gewalthandlungen beschrieben Sie allerdings nicht und sind auch nicht durch Zeugen oder andere Umstände belegt und damit nicht nachgewiesen.

Es handelt sich mithin nicht um einen entschädigungspflichtigen Vorgang der tätlichen Gewaltkriminalität, sondern um ein erzieherisches Verhalten, dessen Einzelheiten zudem weder bekannt noch erwiesen sind[13].

Da nach alledem schon dem Grunde nach kein Anspruch auf Versorgung besteht, bedurfte es keiner Prüfung der (weiteren) Voraussetzungen des § 10a Abs. 1, Satz 1 OEG.
Ihrem Antrag musste der Erfolg versagt bleiben."

Erstaunlich ist, dass das Versorgungsamt mit Schreiben vom 14.10.2003 dem Anwalt der Frau Schneider mitteilte, „dass nach dem Ergebnis der durchgeführten Sachaufklärung davon auszugehen ist, dass Frau Hermine Schneider während ihres Aufenthaltes im Eschweiler Kinderheim St. Josef von 1958 – 1970 mehrfach vorsätzliche, tätliche Angriffe i.S.d. § 1 OEG erlitten hat. Während dieses Zeitraumes sind Frau Schneider vom Erziehungspersonal erhebliche Körperverletzungen zugefügt worden. Eine endgültige Entscheidung über den OEG-Antrag kann jedoch erst nach einer gutachtlichen Beurteilung des durch die Ereignisse im Eschweiler Kinderheim hervorgerufenen Gesundheitszustandes Ihrer Mandantin getroffen werden".
Dieses Gutachten liegt vor. Der vom Versorgungsamt beauftragte Gutachter, Prof. Dr. K., stellt in seinem wissenschaftlich begründeten psychiatrischen Gutachten fest, dass bei der Antragstellerin die psychiatrische Gesamt-MdE 60 v.H. beträgt. Der Fetischismus sei als voll schädigungsbedingt anzusehen, die weiteren Störungen wie Persönlichkeitsstörung und Transsexualismus zumindest in hohem Maße hauptsächlich schädigungsbedingt. Der Gutachter führt u. a. aus, dass „... insbesondere die langjährigen Gewalterfahrungen Einfluss auf die Persönlichkeitsentwicklung genommen haben, zumal andere stützende, sicherheitsgebende Beziehungen neben den Beziehungen zu den Tätern gefehlt habe, so dass die Persönlichkeitsstörung überwiegend als schädigungsbedingt anzusehen ist".
Der gegen den Bescheid erhobene Widerspruch wurde mit Widerspruchsbescheid vom 15.06.2005 durch die Bezirksregierung Münster zurückgewiesen. Zur Begründung wurde u. a. angeführt: „Die Gutachten des Prof. Dr. S. und des Prof. Dr. K. gehen von falschen Voraussetzungen aus." Diese Aussage erstaunt, da beide Gutachten im Auftrag des Versorgungsamtes angefertigt wurden. Frau Schneider hat vor dem Sozialgericht Klage erhoben und für die Durchführung des Verfahrens Prozesskostenhilfe erhalten. Die Begründung des Sozialgerichts ist eindeutig: „Die beabsichtigte Rechtsverfolgung bietet hinreichende Aussicht auf Erfolg gemäß § 73 a Sozialgerichtsgesetz (SGG); §§ 114, 115 Zivilprozessordnung (ZPO)."

An dieser Stelle sei darauf hingewiesen, dass sich entgegen der Behauptung des Versorgungsamtes, wonach „keiner der befragten ehemaligen Heimbewohner" sexuelle Missbrauchshandlungen bestätigen konnte, auch andere Zeugen an eigene Missbrauchserfahrungen erinnern. Diese Zeugenaussagen liegen dem Versorgungsamt auch vor.
Dem Verfasser sind weitere Fälle bekannt, in denen ehemalige Heimkinder, die ihren Angaben nach in Heimen Gewalt ausgesetzt waren,

Anträge auf Opferentschädigungsrente gestellt haben. Sämtliche Anträge sind offenbar durch die zuständigen Versorgungsämter abgelehnt worden. Es drängt sich der Verdacht auf, dass die Versorgungsämter mit allen Mitteln versuchen, mögliche Rechtsansprüche der Betroffenen abzuwehren, um zu verhindern, dass bundesweit immer mehr Gewaltopfer Anträge auf Opferentschädigungsrente stellen. Hierbei dürfte – neben ökonomischen Gründen – auch die Tatsache eine gewichtige Rolle spielen, dass durch die Bewilligung von Opferentschädigungsrenten von offizieller staatlicher Seite anerkannt würde, dass in (christlichen) Heimen Gewalt zum Bestandteil der Heimerziehung gehört.

Hermine Schneider hat gegenüber dem Versorgungsamt zahlreiche ehemalige Heimkinder benannt, die angeben, im Kinderheim St. Josef Gewalt, zum Teil schwerster Gewalt wehr- und hilflos ausgesetzt gewesen zu sein. Von diesen haben, wie bereits oben erwähnt, einige Anträge auf Opferentschädigungsrente nach dem Opferentschädigungsgesetz (OEG) gestellt – auch diese Anträge wurden, soweit dem Verfasser bekannt, abgelehnt. In ihren Aussagen und „Eidesstattlichen Erklärungen" berichten diese von Misshandlungen, teilweise schweren Misshandlungen – einige auch von sexueller Gewalt, der sie durch die Erzieherin Theresa H. ausgesetzt gewesen seien. Und immer wieder werden Ordensschwestern der „Ordensgemeinschaft der Armen Dienstmägde Jesu Christi" namentlich genannt. Wenn man den Erinnerungen der ehemaligen Heimkinder folgt, dann waren es insbesondere die Ordensschwestern L. und O., die teilweise mit sadistischer brachialer Gewalt viele Jahre Kinder und Jugendliche im Namen Jesu Christi prügelten, malträtierten, quälten, erniedrigten und entwürdigten. Gewalt, Zucht, Ordnung und Bestrafung waren demnach offenbar Heimalltag und Heimwirklichkeit.
Im Folgenden veröffentlicht der Verfasser zahlreiche dieser Aussagen und „Eidesstattlichen Erklärungen" – und verzichtet wegen der Authentizität darauf, stilistische Eingriffe vorzunehmen:

• Bernd G., der von 1968 bis 1980 im Eschweiler St. Josef Kinderheim lebte, berichtet, er sei von „Schwester L. brutal gezüchtigt (worden) mittels Peitsche, Kleiderbügel, Teppichklopfer, Handfeger und sogar mittels ihrer Krücken. Außerdem wurde ich von Therese H. sexuell missbraucht, zum Beispiel Zwang durch Oralverkehr und mittels ihres Fingers, den sie mir in den After drückte – sie suchte sexuelle Befriedigung. Sie war nur leicht bekleidet mittels Nachthemd. Aus Angst vor Schlägen habe ich mich nicht gewehrt". Und er erinnert sich, wie zahlreiche andere frühere Heimkinder auch: „Bei Schwester L. musste gegessen werden, was auf den Tisch kam, und wenn man das Essen wegen Unverträglichkeit erbrach, so musste man auch das Erbrochene

in sich hineinwürgen. Dabei stand besagte Ordensschwester mit dem Handfeger neben mir.
Ich bin durch die Verbrechen an mir durch das Eschweiler Kinderheim schwer krank geworden und habe deshalb OEG – Antrag gestellt."

- Herbert K., der von 1960 bis 1967 im Kinderheim St. Josef lebte, berichtet in seiner „Versorgungsangelegenheit nach dem Opferendschädigungsgesetz (OEG)" dem Versorgungsamt:
„In der Zeit ... wurde ich ständig aus kleinsten Anlässen geschlagen. Dies geschah mit Kleiderbügeln, Bambusstöcken und anderen Gegenständen. Es wurde einfach auf den ganzen Körper, vorwiegend auf die Hände und auf die Schultern, geschlagen. Zu diesem Zweck wurde ich speziell in einen kleinen Umkleideraum von ca. 2 qm geführt. Dort wurde ich dann brutal zusammengeschlagen. Es war ein Raum ohne Fenster, quasi wie ein Verlies. Oft musste ich den ganzen Tag dort bleiben, die Mahlzeiten zu mir nehmen und auch die Schularbeiten machen. Abends wurde ich dann aus dem Verlies freigelassen und durfte in unseren gemeinsamen Schlafsaal gehen." Herr K., der „während der ganzen Zeit keine einzige Bezugsperson (hatte), der ich vertrauen konnte", hatte Angst, große Angst. Und er beschreibt, warum er und die anderen Kinder Angst hatten: „Ich kann mich noch genau daran erinnern, dass andere Kinder sich nackt in die Badewanne stellen mussten und dort ca. ½ Stunden mit einem Bambusstock bearbeitet wurden. Die Schreie der Kinder konnte man bis unten in den Flur hören. Keines der betroffenen Kinder durfte darüber sprechen, sonst wäre die Prozedur wiederholt worden. Sie lagen dann nachts weinend in ihrem Bett. (...) Insgesamt war die Situation einfach bestialisch. Es ist so, dass Schläge und sonstige Gewaltübergriffe unser ständig Brot waren. Daher lebten wir in ständiger Angst und Furcht."
Auch Herr K. erinnert sich an die Mahlzeiten: daran, dass der „Teller immer leer gegessen werden (musste)". Und er beschreibt die Gewalt, die man ausübte, wenn der Teller nicht „leer gegessen" wurde: „Wenn das nicht geschah, so wurden solange Ohrfeigen verabreicht, bis man den Teller leer aß. Wenn man dann infolge der Übelkeit erbrach, musste auch das Erbrochene aufgegessen werden. Dies ist gerade auch bei mir passiert, da ich mich oft geweigert habe, bestimmte Nahrungsmittel einfach zu mir zu nehmen."
Auf die Frage des Sachbearbeiters, von wem er misshandelt wurde, antwortet er: „Ganz speziell bin ich von Peter K. und Lothar H. im Keller des Kindesheims oft bearbeitet worden. Ich meine das so, dass ich da mit brutalsten Faust- und Stockschlägen zusammengeschlagen worden bin. Aus meiner heutigen Sicht muss ich sagen, dass nicht nur aus Machtdemonstration, sondern auch aus perverser Lust an Gewalttaten über Kindern von den Nonnen und Erziehern die Schläge verabreicht wurden. Ich möchte noch betonen, dass ich zur Zeit bei Frau B. ... in Therapie bin. Die kath. Kirche hat sich bereit erklärt, mir 25 Therapiestunden zu bezahlen." An dieser Stelle sei die Frage erlaubt, wa-

rum die katholische Kirche sich bereit erklärt hat, die Kosten für die Therapie zu übernehmen?

Dem *Spiegel* (Ausgabe 21/2003, Seite 70 bis 76), der unter dem Titel „Unbarmherzige Schwestern" über Misshandlungen in Heimen berichtete, sagt Herr K.: „Wer damals misshandelt und in vielen Fällen auch sexuell missbraucht wurde, hat es später in seinem Leben mitunter weitergegeben". So auch sein Bruder, der mit ihm im Eschweiler Kinderheim untergebracht war und später zum Sexualstraftäter wurde. In dieser Hinsicht hätten sich „die Ordensmänner und -frauen eigentlich am meisten schuldig gemacht". Sein Bruder brachte sich 1998 um, aus Angst, rückfällig zu werden. „Daran sind die Nonnen schuld", habe der Bruder im letzten Gespräch mit ihm geklagt, ehe er aus dem Fenster sprang.

In dem Fernsehbeitrag (*Hermines Mission*) des Westdeutschen Rundfunks (WDR) benennt Herbert K., der frühverrentet ist und einen Behindertenausweis besitzt, die gravierenden Folgen, an denen er noch heute leidet: „Angstzustände, panische Attacken, also Herzrasen, so als würde man einen Herzinfarkt bekommen. Schweißausbrüche, Blässe, Zittern am ganzen Körper, also regelrecht verängstigte Zustände, als würde man, auf Deutsch gesagt, den Hals abgedreht, keine Luft mehr bekommen. Das sind dann so Symptome."

- Siegfried R. versichert an „Eides Statt", dass „ich in dem Zeitraum 1960 – 1975 im Kinderheim in Eschweiler gelebt habe". Auch er sei durch die Erzieherin Theresa H. mehrfach sexueller Gewalt ausgesetzt gewesen. „Während dieser Zeit kam es mehrmalig zu sexuellen Handlungen seitens Frau Therese H. Unter anderem nahm Frau Therese H. mich im Jahre 1970 zu einem zweiwöchigen Urlaub nach Niederndorf/Tirol mit. Speziell in diesem Zeitraum kam es Morgens und Abends immer wieder vor, dass diese mein Geschlechtsteil in ihre Hände nahm und daran herumfummelte. Auf meine Frage hin, warum sie das tue, meinte sie, nachschauen zu wollen, ‚ob ich in die Hose gemacht hätte'. Diese Handlungen, aus meiner heutigen Sicht heraus, fand ich übertrieben und war für mich sehr unangenehm. Noch heute leide ich unter den Folgen; eine Beziehung ist aufgrund der Ereignisse und Erlebnisse während dieser vielen Jahre fast unmöglich geworden. Ich versichere, dass die hier gemachten Angaben der Wahrheit entsprechen und ich nichts hinzugefügt habe."

In seiner Opferentschädigungssache trägt er dem Versorgungsamt gegenüber weiter vor:

„Die erhobenen Vorwürfe richten sich nicht gegen das Kinderheim im Allgemeinen, sondern wie in meinem Fall speziell, gegen das Haus St. Martin bzw. gegen Schwester L. sowie Therese H. Zustände in anderen Häusern des Eschweiler Kinderheimes können von mir nicht beurteilt werden, da nur sehr wenig Kontakt zu anderen Heimkindern, die anderen Gruppen zugehörig waren, bestanden haben. (...) Die Erfahrungen, die mich betreffen, dürften für einen ‚Außenstehenden' nur schwer nachzuvollziehen sein. Wie Ihnen bereits in meinem Schreiben vom 14.06.2005 mitgeteilt, wo es um den Schlag mit der flachen Hand auf meinen Mund ging, wobei die Ecke eines Zahnes im Frontbereich abbrach, benenne ich Frau Hermine Schneider als Zeugin, die seinerzeit zu meinen Tischnachbarn zählte. Ausgeführt wurde dieser Schlag von Frau Therese H. Selbstverständlich könnten dies auch andere ehemalige Heimkinder bestätigen, die an meinem Tisch gesessen haben. Allerdings habe ich aus verständlichen Gründen keinerlei Kenntnis mehr darüber, was Namen bzw. Aufenthaltsort betrifft."

Herr R. berichtet von zwei Männern, die außerhalb der Einrichtung männliche Heimkinder ansprachen – bei diesen Begegnungen sei es zu sexuellen Handlungen gekommen. Dafür hätten die Männer den Jungen Taschenlampen geschenkt. Er sei einmal anwesend gewesen, aber selbst nicht missbraucht worden. „Noch am gleichen Abend wurde ich mit dieser Taschenlampe, mit der ich unter meiner Bettdecke leuchtete, von Schwester L. erwischt. Daraufhin musste ich in die Garderobe vor den Schlafzimmern, wo mir die Schlafanzughose runtergezogen wurde. Anschließend musste ich mich auf den Stuhl legen, mit dem Gesäß nach oben. Der Aufforderung mitzuteilen, von wem ich die Taschenlampe bekommen hatte, wollte und konnte ich nicht nachkommen. Die Schläge mit dem Gürtel auf den nackten Hintern wollte kein Ende nehmen ... Schläge dieser Art vergisst man nicht; genauso wenig wie das Erlebte, das letztendlich in diesem besagten Fall Auslöser dafür war. Soweit ich mich heute noch recht entsinnen kann, wurde seinerzeit ein ‚Onkel Georg' bzw. ein ‚Onkel Willi' wegen sexuellen Missbrauchs verhaftet und auch verurteilt.

Herr R. erinnert sich auch an folgende Gegenstände, die bei den Misshandlungen immer wieder zum Einsatz kamen: Kleiderbügel, Rohrstock oder Gürtel. Er führt hierzu aus: „Jeden einzelnen Fall hier niederzuschreiben, wo es um Schläge, mit welchem Gegenstand auch immer, gegangen ist, würde den Rahmen sprengen."

Über die sexuelle Gewalt, der er im Alter von 13 Jahren durch die Erzieherin Therese H. ausgesetzt war, berichtet er: „Es war nicht üblich, dass ein Heimkind mit einer Erzieherin für 14 Tagen in ‚Urlaub' fahren durfte, zumal nach diesem ‚Urlaub' die eigentlichen Ferien mit der gesamten Gruppe bevorstanden. Ungewöhnlich auch, dass dies im Alter von 13 Jahren geschah, dem Eintritt der Pubertät (Zufall?). Ungewöhnlich auch, dass keine Bettwäsche kontrolliert wurde, sondern immer nur der Griff in den Genitalbereich. Ungewöhnlich auch, dass der Zeitpunkt einer Kontrolle für einen ‚Bettnässer' deutlich länger dauerte, als erforderlich. Ungewöhnlich auch, dass diese Handlungen am Morgen und auch am Abend in gleicher Manier abliefen. Ungewöhnlich auch, dass ich mit meiner ‚Erzieherin' in einem Bett verbrachte, zumindest zu der damaligen Zeit. Im Übrigen verweise ich darauf, dass es auch im Heim nur dann diese ‚Kontrollhandlungen' gegeben hat, wenn sich keine weitere Person im Zimmer befunden hat." Auf die Frage des Sachbearbeiters, ob er hierfür Zeugen benennen könne, antwortet er: „Ja, da fällt es mir doch schon sehr schwer, Zeugen zu benennen, die diesen Vorwurf bestätigen können. Mir jedenfalls ist kein Missbrauchsopfer bekannt, das sich vor Gericht auf Zeugen berufen konnte, die vom Peiniger eingeladen wurden, dabei zu sein und zuzuschauen."

Angst war ein ständiger Begleiter „in meiner Kindheit", versichert Herr R. dem Versorgungsamt – „und genau diese Angst ist bis heute geblieben": „... Angst vor dem Lehrlingsheim; Angst vor der schiefen Bahn; Angst vor dem Gefängnis; Angst vor der Klappsmühle; Angst vor Schlägen; Angst vor Männern, die spazieren gehen wollen; Angst vor Frauen, die mir in den Genitalbereich fassen; Angst vor den Schreien irgendwelcher Kinder, die Prügel bezogen; Angst vor jedem neuen Tag. Einfach nur noch Angst: Tag für Tag!! Und bei all dieser Angst habe ich ganz vergessen zu leben! Ich bitte abschließend ausdrücklich um Verständnis, dass ich bei so viel Angst vergessen habe, wie meine einzelnen Gruppenkameraden namentlich hießen. Gruppenkameraden, die mit Sicherheit den einen oder anderen Sachverhalt, den einen oder anderen hier gemachten Vorwurf eidesstattlich versichern würden, bzw. deren Glaubwürdigkeit untermauern könnten."

Wie sehr viele andere traumatisierte Menschen, die Gewalt, teilweise unbeschreibliche Gewalt erlebt haben, hat auch er viele Jahre „geschwiegen, weil ich nicht wusste, wem ich mich anvertrauen konnte, um die Geschehnisse des Hauses St. Martin im Eschweiler Kinderheim publik zu machen. (...) Die Schäden, hervorgerufen durch eine Erziehung, wie auch immer man diese bezeichnen mag, sind so schwerwiegend, dass man ein ganzes Leben, ob man will oder nicht, darunter zu leiden hat. (...) Was ... aus meiner damaligen und heutigen Sichtweise heraus mich ebenfalls geprägt hat, waren u. a. Schreiben von ehemaligen Heimkindern an das Kinderheim, die im Gefängnis gesessen haben. Hier wurde von Schwester L. in meinem Fall mir deren Briefe vorgelegt, mit der Begründung: ‚Das kannst Du lesen, damit Du eines Tages nicht auch dort landest'. Was solche Dinge bzw. Praktiken einer Erziehung betrifft, konnte auch als Seelenterror bezeichnet werden."

• Heinrich G., der von 1960 bis 1970 im Kinderheim St. Josef lebte, fertigte eine „Eidesstattliche Aussage zum OEG-Antrag für das Versorgungsamt" und versichert dort:
„Ich bin über Jahre von Schwester L. mit der Peitsche, Lederriemen und besonders mit dem Kleiderbügel sowie ihrem Krückstock derart misshandelt und gezüchtigt worden, dass ich mich oft am Boden liegend vor Schmerzen krümmte und stets viel Blut verlor. Außerdem hat sie mir das Handgelenk gebrochen. Wegen der blutenden Wunden und Verletzungen durfte ich oft nicht zur Schule gehen." Herr G., der versichert, auch „heute leide ich noch oft an den Spätfolgen der brutalen Taten im Eschweiler Erziehungsheim", wurde seinen Angaben nach von der Erzieherin Therese H. misshandelt: „Therese H. hat mich stets mit bloßen Fäusten und Händen brutal ins Gesicht geschlagen. Eine

Methode von ihr war, dass sie stets meinen Kopf in die heiße Suppe drückte, wenn ich z. B. zu ‚laut' bei Tisch war." Und er versichert, durch Therese H. auf eine perverse Art sexuelle Gewalt erlebt zu haben: Therese H. „schnürte mir mit einem Gummiband den Penis ab, bis dieser erigierte, dabei schaute sie mich wollüstig an. Sie hat meinen ganzen Körper gestreichelt. Angeblich wollte sie mich waschen. Ich war stets durch ihre Handlungen geschockt und beschämt, konnte mich aber gegen Therese H. nicht wehren".

In einer vorhergehenden „Eidesstattlichen Erklärung" versichert Heinrich G.:

„Die Aussage der Frau Hermine Schneider bezüglich meiner Misshandlung von 1967, wo die Schwester L. mich schwer züchtigte an jenem Sonntag, wo ich nicht in die Kirche wollte und die Ordensschwester mich sogar noch am Boden liegend trotz meiner Schmerzensschreie weiter züchtigte, ... bestätige ich hiermit im vollem Umfang. Ich schrie vor Schmerz bei den Züchtigungen, welche ich wegen Bettnässens erhielt. Ich leide heute noch unter den Angstträumen und werde die Schreie anderer misshandelter Kinder ebenso wenig vergessen."

In dem Fernsehbeitrag (*Hermines Mission*) des Westdeutschen Rundfunks (WDR) berichtet Herr G.: „Ich meine es gibt Kinder, die nässen heute noch mit acht oder neun, oder mit 15 ein. Wenn es mir passiert ist, mir ist es ja täglich passiert, tagein, tagaus, musste man morgens das Bettlaken abziehen und um das ganze Kinderheim herumgehen, schön allen zeigen, dass es schön nass ist, ja, und dann ab ins Kabüffchen, da gab es erst mal Prügel. Sie glauben gar nicht, wie oft ich Prügel gekriegt habe."

Heinrich G. leidet heute nicht nur unter Angstträumen: „Durch den Missbrauch der Therese H. leide ich heute noch durch deren Manipulationen an meinem Geschlechtsteil. Ich habe heute noch Probleme mit meinen Hoden, die links und rechts in die Bauchhöhle rutschen. Durch diese ganzen Umstände im Eschweiler Erziehungsheim bin ich körperlich und seelisch gezeichnet, wodurch meine Sexualität in die Abnormität ging. Körperlich wurde ich durch das erlittene Traumata alkoholsüchtig."

Nach dem Heimaufenthalt hat er nirgendwo so richtig Fuß gefasst. Zuerst zog er durch Deutschland, heute ist er arbeitslos und in Aachen unterwegs.

• Franko K., der von seiner Geburt an seit 1964 bis 1978 im Kinderheim St. Josef lebte, erklärt in seiner „Versorgungsangelegenheit nach dem Opferentschädigungsgesetz":

„Ich kann mich ab 1967 an konkrete Vorgänge erinnern. Aus einer Vielzahl von Vorgängen möchte ich beispielsweise nennen: Als Kinder aus der Krabbelstation wurden wir nach dem Spielen eiskalt abgeduscht. Wir bekamen dann kein Handtuch und mussten uns klatschnass in die Ecke stellen. Dort verblieben wir, bis wir trocken waren und uns einen Schlafanzug anziehen konnten. Während dieser Zeit durfte sich keiner bewegen, sonst wurde er sofort geschlagen. Als Schlagwerkzeug wurden die bloßen Hände benutzt. Dies geschah fast jeden Tag. Als besondere Person, die dies immer veranstaltete, kann ich heute noch Frau Hedwig Sch. benennen."

Mit 5 Jahren kam er in den Kindergarten (Gruppe St. Elisabeth), wo „wir fast jeden Tag geschlagen (wurden): Die Schläge wurden mit großer Brutalität von Hand geführt. Es wurde auch nach uns Kindern getreten. An dem Beispiel meines Bruders Josef kann ich mich erinnern, dass er am rechten Oberschenkel eine große ca. 5 cm lange Narbe davon getragen hat. Als ich ihn nach dieser Narbe befragte, wollte er sich zunächst gar nicht äußern. Es ist wohl so gewesen, dass Josef vom Tisch gestoßen wurde und dabei an der Tischkante hängen geblieben ist und sich eine stark blutende Wunde (teilweise mit offenem Knochen) zugezogen hat. Ob die Wunde damals behandelt worden ist, kann ich nicht sagen. Weiterhin möchte ich aussagen, dass viele Kinder so häufig auf den Hintern geschlagen wurde, dass sich der Hintern rot verfärbte. Diese Kinder mussten dann in den folgenden Tagen eine Pamperswindel tragen, um überhaupt sitzen zu können".

Mit 6 Jahren kam Herr K. in die Gruppe St. Martin, die von Schwester L. geleitet wurde. Auch hier wurde er nach seinen Angaben mit schlimmster Gewalt konfrontiert: Die „Züchtigungen (wurden) noch brutaler. Ich kann mich daran erinnern, dass Schwester L. und die Erzieherin Therese H. häufig mit Stöcken, Kleiderbügeln und Lederriemen geschlagen haben. Es war so, dass die Schläge quasi an der Tagesordnung waren. Auch kann ich mich daran erinnern, dass auf Anweisung von Schwester L. Herr Peter K. dann die Schläge bei den Kindern ausgeführt hat. Es war so, dass Schwester L. dann dabei stand und zuschaute, wie die Kinder brutal mit irgendwelchen Gegenständen geschlagen wurden".

Herr K. berichtet auch über sexuellen Missbrauch, dem er durch die Erzieherin Theresa H. ausgesetzt gewesen sei:

„Ich bin jedoch auch sexuell missbraucht worden. Hierzu möchte ich folgende Vorfälle nennen: Zum Beispiel mussten wir samstags duschen. In der Regel haben wir zum Duschen die Badehosen angehabt. Speziell auf Anweisung von Therese H. mussten dann manche von uns die Badehose ausziehen. Danach mussten sich diese Kinder dann gegenseitig am Penis anfassen. Es ist auch dazu gekommen, dass Frau H. jemanden am Penis angefasst hat. Speziell kann ich mich daran erinnern, dass Frau H. dem Heinz (gemeint ist Heinrich G., siehe oben – Anm. d. Verf.) mit einer Kordel den Penis abgebunden hat, bis dieser stark anschwoll und rot und blau wurde. Ich kann mich auch an mehrere Vorfälle, die mich betreffen, erinnern. So hat mich Frau H. mehrfach versucht, unter der Dusche am Penis zu berühren bzw. ihn anzufassen. Speziell ist mir ein Vorgang im Gedächtnis, wonach sie auf mich zukam und am Penis anfasste, um mich abzutrocknen. Ich bin dann entsetzt von ihr zurückgewichen und ins Straucheln geraten.

Gleichzeitig hat Frau H. mir eine kräftige Ohrfeige verpasst, da sie wohl merkte, dass ich nicht gefügig war."

Der Sachbearbeiter des Versorgungsamtes, der Herr K. persönlich vernommen hat, fragte nach möglichen weiteren sexuellen Übergriffen. Dem „Vernehmungsprotokoll" ist zu entnehmen, „dass er sich an einen Fall erinnern kann, wo Frau H. ihn in ihr Schlafzimmer mitnehmen wollte, um dort offensichtlich den Beischlaf ausüben zu lassen. Er hat sich jedoch nach seiner Erinnerung so erfolgreich gewehrt, dass Frau H. von diesem Vorhaben abgelassen hat".

Auch Herr K. erinnert sich an die Mahlzeiten: daran „dass wir eigentlich immer alles aufessen mussten. Speziell aber bei den Suppen gab es oft traurige Vorfälle, wo wir also mit dem Kopf in den Suppenteller hineingestoßen wurden, wenn wir die Suppe nicht aufessen wollten. Auch wurden Prügel verabreicht, wenn wir den Teller nicht leer aßen. Wenn man die gegessenen Speisen erbrach, musste man das Erbrochene auch wieder aufessen. Dabei wurde ständig geprügelt". Und er berichtet, dass „zum Beispiel auch nach Bettnässen oder sonstigen kleinen Vorfällen ... wir ständig brutalst geschlagen (wurden). Es war so, dass die Schläge quasi zu unserem täglichen Leben gehörten. Speziell nachgefragt, wie mir die Schläge verabreicht wurden, ist es so, dass ich die Schläge immer auf den Rücken und den Hintern bekommen habe, bis ich blutete".

In einem späteren Schreiben an das Versorgungsamt führt Herr K. weiter aus:

„... Ich bin von Schwester L., Frau Therese H. und Herrn Peter K. immer wieder brutal mit einem Rohrstock, Kleiderbügel und Lederriemen auf den Rücken und Hintern geschlagen worden. In Ausführung der Handlungen zerbrach immer wieder ein Kleiderbügel oder ein Rohrstock. Schwester L. und Therese H. gaben mir stets zu verstehen, dass es besser sei, die Prügel und Schläge hinzunehmen, damit ich nicht auch, wie mein Bruder W. und andere Kinder aus dem Heim, in eine Psychiatrie untergebracht werden muss. Aus Angst in eine Psychiatrie zu kommen, nahm ich die Prügel und Schläge auf mich und verschwieg mein Schicksal gegenüber Lehrern, Klassenkameraden und dem Jugendamt."

Franko K., der als Kind die Prügel und Schläge widerstandslos hinnahm, um einer möglichen Psychiatrisierung zu entgehen, wurde nach dem Heimaufenthalt ein Fall für die Psychiatrie. Da Herr K. mit der Welt „da draußen" nicht zurecht kommt, lebt er heute in der Psychiatrie.

Im Übrigen hätten Untersuchungen und Röntgenaufnahmen der Klinik im Jahre 2004 ergeben, dass sein Rücken derart geschädigt sei, dass er nur noch „bedingt oder gar eingeschränkt einzugliedern wäre (bis zu 5 kg heben, Einschränkung im Arbeitsablauf in sitzende und stehende Tätigkeiten)": „Aufgrund dieser Prügel und Schläge in meiner Kindheit habe ich heute Probleme mit den Rücken und Lendenwirbel." Herr K. hat deshalb einen Behindertenausweis beantragt.

- Anna E. W. erinnert sich in einem Brief an Hermine Schneider an das Leben im Kinderheim St. Josef:
„Ich war von 1975 bis 1990 im Haus 3 des Kinderheims untergebracht. Ich wurde dort mit der flachen Hand, einen Handfeger und einen Kleiderbügel misshandelt. Schwester T. misshandelte mich, wenn ich schlechte Noten hatte oder nicht alles essen wollte. Ich wurde stundenlang im Waschraum eingesperrt. Wir durften keine Jungen im Heim ansprechen. Ich weinte oft, wenn ich mitbekam, wie andere Mädels misshandelt wurden. Ich träume heute noch von den damaligen Misshandlungen. Ich wohne in einer Außenwohngruppe der Caritas und leide immer noch an den Folgen der Erziehung im Kinderheim."

- Gisela E., die von 1960 bis 1967 im Kinderheim St. Josef lebte, versichert in einer „Eidesstattlichen Versicherung":
„Ich wurde von Schwester T. des Öfteren schwer gezüchtigt und misshandelt wegen banaler Vorgänge. Zum Beispiel die gehasste Milchsuppe etc. Ich wurde misshandelt mit Schuhen, Kleiderbügel als auch Handfeger. Oft schrie ich vor Schmerzen und hatte Striemen am ganzen Körper. Ich wurde derart bestraft, dass ich die mit Absicht verschütteten Wassereimer über der Treppe aufwischen musste, bis zum Keller hin, und dabei mit dem Handfeger bzw. Schuh gezüchtigt wurde und schwere Schmerzen hatte. Wir Mädchen mussten mit den Händen auf der Bettdecke schlafen, somit jede sexuelle Regung im Keim erstickt wurde. Ich wurde nur von Schwester T. geschlagen. Zu Jungen und Geschwister durften keine Kontakte aufgenommen werden.
Die Schreie der Misshandelten (Kinder des Eschweiler Kinderheims) werde ich nie vergessen."
In dem Fernsehbeitrag (*Hermines Mission*) des Westdeutschen Rundfunks (WDR) erinnert sich Frau E. auch an die Lehrer:
„Die Lehrer hielten sowieso größtenteils mit dem Heim zusammen, das hieß also, die Erfahrung habe ich auch gemacht, wenn man mal irgendwas gesagt hat, dass man Schläge bekommen hat. Dann wurde auch im Heim direkt angerufen, dass man das gesagt hatte – auf jeden Fall, wenn man dann aus der Schule kam, dann stand die Nonne schon mit Stock oder sonst was bereit und dann gab's die Senge dafür, dass man da was gesagt hatte. So dass man sich nachher gar nicht mehr getraut hatte, überhaupt noch was zu sagen. Überhaupt nicht."
Seit einigen Jahren ist Frau E. psychisch am Ende – und heute arbeitsunfähig. Nach zwei Suizidversuche kam sie in psychiatrische Behandlung. Heute ist sie bei einem Psychotherapeuten in Therapie. „Also, hab' immer wieder noch Gespräche mit ihm, wo ich also auch merke, dass immer noch Sachen hervorgeholt werden von ihm, wo ich denke, das wäre eigentlich normal so zu leben oder so zu sein. Aber in diesen Gesprächen kommen doch immer wieder Sachen, die auch auf Kinderheim und so weiter doch immer wieder hinauslaufen."

• Silvia E. erinnert sich in einem Brief an Hermine Schneider „ungern" an ihre Zeit im Kinderheim St. Josef:
„(...) Ich bin ungern bereit, über meine Kindheitserlebnisse zu berichten, geschweige nachzudenken. Es hat mich ein ganzes Leben traumatisiert und krank begleitet, so dass ich froh bin, es halbwegs verdängt zu haben. Auch wenn es dir vorsichtig scheint, will ich aus mir persönlichen Gründen nicht mehr in meine alten Wunden rühren. Ich will nur so viel sagen:
Es gab kontinuierlich harte Strafen: Prügel am ganzen Körper mit Stöcken, Riemen, bis sich die Wunden am Körper abzeichneten. Es gab bis in den Morgenstunden im Keller mit nackten Füssen stehen, nicht einschlafen dürfen, nicht weinen dürfen und bettelnd um ein Nachsehen bitten.
Die Folter fing schon mit 5 – 6 Jahren an – soweit kann ich mich erinnern.
Mein Aufenthalt in Eschweiler war zirka 14 Jahre lang und durchsetzt mit schweren Strafen, mit regelmäßigen blutigen Prügelattacken, mit Verbluten, mit psychischen Foltern, mit sprichwörtlich verbalen Runtermachen – die Liste lässt sich fortsetzen. (...)
Ein schwerer Vorwurf: Alle hatten und lebten die vielen Jahren in Angst – einsam und irgendwie verstoßen, abgesondert von der gesunden Gesellschaft – und das, weil sie in eine kranke Familie geboren worden sind, die von einer (in meinen Augen) kranken Gesellschaft – sprich Jugendamt, Sozialarbeiter, kath. Vereine, Kirchenvorstände, Rotes Kreuz, usw. – getragen und unterstützt wurde, das war nur möglich mit Verblendung und Nachrichtensperre an den Rest der Welt..."

• Paul Christian M., der mit seinem Bruder von März 1957 bis Sommer 1958 im Kinderheim St. Josef lebte, erinnert sich in einem Gespräch mit dem Sachbearbeiter des Versorgungsamtes:
„Wir sind damals vom Jugendamt ins Eschweiler Kinderheim eingewiesen worden, da wir eine Flüchtlingsfamilie waren und unsere Mutter sich damals mit uns in Wohnungsnot befand. Es war so, dass die Schwester meines Vaters uns eine Wohnung in Jülich zugesagt hatte. Dies konnte aber nicht realisiert werden. Meine Mutter hat dann eine Zeitlang in einem Zimmer gelebt. Da dies zu klein war, wurde mein Bruder und ich in das Eschweiler Kinderheim eingewiesen. Wir waren dort in dem Haus ‚große Jungen' untergebracht. Wenn ich an die dortigen Umstände zurückdenke, bekomme ich große Beklemmung und Ängste."
Die erste Nacht im Heim wird er niemals vergessen:
„Schon in der ersten Nacht bin ich dort von älteren Jugendlichen missbraucht worden. Dabei ist man anal in mich eingedrungen. Weiterhin hat man an meinem Geschlechtsteil derart brutal herumgemacht, dass mir die Vorhaut eingerissen ist. In dem Schlafsaal befanden sich damals 4 Doppelstockbetten. Allein durch diesen Vorfall wur-

de meine Sexualität erheblich beeinflusst. Bis heute verdränge ich Sexualität, da ich Erregung als Schmerz empfinde."
Die Leiterin des Hauses „St. Michael" (auch „große Jungen" genannt), Schwester O., bezeichnet er „als absolute Sadistin":
„Ständig wurden wir mit Gegenständen wie Kleiderbügel, Handfeger und Stöcken geschlagen. Ganz besonders ist mir noch ein Vorfall, der meinen Bruder betrifft, in Erinnerung. Die Erinnerung ist deswegen so stark, weil ich quasi für meinen jüngeren Bruder die Schutzfunktion übernommen hatte. Mein jüngerer Bruder hat eine Fettallergie. Bei einer Mahlzeit gab es u. a. eine Bauchscheibe mit Speck. Mir ist es noch gelungen, diese Bauchscheibe in die Hosentasche zu stecken. Meinem Bruder ist das nicht mehr gelungen. Zunächst weigerte er sich, die Bauchscheibe zu essen. Daraufhin wurde er von Schwester O. solange mit dem Handfeger geschlagen, bis der Teller leer war. Dabei mussten wir anderen solange im Raum bleiben, bis mein Bruder den Teller leergegessen hatte. Vorher durfte keiner den Raum verlassen. Als mein Bruder quasi den Teller leergegessen hatte, erbrach er sich in einem Schwall. Dabei ergoss sich das Erbrochene auf den ganzen Tisch. Dann schlug Schwester O. solange wieder auf meinen Bruder ein, bis er auch das Erbrochene gegessen hatte. (...) Ich glaube, dass mein Bruder jedoch die ganze Sache verdrängt hat und sich dazu nicht mehr äußern will. Dass mein Bruder jedoch durch den Aufenthalt geschädigt ist, ergibt sich für mich heute aus dem Umstand, dass seine Töchter heute zu mir kommen und fragen, wieso ihr Vater nicht in der Lage sei, eine emotionale Regung zu zeigen."
Die Mutter, die ihre Kinder sonntags besuchte, fragte immer, „wie es uns ging. Daraufhin haben wir stets geantwortet, dass es uns gut gehe, da uns für eine andere Antwort vorher Schläge angedroht wurden".
Herr M. erinnert sich auch an einen Jungen, „der meines Wissens nach heute Briefträger ist. Damals kam es vor, dass der Junge häufig aus Angst in die Hose machte. Dies geschah sowohl mit Urin als auch Stuhlgang. Er wurde dann immer von Schwester O. mit dem Handfeger durchgeprügelt und beschimpft. Gleichzeitig befahl ihm Schwester O., diese Hose den ganzen Tag anzulassen. Dabei hat eine weltliche Erzieherin oder Hilfserzieherin, den Namen weiß ich nicht mehr (sie war blond), zugesehen, ohne etwas zu unternehmen".
Aus „nichtigen Anlässen" sei „sofort geprügelt" worden: „Eines Tages ist mein Bruder versehentlich gegen Lego-Bauwerke gestoßen, die die anderen Kinder aufgebaut hatten. Darauf gab es sofort Prügel von Schwester O. Diese Prügelszenarien beinhalteten stets mindestens 20 Schläge. Mein Bruder und ich hatten das Gefühl, dass Schwester O. uns alle gehasst hat. (...) Befragt nach der Häufigkeit der Schläge war es so, dass jeden Tag 1 bis 2 Kinder geschlagen wurden. Die Bestrafungen wie Kartoffelschälen oder Schuhputzen erfolgten, ohne dass hierfür ein Grund erkennbar war."
Über die Zeit nach der Heimentlassung berichtet er:

„Nachdem meine Mutter uns aus dem Heim herausgeholt hatte, befand ich mich über Jahre in ständiger Angst, dass ich dorthin zurück müsste. Ich habe es erst 1980 geschafft, zum ersten Mal über die dortigen Vorkommnisse mit den ständigen Prügeln zu berichten. Auch heute denke ich noch stets mit Angst an die damalige Zeit zurück. Wenn ich an die damalige Zeit zurückdenke, wird mir bewusst, dass ich mich damals zum ersten Mal mit Selbstmordgedanken getragen habe."

Herr M., der selbst keinen OEG-Antrag gestellt hat, wurde auch „zu dem heutigen Verhältnis" zu Frau Hermine Schneider befragt: „... ich (muss) sagen, dass ich Frau Schneider sehr wohl kenne. Ich habe jedoch keinen häufigen Kontakt zu ihr, da mir ihr Verhalten etwas auf die Nerven geht. Ich möchte jedoch betonen, dass ich die Angaben von Frau Schneider zu der Zeit im Eschweiler Kinderheim, die ich aus den Berichten kenne, für absolut glaubhaft halte."

- Friedrich S. erinnert sich in einem Brief an Hermine Schneider an seine Zeit im Kinderheim St. Josef:

„Ich war vom Jahre 1952 bis 1965 im Heim. (...) Dort wurden kleine Kinder vom Personal für jede Kleinigkeit gezüchtigt. Auch bekamen sie Misshandlungen zu spüren, die es je gab. Auch mussten wir Perversitäten erdulden. Auch ich wurde dort misshandelt und musste Perversitäten erdulden. Die allerschlimmsten Peiniger waren Schwester O., Peter K. sowie Lothar H.[14] („Der Dicke"). Es gab Strafe für nicht erfüllte Wünsche der Peiniger. Ich denke noch heute an solche Szenen: Stockstrafe, Kleiderbügelstrafe waren noch die harmlosesten Prügelsorten von ihnen. Man kann so etwas gar nicht beschreiben. Ich hoffe, sie bekommen ihre gerechte Strafe dafür. Ich bitte um Entschädigung und Entschuldigung für diese Peinigungen von mir und die anderen Kinder vom Heim."

- Siegfried K., der ungefähr von 1955 bis 1966 im Kinderheim St. Josef lebte, berichtet in seiner „Versorgungsangelegenheit nach dem Opferentschädigungsgesetz (OEG)" dem Versorgungsamt von teilweise schlimmster Gewalt, der er und andere Kinder ausgesetzt gewesen seien:

„Wir wurden täglich brutal gezüchtigt und geschlagen. Es wurde mit allen gerade zur Hand befindlichen Gegenständen geprügelt. Ich erinnere mich vor allem an einen ca. 2 – 3 cm starken Bambusstock, an Kleiderbügel und an Ledergürtel. Es war so, dass wir sowohl von den Nonnen als auch von den Erziehern ständig aus kleinsten Anlässen misshandelt wurden. Aus einer Vielzahl von Vorfällen kann ich mich noch besonders an einen Fall erinnern. Ungefähr 1961/62 musste ich auf Weisung der Erzieherin Frau Ilona R. mich ausziehen und nackt in eine Badewanne legen. Dort hat sie mich dann mit dem Baumbusstock so geschlagen, dass ich am Kopf und am ganzen Körper blutete. Am Kopf wurde ich so schwer getroffen, dass ich eine Platzwunde erlitt. Sie hat insgesamt ca. 30 – 45 Minuten auf mich eingeschlagen. Die ganze Badewanne war mit meinem Blut besprizt. Nachdem sie aufgehört hatte, zwang sie mich dann noch, die Badewanne zu säubern. Ich stand danach blutüberströmt unter der Dusche und habe mich abgeduscht. Meine Wunden wurden nicht versorgt. Ich ging wieder zu meiner Gruppe zurück. Die anderen Kinder haben zwar meine Verletzungen gesehen, sie haben jedoch aus Angst geschwiegen. Im Prinzip haben Frau R. und Herr Peter K. alle Heiminsassen aus nichtigen Umständen brutal geschlagen."[15]

Herr K. erinnert sich daran, einmal den Tischdienst vergessen zu haben: „... ich (musste) vor einer Nonne niederknien, die vor mir saß. Sie nahm daraufhin meinen Kopf zwischen ihre Oberschenkel und presste den Kopf ein. Daraufhin mussten alle Kinder in der Gruppe (ca. 22 – 25 Kinder) 2 – 3mal mit einem Bambusstock auf meinen Hintern schlagen. Aufgrund dieser Schläge und des Drucks der Oberschenkel fing meine Nase an zu bluten. Häufig fing meine Nase auch aus bloßer Angst beim Essen an zu bluten."

Und auch er berichtet von den Mahlzeiten, davon, „dass wir immer alles aufessen mussten. Erfolgte dies nicht, gab es so lange Ohrfeigen, bis der Teller leer war. Einmal habe ich beim Abendessen versehentlich Sellerie auf meinen Teller gelegt. Da ich Sellerie nicht mag, habe ich mich geweigert, den Sellerie zu essen. Ich musste dann stundenlang bis ca. 10 Uhr abends vor dem Teller sitzen. Glücklicherweise konnte ich in einem unbeobachteten Augenblick den Sellerie in Papier einwickeln und in einen Papierkorb schmeißen".

Über Hermine Schneider berichtet er: „Die Hermine saß im Sandkasten und hat wohl nicht gehört, dass Schwester L. sie zu sich rief. Daraufhin ist Schwester L. zu dem Sandkasten gegangen und hat die Hermine so lange mit einem Kleiderbügel ins Gesicht und am ganzen Körper geschlagen, bis Hermine laut anfing zu schreien. Ich weiß dies noch ganz genau, weil Hermine so furchtbar geschrien hat. Zu diesem Zeitpunkt wusste ich nicht, dass Hermine (Willi) mein Bruder war."

Dem Sachbearbeiter des Versorgungsamtes versichert er, „dass alle Heimkinder, Jungen wie Mädchen, brutal geschlagen wurden. Die Schläge waren quasi unser tägliches Brot. Wenn ich jetzt zurückdenke, habe ich den Eindruck, dass die Schläge nicht nur aus Machtgehabe, sondern auch aus sexuellem Anlass erfolgten. Ich halte die Nonnen und Erzieher für sexuell perverse Menschen. Nur so lassen sich die Geschehensabläufe in dem Kinderheim erklären".

Auch Herr K. berichtet von Spätfolgen, die er auf das Heim zurückführt:

„Seit Jahren leide ich unter erheblichen Angstzuständen. Vor allen Dingen nachts wache ich häufig in Schweiß gebadet auf. Ich bin auch schon jahrelang in psychotherapeutischer Behandlung. Oft habe ich in der Vergangenheit dann nachts meine Lebensgefährtin in ihrer Wohnung angerufen. Es ist so, dass meine Lebensgefährtin und ich getrennte Wohnungen haben. Sie weiß noch genau aus meinen Schilderungen über meine Angstzustände Bescheid."

• Franz Josef K., der auch im Kinderheim St. Josef lebte, erklärt in einer „Eidesstattlichen Versicherung zur Vorlage beim Land- und Amtsgericht":
„Ich versichere, dass ich von Frau Ilona K., geborene R., im Musikunterricht im Kinderheim Eschweiler mit dem Taktstock (Holz) so oft auf dem Kopf geschlagen wurde, bis ich blutete und vor Schmerzen schrie und weinte. Die Verletzungen wurden nicht behandelt. Ich nahm selbst ein Taschentuch zur Hilfe. Der Musikunterricht war jede Woche bei der Schwester O.; es wurde auch gesungen, auch im Kanon. Ich erinnere mich, dass ich die Misshandlungen von Frau K. über mindestens 2 Jahre ertragen musste.
Unabhängig davon wurde ich auch von Peter K. äußerst brutal gezüchtigt, mindestens 3 Jahre lang. Die Kinder mussten genauso wie ich in einer Reihe stehen. Herr K. kam von der Schule, sagte: ‚Da habe ich aber viel zu tun' – und schlug mit brutaler Gewalt auf mich und andere Kinder ein, auch mit dem Rohrstock."

• Peter K., der von 1961 bis 1971 im Kinderheim St. Josef lebte, versichert in einer „Eidesstattlichen Aussage":
„Ich wurde fast täglich brutal von Schwester L. auf den Hintern gezüchtigt, auch mit den flachen Handflächen, mit den Bambusstock oder den Kleiderbügel. Ich schrie vor Schmerzen – und das Blut spritzte bis zum Boden. Ich erlitt Höllenqualen durch die brutalen Züchtigungen von Schwester L. Besonders oft wurde ich auch von Peter K. gezüchtigt. Dies mit dem Kleiderbügel."
Über Spätfolgen berichtet auch er: „Heute bin ich psychisch krank und in dauernder Behandlung. Aufgrund der brutalen Sexualunterdrückung bin ich homosexuell."

• Jürgen G. versichert in einer „Eidesstattlichen Erklärung":
„Ich bin im Kinderheim St. Josef in Eschweiler schwer gezüchtigt worden mit Kleiderbügeln, Stöcken, Krücken und Lederriemen, sogar mit Schuhen von Schwester L., Peter K. sowie Frau Ilona K., geb. R. Frau K. kannte ich eigentlich nur vom Musik- und Gesangsunterricht.
Ich bestätige nochmals hiermit, dass viele Kinder im Heim täglich gezüchtigt wurden.
Meine Schmerzen sowie die Schmerzens-Schreie der anderen Heimkinder werde ich nie vergessen. Noch heute habe ich Angst-Träume bezüglich der Verbrechen des Eschweiler Kinderheims."

• Franz P., der von Mitte 1952 bis etwa April 1956 im Kinderheim St. Josef lebte, berichtet dem Versorgungsamt in einer schriftlichen Erklärung:

„Ich war auf der Station von Schwester O. – große Gruppe. Ich kam ins Kinderheim aufgrund ständiger Misshandlungen durch meine Stiefmutter. Nach meinem Krankenhausaufenthalt von etwa 2 Jahren, mit kurzen Unterbrechungen, konnte ich die Zustände im Elternhaus nicht mehr ertragen und ging zum Jugendamt. Von dort aus kam ich dann ins besagte Kinderheim. Durch die Misshandlungen im Elternhaus bin ich heute noch schwerbehindert."

Wie auch andere Betroffene versichert er, im Kinderheim habe „ein sehr strenges Regiment" geherrscht, „was eigentlich jeden Tag und dies mehrmals aus kleinsten Anlässen in Schläge ausartete. Dies war nicht eben mal ein Klaps. Hier wurde kräftig mit voller Wucht geschlagen. Und dies ausschließlich immer am Kopf."

Herr P. erinnert sich an einen ganz schlimmen Vorfall, der ihn bis heute verfolgt:

„Warum dies so ist, kann ich nicht begründen. Es betrifft zwei Jungen ... . Beide Jungs wurden von Schwester L. beim Masturbieren erwischt. Beide Jungen wurden sofort im Baderaum, im Keller, eingesperrt. Schwester L. kam dann zu uns im Jungensaal und sprach über diesen Vorfall mit unserer Schwester O. Wir wussten alle sofort, dass es nun ganz schlimm werden würde. Wir wussten aber zu diesem Zeitpunkt nicht, warum und um welche Jungens es sich handeln würde. Dies erfuhren wir erst später. Jedenfalls gingen beide Schwestern aus dem Saal. Nur wenige Minuten später hörten wir die Schreie und das Weinen der Jungen. Wir gingen leise – also den Mut hatten vielleicht vier bis fünf Jungen – also leise aus dem Saal und die Treppe runter zum Baderaum, wo die Schreie herkamen. Durch die nur angelehnte Türe konnten wir sehen, wie Schwester L. mit einem dicken Stock auf beide Jungens eingeprügelt hat. Ich vergesse nie das Bild, immer und immer wieder mit voller Wucht drauf, egal wohin auch immer. Schwester O., die war ja groß, die schlug mit der flachen Hand oder mit der Faust immer nur drauf. Die beiden Nonnen waren so in Rage, dass selbst mit den Füßen egal, wo auch immer, hingetreten worden ist.

Ich selber, der durch Misshandlungen schwerbehindert bin und einiges erlebt habe, ich kann dieses Bild der schlagenden Nonnen nie vergessen. Ich hasse Nonnen. Für mich sind diese Nonnen, überhaupt grundsätzlich Nonnen, das Falscheste überhaupt, was rumläuft. Dies ist meine heutige Ansicht über Nonnen. Eine Kirche sehe ich auch nur von draußen.

Jedenfalls, beide Jungen waren so zugerichtet, dass diese Tage nicht zur Schule gehen konnten."

Auch erinnert sich Herr P, der keinen OEG-Antrag gestellt hat, an die Mahlzeiten: daran, „dass ich mehrmals gesehen habe, wie Erbrochenes wieder aufgegessen werden musste. Grundsätzlich musste beim Essen der Teller leer sein. Egal wie auch immer. Wenn nicht, dann setzte es heftige Schläge bis stundenlanges in die Ecke stehen, oder absolutes Spielverbot und kein Hofgang."

In seinem Kopf habe sich bis heute nachhaltig das Folgende eingeprägt:
„Um etwa 6 Uhr morgens gingen die Nonnen beten. Wir hatten im gleichen Haus, 2. Etage, eine eigene Kapelle. Aber, so um 5 Uhr etwa kam schon Schwester O. zu uns in den Schlafsaal und setzte sich dort an der Tür auf einen Stuhl und betete den Rosenkranz. Wenn sich dann aber mal ein Junge rührte oder im Schlaf noch mal einen Laut von sich gab, dann ging das Theater schon los. Ich schätze heute mal, wir waren in unserer Gruppe vielleicht 40 Jungen. Und da kann keine absolute Ruhe sein. Diese Hinterhältigkeit, den Rosenkranz beten und Schläge austeilen, dies vergesse ich nie."
Herr P., der seinen Angaben nach selbst nicht misshandelt wurde, äußert sich auch zu Frau Hermine Schneider:
„Sagen möchte ich noch, dass ich mich mit den Angaben oder dem Vorgehen von Frau Schneider nicht beschäftige. Hierzu muss man bedenken, dass Frau Schneider meine Stiefmutter, welche mich so geschlagen hat, abgöttisch liebt. Frau Schneiders Vater hat zu einem späteren Zeitpunkt meine Stiefmutter geheiratet. Dies muss so in den 70er Jahren gewesen sein. Meine Stiefmutter hat sich anscheinend damals sehr um die Familie der Frau Schneider gekümmert. Wenn ich also mit Frau Schneider in Kontakt komme, höre ich nur Gutes. Aber, meine Kindheit insgesamt wühlt mich doch so sehr auf, dass ich engere Kontakte ablehne. Die Angaben von Frau Schneider über das Eschweiler Kinderheim, die halte ich aber absolut für wahr und zutreffend. Und gerade weil es so ist, habe ich mich nach langem Überdenken doch dazu entschlossen, hier diesen Bericht zu schreiben."
Auch an den Vorsitzenden des Kirchenvorstands der Katholischen Kirchengemeinde St. Peter und Paul, Pfarrer Peter Müllenborn, richtete Herr P. ein Schreiben:
„… Sie und das Kinderheim sollten den Mut aufbringen, endlich die Fakten als Wahrheit anzusehen! Fehler einzugestehen, dies hat überhaupt nichts mit Schwäche zu schaffen. Die Verhaltensweise der Kirche oder die des Kinderheimes ist aber Schwäche. Dreist und frech und eine Beleidigung für alle ist diese Verhaltensweise!
Absoluter Fakt und Tatsache ist, die wahren Verbrecher dieser heutigen Welt sitzen in den Banken und innerhalb der Kirchen!"
Ein Antwortschreiben des Kirchenmannes hat er nicht erhalten.
Monate später meldete sich der Prozessbevollmächtigte der „Ordensgemeinschaft der Armen Dienstmägde Jesu Christi", Rechtsanwalt Wimmer, bei Herrn P. und wollte die Namen der zwei Personen, die von den Nonnen L. und O. im Baderaum brutal zusammengeschlagen worden sein sollen. Die Ordensgemeinschaft sei, so Wimmer, an einer „objektiven Aufklärung" interessiert und beabsichtige die Überprüfung der Vorwürfe. Herr P. lehnte dieses Ansinnen ab, „weil mir die Verlogenheit der Kirche, nicht nur in diesem Fall hier, regelrecht zum Halse raus hängt".

An dieser Stelle sei noch einmal darauf hingewiesen, dass Rechtsanwalt Wimmer im Auftrag der „Ordensgemeinschaft der Armen Dienstmägde Jesu Christi" gegen zehn betroffene Menschen, die eine Opferentschädigungsrente beantragt haben, Strafanzeige wegen Verdachts des Betruges bzw. des versuchten Betruges stellte.

• Harald Gerhard N., der von 1968 bis 1971 im Kinderheim St. Josef lebte, berichtet dem Sachbearbeiter des Versorgungsamtes in einem Gespräch:
„Nach meinen Erinnerungen war der Aufenthalt in diesem Heim einfach die Hölle. Man könnte auch sagen, wie in einem KZ. Es war die schlimmste Zeit meines Lebens. Auch heute finde ich diese Zeit vom seelischen Druck her einfach als Trauma. (...) Die ganze Organisation und Stimmung, wie man in dem Haus lebte, war wie in einem Gefängnis. Die Anzahl der Kinder in den getrennten Häusern betrug nach meiner Kenntnis ca. 10 – 20 Jungen/Mädchen."
Herr N. war bei Schwester L. untergebracht, im Haus ‚kleine Jungen' (St. Martin).
„Wenn man die Hausordnung verletzte, wurde man mehrere Stunden in einem speziellen Raum im Keller eingesperrt. Wenn ich z. B. in der Schule auffällig war, wurde dies direkt dem Heim gemeldet. Ich erinnere mich noch an einen Vorfall, bei dem ich in der Schule aufgrund der Vorkommnisse im Kinderheim einfach einen Nervenzusammenbruch erlitten habe und laut geschrien habe. Da ich wohl kaum zu beruhigen war, wurde dieser Vorfall noch am gleichen Tag dem Heim gemeldet. Daraufhin musste ich mich vor der Gruppe des Hauses aufstellen und wurde als hysterischer Sohn einer Alkoholikerin, asoziales Pack von Schwester L. heruntergemacht. Die extreme seelische Last wird für mich auch heute noch in den Noten meiner Zeugnisse erkennbar. Vor dem Aufenthalt war ich eigentlich ein durchschnittlicher Schüler mit einem Notendurchschnitt von 3. Während des Aufenthaltes im Eschweiler Kinderheim sank mein Notendurchschnitt auf 5 – 6. Nach Verlassen des Eschweiler Kindesheims steigerte sich der Notendurchschnitt auf die Note 3."
Die Herkunft des Kindes sei „immer negativ hervorgehoben" worden, erinnert sich Herr N., der keinen OEG-Antrag gestellt hat:
„Meine Mutter war Alkoholikerin. Dies wurde von Schwester L. vor der Gruppe der Kinder stets hervorgehoben. Dies geschah auch mit der Herkunft anderer Kinder. (...) Wenn meine Mutter zu Besuch kam, wurde sie von Schwester L. als Schuldige vor allen Kindern heruntergemacht. Oft gab es auch Kontaktverbot."
Mit Blick auf die körperlichen Misshandlungen erklärt er:
„Ich persönlich bin nach meiner Erinnerung nicht geschlagen worden. Vielleicht habe ich es auch verdrängt. Ich glaube aber, es hat auch eine Rolle gespielt, dass mein Vater mich regelmäßig (jeden Sonntag) besucht hat und die Hausschwester sich vielleicht kontrolliert fühlte. Ich weiß jedoch mit Sicherheit, dass andere Kinder, insbesondere die,

bei denen sich niemand (Eltern) kümmerte, regelmäßig geschlagen wurden. Dabei wurde mit einem Stock oder mit sonstigen Gegenständen geschlagen. Die Schläge erfolgten von der Hausschwester L. und von der Hauswirtschafterin. Der Name der Hauswirtschafterin ist mir nicht mehr bekannt. Es war so, dass aus Belanglosigkeit, Willkür, manchmal auch aus Überforderung, regelmäßig geschlagen wurde."

Im Zusammenhang mit der „Frühmesse erinnere ich mich noch daran, dass wir regelmäßig Bibelpassagen als Strafe auswendig lernen mussten. Dies waren oft so große Passagen, dass es nicht gelang, sie vollständig auswendig zu lernen. Gelang dies nicht, gab es wieder Prügel. Deshalb lebten wir ständig in einem Schuld- und Angstgefühl. Wenn ich an die Zeit zurückdenke, so habe ich den Eindruck, dass das Schämen um sich selbst eine zentrale pädagogische Haltung im Eschweiler Kinderheim war".

Auch Herr N. erinnert sich an die Mahlzeiten:

„In unserem Haus wurden die Mahlzeiten im sogenannten Wohnzimmer eingenommen. Bestimmte Sachen wie Gemüse und Fett konnte ich nicht essen. Es war aber so, dass immer alles aufgegessen werden musste. Wenn nicht gegessen wurde, wurde eine Zwangslage dadurch geschaffen, dass die Schwester hinter einem stand und ständig sagte: ‚Noch ein Löffel, noch ein Löffel.' Ich bin mir aus meiner Erinnerung sicher, dass dabei andere Kinder geschlagen wurden. Für meine Person kann ich mich erinnern, dass ich immer eine Quarkschüssel leer essen musste, nachdem die Portionen für den Nachtisch auf kleine Schüsseln verteilt worden waren."

An die Strafen mit „dem sogenannten ‚Salzlöffel'" erinnert sich Herr N. „ganz besonders":

„Wenn man zu spät zum Essen kam oder sich weigerte, die Mahlzeit zu essen, gab es als Zwang 2 – 3 Teelöffel Salz. Unter Androhung von Schlägen musste man dann den Mund aufmachen und bekam 2 – 3 Teelöffel eingelöffelt."

Auf die Nachfrage des Sachbearbeiters, ob Kinder erbrachen und dann das Erbrochene aufessen mussten, antwortet er, daran „kann ich mich speziell ... nicht erinnern. Ich halte diese Angaben bei den von mir erlebten Vorkommnissen im Kinderheim jedoch für normal".

Wenn die Kinder nachts weinten, schluchzten sie, um die wachhabende Nonne nicht auf sich aufmerksam zu machen:

„Die Schlafsäle hatten ca. 6 – 8 Etagenbetten im Zimmer. Es musste immer strengste Bettruhe gehalten werden. Man durfte sich nicht rühren. Draußen hielte eine Nonne Wache. Alle Kinder waren regelmäßig verzweifelt und weinten nachts. Um die Geräusche leise zu halten, gab es nur ein Schluchzen. Wenn es lauter gewesen wäre, wäre Schwester L. hereingekommen und es hätte wieder Prügel und Schimpfe gegeben. Wenn man sich gegenseitig im Bett tröstete, gab es sofort Prügel, wenn Schwester L. dies bemerkte."

Herr N., der heute Diplomsozialarbeiter und Soziotherapeut ist, erinnert sich auch daran, „dass einige Kinder in besonderem Maße bevorzugt behandelt wurden. Diese Kinder sind auch nie geschlagen worden".

Die Katholische Kirchengemeinde St. Peter und Paul und die „Ordensgemeinschaft der Armen Dienstmägde Jesu Christi" weisen die schwere Anklage dieser Menschen weit von sich. Sie bestreiten vehement die Anklagepunkte der Betroffenen und stützen sich hierbei auf "Zeitzeugen". Ihre Anwälte präsentierten auf der Pressekonferenz im Bischöflichen Generalvikariat in Aachen im Februar 2004 die schriftlichen Erklärungen von fünf „Zeitzeugen", die ihre Kindheit im Kinderheim St. Josef verbrachten, und einer „Zeitzeugin", die dort als Nonne arbeitete. Die Aussagen, die auf Tonbänder bzw. Diktiergeräte aufgenommen und in den Anwaltskanzleien auf Anwaltsbriefköpfe abgetippt wurden, lassen die wahre Identität der „Zeitzeugen" nicht erkennen: Die Namen der Personen sind geschwärzt. Die „Vernehmungsprotokolle" tragen auch nicht die jeweilige Unterschrift der „Zeitzeugen" – am Ende der Erklärungen steht: „Vorgespielt und genehmigt", darunter jeweils die Unterschrift einer der Anwälte. Die Formulierung „Vorgespielt und genehmigt" erinnert an Formulare, die die Polizei bei der Vernehmung von Beschuldigten, Zeugen verwendet und die in der Regel von diesen unterschrieben werden (müssen).
Bei den „Zeitzeugen", die selbst im Kinderheim lebten, könne es sich nach Angaben von Hermine Schneider und anderen ehemaligen Heimbewohnern nur um Lieblinge der Nonnen handeln, die bevorzugt behandelt wurden. Es sind „Zeitzeugen", die dem Kinderheim und den dort damals beschäftigten Nonnen eine Art Ehrenerklärung, ja Absolution und Freisprechung erteilt haben.

- Einer dieser „Zeitzeugen" versichert, er könne mit „Sicherheit ausschließen, dass ich selbst von Schwester B. oder Schwester H. irgendwie gestraft oder gar gezüchtigt" worden bin:
„Ich habe auch nicht die geringste Erinnerung daran, dass irgendein anderes Kind aus meiner Gruppe von beiden geschlagen worden wäre. Wir wurden wohl schon mal zur Strafe in die Ecke gestellt, wenn wir ‚unartig' waren. Schwester B. war eine durchsetzungsfähige Frau, die wusste, was sie wollte. Aber was sie wollte, hat sie mit Ruhe und Güte durchgesetzt und nicht mit Strenge."
Über Schwester L., die von zahlreichen Zeugen sehr schwer belastet wird, weiß er nur Gutes zu berichten:
„Wenn das meine Mutter gewesen wäre, wäre ich froh gewesen. Denn: Sie war für uns da, man konnte mit ihr reden, sie hat sich unsere Sorgen angehört. Sie hat mich nie verprügelt oder sonst körperlich bestraft."

Eine Ausnahme habe es allerdings gegeben – da habe die fromme Frau doch ein Kind geschlagen:
„Ich erinnere mich, dass er (Franko K. – Anm. d. Verf.) einmal, dies war aber ein absoluter Ausnahmefall, Schwester L. so zur Weißglut gebracht hat, dass sie ihm mit einem Holzbügel auf den Rücken und den Hintern geschlagen hat. Sie war, was eigentlich nicht ihrem Charakter entsprach, in dieser Situation richtig in Wut geraten. Sie hat so feste gehauen, dass der Bügel dabei zerbrochen ist. Bei dieser Sache waren mehrere Kinder anwesend. Frank war allerdings so ‚abgebrüht', dass er das einfach hinnahm. Er hat nicht geheult, und das hat die Schwester vielleicht noch besonders in Wut gebracht. Hinterher hat er gelacht. Das ist der einzige Fall in all den Jahren, in dem nach meiner ziemlich sicheren Erinnerung Schwester L. ein Kind geschlagen hat."
Auch die Erzieherin Theresa H., die von zahlreichen Zeugen sehr schwer belastet wird, hat er in guter Erinnerung:
„Sie hat sich sehr fürsorglich um mich bemüht."
Und über Schwester O., auch sie wird von zahlreichen Zeugen sehr schwer belastet, kann er keine konkreten Angaben machen, was ihn aber nicht davon abhält, das Folgende zu erklären:
„Schwester O. kannte ich, weil wir einmal jährlich zusammen mit deren Gruppe in Urlaub gefahren sind. Außerdem leitete sie den Chor, in dem ich gesungen habe. Schwester O. war ‚stämmig' und robust, schnell aufbrausend. Davon, dass sie Kinder misshandelt haben soll, habe ich aber nie etwas gehört. Ich war ja auch mit den Kindern aus anderen Gruppen in der Klasse, und man hätte sich darüber unterhalten."
Der „Zeitzeuge" schließt offenbar völlig aus, dass die Schwestern Kinder misshandelt haben könnten:
„Dass Hermine Schneider Schwester T. als ‚ganz schlimm und brutal' bezeichnet, kann ich nicht bestätigen. Schwester T. habe ich fast jeden Tag gesehen, und ich habe sie ähnlich gütig und sympathisch in Erinnerung wie Schwester L. Ich erinnere mich noch, dass Schwester T. eine Erbschaft machte. Dann hat sie auf eigene Kosten ihre ganze Gruppe zu einem Urlaub eingeladen. An Schwester S. habe ich keine näheren Erinnerungen; von irgendwelchen körperlichen Misshandlungen durch sie habe ich nie etwas gehört."
Und er bekräftigt noch einmal, „körperliche Strafen, z. B. Züchtigungen oder Zwang zum Essen nie bei anderen Kindern meiner Gruppe bemerkt" zu haben. „Das wäre mir aufgefallen, weil wir ja immer zusammen waren."

• Ein anderer „Zeitzeuge" erklärt:
„Ich möchte ... sagen, dass ich die erhobenen Vorwurfe für ‚restlos unter der Gürtellinie' erachte. Ich halte die ganze Angelegenheit für eine schmutzige Kampagne, die mit der Wirklichkeit im Kinderheim nichts zu tun hat. Aus meiner eigenen Anschauung heraus kann ich sagen, dass ich von den Schwestern nie mit irgendwelchen Hilfsmitteln

geschlagen wurde, geschweige denn, blutig geschlagen wurde oder so geschlagen wurde, dass ich Blessuren davon trug. Natürlich war es, insbesondere entsprechend den damaligen Erziehungsmethoden, nicht ausgeschlossen, dass man mal eine Ohrfeige bekam, d. h. einen Klaps auf den Hinterkopf. Ich kann mich jedoch bei mir konkret an so etwas nicht erinnern."

Dass Kinder zum Essen gezwungen wurden und Erbrochenes wieder zu sich nehmen mussten, wie von Betroffenen berichtet, wird von ihm entschieden bestritten:

„Bezüglich meiner eigenen Person kann ich mich noch gut daran erinnern, dass ich eine echte Abneigung gegen Milchsuppe hatte. Ich habe deshalb Schwester L. gebeten, dass ich keine Milchsuppe mehr essen musste, da ich sie wirklich beim besten Willen nicht vertragen konnte. Daraufhin wurde mir Butterbrote angeboten, die ich gerne aß. Ich erwähne dies besonders, weil jeden Abend Milchsuppe gegessen wurde. Es war also überhaupt nicht so, dass ich gezwungen wurde, Milchsuppe zu essen. Auch bei Willi K. und anderen habe ich nie festgestellt, dass Ähnliches geschehen sein sollte. So was wäre auch im Kinderheim rumgegangen wie ein Lauffeuer, wenn Kinder gezwungen worden wären, bis zum Erbrechen etwas zu essen, was sie nicht mögen, darüber hinaus, wie von den angeblich Betroffenen vorgetragen, dass diese sogar Erbrochenes essen mussten. (...) Dass man für nicht gegessene Speisen Schläge bekam, halte ich für absoluten Blödsinn. ..."

Über Schwester O., auf deren Gruppe er nicht war, berichtet er:

„Zu Siegfried K. kann ich mich erinnern, dass dieser bei Schwester O. in der Gruppe war. Siegfried K. war für mich immer ein Heimbewohner, der aggressiv und auch gewalttätig war (die weiteren Ausführungen sind geschwärzt – Anm. d. Verf.) ... Ich kann mir nicht vorstellen, dass Siegfried K. von Schwester O. so geschlagen worden sei, wie er es darstellt. Misshandlungen hat es insoweit nach meinem Wissen nicht gegeben. Sie wären auch sofort bekannt geworden."

Das ehemalige Heimkind bestreitet grundsätzlich, „dass im Kinderheim fast täglich mit Kleiderbügeln, Lederriemen, mit dem Krückstock und mit dem Rohrstock (Bambus) gezüchtigt worden sei". Dies könne er nur als „Lüge" bezeichnen: „Mir ist überhaupt nicht klar, wann so etwas geschehen sein soll. Wie ich eingangs schon erklärte, waren wir tagtäglich von morgens bis abends zusammen. ..."

Der „Zeitzeuge" gibt eine Art Ehrenerklärung für das Kinderheim und die dort damals beschäftigten Nonnen ab:

„Zusammenfassend möchte ich nochmals sagen, dass ich mich im Kinderheim immer sehr wohl gefühlt habe und den Schwestern viel zu verdanken habe. Ich bin dort gerne hingegangen und habe nicht nur Schwester L., sondern auch Schwester O. und andere Schwestern kennen gelernt. Ich bin mit allen Schwestern gut zurecht gekommen. Ich kann mir überhaupt nicht vorstellen, dass es Misshandlungen der Schwestern gegeben hat. (...)

Im Übrigen möchte ich sagen, dass ich noch heute die Feste des Kinderheimes mit Freude besuche.
Darüber hinaus möchte ich noch nachtragen, dass ich nach meiner Schulzeit auf Initiative des Kinderheimes hin und mit Zustimmung des Jugendamtes... (ab hier ist der weitere Text mit einem schwarzen Balken durchgestrichen – Anm. d. Verf.)."

• Ein weiterer „Zeitzeuge" erklärt:
„Ich kann hierzu sagen, dass ich die erhobenen Vorwürfe in ihrer vollen Breite schlichtweg für unwahr halte. Ich habe während des gesamten Zeitraumes bei den Schwestern gelebt und sie tagtäglich mitbekommen. Das Verhältnis zu den Schwestern war gut. Natürlich war es im Rahmen der allgemeinen Erziehung zur damaligen Zeit schon mal notwendig, dass wir, wenn wir uns nicht benahmen, dafür eine Ohrfeige bekamen oder einen Klaps auf den Po. Das waren jedoch damals übliche Erziehungsmaßnahmen. Wir haben darunter nicht gelitten. Wenn ich höre, dass Frau Schneider behauptet, es seien Kinder blutig geschlagen worden, körperlich misshandelt worden mit Kleiderbügeln und Rohrstöcken und darüber hinaus dazu gezwungen wurden, Erbrochenes zu essen, wenn die Teller nicht leer wurden, so ist so etwas schlichtweg gelogen. (...) Es hat solche Misshandlungen, wie von den angeblich Betroffenen behauptet, in meiner Anwesenheit nie gegeben. Ich gehe auch 100%ig davon aus, dass mir solche Misshandlungen nicht hätten vorenthalten bleiben können, wenn sie an anderen Kindern begangen worden wären."
Bei seinen weiteren Ausführungen wird erkennbar, dass es ihm darum geht, die Glaubwürdigkeit der Betroffenen pauschal zu bestreiten – auch dann, wenn er sich namentlich nicht an diese erinnert:
„Ich kann mich daran erinnern, dass Siegfried K. in meiner Gruppe war. Er war ebenfalls bei Schwester O. untergebracht, so wie ich. Wenn Siegfried K. behauptet, die Schwestern hätten die Kinder und ihn verprügelt und er sei in der Badewanne mit einem Bambusstock so auf den Kopf geschlagen worden, dass das ganze Blut in der Badewanne lag, so dass er noch heute Narben davon habe, so muss ich dazu sagen, dass ich dies für frei erfunden halte. Solches hätte nie über unser Wissen hinweg getan werden können. Wenn ich mir nun vorstelle, dass wir in der Regel zu vier oder fünf Kindern in einem Zimmer schliefen, wäre es völlig undenkbar gewesen, solche Verletzungen, wie sie hier behauptet werden, auch nur einen Tag zu kaschieren. Solche Sachen, wie sie dort behauptet werden, sind nie geschehen.[16] Gleiches kann ich sagen zu den Äußerungen von Peter K., der behauptet, von Schwester L. ebenfalls fast täglich gezüchtigt worden zu sein mit den entsprechenden Mitteln, wie schon Siegfried K. sie genannt hat. Ich kann nur darüber lachen, wenn ich höre, dass er bereits gezüchtigt worden sei, wenn er ‚ein Mädel angeschaut' habe oder bei Tisch geredet habe. Solche Maßnahmen hat es nie gegeben. Diese Ausführungen sind wirklich unglaublich.

Gleiches kann ich sagen zu den Ausführungen, die Gisela E., Herbert K. und Heinrich G. gemacht haben. Herbert K. ist mir noch irgendwie in Erinnerung, die anderen Namen aber nicht."

Und auch dieser „Zeitzeuge" gibt eine Art Ehrenerklärung für das Kinderheim und die dort damals beschäftigten Nonnen ab:

„Zu den Charakteren der Schwestern kann ich sagen, dass Schwester O. eine freundliche Schwester war, mit der ich sehr gut zurecht kam. Sie hatte viel Sinn für die Probleme der Kinder und war uns aufgeschlossen. Sie fuhr mit uns auch in Urlaub, nach Italien und in andere Länder und machte mit uns wirklich tolle Sachen. Ich war Schwester O. und auch den anderen Schwestern derart stark verbunden, dass ich, nachdem ich aus dem Kinderheim raus war und meine Berufsausbildung fertig hatte, immer wieder Anlass hatte, die Schwestern zu besuchen. Das Gleiche gilt für Schwester L. (...)."

Der „Zeitzeuge" schließt seine Erklärung mit den Worten – und nimmt dabei für sich offenbar das Recht in Anspruch, für alle Kinder zu sprechen:

„Insgesamt möchte ich nochmals sagen, dass ich im Kinderheim eine tolle Kindheit verbracht habe und alle Schwestern zu uns Kindern gut waren. Die von den angeblich Betroffenen gemachten Behauptungen halte ich für völlig abwegig und erfunden."

- Eine „Zeitzeugin" war als Kind von 1946 bis 1950 im Kinderheim St. Josef untergebracht. Später absolvierte sie eine Ausbildung als Kinderpflegerin und war von 1953 bis 1993 im gleichen Heim beschäftigt. Auch sie gibt eine Art Ehrenerklärung für das Kinderheim und die dort damals beschäftigten Nonnen ab, denen sie gleichzeitig die Absolution erteilt:

„Zu den von den angeblich Betroffenen benannten Schwestern kann ich sagen, dass Schwester L. eine herzensgute Schwester war, die sehr mütterlich war und sich den Kindern in jeder Hinsicht öffnete. Ich halte es für 100 %ig ausgeschlossen, dass Schwester L. Kinder misshandelt hat. Die Beschreibungen, dass Schwester L. Kinder mit der Peitsche, dem Lederriemen oder besonders mit dem Kleiderbügel sowie ihrem Krückstock gezüchtigt haben soll, halte ich für ungeheuerlich. Die Schilderungen passen überhaupt nicht mit dem zusammen, was ich von Schwester L. weiß, wobei ich mit Schwester L. täglich zu tun hatte.

Schwester O. war eine Person, die großgewachsen war und eine kräftige Stimme hatte. Sie war durchaus schon mal in der Lage lauter zu werden, wobei sie jedoch ihr Herz am rechten Fleck hatte. Dies habe ich in vielen Gesprächen mit Schwester O. festgestellt. Ich kann mir nicht vorstellen, dass Schwester O. Kinder misshandelt oder gezüchtigt haben soll. Für nicht ausgeschlossen halte ich, dass Schwester O. vielleicht mal eine Ohrfeige verteilt hat. Dies gehörte jedoch damals auch noch zum Alltag in der Kindererziehung, wenngleich dies nach

heutiger Sicht bedauerlich ist. Mit Züchtigung oder Misshandlung hatte dies jedoch überhaupt nichts zu tun." (...)
Die „Zeitzeugin" schließt ihre Erklärung mit den Worten:
„Ich kann ... abschließend nur nochmals sagen, dass ich die Vorwürfe, die hier von den angeblich Betroffenen gemacht werden, für absolut unhaltbar halte. Sie sind abwegig und für mich in keiner Weise nachvollziehbar im Hinblick auf das, was ich von 1953 bis 1993 im Kinderheim erlebt habe."

• Eine weitere „Zeitzeugin" war auch im Kinderheim St. Josef untergebracht. Später absolvierte sie eine Ausbildung als Kindergärtnerin und war vom 01.04.1957 bis 31.08.1961 im gleichen Kinderheim tätig. Auch sie gibt eine Art Ehrenerklärung für das Kinderheim und die dort damals beschäftigten Nonnen ab, denen sie gleichzeitig die Absolution erteilt:
„(...) Den Tagesablauf von Schwester O. habe ich sehr genau gekannt, weil ich ja ihre engste Mitarbeiterin war. Wir waren außer in den Zeiten, in denen sie ihren schwesterlichen Pflichten nachging, nahezu immer zusammen. Ich sah, was sie mit den Kindern machte, und ich halte es für ausgeschlossen, dass mir verborgen geblieben wäre, wenn sie Kinder körperlich misshandelt hätte. Ich kann für die Zeit, in der ich dort war, absolut ausschließen, dass Schwester O. Kinder körperlich gezüchtigt haben könnte. Ich habe auch die uns anvertrauten Kinder nie über so etwas reden oder klagen gehört. Da ich unsere Kinder natürlich auch unbekleidet gesehen habe, z. B. wenn sie ins Bett gingen oder sich wuschen, wären mir Spuren körperlicher Züchtigung sicherlich aufgefallen, und ich hätte die Kinder danach gefragt. Ich hatte auch einen so engen Kontakt zu den Kindern, dass sie sicherlich zu mir gekommen wären, wenn sie unter körperlicher Misshandlung von Schwester O. gelitten hätten. (...) Auf angebliche sexuelle Misshandlungen angesprochen muss ich erklären, dass mich dieser Vorwurf besonders fassungslos macht. Auf unsere Station konnte niemand nackt auf einer Glasplatte hin und her geschoben werden, weil wir keine Glasplatte hatten."[17]
An Siegfried K., der behauptet, von Frau K. in der Badewanne blutig geschlagen worden zu sein, erinnert sich die „Zeitzeugin" nicht. Dennoch versichert sie: „Seine Darstellung, er sei in der Badewanne blutig geschlagen worden, kann ich für die Zeit, die ich überblicke, ganz und gar ausschließen." Und diese Zeit beschränkte sich auf 1957 bis 1961, Siegfried K. hingegen war ungefähr von 1955 bis 1966 im Kinderheim untergebracht.
Zu den Vorwürfen, Kinder seien gezwungen worden, ihre Teller leer zu essen bzw. das Erbrochene aufzuessen, versichert sie:
„Ich kann mir das, was meine Gruppe angeht, überhaupt nicht vorstellen. Ich habe in der Regel die Suppe ausgeschöpft und die Kinder gefragt, wie viel sie denn haben wollen. Und wenn es jemandem zuviel war, dann habe ich gesagt: ‚Dann lass es doch stehen.'"

Auch an dieser Stelle sei darauf hingewiesen, dass die Betroffenen überwiegend nach 1961 in das Kindheim kamen, die „Zeitzeugin" demnach nicht in der Lage ist, zu den Vorwürfen der ehemaligen Heimkinder Stellung zu nehmen.

• Und die „Zeitzeugin", eine Nonne, die von 1969 bis 1972 im Kinderheim St. Josef beschäftigt war, versichert:
„In der von mir geleiteten Gruppe ist niemals geprügelt worden; es gab nicht einmal ‚Klapse', weder durch mich noch durch meine Mitarbeiterin. (...) Die Vorwürfe von Frau Schneider ... weise ich nachdrücklich und entrüstet zurück. Sie sind, was mich betrifft, frei erfunden.
Ich habe auch aus den anderen Gruppen des Kindesheimes Derartiges nie gehört, weder von Kindern noch von Mitschwestern noch von weltlichem Personal. Auch aus der Vergangenheit sind mir Vorgänge, wie Frau Schneider sie behauptet, nie berichtet worden. Ich habe auch an unseren Heimkindern keine Spuren irgendeiner körperlichen Züchtigung feststellen können."

Dem Verfasser liegt die von Rechtsanwalt Wimmer angefertigte Strafanzeige vom 05.02.2004 vor, die er im Auftrag der „Ordensgemeinschaft der Armen Dienstmägde Jesu Christi" gegen Hermine Schneider und andere ehemalige Heimkinder stellte. Wimmer führt einige Ordensschwestern an, die seinen Angaben nach versicherten, „sie hätten von körperlichen Misshandlungen in diesem Kinderheim nicht nur nichts gehört, sondern sie hielten sie für gänzlich ausgeschlossen". An anderer Stelle weist der Jurist höchstselbst daraufhin, es „kann nicht ausgeschlossen werden, dass es vereinzelt und aus besonderem Anlass in diesem Kinderheim maßvolle körperliche Strafen gegeben hat ...". Er bezieht sich hierbei auch auf zwei Ordensschwestern, die Entsprechendes bekundet haben: So berichtet Schwester Lu. „von einer einzigen Ausnahme in ihrer Gruppe, bei der sie das lernbehinderte Kind Mirella G. ‚verhauen' habe. Davon abgesehen bestreitet sie aber ebenfalls detailliert jahrelange körperliche Misshandlungen in diesem Kinderheim". Und Schwester M. berichtet „von einem Gerücht aus der Zeit 1970 und 1972, also als Frau Schneider ausgeschieden war oder ausschied, Schwester O. habe Kinder gezüchtigt, und davon, dass mit ihr deswegen gesprochen war sei. Die Behauptung, Hermine Schneider oder andere (zahlreiche) Kinder dieses Kindesheimes seien über 14 Jahre lang von den oben genannten Schwestern fortwährend massiv körperlich misshandelt worden, hat sie aber ebenfalls nicht bestätigt".
Bei Schwester O. handelt es sich um die fromme Frau, die von einigen der oben zitierten Betroffenen zum Teil sehr schwer belastet wird.
Am Ende der Strafanzeige führt Rechtsanwalt Wimmer aus:
„Für die beschuldigten Ordensschwestern, die bis auf Schwester S. nicht mehr leben, wiegen die erhobenen Vorwürfe doppelt schwer: Sie werden nicht nur jahrelang kriminellen Verhaltens geziehen. Sondern die Vorwürfe betreffen auch Pflichten, die sie in ihrer Ordensgenossen-

schaft freiwillig übernommen haben. Zu dem damals und heute geltenden Pflichtkatalog der Armen Dienstmägde Jesu Christi, die in Schulen und Heimen tätig sind, gehörte es nach damaliger Vorschrift, *dass körperliche Züchtigungen möglichst ausgeschlossen oder doch auf seltene Ausnahmefälle beschränkt sein sollte* (vom Verfasser hervorgehoben). Es erscheint mehr als unwahrscheinlich, dass mehrere Ordensschwestern über 14 Jahre hinweg unter den Augen ihrer Mitschwestern massiv gegen diese ihre Ordenspflichten verstoßen haben könnten, ohne dass der Orden hiergegen eingeschritten wäre."
An dieser Stelle sei ausdrücklich darauf hingewiesen, dass die von Herrn Wimmer angeführten Mitschwestern nicht in den Gruppen „St. Martin" und „St. Michael", die von den Schwestern L. und O. geleitet wurden, beschäftigt waren. Die ehemaligen Heimkinder waren vorwiegend auf *diesen* beiden Gruppen untergebracht und wurden ihren Angaben nach von *diesen* beiden Schwestern misshandelt, manche sogar schwer misshandelt.

Kinderheim St. Hedwig in Lippstadt
„Warum lieber Gott hast Du nicht eingegriffen?"

„Zur größten Ehre der einen und ungeteilten Dreifaltigkeit, die in Christus und durch Christus Quelle und Ursprung jeder Heiligkeit ist, stellen wir Schwestern unser Leben in den Dienst der Gottesherrschaft; denn nach dem Herrenwort werden nur jene in das Himmelreich eingehen, die den Willen des Vaters t u n (Mt 7,21).
Durch die Werke der Liebe und Barmherzigkeit suchen wir die Herrschaft Gottes zu bezeugen und immer mehr herbeizuführen."
Das Zitat ist der Homepage der Hedwigschwestern.de entnommen

Die Kongregation der Hedwigschwestern von der „reinsten Jungfrau und Gottesmutter Maria wurde am 14. Juni 1859 durch den Domherrn Prälat Robert Spiske (5.3.1888) in Breslau gegründet", so die Homepage der Hedwigschwestern. Am 25. März 1959 wurden „wir dem Orden des Hl. Augustinus angeschlossen, dessen Regel für uns die Grundlage unseres gemeinsamen Lebens ist". Der Homepage ist weiter zu entnehmen:
„Die Kongregation der Hedwigschwestern widmet sich nach dem Willen ihres Stifters der christlichen Erziehung und dem Unterricht von Kindern und Jugendlichen nach den Grundsätzen der Kirche. Auch nehmen wir uns des endwicklungs- und milieugeschädigten Kindes besonders an. Darüber hinaus sind wir Schwestern in der Seelsorgehilfe tätig, übernehmen die Sorge um alternde Menschen und werden Hilfs-

bedürftigen aller Art im Namen Jesu zu Diensten sein. ... Außerdem weihen wir uns in besonderer Weise dem Heiligsten Herzen Jesu und verehren als unsere Schutzpatrone die seligste, unbefleckt empfangene Jungfrau und Gottesmutter Maria, den Hl. Josef, den Hl. Augustinus und den Hl. Franz von Sales."

Auch unter den „Hedwigschwestern", wie sich die „Bräute Jesu Christi" vom „Orden der Hedwigschwestern" nennen, gab es offenbar Nonnen, die die „Ausbreitung des christlichen Lebens" mit Gewalt betrieben haben. Die frommen Frauen sollen in den 50er, 60er und 70er Jahren im Kinderheim St. Hedwig in Lippstadt zahlreiche der ihnen anvertrauten Kinder und Jugendlichen misshandelt, malträtiert, gepeinigt und gequält haben.

Im Folgenden veröffentlicht der Verfasser Aussagen von Menschen, die im Kinderheim St. Hedwig untergebracht waren – und verzichtet wegen der Authentizität darauf, stilistische Eingriffe vorzunehmen.

„Was meinen Sie, wie viele Holzlineale zerbrochen wurden?"

• Mit neun Jahren kam Sascha W. 1979 in das katholische Kinderheim St. Hedwig, das 1999 wegen Personalmangels, so jedenfalls die offizielle Darstellung, geschlossen wurde. „Die ersten drei Wochen habe ich nachts nur geweint", erinnert sich Sascha W., der dort sieben Jahre lebte, gegenüber der *Neuen Westfälischen*, die am 29.05.2003 unter der Überschrift: „Grund zum Weinen. Ehemaliger Bewohner spricht von Gewalt im Kinderheim St. Hedwig" berichtete. Vor allem Schwester L., die Leiterin der Wohngruppe, hat er noch in prägender Erinnerung. Die fromme Frau sei irgendwann tagsüber zu ihm gekommen und habe ihn mit der bloßen Hand so geschlagen, dass er vom Stuhl gefallen sei. „So, jetzt hast Du wirklich mal Grund zum Weinen", erinnert er sich an ihre Worte.
Und immer wieder fällt der Name Schwester L. „Wir hatten die Aufgabe, eine Strophe eines Gedichtes zu lernen. Schwester L. hat darauf bestanden, dass ich das ganze Gedicht auswendig lernte." Um sicher zu gehen, dass Sascha W. das Gedicht auch tatsächlich auswendig lernt, sperrte die fromme Frau ihn in ein Zimmer, das sonst auch als Arrest-Raum diente. „Bevor Du das nicht kannst, kommst Du hier nicht raus", soll sie gesagt haben. „Ich habe Tage gebraucht", sagt der 34-Jährige.
An seine Eltern hat er immer wieder geschrieben, „mir geht es gut". „Wenn da was drin stand, was der Nonne nicht passte, flog das ganze Blatt durch den Raum", erinnert er sich. „Dann musste alles noch mal geschrieben werden." Für ihn mit Lernschwierigkeiten eine Qual. „Was

meinen Sie, wie viele Holzlineale zerbrochen wurden?" Mit Holzlinealen sei den Kindern von den Nonnen auf die Finger geschlagen worden. „Und wehe, Tränen tropften auf das Schulheft und verschmierten die Tinte! Dann mussten wir Kinder den Text ganz von vorne anfangen."
Ein Jahr lang kam Sascha W. noch in eine andere Wohngruppe. „Die Nonne dort war herzensgut".
Schwester L. erinnert sich gegenüber der *Neuen Westfälischen*, dass er nach seinem Aufenthalt im Kinderheim St. Hedwig immer wieder das Heim besuchte, um Freunde, aber auch ehemalige Lehrer und Erzieher wieder zu sehen.
Sascha W., der die Besuche bestätigt, habe die Nonne zuletzt kurz vor dem Umzug der Schwestern nach Berlin getroffen.

„Drei Nonnen haben dem Jungen den Teufel ausgetrieben."

• Herbert L. war als Internatskind 1961 für ein Jahr im Kinderheim St. Hedwig untergebracht. Er selbst habe am eigenen Körper keine Schläge erfahren, versichert Herr L. in einem Leserbrief der *Neuen Westfälischen* (Ausgabe 21.7.2003): Als „Internatskind genoss man Privilegien". Im Heim seien Mädchen und Jungen getrennt untergebracht gewesen. „So geschah es, dass sich bei einem gemeinsamen Theaterspiel der eigenen Heimschule ein Junge und ein Mädchen hinter der Theaterbühne harmlos küssten. Dies sah eine Nonne und brachte diesen sündigen Vorgang weiter in die christliche Runde", erinnert er sich. Die Bestrafung sei durch ein besonderes „Ritual" erfolgt. Drei Nonnen hätten dem Jungen den „Teufel ausgetrieben": „Eine Nonne hielt die Beine des Jungen fest, die andere die Hände und die dritte haute mit einem Rohrstock auf den Jungen ein." Der Junge habe vor Schmerzen geschrien und tagelang nicht sprechen können.
In seinem Leserbrief, der nicht voll abgedruckt wurde, führt er weiter aus:
„Der Besuch der Kirche im Hedwigheim war Pflicht und wer sich dem wiedersetzte, sah sich einer moralischen Gehirnwäsche ausgeliefert. Wurde auch hier nicht der Wille gebrochen und der Junge wehrte sich gegen den Kirchgang, gab es massive Schläge. (...) Der Tagesablauf bestand zu jeder Gelegenheit aus beten und beten. An kirchliche Bußtagen wurden Kinder angehalten, unzählige ‚Vater unser' den ganzen Tag zu beten, damit im Himmel Menschen aus dem Fegefeuer befreit wurden."
Die Sexualität sei „mit allen Mitteln ignoriert und ausradiert" worden: „Jeder Ansatz von Sexualität war Sünde und musste ausgetrieben werden. Zum Duschen gab es vom Heim genähte Duschhosen, die vom Bauchnabel bis zu den Kniescheiben reichten. Beim Duschen erreichten diese ein hohes Eigengewicht und eine Nonne schaute den du-

schenden Jungen zu, wie sich der jeweils duschende Junge bemühte, mit einer Hand die Seife und mit der anderen Hand die schwere nasse Zwangsbadehose des Heimes festzuhalten, damit bloß kein menschliches Sündenfleisch zu sehen war."

Über „Bettnässer" berichtet Herr L.: „Bettnässen von bis 14-jährigen Kindern oder Jugendlichen war die Norm – und es gab ein eigenen Schlafraum für diese Problemfälle, wo sich niemand nach den psychischen Ursachen erkundigte. Der Druck wurde noch erhöht, indem die zuständige Nonne diesen Kindern massive Schuldgefühle über ihr Leiden einhämmerte ohne zu hinterfragen, warum und wo liegt der Grund?"

Am Ende seiner Ausführungen setzt sich Herr L. mit der Art der „Vergangenheitsbewältigung" des Ordens auseinander:

„Wenn die heutige Leitung des Ordens die Schilderungen der vielen Betroffenen als ein Produkt maßloser Phantasie bezeichnet, so zeigt dies klar, wo dieser katholische Orden mit seiner Moral heute steht. Man hat nichts dazu gelernt, um mit der Wahrheit umzugehen oder umzudenken. Es liegt ja im Trend der katholischen Kirche und Lehre, sich erst oft in Hunderten von Jahren zu entschuldigen, also warten wir es ab. Jugendämter (Kinderklaubehörde) und Landesjugendämter liegen seit ewigen Zeiten oft in der Kritik, wobei man sich fragen muss, wer hätte denn seinerzeit einem minderjährigen Jungen im Heim geglaubt, wenn er dem Jugendamt die Wahrheit gesagt hätte."

„Schwester B. schlug uns besonders oft und gerne mit einer Weidenrute oder Rohrstock."

• Annegret K. war von 1956 bis 1966 im Kinderheim St. Hedwig untergebracht. In einem Schreiben an den Verfasser versichert sie „über den Heimaufenthalt von meinen Geschwistern und mir":

„Wir waren 4 Geschwister im Alter von 8,6,4 und ca. 2 Jahren, als wir 1956 in das katholische Kinderheim St. Hedwig, damals noch in Schloss Overhagen bei Lippstadt, verbracht wurden.

Meine Schwester Ingrid, damals 8 Jahre alt, berichtet folgendes: Unser Essen wurde uns aufgefüllt, und wir mussten stets den Teller leer machen, koste es was es wolle. Meine Schwester war eine sogenannte ‚schlechte Esserin', was oftmals zur Folge hatte, dass sie stundenlang vor ihrem gefüllten Teller saß, bis sie aufgegessen hatte! Graupensuppe z.B. bekam sie kaum runter und oftmals erbrach sie sich. Sie wurde gezwungen, entweder das Erbrochene wieder aufzuessen, oder da sie dieses nicht konnte, wurde sie mit dem Erbrochenen ‚gefüttert'. Das heißt unter Zwang und begleitet von Schlägen (ins Gesicht) musste sie ihr erbrochenes Essen schlucken.

Meiner Schwester Erika erging es ebenso. Regelmäßig musste sie z.B. Sellerie (als Suppe oder als Salat) aufessen, obwohl sie diesen schon erbrochen hatte!

Meine älteste Schwester Ingrid wurde damals mit ca. 8 – 9 Jahren wieder zur Bettnässerin. Jedes mal wenn sie nachts eingenässt hatte, wurde ihr das Gesicht mit brutalem Druck in die nasse Wäsche gedrückt. Dann musste sie, so wie sie war, ohne sich waschen zu dürfen, zur Schule gehen. Der ‚Geruch' begleitete sie dann den ganzen Vormittag. Kam sie aus der Schule, musste sie ihre Bettwäsche im Innenhof vor aller Augen und bei jedem Wetter von Hand auswaschen und dann im Innenhof des Heimes zum Trocknen aufhängen. Bei dieser Tätigkeit konnte und sollte sie von den anderen Kindern beobachtet werden, sozusagen als abschreckendes Beispiel. Oftmals musste sie das Waschen der Wäsche auch schon vor Schulbeginn erledigen. Diese erniedrigenden Vorgänge zogen sich über mindestens 1,5 – 2 Jahre hin.

Zum Thema körperliche Züchtigung, sprich Schläge, gibt es zu berichten: Schläge waren an der Tagesordnung, es gab sie wegen der kleinsten Verfehlungen, z. B. wegen Unpünktlichkeit oder wenn man den Gehorsam verweigerte, bzw. es wagte, Widerworte zu geben. Vor allem Schwester A:, wie eine der Gruppenschwestern hieß, bleibt uns da stets in Erinnerung. Ihre Spezialität war das Austeilen von Ohrfeigen, was folgendermaßen ablief: Wir mussten uns vor ihr aufstellen und sie knallte uns mit voller Wucht und Wut je eine Ohrfeige mit der flachen Hand auf jede Gesichtshälfte. Oft waren noch Stunden später die Male im Gesicht zu sehen. In besonderen Fällen, ein Grund fand sich immer, wurde auch mit Gegenständen (beliebt waren Holzkleiderbügel) auf uns eingeprügelt! Ich erinnere mich besonders gut daran, dass ich, um mein Gesicht vor Schlägen dieser Art zu schützen, meine Arme zur Abwehr hochhielt. Im Anschluss an eine solche Attacke waren diese von oben bis unten voller Striemen und blauer Flecke. Als ein paar Tage später meine Tante Luzie (die Schwester meines mit 32 Jahren verstorbenen Vaters) zu Besuch kam, um bei mir eine von ihr selbst gestrickte Jacke anzuprobieren, weigerte ich mich vehement, meine andere Jacke auszuziehen, aus Angst, sie könne meine blauen Flecken sehen. Mir war damals schon klar, wenn ich mich in irgendeiner Form zu beklagen versuchte, hatte dies zur Folge, dass wir überhaupt keinen Besuch mehr von Verwandten erhielten. Den Verwandten wurde von den „Hedwigschwestern" erzählt, wir seien nicht artig gewesen, der Besuch sei daher nicht angebracht.
Ich weiß von meiner Schwester Erika, dass sie sich trotzdem gegenüber Verwandten beklagt hat, und von einigen Strafaktionen wie Schlägen und Einsperren in die Besenkammer berichtete, mit der Folge, dass wir unmittelbar nach solchen Besuchen zur ‚Mutter Oberin' Schwester A. befohlen wurden. Dort wurde uns dann, zum Teil unter Schlägen von der begleitenden Schwester und Androhung anderer

Strafen nahegelegt, uns zukünftig nicht zu beschweren. Die Strafen, wegen denen wir uns bei den Verwandten beklagt hatten, hätten wir schließlich wegen unseres Verhaltens verdient.
Eine dieser Strafformen bestand darin, dass wir, oftmals über Tage oder auch Wochen, jeden Nachmittag nach Erledigung der Schulaufgaben bis zum Abendessen auf dem Flur mit dem Gesicht zur Wand ‚Strafe stehen' mussten. Meistens waren es gleichzeitig mehrere Kinder, die dort stehen mussten. Reden war während dieser Zeit strengstens verboten. Taten wir es doch (wir waren zwischen 8 und 12 Jahre alt), bekamen wir noch Schläge obendrein, oder die Standzeit wurde verlängert. Ich erinnere mich sehr genau daran, es war die Adventszeit, dass ich so jeden Nachmittag für 4 Wochen auf dem Flur stehen musste.

Zur Schule gingen wir in die private katholische Volksschule, die zum St. Hedwig-Heim gehörte. Eine ‚Hedwigschwester', Schwester B., die uns während der ersten 4 Schuljahre unterrichtete, schlug uns besonders oft und gerne mit einer Weidenrute oder ‚Rohrstock'. Meistens wurden von ihr Kollektivstrafen in Form von Schlägen mit einem der besagten Stöcke auf die ausgestreckten Handinnenflächen verteilt. Hatte ein Kind den Unterricht gestört, mussten alle Kinder der Klasse aufstehen, die Hände vorstrecken, und der Stock sauste nieder, bis alle ihren Teil bekommen hatten.
Wenn Schwester B. einen ihrer nicht seltenen Wutanfälle bekam, pickte sie sich wahllos einen von uns Schülern heraus. Vor der gesamten Klasse bekamen dann z. B. die Jungen mindestens 5 kräftige Schläge mit dem Rohrstock auf das ‚Hinterteil' (gebeugt über eine der vorderen Schulbänke). Wir Mädchen erhielten in solchen Fällen eine ‚Sonderration' Schläge mit dem Stock in die Handinnenflächen. Ich erinnere mich genau, und weiß es auch von meinen Schwestern, dass wir oftmals danach keinen Stift mehr in der Hand festhalten konnten.
Im Alter von ca. 10 Jahren hatte ich in der Schule einen ‚Unfall'. Ich stolperte, und stürzte mit dem Gesicht auf die Kante einer Schulbank. Dabei trug ich eine Verletzung an Nase und Oberlippe davon. Ich wurde nur notdürftig versorgt (keine Behandlung durch einen Arzt). Erst Wochen später, da ich seit der Verletzung häufig Nasenbluten hatte, wurde ich einem HNO Arzt vorgestellt. Dieser stellte fest: Ich müsse wohl vor einiger Zeit einen kompletten Nasenbeinbruch erlitten haben. Ich kam dann für ca. eine Woche in das städtische Krankenhaus. Eine Korrektur des gebrochenen Nasenbeins wurde nicht vorgenommen; das weiß ich aus späteren fachärztlichen Untersuchungen im Erwachsenenalter. Viele Jahre litt ich an den Folgen dieses Unfalls, und somit unter Verunstaltung der Nase. Erst Jahre später akzeptierte ich mein Aussehen. Statt mich zu trösten geschweige denn adäquat ärztlich versorgen zu lassen, verhöhnten mich die Schwestern im Heim, mit diesem Aussehen würde ich nie einen Mann bekommen. Auch der

Spott der anderen Kinder und Jugendlichen war für mich lange Zeit sehr verletzend.

Ähnliches widerfuhr mir, als ich im Alter von 12 Jahren einen Teil meines rechten Zeigefingers verlor. Wir mussten damals regelmäßig nachmittags in der Wäscherei des Heimes arbeiten, unter anderem arbeitete ich oft mehrere Stunden an einer großen Heißmangel. Durch eine Unachtsamkeit (ich war 12 Jahre alt) geriet meine rechte Hand zwischen die schweren Rollen der Heißmangel. Ich zog mir so schwere Verletzungen zu, dass der Finger, soweit nur noch Knochen vorhanden war, amputiert werden musste. Bevor ich ins Krankenhaus gebracht wurde, bekam ich noch Ohrfeigen und eine Schimpftirade mit auf den Weg, wegen meiner Unfähigkeit aufzupassen, und wieder den Hinweis, nun bekäme ich erst recht keinen Mann mehr ab – wegen der Verstümmelung.

Beliebt bei den ‚Hedwigschwestern' war auch das stundenlange Einsperren kleiner Kinder im Vorschulalter in eine dunkle enge Besenkammer. In diesen Genuss bin auch ich, so erinnere ich mich deutlich, des öfteren gekommen. Noch Jahrzehnte später kamen die Ängste, die ich dort ausgestanden hatte, in mir hoch, auch in Form von klaustrophobischen Anfällen.

Auch der folgende kurze Lebensabschnitt bleibt für immer bei mir haften: Mit 15 Jahren – ich war aus der Schule entlassen – wurde ich als ‚Hausmädchen' in einen Fabrikantenhaushalt vermittelt. Aus verschiedenen Gründen konnte ich mich dort nicht einfügen. Wie es später in meiner Beurteilung hieß, war ich faul, renitent und sittlich und moralisch gefährdet. Darum sollte ich in ein sogenanntes Erziehungsheim überstellt werden. Aus welchen Gründen auch immer, ich musste zunächst erst wieder nach Lippstadt in das Kinderheim St. Hedwig zurück. Dort wurde ich für 6 Wochen von allen anderen Kindern und Jugendlichen isoliert, das heißt, meine Mahlzeiten musste ich allein in der Teeküche einnehmen; es war mir und den anderen Kindern strengstens untersagt, miteinander Kontakt aufzunehmen (Redeverbot). Die Vormittage waren ausgefüllt mit putzen, waschen, Ordnung machen etc., an den Nachmittagen war wieder, wie schon vorher berichtet, stundenlanges ‚Flurstehen' angesagt. Am Abend, nachdem die anderen Kinder fertig waren, musste ich dann eine aus Sisal geflochtene Liege im Gemeinschaftswaschraum aufstellen, um dort die Nacht zu verbringen, bis ich morgens vor allen anderen geweckt wurde. Zur Abschreckung für die anderen Kinder und Jugendlichen musste ich in dieser Zeit mindestens einmal in der Woche von meinen ‚Schandtaten' berichten und Reue zeigen, indem ich die Gruppenschwester An. um Verzeihung bitten musste.

Bei allem, was ich dann auch später noch im Erziehungsheim ‚Kloster vom Guten Hirten' in Ibbenbüren erfahren durfte, diese Zeit der Isolation und Erniedrigung ist für mich am deutlichsten haften geblieben. Man hat versucht mich, und sicher auch viele andere Kinder, systematisch zu zerstören, um uns so zu ‚anständigen' Menschen zu machen!"

„Die Oberin schlug selten, sie ließ schlagen. Und das ohne Gnade."

• Josef W. war von 1956 bis 1972 im Kinderheim St. Hedwig untergebracht. In einem Schreiben an den Verfasser versichert er:
„Alles, was ich hier niederschreibe, entspricht der Wahrheit. Vieles klingt unglaublich. Glauben Sie es ruhig, es hat sich alles so zugetragen.
1956 kam ich durch das Jugendamt in das von schlesischen Nonnen geleitete Kinderheim St. Hedwig in Overhagen bei Lippstadt. Das Overhagener Schloss wurde bis etwa 1958 (?) als Kinderheim genutzt. Von dort kamen wir in einen Neubau an der Schinkelstraße, später Hedwigstraße (wurde, so viel ich noch weiß, umbenannt). Das Leben im Overhagener Schloss oder später im neuen Domizil war geprägt von Misshandlungen und Demütigungen durch die ach so frommen Frauen, die auch die kleinste ‚Übeltat' gnadenlos mit dem Rohrstock, Teppichklopfer und anderen handlichen Utensilien ahndeten. Entweder wurde man völlig entkleidet und gezüchtigt oder manchmal reichte ihnen auch das nackte Gesäß.

Ich war Linkshänder und unsere Schwester B. schaffte es auf ihre Art und Weise, mich auf Rechts umzupolen. Ob Stöcke auf die böse linke Hand, anbinden des Griffels an die rechte Hand oder Ohrfeigen, dass der Kopf wackelte. Ihr gingen die Einfälle, mich zu therapieren, nicht aus. Sie war der Schrecken aller Grundschüler. Berüchtigt waren ihre Präventivprügel. Auch wenn man noch nichts ausgefressen hatte, gab es oft vorbeugend eine Tracht Prügel, um bei etwa Theateraufführungen die nötige Disziplin aufrecht zu erhalten.

Im neuen Heim an der Hedwigstraße bekamen wir eine Hausärztin, Frau Dr. C. Sie hatte eine eigenartige Therapie, mein Bettnässen zu heilen. Ich musste mich völlig entkleiden, in Anwesenheit einer Nonne mit Namen Schwester B. musste ich mich auf einer Liege auf den Rücken legen. Dann gab die Ärztin mir eine Spritze. Ich glaube fünf bis sechs Einstiche in den Unterleib. Das wiederholte sich einige Wochen. Pro Woche erhielte ich eine Spritze. Seit dem bekomme ich bei jedem Arzt Panik und Schweißausbrüche, wenn er nur eine Spritze aufzieht.
Als ich aus Angst vor dieser ‚Heilerin' aus dem Heim floh, wurden diese Experimente, auf mich bezogen, schleunigst eingestellt. Also über-

nahmen die Schwestern die Bettnässer-Heilmethode in ihre kundigen Hände – und ob Untertauchen in eiskaltes Badewasser, Stockschläge auf den entkleideten Körper, Ohrfeigen usw., sie waren sehr emsig im Erfinden immer neuer Methoden, um uns von unserem schrecklichen Leiden zu heilen. Natürlich wurde es nicht besser, ich habe bis zu meinem 14. Lebensjahr eingenässt. Dazu kam, dass ich, seit ich zum Rechtsschreiben gezwungen wurde, fürchterlich stotterte. Das legte sich später etwas – und heute stottere ich nur, wenn ich unsicher oder erregt bin.

Zu erwähnen wäre bei diesen Heilversuchen Schwester F. Sie war die schlimmste Nonne von allen. Sadistisch, grausam und unerbittlich. Sie kannte keine Gnade. Wenn ich morgens erwachte und merkte, dass ich eingenässt hatte, überkam mich eine Panik, die unbeschreiblich ist. Dann folgte eine fürchterliche Angst. Da stand sie schon an meinem Bett. Dieses grausame Grinsen habe ich nie vergessen. Sie prügelte mich mit einem Stock so schrecklich, dass ich am Rücken sowie am Gesäß grün und blau und dann später schwarz war. Ich traute mich oft nachts nicht einzuschlafen, aus Furcht ins Bett zu machen und dieser Bestie Gelegenheit zu geben, ihren Sadismus auszutoben. Sie war die Schlimmste. Und die Schwestern B., L., R., J. oder wie sie alle hießen, sie fügten sich ein in das System des Schreckens. Über allen stand Mutter A., die Oberin, die selten schlug, sie ließ schlagen. Und das ohne Gnade. Und sie schlugen. Denn die Nonnen sind folgsam.

Ich könnte noch viel mehr zu Papier bringen, aber das würde den Rahmen Ihres Buches sprengen.

Ich möchte zum Schluss noch die sogenannte Bückeburger Tracht erwähnen, eine Erniedrigung ohne gleichen. Die vollgepissten Sachen über dem Kopf, wurde man zur Schau gestellt, auf dem Flur der Gruppe oder auch schon mal auf dem Hof. Das war schlimmer als alle Prügel.

Später im Politikunterricht lasen wir im Grundgesetz der BRD:

Artikel 1.

‚Die Würde des Menschen ist unantastbar.'

Welch ein Hohn.

Ich hoffe, ich konnte Ihnen helfen."

„Ich betete, dass mich der Herr Jesus in der kommenden Nacht zu sich holen soll. Doch er erhörte mich nicht."

Dirk Friedrich war von 1959 bis 1964 im Kinderheim St. Hedwig untergebracht. Auf Bitte des Verfassers fertigte er den folgenden Erinnerungsbericht an:

„Da ist es wieder, dieses elende Gefühl der Ohnmacht. Da kraucht wieder die Angst aus den Löchern der bewältig geglaubten Vergangenheit. Da ist es wieder, dieses furchtbare Schuldgefühl.
Ich erkenne die Gerüche wieder: Mottenkugeln, Wäschestärke, Bohnerwachs, Urin, Lysoform – gemischt mit dem Zahnpastamentol –, Schlafsaaldunst und Schmierseife. Kölnisch Wasser, das an den Nonnen klebte, vermischt mit dem Dampf von schmorenden Weihrauch.
Alles wabbert durcheinander, wird zu Bildern und Klängen. Verwehte Fetzen aus Kinderchorliedern, das Bimmeln der Kapellenturmglocke mischen sich ein. Kirchengesangfragmente irren den Orgeltönen hinterher. Und nichts ist heimelig, verströmt Wärme eines wohliges Hineinkuschelns. Da ist nur Kälte in mir.
Den Geschmack von Blut erkenne ich wieder. Dieser widerliche eisenhaltige Geschmack, der mich seit der Kindheit verfolgt. Gesichter tauchen auf. Ehe ich sie erkenne, sind sie wieder fort. Aber nicht alle Gesichter machen sich davon. Einige haben sich in mir festgesetzt. Sie begleiteten mich all die Jahrzehnte. Ich konnte sie nicht los werden. Sie verfolgten mich. Mischten sich bei jeder Gelegenheit ein. Sie wollten mir mein Leben diktieren. Die Erinnerungen an sie bekommen Konturen. Sie werden zu einem Ganzen. Dann stehen sie vor mir. Im Schlepptau bringen sie die ohnmächtige Hilflosigkeit mit. Sie tragen meine Schmerzen und Qualen mit sich. Die Verachtung und den Hohn haben sie nicht vergessen mitzubringen.
Eine Chronologie dieser Erinnerungen in Tage und Jahren kann ich nicht bieten. Ein Tag war wie der vorhergegangene. Da erübrigte sich der Blick auf einen Kalender. Ich und Wir lebten nach dem Kirchenjahr: Namenstage und Geburtstage brachten nur kurze Unterbrechungen in das Einerlei. Es gab kein Fernsehen und kein Radio. Tageszeitungen eh' nicht. Wir hatten zur Erbauung unseren Katechismus, die Bibel und angeheilligte Bücher. Schließlich, so meinte einmal eine der Nonnen in ruhiger Runde, sollten wir vor dem Bösen, das gleich und direkt vor dem Heimpfortentor lauerte, in Schutz genommen werden.
Ich kann mich nicht erinnern, dass diese Tatsache uns einen ruhigeren Schlaf schenkte oder sonst irgend etwas bei uns bewirkte.
Ich will nun versuchen, diese Erlebnisse mit Abstand, wie in einem alten Film, zu sehen. Weitweg von der Leinwand. Ganz hinten aus der

letzten Stuhlreihe. Und wenn es notwendig ist, werde ich mich nach vorne beugen, um unklare Bilder genauer zu betrachten.
Im Schulklassenraum gab es, soweit ich mich erinnere, zwei bis drei Klassen gleichzeitig, die am Unterricht teilnahmen. Es waren gemischte Klassen. Somit der einzige Ort, an dem ich während meines Heimdasein mit Mädchen auf größter Distanz zusammen kam. Die Mädchen saßen auf der Fensterseite, durch einen Gang von uns Jungen getrennt. In der Schulpause hatten sich Jungen und Mädchen getrennt auf dem Hof zu bewegen. Eine Annäherung, auch wenn es nur ein Gespräch war, war nicht erwünscht. Selbst in der Kapelle bei den Gottesdiensten, Prozessionen oder sonstigen kirchlichen Veranstaltungen, hatten die einzelnen Jungen- und Mädchengruppen gesonderte Plätze. Freizeiten oder Spiele auf dem Hof oder Rasenspielplatz wurden so geplant, dass sich Jungen und Mädchen nicht treffen konnten. Waren die Mädchen auf dem Spielplatz, so befanden wir Jungen uns auf dem Hof oder in den Gruppenräumen. Bei Schul- oder Heimausflügen saßen Mädchen und Jungen in jeweils einem anderen Bus. Kontakte zwischen Jungen und Mädchen außerhalb der Schule wurden von den Nonnen mit Strafen belegt. Mir war damals völlig unklar, warum ich nicht mit Mädchen zusammen kommen durfte. Durch diesen erzwungenen Abstand hatte ich später, nach der Entlassung aus dem Heim, große Schwierigkeiten, mit Mädchen oder Frauen umzugehen. Es dauerte Jahre, bis ich begriff, was die frommen Ordensfrauen damit angerichtet haben. Eine Aufklärung gab es ja nicht. Sexualität oder den Unterschied zwischen Mann und Frau lernte ich nicht kennen. Das hatte ungeahnte komplizierte Auswirkungen auf meine späteren Beziehungen.

Ein Mädchen! Ein Knabe! Ein Schokoladenriegel!

Ein etwas älteres Mädchen hatte mir einmal einen Schokoladenriegel geschenkt. Ich bin vor lauter Scham bald in Ohnmacht gefallen. Am nächsten Tag konnte sie sich kaum auf die Schulbank setzen. Sie hatte wegen mir Schläge bekommen. Sie tat mir so unendlich Leid. Ich fühlte mich schlecht und schuldig. Ich konnte sie nicht einmal trösten. Schlimmer war es, dass sie nicht mehr mit mir sprach. Sie schaute mich nicht mal mehr an.

Was Süßigkeiten so alles aus machen!

Der Nachrichtendienst der Nonnen funktionierte reibungslos. Niemanden konnte man etwas anvertrauen. Petzer gehörten zum Gruppenalltag. Sie blieben namenlos und standen unter dem Schutz der Gruppennonne. Sie wurden mit Süßigkeiten oder einem Heiligenbildchen belohnt. Petzer, die von den anderen Jungen enttarnt wurden, bekamen Haue. Das System im System funktionierte: Die, die sich über Petzer hermachten, waren selber welche.

Was eine „Bückeburger Tracht" mit Bettnässern zu tun hat!

So lange ich denken konnte, war ich mit diesem Kainsmal (Terminus der Nonnen) „Bettnässer" behaftet. Bettnässer stellten in der Hühnerhof-Hierarchie der Gruppen eine ganz besondere Kaste da. Tiefer im Ansehen und im Verhalten gegenüber diesen Unglücklichen ging es nicht mehr. Im Waisenhaus in Wetter an der Ruhr hätte es mich beinahe das Leben gekostet. (Doch das ist eine andere Geschichte.) Bettnässer waren die „Untermenschen". Sie waren jedermanns Opfer: Freiwild für Willkür, Verachtung, Schläge, Hohn und Spott.
Ich muss dazu sagen, das ich in meiner Lippstädter Zeit dreimal (je nach meinem Alter) die Gruppe wechseln musste. Nicht eine Nonne, obwohl sie ja, nach Aussage der Generaloberin Michaela, ausgebildete Erzieherinnen waren, hatte sich über die Ursache des Bettnässens klug gemacht. Es interessierte nicht! Um uns Bettnässer auch äußerlich auszuzeichnen, standen unsere Betten im gelben Schlafsaal. Der Schlafraum war mit einem pissgelben Linoleumbelag versehen. Dort, so meinte die Nonne I., wären wir richtig aufgehoben. Diese Nonne erfand die „Bückeburger Tracht" neu. Sie hatte einen unbändigen Spaß daran, uns die Tracht anzulegen. Das ging so: Morgens, nachdem die Gruppennonne mit dem Weckruf „Gelobt sei Jesus Christus!" von Saal zu Saal eilte und die Türen laut öffnete, mussten wir Jungen, die in der Nacht ins Bett gemacht hatten, je nach Laune dieser Ordensfrau, unsere Betten abziehen. Den nassen Schlafanzug mussten wir anbehalten. Dann befahl sie uns, da sie sich ihre Finger nicht schmutzig machen wollte, dass wir uns die Bettlaken wie eine Toga um den Körper hängen. Die Kopfkissen, die nass waren, mussten wir uns über den Kopf stülpen. Wichtig war ihr, da half sie ab und zu mit spitzen Fingern nach, dass die Urinflecke so gut wie nur möglich zu sehen waren. Ganz wichtig war noch, dass das Bettlaken nicht zu fest um den Körper gelegt war. Schließlich sollte ja jeder, der an uns vorbei ging, uns das uringetränkte Laken ins Gesicht schmieren. So eingekleidet, hatten wir uns im zugigen Gruppenflur an die Wand vor den Waschraum zu stellen. Damit auch die Zöglinge und Nonnen, die an der Gruppe vorüber gehen, einen Blick auf uns werfen konnten, wurden die Doppeltüren zum Treppenhaus hin weit aufgesperrt. Da standen wir nun, den Tränen nahe. Die größeren Jungen der Gruppe schmierten uns, bevor sie den Waschraum betraten, den Urin ins Gesicht. Schläge in den Magen folgten. Da wir uns vor Schmerzen krümmten, muss es besonders lustig anzusehen gewesen sein. Die Kopfkissenbezüge fielen vornüber. Wir wurden gezwungen, wieder gerade zu stehen. So ging es im Beisein der sich amüsierenden Ordensfrau weiter. Ich hatte manchmal, durch diese schlimme Behandlung mit dem Bettlaken, aufgeplatzte blutende Lippen. Ich schmeckte das

Blut. Der Urin brannte schrecklich. Außerdem fror ich in meinem nassen Schlafanzug.
Nicht alle Jungen, besonders die Bettnässer, die die Nacht nicht „eingemacht" hatten, quälten uns. Nur solange die Nonne uns gegenüber stand, machten sie bei diesem „Spiel" mit. Kaum verschwand die Nonne, gingen die Jungen, ohne uns etwas an zu tun, an uns vorbei. Andere taten gar so, als würden sie zum Betten-Machen länger brauchen. Sie warteten ab, bis die Nonne, sobald sie ihren Spaß gehabt hatte, weggegangen war. Sie wollten uns nicht weh tun.
Als der letzte Junge den Waschraum verlassen hatte und zum frühstücken ging, erst dann durften wir in den Waschraum, um uns zu waschen. Wir mussten uns mit dem Waschen beeilen, denn sonst bekamen wir kein Frühstück mehr und mussten hungrig in die Heimschule gehen. Wir wuschen uns nur mit freiem Oberkörper. Ab der Gürtellinie war unser Körper tabu. Die Nonnen nannten das „Untenrum" oder „Schweinische". Aber dieses „schweinische Untenherum" stank nach getrocknetem Urin. Ich hasste diesen Geruch. Um ihn doch ein wenig weg zu waschen, war es nur erlaubt, dass wir uns mit angezogener Unterhose, mit Weggucken, zwischen den Beinen waschen konnten. Danach war die Unterhose meistens ein wenig nass. Aber die Körperwärme trocknete sie wieder. So liefen am Morgen die Jungen mit mehr oder weniger nassen Unterhosen in die Schule.

**Ich hasste meinen Körper, der mir fast jede Nacht
so etwas Schlimmes antat.**

Ich betete oft vor dem Einschlafen zu Jesus Christus. Ich betete zur Jungfrau Maria. Ich betete zu allen Heiligen, deren Heiligenbildchen ich besaß, damit ich nicht wieder „einmachte". Oft weinte ich verzweifelt vor mich hin. Es durfte mich niemand hören, denn ein Petzer hätte es der Nonne erzählt – und die würde mich fragen, warum ich geweint hätte. Sie mochten keine Kindertränen. Und wenn, dann nur, wenn sie den Grund dazu lieferten. Die Angst vor dem nächsten Morgen war manchmal unerträglich. Ich betete, dass mich der Herr Jesus in der kommenden Nacht zu sich holen soll. Doch er erhörte mich nicht.

**Die Kinderärztin! Die Spritzen!
Ein bettnässender 12-jähriger Knabe!**

Eines Tages rief mich die Gruppenordensfrau zu sich. Sie teilte mir kurz mit, dass ich ein Bad nehmen sollte, da eine Kinderärztin mich sehen wollte. Warum und um was es geht, sagte sie nicht. In der selten benutzten Badewanne hatte sie schon ein giftgrünes Kiefernnadelbad eingelassen. Handtuch und frisches Unterzeug lagen auf einem Hocker bereit. Auf dem Wannenrand lag eine der widerlichen Badehosen, die wir im Dutzend und reihum bei Duschtagen anziehen mussten. Sie waren aus steifen, sich kaltanfühlende Bettinlettbezügen gefertigt. Waren sie einmal nass, klebten sie eklig an der Haut. Bis über die Knie waren die Beinteile lang und müffelten nach abgestandenem Seifenwasser. Schnell zog ich mich aus. Dabei achtete ich darauf, dass ich nicht zu sehr nach unten auf meine „schweinischen" Teile schaute. Es war ja eine Sünde, sich zu betrachten. Und, sollte mich die Nonne dabei erwischen, gab es zumindest ein paar Ohrfeigen. Ich schlüpfte langsam in das heiße Kieferwasser. Sah zu, dass ich mich zügig wusch, um aus dem stinkenden Wasser heraus zu kommen. Die Haare seifte ich mir mit dem Kernseifenstück ein. Der Schaum brannte in den Augen. Dann kam der übrige Körper dran. Alle paar Minuten sah die Nonne nach mir. Sie ermahnte mich, dass ich mich ganz besonders auch „Untenherum" waschen solle. Als Bettnässer würde ich dort ja besonders stinken. Ich versuchte nun unter Wasser die Badehose, die ja nicht zum ausziehen bestimmt war, soweit zu öffnen, dass ich mit dem Seiflappen dort hinein kam. Irgendwie klappte es dann mit viel hin und her.

Zum Abtrocknen kam die Nonne in den Baderaum. Sie nahm das Handtuch, um mir den Kopf, den Rücken und die Beine abzutrocknen. Dabei ließ sie sich Zeit, obwohl ich gar nicht schnell genug mit dem Baden fertig sein sollte. Sie hatte mich aber zur Eile angetrieben. Nachdem sie mir die Haare gekämmt hatte und verschwand, nicht ohne mich noch zur Eile anzutreiben, zog ich mir die Badehose aus. Immer den Blick nach vorn und den Kopf hoch haltend, damit ich mich nicht versündigte. Ich spürte, als ich mit dem Handtuch da „unten" herum wischte, dass es mir seltsam gefiel.

Kaum stand ich fertig angezogen vor dem Waschraum, zog mich die Nonne in Richtung der Krankenstation, die in einem anderen Gebäudeteil lag. Mehr rennend als laufend kam ich dort an. Das Untersuchungszimmer roch nach Medizin. Eine fremde Frau in einem weißen Kittel hantierte auf einem Tisch herum. Sie drehte sich zur Nonne herum, einen Aktenbogen in den Händen. Sie begrüßte die Nonne freundlich mit einem Händedruck. Ich hatte meinen rechten Arm zum Händedruck gehoben. Sie übersah einfach meine Hand. Schon drehte sich diese Frau weg. Mit dem Rücken zu mir stellte sie eine Frage. Ich konnte nicht verstehen, was sie sagte. Dann murmelte sie wieder vor sich hin. Ich verstand immer noch nichts. Ich war sehr aufgeregt. Mit einem Schwung drehte sie sich um. Sie blaffte mich an. Warum ich keine Antwort auf ihre Frage geben würde. Ich zuckte irritiert zusammen. Sie wurde lauter. Wie ich heißen würde. Warum ich so verstockt sei. Sie würde mir schon nicht den Kopf abreißen. Ich sagte meinen Namen. Darauf sie: „Die Schwester hat mir berichtet, dass du ein Bettnässer bist! Bist du ein Bettnässer?" Sie schaute mich diesmal an. Mir war es so unendlich peinlich, einem fremden Menschen gegenüber mein „Kainsmal" zu offenbaren, zuzugeben, dass ich Bettnässer bin. Ich druckste herum, unfähig zu antworten. Plötzlich schlug sie los und verpasste mir ein paar schlimme Ohrfeigen. Sie traf mich mit aller Wucht, ich wäre beinahe hingefallen. Auf diesen Angriff war ich nicht vorbereitet. Sie war ja keine Nonne. Bei den Nonnen rechnete ich immer damit. „Ich werde dir das Bettnässen schon austreiben!" Sie zeigte auf die Untersuchungsliege: „Mach dein Hosenbund auf! Zieh dir das Hemd aus der Hose und lege dich auf die Liege!" Ich tat was sie mir befahl. Die Krankenschwester, eine Nonne, betrat den Raum. Sie flüsterte kurz mit der Ärztin. „Ich komme gleich. Sie müssen mir aber noch helfen", sagte die Kinderärztin und zeigte auf mich. Als die Ärztin sich zu mir umdrehte, hatte sie eine Spritze in der Hand. „Ziehen sie ihm bitte die Hose soweit herunter, dass ich an den Unterbauch heran kann", sagte sie zur Gruppennonne gewandt, die sogleich der Bitte nachkam und meine Hose weiter herunterzog. Mein „schweinisches Untenherum" war nun ihren Blicken freigegeben. Ich hatte keine Zeit, mich zu schämen.

Die Spritze kam mir riesengroß vor. So groß war auch meine Angst. Bevor die Frau Doktor die Spritze ansetzte, gab sie noch ein paar Anweisungen. Beide Nonnen hielten mich fest. Die Gruppenordensfrau drückte mir meine Arme auf die Brust, damit ich mich nicht bewegen konnte. Ich konnte kaum atmen. Mein Brustkorb war zusammen gedrückt. Die Krankenschwesternonne hielt mir die Beine fest. Ich weinte laut und schnappte nach Luft. Die Kinderärztin drückte mit einer Hand mein Geschlechtsteil nach unten. Dann stieß sie die Injektionsnadel in den unteren Blasenbereich. Der Stich brannte fürchterlich. Ich versuchte, mich aus der Umklammerung der Gruppennonne frei zu machen. Dadurch presste sie mich noch stärker auf die Liege. Panik kam in mir hoch. Die Nonne merkte überhaupt nicht, dass sie mich langsam fast erstickte. Dann kam der zweite und der dritte Einstich um die Blase herum. Trotz meines verzweifelten Zustandes hatte ich, wie durch einen Schleier aus Schmerz und Ohnmacht, diese Prozedur beobachtet. Aus meiner Angst heraus hatte ich uriniert. Das hatte zur Folge, dass ich noch einmal eine Ohrfeige, aber dieses Mal von meiner Gruppennonne, bekam. Ich spürte die Ohrfeige gar nicht. Sie war mir egal. Die brennenden Schmerzen der Spritze hatten meine Empfindungen nur auf diesen Bereich konzentriert. Ich schnappte nach Luft. Mir war schwindelig. Meine Beine fühlte ich nicht mehr. Mein ganzer Körper brannte. Als ich aufstehen sollte, fiel ich zurück auf die Liege. Meine Gruppennonne meinte zynisch, dass ich mich nicht so „markieren" solle. Sie hob mich mit groben Griffen von der Liege. Wie ich nach dieser Behandlung in meine Gruppe kam, weiß ich nicht mehr.

Das Einnässen ging weiter. Die „Bückeburger Tracht" trug ich danach noch einige Male. Noch mehrere Male hat mich diese unfreundliche Kinderärztin mit diesen Spritzen behandelt. Ich weiß bis heute nicht, welchen Zweck, welche Notwendigkeit diese meiner Meinung nach bewusst schmerzerzeugende Therapie gehabt haben sollte. Noch Jahre später waren die Einstiche, als Narben, sichtbar. Einige Jahre später zeigte ich meinem damaligen Hausarzt, der leider verstorben ist, die Narben. Ich erzählte ihm die Geschichte dazu. Der Mann schüttelte

den Kopf. Er war geschockt und entsetzt über diese Art der Behandlung. Er bot sich an nachzuforschen. Das Ergebnis war: Es gab keine Medikamente für bettnässende Kinder. Weder Injektionen noch Tabletten. Er vermutete, dass es irgend eine schmerzerzeugende Lösung gewesen sein könnte. Aber so genau konnte er das nicht feststellen, da er einen Zugriff auf meine Kinderheim-Krankenakte benötige. Er gab mir den Rat, diese Kinderärztin erst einmal über einen Rechtsanwalt zur Verantwortung zu ziehen. Ich folgte seinem Rat leider nicht, da ich noch immer Angst vor dieser unverantwortlichen Ärztin hatte.
Ich erinnere mich noch sehr gut an den Namen dieser schlimmen Kinderärztin: Frau Dr. C.
Ich möchte wissen, warum mir diese Ärztin Schmerzen zugefügt hat – und was für ein Mittel sie mir verabreicht hat.[18]

Der Weideast! Die Nonnen! Ein blauer Schlafsaal!

Ein zwei Meter hoher Zaun, der sich im Übrigen um das seitliche und rückwärtige Heimgelände zog, vermittelte uns die Sorge um unser Wohlleben. Er war die Grenze zwischen dem Guten und dem Bösen. Hinter dem Zaun wartete die verkommene Welt, die uns ins Verderben reißen wird, sobald wir das Gelände verlassen würden. Außer dem Bösen lagen weite Felder und Wiesen hinter dem Zaun.
Neben dem Spielplatz lag der große Heimgarten, in dem die Gartenschwester, die ich sehr mochte, Blumen für den Kapellenaltar, die Nonnenzellen und für die Verwaltung züchtete. Am oberen Spielplatzrand, neben dem Garten, hatten die Nonnen ihren, mit einem extra Tor versehenen, „Brevier-Garten". Dort standen kleine Bäume, Rosensträucher und eine halbwüchsige noch junge Trauerweide. Die Weide reckte einen langen Ast auf das Spielplatzgelände. In einem unbeaufsichtigten Augenblick, als sich die Gruppennonne nicht auf dem Spielplatz befand, packte mich das Abenteuer. Ich wettete mit den anderen Jungen, dass ich auf den Weideast klettern würde, um auch in das für uns verbotene „Brevier-Gärtchen" zu klettern. Sobald ich drüben war, wollte ich sofort wieder auf dem Ast zurück klettern. Keiner konnte mich zurück halten. Die Jungen erschauderten vor so viel Mut. Dabei war mir in einem kurzen Anflug von Vernunft nicht gerade mutig zumute. So begann ich am Zaun herauf zu klettern, was gar nicht so schwer war, und hangelte mich auf den Ast zu. Kaum, dass ich mich auf den Ast setzte, um in das Gärtchen zu springen, brach er mit lautem Krachen unter meinem Gewicht ab. Ich stürzte unglücklich und verrenkte mir dabei mein rechtes Handgelenk. Die Jungen, die das sahen, flüchteten erschrocken auf den Spielplatz zurück. Sie taten, als hätten sie gar nichts gesehen. Ich lag auf dem Boden und neben mir der Weideast. Kaum hatte ich mich von meinem Schrecken erholt, sah ich schon von weitem das Fuchteln der zurückkehrenden Nonne. Mir wurde schlecht vor Angst. Ich kotzte mein Mittagessen neben den Ast. Mit weichen Knien rappelte ich mich auf. Wenig später war die Nonne

bei mir. Ihr Gesicht war rot vor Wut. Sie keifte und drohte, was sie nun mit mir machen werde. Sie trieb und stieß mich vor sich her, während ich Gott inständig bat, mich jetzt auf der Stelle sterben zu lassen. In der Gruppe angekommen, liefen schon die Nonnen aus den anderen Gruppen wild gestikulierend und schimpfend zusammen. Ich hatte eine Untat getan. Ich hatte ihren schönen „Brevier-Garten" geschändet. Die schöne Trauerweide zum Krüppel gemacht. Nach meiner angeschwollenen, schmerzenden Hand sah keine Nonne. Was ich doch für ein furchtbarer, unerzogener Kerl war. Dieser Frevel, den ich dem ganzen Ordenshaus angetan hatte, würde schlimme Folgen für mich haben. Von überall her kamen Nonnen. Sie redeten durcheinander, während ich in ihrer Mitte stand und ab und zu Schläge auf den Kopf bekam. Sie regten sich auf. Ich fühlte mich schuldig und hatte Angst vor dem, was sie mir androhten.

Trotz meiner Beteuerungen, dass es mir Leid tue, was ich angestellt hatte, hörten sie mir nicht zu. Ich weinte, meine Hand schmerzte. Nachdem sich die erste Aufregung gelegte hatte und die Nonnen, eine nach der anderen, in ihren Gruppen verschwanden, sperrte mich meine Gruppennonne in ihre dunkle Toilette. In diesem Nonnen-WC befanden sich drei verriegelte WC-Kabinen, die nur von den Nonnen benutzt wurden. In einer Nische war ein kleines Handwaschbecken. Dort ließ sie mich stundenlang stehen. Draußen vor der Tür klapperten die Abendbrotteller. Die Jungen aßen zu Abend, während ich hungerte. Ich sah ja ein, dass ich etwas Unrichtiges und Verbotenes getan hatte, aber dass es mir unendlich leid tat, interessierte ja nicht. Als ich nicht mehr stehen konnte, setzte ich mich auf den kalten Boden. Ich weiß nicht mehr, wie lange ich dort eingesperrt war. Irgendwann wurde die Tür aufgeschlossen, die Tür öffnete sich. Die Nonne zog mich vom Boden weg in den Flur, wo mich im ersten Moment das Licht blendete. Als ich wieder sehen konnte, erschrak ich. Vor mir stand die Mutter Oberin A. Sie schaute mich mit einem verachtenden Blick an. „Das ist er also", stellte sie fest – und schon hatte sie mir ein paar Ohrfeigen verpasst. Sie drehte sich um und ging. Die Gruppennonne zog mich an den Haaren in den Aufenthaltsraum. Die Jungen hatten noch das Abendbrot vor sich stehen. Vor der versammelten Mannschaft wollte sie mir nun mit einem Stock oder einem Holzlineal auf die Hände schlagen. Dabei bemerkte sie aber, dass ich meine rechte Hand nicht bewegen konnte. Mein Handgelenk war inzwischen bunt und dick angeschwollen. Sie ließ den Stock oder das Holzlineal sinken, schlug mir aber beim Weggehen mit dem Holzteil auf die Schultern und auf den Rücken. „Du bekommst noch deine Strafe", zischte sie. Sie ging und kam mit einer, mit Franzbranntwein getränkten, Kompresse für mein Handgelenk zurück. So gut ich eben konnte, schmierte ich mir mit der linken Hand mein Brot. Danach schickte sie mich sofort in den Schlafsaal, während die anderen Jungen noch spielen durften. In der Nacht konnte ich vor Schmerzen kaum schlafen. Ich malte mir aus, was mir die Nonnen antun könnten. Ich stellte mir die schrecklichsten Dinge vor. Aus Angst und Verzweiflung betete ich, wie so oft, zu Jesus Christus und der Heiligen Mutter Gottes. Am anderen Morgen, nach dieser schrecklichen Nacht, war ich froh, dass ich nicht ins Bett gemacht hatte. Das hätte sonst die Wut der Nonne nur noch mehr angeheizt.

Die Tage vergingen. An den ‚Gruppenputzdiensten' konnte ich nicht richtig teilnehmen. Da meinte die Nonne einfach, ich solle mit der linken Hand die Toiletten putzen. Dann, ich hatte den Weideast fast vergessen, wurde von der Gruppennonne mein Name aufgerufen. Ich und noch zwei andere Jungen sollten uns vor dem blauen Schlafsaal einfinden. Wir standen vor dem Schlafsaal und warteten auf die Nonne, die sich noch in ihrer Zelle befand. Uns ging es nicht gut. Der blaue Schlafsaal war für uns das Synonym für schwerste Strafen. Uns zitterten die Knie vor Angst. Dann war es soweit. Unsere Gruppennonne kam mit einer anderen Nonne, deren Namen ich nicht mehr weiß, aber deren Gesicht sich in mir eingebrannt hat, aus der Zelle. Eine der Ordensfrauen öffnete die Tür zum Schlafraum. Dann zeigte sie auf mich. Schweigend folgte ich ihrer Aufforderung, in den Saal zu gehen. Die Tür wurde hinter mir geschlossen. Schwester I., meine Gruppennonne, hatte einen Stock in der Hand und forderte mich auf, meine Hose und meine Unterhose herunter zu ziehen. Ich schämte mich, da ich nicht begreifen konnte, dass sie mein „schweinisches Untenherum", das ja eine Sünde war, dabei anschauen konnte. Sie forderte mich auf, mich über das Fußende des Bettes zu beugen, das in der Mitte stand. Ich kam, da ich wie gelähmt war, ihrer Anweisung nicht nach. Mit wütenden Schnauben drückte sie meinen Kopf zum Fußende hin. Dann schlug sie auf mich ein. Der erste Schlag auf meinem Hinterteil brannte bis hinauf zu meinen Haarspitzen. Reflexartig hielt ich meine Hände schützend vor meinen Hintern. Da kam schon der zweite Schlag, der nun auch meine Hände traf. Jetzt kam der Reflex, dass ich die Hände weg nahm. Schon sauste der nächste Schlag herunter.
Ich weinte laut. Die Tränen und die Nase liefen. Das muss diese fürchterliche Ordensfrau erst recht angeheizt haben. Sie schlug auf mich ein, bis ich irgendwann die Schläge nicht mehr spürte. In mir war alles dunkel. Sie hörte auf. Beim herumdrehen sah ich durch den Tränenschleier, wie die andere Nonne den Stock in der Hand hielt. Sie hatte mich also auch geschlagen. Beide Nonnen waren knallrot im Gesicht. Sie atmeten schwer und schnaubten. Der Schweiß lief ihnen in Rinnsalen in die Haube. Ich sah die dunklen Wasserflecken. Sie tupften sich, mit ihren Kölnisch Wasser getränkten Taschentüchern, den Schweiß vom Gesicht. Mit einer Kopfbewegung bedeutete mir die Gruppennonne, dass ich mich anziehen könne. So gut es ging, zog ich meine Hosen hoch und bemerkte, dass ich zum ersten Mal in meinem Leben einen steifen Penis hatte. Das verwirrte mich noch mehr. Ich war erschrocken, was ich da an mir gesehen hatte. Ich konnte lange Zeit nichts damit anfangen. Die Nonne, deren Namen ich vergessen habe, öffnete die Schlafsaaltür, damit ich gehen konnte. Aber mit dem

Gehen hatte ich meine Last. Es waren ja nicht nur die Schmerzen. Es war ja auch die Scham und die Ohnmacht gegenüber diesen gütigen Ordensfrauen, die mich lähmte. Außerdem hatte ich ja eine Sünde begangen und mich vor anderen entblößt. Ich weiß noch, wie ich mir einredete, dass ich diese Sünde bei meiner nächsten Beichte dem Pater berichten müsste.

Das Handwerkzeug!

In der Gruppe sah ich, wie eine Novizin bei der Essenausgabe einem Jungen die Suppenkelle auf den Kopf haute. Als sie von hinten, über den Rücken eines Jungen hinweg, einem anderen Jungen, der am gleichen Tisch saß, den Teller mit heißer Suppe reichen wollte, stieß der Teller mit dem Kopf des Jungen zusammen (sie hatte wohl keine Lust, das Suppenwägelchen noch ein Stück herum zu fahren). Die Suppe verbrannte dem Jungen das Genick und den Rücken. Er sprang auf. Die Novizin schlug, aus welchem Grund auch immer, dem durch sie verletzten Jungen noch zusätzlich mit der Suppenkelle kräftig auf den Schädel. Es gab eine große Aufregung. Es dauerte Tage, bis endlich die Schuldfrage geklärt war. Wir wurden als „Zeugen" vernommen. Da sich nach Drohungen der Gruppennonne niemand traute, der zukünftigen Nonne die Schuld zu geben, war das Opfer selbstverständlich auch der Täter.

Stöcke

Stöcke waren immer zur Hand. Ob sie nun aus Rohr oder sonstigen Material waren ist unerheblich. Es waren Stöcke! Jede Nonne, die sich im Gruppenbetrieb befand, außer die Kleinkinderschwester und die Gartenschwester, hatten diese Handwerkzeuge. Sie machten reichlich und oft Gebrauch davon.

Schlüsselbund

Ich weiß nicht mehr, um was es ging. Meistens waren es „nichtige Anlässe" zum Gebrauch irgend einer „Waffe", die die Nonnen gerade mal zur Hand hatten. War es zufällig ein in der Hand gehaltener Schlüsselbund, dann gab es halt damit Schläge. Jedenfalls hatte ich etwas getan. Vielleicht war ein Putzlappen nicht richtig auf den Eimer gelegt. Etwas war nicht auf- oder weggeräumt. Die Widerworte waren zu laut oder zuviel. Die Beteuerung, dass ich nicht gelogen habe zu nervig. Egal! Sie schlug mir die Hand mit dem Schlüsselbund voll ins Gesicht. Meine Nase blutete. Meine Lippen waren aufgerissen. Ein Schlüsselbart hatte mich ins Auge getroffen.

Handfeger

Ein anderes Mal sah ich, wie die Nonne einem Jungen einen Handfeger auf den Rücken schlug – bis er anfing zu schreien. Ich weiß auch nicht den Grund, warum die Ordensfrau ihn prügeln musste. Sie sagten uns ja, wie wehe es ihnen tut, uns schlagen zu müssen! Den Anfang hatte ich nicht mitbekommen. Zu diesem Zeitpunkt war die gesammelte Gruppenmannschaft beim putzen. Da ich zum bohnern des Bodens eingeteilt war, kümmerte ich mich darum, dass ich mit meinen Lappen, den ich unter den Knien zu legen hatte, Glanz in den Linoleumbelag bekam. Und so rutschte ich auf Knien mit dem Lappen darunter über den Boden. Als ich aus meiner „Glanzvertiefung" durch einen wütenden Schrei der frommen Ordensfrau heraus gerissen wurde, sah ich, wie sie immer und immer wieder auf den Jungen einschlug. Mir tat das, was ich da mit ansehen musste, weh. Was sich in mir besonders eingefressen hat, war dieser tiefe dumpfhohle Ton, der wie ein Resonanzgeräusch aus dem Körper des Jungen drang. Es war eine gespenstische Szene, die da vor mir ablief. Mein Magen krampfte sich zusammen. Ich musste würgen. Es hatte nicht viel gefehlt und mein Mittagessen wäre mir zum Hals heraus gekommen.
Auch unter uns Jungen gab es das „Wegsehen". Es war grauenhaft zusehen, wie ein anderer Junge von einer Ordensfrau verprügelt wurde. Über Strafen sprachen wir nicht.

Das geritzte Kreuz! Die Gruppenkeile!
Der Verlierer steht fest!

Es herrschte eine fühlbare Aufregung in den Gruppenräumen. Sie steckte mich an. Irgend etwas Drohendes, noch nicht Begreifbares hatte sich ereignet. Die Gruppennonne flog mehr, als dass sie lief, durch den Flur. Das bedeutete nichts Gutes. Als Heimkind hat man ein etwas geschärfteres Gespür für den Zustand und die Gemütslage seiner Gruppennonne. So konnte man ausloten, wann es Zeit war von der Bildfläche zu verschwinden. Abtauchen! Wir kamen gerade aus der Heimschule. Das Mittagessen stand bevor. Danach mussten wir täglich unseren Mittagschlaf halten. Die Gruppennonne teilte hektisch das Mittagessen aus. Nachdem das Mittagessen beendet war, die Teller vom Tisch geräumt, sollten wir uns vor dem „Zivilbekleidungsraum" in einer Reihe aufstellen. Das war sehr ungewöhnlich. Die Nonne klärte uns nicht auf. Wir wussten nicht, um was es eigentlich ging. Wir fragten auch nicht. Fragen hatte man uns längst ausgetrieben. Sie verkündete nur, dass der Mittagschlaf ausfallen würde. Eigentlich eine tolle Nachricht, über die wir uns, unter anderen Umständen, freuten. Weiterhin verkündigte sie, dass der Toilettengang, der uns alle zwei Stunden gewährt wurde, natürlich nur unter ihrer Aufsicht, ausfallen würde. Die Toilette sei gesperrt. Das hatte es auch noch nie gegeben.

Wir mussten einzeln in den Garderobenraum eintreten. Die zur Verstärkung herbeigeeilte Nonne aus der Nebengruppe stand an der Zimmertür und passte auf. In dem Raum saß die Gruppennonne an einem Tisch. Vor ihr lagen Papierbögen und Bleistifte. Als ich eintrat und zum Tisch gegangen war, sollte ich auf einen der Zettel ein „Hakenkreuz" malen.
Hakenkreuz? Wie geht ein Hakenkreuz?
Ich wusste nicht, was das sein sollte und was für eine Bedeutung dieses Kreuz hatte. Ich malte ein Kreuz. „Das ist aber kein Hakenkreuz", meinte die Nonne. Und so lernte ich von ihr, was ein Hakenkreuz ist. Ich musste also mein Kreuz in ein Hakenkreuz ummalen. Damit war meine Arbeit getan. Ich ging aus dem Raum in unseren Aufenthaltsraum und nahm mir meine Schularbeiten vor. Für mich war diese merkwürdige Angelegenheit erledigt. Nach und nach kamen die anderen Jungen zurück. Jeder setzte sich still an seine Schularbeiten, die grundsätzlich mit absolutem Schweigen erledigt werden mussten. Kaum hatten alle Jungen ihre Hakenkreuzmalerei beendet, kontrollierte die Gruppennonne die Schultaschen. Die Federmäppchen oder Kästchen lagen vor uns auf dem Tisch. Dort schaute sie zuerst nach. Dann wühlte sie in den Taschen. Als auch das erledigt war, forderte sie uns auf, in einer Reihe vor der verschlossenen Toilettentür Aufstellung zu nehmen.
Was auch geschah. Nun wurden wir wieder einzeln eingelassen, aber nicht um unsere Notdurft zu erledigen. Als ich an der Reihe war, öffnete die Ordensfrau die erste WC-Kabine. Sie sagte, dass ich hinein sehen soll. Ich folgte ihrem Befehl. Ich sah hinein. Das Toilettenbecken war außen sauber. Der Deckel lag so wie er liegen musste. Ich hob den Deckel an um nachzusehen, ob ich wohl beim letzten Stuhlgang nicht richtig sauber gemacht hatte. Das kontrollierte die Nonne eigentlich immer, nachdem wir abgespült, und falls es notwendig gewesen war, mit der Bürste nachgearbeitet hatten. Es wäre uns nie eingefallen, das Becken unsauber zu verlassen. Ich wusste nicht, was das Theater sollte. Es reichte ihr aber nicht. Sie griff plötzlich an mein Ohr und drehte meinen Kopf nach links. Was ich da sah, konnte ich im Moment nicht begreifen. Auf der Fensterbank, in der linken Ecke, direkt an der Kabinenverschalung gelegen, sah ich einen Füller liegen. Die Schraubkappe lag daneben. Die Nonne zog meinen Kopf am Ohr weiter. Auf der Holzinnentür war ein kleines Kreuz eingeritzt. Dank der vorherigen Aufklärung der Nonne erkannte ich ein Hakenkreuz. Sie fragte mich, immer brutaler an mein Ohr drehend, ob das mein Füller sei. Ich verneinte, da ja meiner im Federkästchen lag und sie ja meinen Füller gesehen hatte. „Du lügst!" – „Nein! Ich lüge nicht! Ich habe das nicht gemacht!" – „Du lügst wie gedruckt!" – „Bitte, bitte, glauben Sie mir doch!" – „Du lügst! Wenn du schon den Mund aufmachst, lügst du!"
Es nutzte nichts. Ich war der Täter. Da konnte ich meine Unschuld beteuern wie ich wollte. Da wir Kinder grundsätzlich potenzielle Lügner waren, sich diese „absolute Wahrheit" fest in die selbstgerechten Non-

nengehirne eingebrannt hatte, gab es nichts, das diese Frauen vom Gegenteil überzeugen konnte. Was dann auf mich einstürzte, ist kaum mit Worten aufzuschreiben. Wie irre schlug die Ordensfrau auf mich ein. Trieb mich vor sich über den Flur. Am „Zivilbekleidungsraum" hielt sie für einen kurzen Moment an, stürmte in das Zimmer und kam mit einem Kleiderbügel heraus. Damit schlug sie mich auf alle Körperteile, die ich nicht mit meinen Händen schützen konnte. Wie im Wahn drosch die fromme Frau auf mich ein. Die Schläge taten unglaublich weh. Der Bügel krachte auf meinen Kopf, traf meinen Rücken. Ich schrie, wie ich nur schreien konnte. Sie schlug mir in die Nieren, in den Bauch und immer wieder auf den Kopf. Ich blutete aus Platzwunden und aus der Nase. Der Kleiderbügelhaken verletzte meinen Kopf, die Hände und Arme. Mir wurde es schwarz vor Augen. Dann wechselte die Schwärze in Rot. Eine nie gekannte Wut kroch in mir hoch. Ich flippte aus. Ich war außer mir. Die Schläge verursachten plötzlich keine Schmerzen mehr. Ich schützte mich nicht mehr. Irgendwie stand ich aus meiner schützenden Hockstellung vom Boden auf. Die Schläge hörten auf. Ich ging auf die Schlägerin zu. Sie hatte bemerkt, dass mit mir irgend etwas Unheimliches passiert war. Ich sah ein Nonnengesicht vor mir, das von knallrot ins Kalkweiße wechselte. Sie schwitzte und atmete schwer. Ich hatte noch nie so große erschreckte Augen gesehen. „Herr Jesus Christus!", rief sie erschrocken. Als ich, der elfjährige kleine Junge, vor ihr stand, hatte sie Angst bekommen. Es waren nur Bruchteile einer Sekunde. Von hinten packte mich plötzlich die Nonne aus der Nebengruppe. Sie warf mich mit voller Wucht auf den Boden. Dann schlug auch diese fromme Frau auf mich ein. Ich kann mich sehr gut erinnern, wie ich mich am Boden liegen sah. Ich schaute mir und der Nonne zu. Verrückt!
Damals dachte ich, dass ich tot bin. Ich wurde sofort in die Nonnentoilette eingesperrt. Meine Wunden taten weh. Mein Kopf schmerzte. Ich hörte nicht auf zu weinen. So habe ich seit dieser Zeit nie wieder geweint. Immer wieder diese grauenhafte Hilflosigkeit und Ohnmacht. Sie, diese Nonnen, durften alles mit mir machen. Ich musste mir die Ungerechtigkeiten gefallen lassen. Ich konnte mich nicht wehren. Es war furchtbar! Soweit es möglich war, putzte ich mir mein Blut aus dem Gesicht und von den Armen. Als ich mich ein wenig beruhigt hatte, merkte ich, dass ich dringend pinkeln musste. Die Kabinen im Nonnen-WC waren abgeschlossen. Ich traute mich nicht an der Tür zu klopfen. In der Nische, in der ich stehen musste, war rechts neben mir ein kleines Handwaschbecken angebracht. Ich pinkelte hinein und ließ leise das Wasser nachlaufen, damit mich keiner hören konnte. Mein Urin war rot. Ich erschrak. Dann kam die Erleichterung. Morgen bin ich vielleicht schon tot! Nein, ich hatte keine Angst!
Die Tür ging auf. Die Nonne aus der Nebengruppe stand in der Öffnung. Sie zog mich ohne ein Wort aus der Toilette heraus. Meine Gruppennonne kam auf mich zu. Sofort schlug sie mir ins Gesicht. Sie fauchte mich an, dass ich mich wundern würde über das, was nun

kommen wird. Die Nonne aus der Nebengruppe, die für die Jungen, die kurz vor der Schulentlassung standen, zuständig war, grinste. Dann nahmen mich die beiden frommen Ordensfrauen in die Mitte. Sie schleppten mich zur großen Doppeltür, die die jeweiligen Gruppen voneinander trennte. Sie öffneten die Türen. Die Horde der großen Jungen hatte sich schon versammelt. Die Nonnen warfen mich mit Schwung auf die Horde zu. Von allen Seiten aus wurde auf mir herum getreten und geschlagen. Füße und Fäuste trafen mich. Die Nonnen standen grinsend dabei. Sie griffen erst ein, als ich keinen Mucks mehr von mir gab. Vorher hatte ich geschrien.

Heimalltag!

Es gab keine Möglichkeiten, sich dem Heimalltag zu entziehen. Alles war genormt und in Plänen aufgeteilt. Spiel-, Sport- und Freizeiten, Schularbeiten, Chor, Musik und Theater, Kapellengang, Beichtstuhlgang, Essenszeiten, Toilettengang, Putz- und Strumpfstopfarbeiten und anderes, waren in festen Stundeneinteilungen gegossen. Freiwillig melde ich mich zu allen möglichen Arbeiten, wenn sie mich nur aus diesem festgestampften Alltag heraus brachten. Ganz besonders freute mich, wenn ich in den Heimgarten durfte, um der freundlichen Gartenschwester zu helfen. Sie überraschte uns Kinder mit seltenen Kleinigkeiten. Meistens war es ein Riegel Schokolade oder eine Hand voll Bonbons. Mal hatte sie uns, in der Erdbeerzeit, eine riesige Schüssel mit in Milch eingeweichtem Weißbrot, mit dicken roten Erdbeerenhälften und Zucker auf den Gartentisch gestellt. Jeder bekam seinen Anteil, ohne dass einer bevorzug wurde. Ein anderes Mal waren es köstliche Johannisbeeren mit viel Zucker darüber. Wir Kinder merkten genau, wer es gut mit uns meinte. Im Herbst machte sie mit uns ein Kartoffelfeuer. Daran saßen wir dann, nach der erledigten Arbeit, und aßen die im Feuer gerösteten Kartoffeln mit Appetit und waren rundherum glücklich. Sie hatte für uns immer ein freundliches Wort. Sie strich uns die verschwitzten Haare aus dem Gesicht. Streichelte uns beim Vorübergehen über die Köpfe. Sie lachte sehr oft und steckte uns mit ihrer Fröhlichkeit an. Ich erinnere mich sehr gern an die Arbeit, die in mir einen gewissen Ekel verursachte. Jedes Mal wenn ein Schäfer auf den Vorstadtwiesen seine Herde weiden ließ und dann weiterzog, suchte die Gartenschwester ein paar Freiwillige, die mit einem alten Suppenlöffel und einem Eimer bewaffnet die Schafshinterlassenschaften aufsammelten. So war ich einige Stunden beim sammeln und sah das Heim hinter mir liegen. Es war eine Freude, endlich mal aus dem Gelände zu kommen, in eine Luft, die mich tief, auch wenn sie nach Schafköttel roch, aufatmen ließ. Es konnte gar nicht lang genug dauern. Doch diese „Freiheit" hatte auch mal ein Ende. Als wir dann unsere Beute in große Bottiche leerten, setzte die Schwester eine Brühe an, nicht ohne uns zu erklären, wofür sie diese Jauche verwenden wird. Sie bezog uns in allem ein was sie machte, oder wofür wir arbeiteten. Sie beantwortete uns geduldig alle Fragen, die wir an sie stellten. Noch heute, wenn ich in meinem eigenen Garten arbeite, erinnere ich mich an so manche Tipps, an so manches was ich von ihr gehört und gesehen habe. Es waren ihre kleinen Gesten, die uns so gut taten. Die Wärme, die diese Frau verbreitete, spüre ich noch heute. Ihr Name ist mir leider entfallen. Könnte ich sie heute wiedersehen, dann würde ich mich, nach all den Jahren, mit einer ganz festen Umarmung für das, was sie mir Gutes getan hat, herzlich bedanken."

„Die von Gott berufene Dienerin schlug überall hin. Auf meinen Rücken, meinen Kopf, auf meine Füße und Hände."

• Pierre de P. war von 1963 bis 1972 im Kinderheim St. Hedwig untergebracht – und mit ihm elf seiner insgesamt siebzehn Geschwister. „Es war ein absoluter Albtraum", berichtet de P. der *Neuen Westfälischen* (Ausgabe 30.11.2001), die unter der Überschrift „Kindheit im Namen Gottes" über sein Leben im Kinderheim berichtete. „Wir wurden geschlagen, gequält und eingesperrt. Das ganze Gelände war mit Stacheldraht umzäunt. Viele haben versucht, zu entkommen. Aber geschafft hat es niemand. Die Polizei hat alle immer wieder eingefangen." Er berichtet „mit ruhiger Stimme und Detail getreu von Erlebnissen", so die *Neue Westfälische*, „die mehr als 30 Jahre in den dunklen Gewölben seines Gedächtnisses begraben lagen. Kein Gefängnis eines Terrorregimes beschreiben seine Worte, kein Arbeitslager der Nachkriegsjahre". „Die Schwestern haben förmlich darauf gewartet, uns körperliche Gewalt anzutun. Es waren wirkliche Misshandlungen, die dort im Namen Gottes stattgefunden haben", versichert de P. Zu den Misshandlungsinstrumenten habe eine Metallschnalle eines Ledergürtels und ein Rohrstock gehört, die auf seien nackten Körper niederprasselten. „Und das alles wegen Nichts. Wenn man im Unterricht geflüstert hat, reichte das für eine Bestrafung. Die Nonnen haben sich daran ergötzt, Macht auszuüben." Brutalität, versichert er der *Neuen Westfälischen*, habe zum Alltag gehört. Er erinnert sich, bis zur Bewusstlosigkeit geprügelt worden zu sein. Als er sieben Jahre alt war, habe eine Schwester ihm das Nasenbein gebrochen. Auch an sexuelle Gewalt erinnert sich de P., der er ab dem siebenten Lebensjahr durch eine Nonne vielfach wehr- und hilflos ausgeliefert gewesen sei:
„Sie holte sich immer kleine Jungs auf ihre Zelle. Fünfmal in all den Jahren war ich der kleine Junge. ... Sie war eine massive und kräftige Person. Ich war klein und schmächtig. Wehren konnte ich mich nicht."
In einer Broschüre (Titel: „Nonnenmilch") beschreibt er seine Erinnerungen so:

„Sie, die Heilige Hedwig, schwärzte meine Fantasie mit Gebeten des grausamen Gottes. Umgarnte mich mit dem Schleier ihrer hässlichen Weiblichkeit. Ich wäre fast erstickt in der Furche des Ekels. Und so saugte ich – willenlos, eine fremde Hand, die ‚süßliche' ‚bittere' … Nonnenmilch. Ich war noch keine 18 Jahre alt."

Über die Gewalt der „Bräute Jesu Christi" führt er aus:

„Liebster Gott, Du bist doch sicherlich stärker als der katholische Gott. Oder? Bitte lass mich morgen keine Schläge bekommen.
Vor dem dünnen Rohrstock habe ich am meisten Angst. Tief haben sich die Stockhiebe gestern bei mir in meine Haut gegraben. Da schau her, blau und rot sind meine Schwellungen – und zwei Wunden sind sogar aufgeplatzt. Sie bluten! Es tut alles so weh – ich kann mich kaum bewegen!
Kannst du, liebster Gott, den Rohrstock wegzaubern?
(…)
Am schlimmsten aber war es, wenn die Bräute Jesu mich mit ihren festen schwarzen Schuhen in meine Weichteile traten und sie dabei fürchterliche Schreie ausstießen.
Ich hätte allen Grund gehabt zu schreien!!! Doch ich ließ mir den Schmerz nicht anmerken.
(…)
Einen Besenstiel hat die Braut Jesu auf mich zerschlagen. Die von Gott berufene Dienerin schlug überall hin. Auf meinen Rücken, meinen Kopf, auf meine Füße und Hände. Ich flüchtete vor ihr in die Knabentoilette. Versteckte mich hinter dem Klobecken. Sie, die Unbefleckte, riss an meinen Haaren. Dann steckte sie meinen Kopf in das Urinbecken und spülte ab.
Mir war alles egal. Ich wollte nur noch sterben.

Warum lieber Gott hast Du nicht eingegriffen?
Ich war doch erst 8 Jahre alt!"

Mit Schrecken erinnert sich de P. an jeden Freitag im Heim. Freitag, das war der Fisch-Tag. Fisch mochte er nicht, den erbrach er meistens über seinen Teller. „Ich musste das Erbrochene immer wieder aufessen", erinnert er sich gegenüber der *tageszeitung* (Ausgabe 20.1.2004), die unter der Überschrift „Schläge und Missbrauch im Namen Gottes" über ihn berichtete. Wenn Badetag war, wurden die Kinder „ins heiße Wasser gesteckt, bis unsere Haut krebsrot war". Die Kinder wurden, versichert er der *tageszeitung*, mit Stöcken, Peitschen und Weidenruten misshandelt. Die Weidenruten mussten die Kinder selbst schnitzen. „Einmal warf mich eine der Schwestern durch die Scheibe", erinnert de P., der eine Narbe davontrug, die heute noch am Oberarm sichtbar ist.

Der *Hessischen Niedersächsischen Allgemeinen* (Ausgabe 28.5.2004) berichtete de P.:
„Wir wurden von den Nonnen selbst bei Kleinigkeiten blutig geprügelt und ausgepeitscht."
Zur Nikolauszeit seien sie, so de P. weiter, mit Dornenstöcken geprügelt worden. Auch Mädchen, die erstmals ihre Menstruation bekamen, hätten mit Bestrafung rechnen müssen, weil sie „sündig" wurden. Kinder, die nicht so parierten, wie es das katholische Heim erwartete, seien an ihre Betten gekettet und mit Medikamenten ruhig gespritzt worden. „Gefürchtet sei bei den Kindern auch gewesen, über Nacht im Keller bei den ‚toten Nonnen' eingesperrt zu werden", gibt die *Hessische Niedersächsische Allgemeine* das weitere Gespräch mit de P. wieder: „Dort wurden die verstorbenen Nonnen vor ihrer Bestattung aufgebahrt. ..."
Weil sie die „Quälereien an Heimkindern" nicht aushielten, hätten Sozialarbeiter ihr Anerkennungsjahr abgebrochen, so de P. gegenüber der *tageszeitung*. Gerne erinnert er sich an Schwester Margit, die versuchte, zu den Kindern menschlich zu sein: „Dafür wurde sie gemobbt". In der Broschüre „Nonnenmilch" schreibt er über diese Schwester:

„Zum Schluss möchte ich einer wirklich ehrwürdigen Nonne gedenken. Sie war für mich ein Licht in der Dunkelheit. Schwester Marta Margit. Wären alle anderen Bräute Jesu so gewesen wie sie, gütig, besorgt, liebevoll und gerecht, dann hätte es diese Zeiten NIE gegeben! Schwester Margit litt schwere Qualen unter ihren Mitschwestern. Sie musste für alles herhalten! Eine große Frau!!! DANKE SCHWESTER MARGIT."

Auch zwei seiner Schwestern, Renate H. und Helga F., die im Kinderheim untergebracht waren, äußerten sich gegenüber der *Neuen Westfälischen*. „Die Erinnerungen der beiden Frauen an ihre Kindheit unter den Nonnen zeugen von Angst, Gewalt und Schmerzen", so die *Neue Westfälische*. Renate H. erinnert sich an die „Gruppenkeile": „Andere Kinder mussten uns ins Gesicht schlagen, sonst wären sie selber von den Schwestern geschlagen worden." Und an das Essen im Speisesaal: „Wir mussten immer einen Löffel Lebertran nehmen. Ich habe den gehasst und mich oft übergeben. Dann haben mich die Schwestern gezwungen, das Erbrochene wieder zu essen." Helga F. erinnert sich an die (Schwerst-)Arbeiten, die die Heimkinder verrichten mussten: „Wir waren billige Arbeitskräfte. Auf dem Feld und im Garten haben wir geschuftet. Und in den Ferien mussten wir morgens um fünf Uhr in die Wäscherei."
Das Erlebte habe der ganzen Familie eine Bürde aufgegeben – für das gesamte Leben, glaubt Renate H.: „Beruflich und privat haben die Männer bislang in allen kritischen Momenten versagt. Zum anderen Geschlecht konnten sie nie ein ungestörtes Verhältnis aufbauen."

> **„Die Nonnen haben ein Schlachtfeld hinterlassen."**
>
> Die *Neue Westfälische* veröffentlichte am 3.9.2003 folgenden Leserbrief:
>
> „Danke für die Enttabuisierung dieses Themas. Sie haben noch sehr zurückhaltend berichtet. (...) Ich war ebenfalls in einem katholischen Heim und kann nur ergänzen, dass wir Kinder damals das Gefühl hatten, diese ‚barmherzigen' Schwestern gingen wie abgerichtete Hunde auf uns los. (...) Prügel waren an der Tagesordnung. Noch heute leiden Tausende durch diese ‚christliche' Erziehung. Unsere ganze Generation wäre massiv geschädigt, wären diese Methoden vor 30 bis 40 Jahren in allen Familien praktiziert worden. Die Nonnen haben ein Schlachtfeld von psychisch und physisch vernichteten Menschen hinterlassen. Süchte, schwerste Depressionen und Selbsttötungen pflasterten den Lebensweg der meisten Heimkinder.
> Jolene Z."

Die Leitung des „Ordens der Hedwigschwestern", der fünf Einrichtungen in Deutschland und weitere in Österreich, Dänemark, Tschechien, Polen und Weißrussland betreibt, hat die Vorwürfe des Herrn de P. entschieden zurückgewiesen. „Das ist alles Verleumdung, wie sie nicht größer geht", kommentiert eine Sprecherin des Ordens, der seinen Sitz in Berlin hat, gegenüber der *Neuen Westfälischen* die Anklage. „Das sind unverfrorene, freche Lügen. Wir haben bereits rechtliche Schritte eingeleitet." Der „Denunziant" – gemeint ist Pierre de P. – könnte froh sein, so die Sprecherin weiter, dass er und seine Geschwister von den Schwestern in St. Hedwig so fürsorglich groß gezogen worden seien. Seine „Erfindungen" hätten in kirchlichen Kreisen hohe Wellen geschlagen, so die Nonne, die nicht namentlich genannt werden will.
Drei Monate später bezeichnet auch die Generaloberin des Ordens, Schwester Michaela, gegenüber der *Neuen Westfälischen* (Ausgabe 9./10.3.2002) die Berichte von Pierre de P. als „ein Produkt maßloser Phantasie". „Es mag in diesen Jahren auch im Heim eine strenge Erziehung gegeben haben, wie es damals üblich war", räumt die Generaloberin ein – aber ganz bestimmt nicht in dieser massiven Form. „Das traue ich den Schwestern nicht zu – nie und nimmer", versichert die fromme Frau. Die damalige Heimleiterin, Schwester A., sei eine selbstlose, gütige, aber auch konsequente Frau gewesen. Die Anklage entspräche nicht der Wahrheit. Im Übrigen habe es einen „Arrest-Raum" nicht gegeben.
Schwester Michaela weist gegenüber der *Neuen Westfälischen* auch darauf hin, dass bis 1990 regelmäßig Kontrollen in den Heimen durch die staatliche Heimaufsicht stattgefunden hätten.

Bei dem Landesjugendamt – Heimaufsicht – in Münster hatte man – angeblich – keine Hinweise darauf, dass die Kinder von den Hedwigschwestern schlecht behandelt wurden. „Ich habe in den Unterlagen nichts gefunden", so Peter Dittrich, Leiter der Heimaufsicht gegenüber der *Neuen Westfälischen*. Es habe allerdings keine regelmäßigen Kontrollen gegeben, die Heimaufsicht sei nur tätig geworden, wenn es konkrete Hinweise gab. „Ende der 60er Jahre sah die Heimerziehung auch noch anders aus als heute", räumt Dittrich ein.

„Vincenzheim Ausbildungsstätte" – Dortmund
Lieber Gott – Dein Wille geschehe

„Wir nennen uns Barmherzige Schwestern und wir nehmen unseren Ordenspatron, den heiligen Vincenz von Paul, sehr ernst, der uns sagt: ‚Wir würden unserem Nächsten keinen wirklichen Dienst erweisen, wollten wir nur Lebensmittel und Medikamente austeilen. Wie Gott seinen einzigen Sohn zum Heil der Menschen gesandt hat, so sendet er jeden von uns. Wir müssen uns über das Wesen der Caritas im Klaren sein, um sie nicht mit einer allgemeinen Sozialarbeit zu verwechseln. Caritas ist das Erbarmen Gottes, der sich in der Person Jesu Christi dem Menschen zuwendet. Wer sich liebend zum Herrn bekennt, wendet sich deshalb wie er in Liebe dem Menschen zu, um ihn aus seinem seelischen und materiellen Elend herauszuführen.' Und weiter sagt uns der heilige Vincenz: ‚Unser Platz ist an der Seite derer, die keinen Menschen haben.'"
Das Zitat ist der Homepage Barmherzige-Schwestern.de entnommen

Auch unter den „Barmherzigen Schwestern vom heiligen Vincenz von Paul", die dem Vincentinerinnen-Orden angehören, gab es offenbar Nonnen, die die „Ausbreitung des christlichen Lebens" mit Gewalt betrieben haben. Die „Bräute Jesu Christi" sollen in den 50er und 60er Jahren im „Vincenzheim Ausbildungsstätte" in Dortmund zahlreiche der ihnen anvertrauten weiblichen Kinder und Jugendlichen misshandelt, malträtiert, gepeinigt und gequält haben.

Im Folgenden veröffentlicht der Verfasser Aussagen von Frauen, die im „Vincenzheim Ausbildungsstätte" untergebracht waren – und verzichtet wegen der Authentizität darauf, stilistische Eingriffe vorzunehmen.

„Während der Arbeitszeit herrschte Sprechverbot, nur Marienlieder waren erlaubt."

• Gisela N. war in den 60er Jahren im „Vincenzheim Ausbildungsstätte", in dem nur Mädchen lebten, untergebracht. Das Heim wurde damals vom Paderborner Vincentinerinnen-Orden geführt. Sie erinnert sich gegenüber dem *Spiegel* (Ausgabe 21/2003, Seite 70 bis 76), der unter dem Titel „Unbarmherzige Schwestern" über Misshandlungen in Heimen berichtete, an die akkordähnliche Arbeit, an den Trakt, wo „Dutzende Mädchen mit gesenktem Blick nähten und stopften, wuschen, mangelten und bügelten". Während der Arbeitszeit, die um sechs Uhr morgens mit Beten begann und um 16 Uhr endete, „herrschte Sprechverbot, nur Marienlieder waren erlaubt".
Lohn gab es für die akkordähnliche Arbeit in der hauseigenen Großwäscherei keinen, nicht einmal Taschengeld – die Folge, die ehemaligen Heimbewohnerinnen haben keinen Rentenanspruch für diese Jahre. „Wir waren jugendliche Zwangsarbeiter", sagt Gisela N. dem *Spiegel*. „Mein Platz war an der großen Heißmangel. Das stundenlange Stehen in großer Hitze, das ständige Falten großer Bettwäsche ließ sämtliche Glieder schmerzen. In Zweierreihen trotteten wir abends schweigend in den Gängen zurück wie geprügelte Hunde." Der gesundheitliche Zustand der Heimmädchen schien den „Barmherzigen Schwestern vom heiligen Vincenz von Paul" nicht interessiert zu haben. Die Großwäscherei war für die unbarmherzigen Schwestern ein einträgliches, lukratives Geschäft. Die Arbeit bringe, zitiert der *Spiegel* den *Kirchlichen Anzeiger*, einen „nicht unerheblichen Teil" der Kosten ein. „Dortmunder Hotels, Firmen, Krankenhäuser und viele Privathaushalte zahlten gut – und fragten nicht, wer da fürs Reinwaschen missbraucht wurde, so der *Spiegel*.
Bei Verfehlungen, bereits geringsten Verfehlungen seien die Heimmädchen von Nonnen geschlagen oder bestraft worden. Die Kontrolle war perfekt organisiert: „Wir wurden nummeriert und durften nur in Zweierreihen durchs Haus marschieren – zur Kirche, zur Toilette, zum Essen." Gisela N. hatte auch die „Klabause" – eine Isolationskammer mit Pritsche und Eimer – von innen kennen gelernt. Und sie erinnert sich, dass dem Essen Medikamente untergemischt wurden – welche das waren, hat sie nie erfahren.

„Das war eine richtige Zelle, schlimmer als eine Gefängniszelle."

• Auch Regina E. und ihre ein Jahr jüngere Schwester Elke M. waren wegen „drohender Verwahrlosung" im Vincenzheim untergebracht, das einem Gefängnis sehr ähnelte (nicht nur die Fenster waren vergittert, auch das Gebäude war von einer hohen Mauer umgeben).

Regina E., die damals 17 Jahre alt war und ein Kind hatte, erinnert sich in einen vom Norddeutschen Rundfunk am 11.01.2005 ausgestrahlten Rundfunkbeitrag (Titel: „Lebenslange Narben – Ehemalige Heimkinder wollen nicht länger schweigen") an die ersten Wochen in der Aufnahmestation:

„Da saßen sie am Tisch, ohne was zu sprechen, höchstens Mal ein Mariengebet oder ein christliches Lied singen, und am laufenden Meter nur Taschentücher umhäkeln mit Spitze. Die Aufnahmestation war da, um zu einem Frauenarzt, der ins Haus kam, zu gehen, wo sie auf eine Liege kamen, die Beine breit, untersucht wurden, die Nonne saß davor und guckte sich das alles an, (...) ich weiß nicht, was die drauf hatten, es war widerlich, und von so einem alten Arzt untersucht werden, ob wir irgendwelche Krankheiten hatten, Geschlechtskrankheiten, weil wir ja so verdorben waren. Ich wusste nicht mal, was ein Penis ist. (....) Also ‚verdorben, und hier und da ein Kerl', hatten wir überhaupt nicht."

Sie berichtet von einer herrschsüchtigen Nonne, die es offenbar liebte, die jungen Frauen zu schikanieren – beispielsweise, als sie mit Schmierseife den langen Flur putzen musste:

„Wenn sie kam und sagte: Oh, der ist aber nicht richtig sauber, dann hat die den Eimer genommen mit dem dreckigen Wasser, hat den noch mal über den langen Flur gekippt und dann musste ich das noch mal machen. Da waren alle diese Schikanen, das muss man sich mal vorstellen."

Elke M. erinnert sich daran, dass sie über den Flüsterwitz einer Leidensgenossin lachen musste. Die Strafe der frommen Frauen folgte auf dem Fuße: drei Tage Arrest in der Isolierzelle:

„Das war eine richtige Zelle, schlimmer als eine Gefängniszelle, (...) sie war nur eineinhalb Meter breit und zwei Meter lang, da stand nur eine Pritsche und ein Eimer drin und das war es, und da musste ich dann drei Tage zubringen bei Brot und Wasser. Ich hatte überhaupt keinen Kontakt zu jemandem, da kam nur einmal am Tag jemand, da durfte ich den Eimer leeren und durfte mir an dem Waschbecken im Flur einmal das Gesicht waschen. (....) Ich habe diese eineinhalb und zwei Meter immer wieder abgeschritten, habe mir alle Gedichte oder Lieder aufgesagt, um nicht durchzudrehen."

Freundschaften unter den jungen Frauen wurden nicht geduldet, so Elke M.:

„Die achteten ganz streng darauf, dass man keine Freundschaften anfing, es wurde sofort unterbunden, weil die immer Angst hatten, dass sich da lesbische Beziehungen draus entwickelten."

Und über die Beichte weiß sie zu berichten:

„Was auch ganz schlimm war in der Zeit: mit der Beichte, wir haben immer wieder gemerkt, dass das, was wir gebeichtet haben, uns zum Nachteil gereicht hat, also ausgeplaudert, (...) die Nonnen wussten das alles."

Das Paderborner Mutterhaus der „Kongregation der Barmherzigen Schwestern vom heiligen Vincenz von Paul", das sich Ende 1994 aus der Erziehungsarbeit zurückzog, hat offenbar nicht vor, sich mit der Vergangenheit auseinander zu setzen. Die Sprecherin des Ordens, Schwester Gabriele, zum *Spiegel*: „Unsere alten Schwestern, die in den Heimen waren, wollen heute in Ruhe gelassen werden, die möchten wir nicht mehr in solche Gespräche einbeziehen." Die fromme Frau, die in den achtziger Jahren in leitender Stellung im Dortmunder Vincenzheim tätig war, „will angeblich nichts über die Jahre davor wissen. Eine Auseinandersetzung über die Zustände in den Heimen der Vincentinerinnen fand nicht statt", so der *Spiegel*. „Darüber haben wir nie gesprochen. Es hat uns ja auch bis heute keiner gefragt." Und gegenüber der *Neuen Westfälischen* (Ausgabe 29.05.2003) stellt sie unmissverständlich klar: „Dazu nehmen wir keine Stellung."

Während der Orden und die „Barmherzigen Schwestern vom heiligen Vincenz von Paul" schweigen, äußert sich der heutige Erziehungsleiter der Einrichtung, Dirk Kunert, gegenüber der *Neuen Westfälischen*: „Die Sichtweise ist eindeutig gefärbt durch einige Ehemalige. Damit wird man den Heimen nicht gerecht. (...) Bei den Schlägen kann ich mir nicht vorstellen, dass das an der Tagesordnung war." Das verbiete das christliche Weltbild.

Ein Bedauern drückt immerhin Theo Breuel, Abteilungsleiter der Caritas im Erzbistum Paderborn, aus. Breuel gegenüber dem *Norddeutschen Rundfunk*:

„Wir bedauern zutiefst, dass Derartiges vorgekommen ist (...). Das so etwas möglich war, können wir uns auch nur dadurch erklären, dass Menschen versagt haben, aber wir können es nicht zuschreiben einer Grundhaltung, die durch die Kirche vorgegeben wäre, oder wo die Kirche derartige Dinge gefordert hätte. (...) Ich kann nur sagen, ich bitte alle diese Menschen um Vergebung für das, was damals geschehen ist."

Heute sind in den meisten dieser Häuser die Spuren der Vergangenheit wegrenoviert.

Die Ziele und Methoden der autoritären, repressiven Heimerziehung unterschieden sich nicht wesentlich von den allgemein gesellschaftlichen Vorstellungen einer autoritären familiären Erziehung. Die in den (christlichen) Anstalten und in sehr vielen Familien – und Schulen – praktizierte Schwarze Pädagogik wurde damals gesellschaftlich akzeptiert. Auf diesen Tatbestand greifen die Verantwortlichen heute gerne zurück, wenn sie sich denn überhaupt auf ein Gespräch einlassen. Sie wollen es heute nicht mehr wahrhaben und bestreiten die unbestreitbare Tatsache, dass in ihren Anstalten die ihnen anvertrauten Kinder und Jugendlichen im Namen Jesu Christi geprügelt, malträtiert, gequält, erniedrigt und entwürdigt wurden, um ihnen Disziplin, Gehorsam, Fleiß, Sauberkeit, Unterordnung und den Glauben an ihren Gott aufzuzwingen.

Und wenn sie etwas zugestehen, dann verharmlosen sie, in dem sie höchstens einräumen, dass es leichte Züchtigungen wie beispielsweise Ohrfeigen oder den Klaps auf den Po gegeben habe. Mit der dunklen gewalttätigen Vergangenheit wollen die Verantwortlichen sich generell und ohne Ausnahme nicht auseinandersetzen.

Züchtigungsrecht in der Fürsorgeerziehung

In jedem Heim, auch und gerade in denen der freien Träger, bestanden in der Regel eigene „Haus- und Strafordnungen". Die Strafbestimmungen für Fürsorgeerziehungsanstalten waren in Erlassen des Preußischen Ministeriums für Volkswohlfahrt festgelegt. In einem entsprechenden Erlass vom 10. Februar 1923 wurde beispielsweise angeordnet,

- dass die körperliche Züchtigung weiblicher Zöglinge, die das 16. Lebensjahr vollendet haben, unzulässig ist;
- dass Lehrer und Lehrerinnen bei Zöglingen im *schulpflichtigen* Alter während des Unterrichtes von den Zuchtmitteln der Schule Gebrauch machen dürfen;
- dass außerhalb des Unterrichts Zöglinge im *schulpflichtigen* Alter körperlich gezüchtigt werden dürfen, und zwar „mit Hasel- oder Rohrstock von 1 cm Stärke bis zu 10 Hieben auf das bekleidete Gesäß";
- dass Zöglinge im *nachschulpflichtigen* Alter bis zu 7 Tagen in geschlossener Einzelhaft (Arrest) untergebracht werden dürfen (unter Gewährung einer Matratze und Decke), wobei jedem „Arrestanten" eine Stunde Bewegung im Freien getrennt von den anderen Zöglingen zu gewähren und eine Verdunkelung der Zelle unzulässig ist;
- dass bei Zöglingen im *nachschulpflichtigen* Alter die Züchtigung mit „Hasel- oder Rohrstock von 1 cm Stärke bis zu 10 Hieben auf das mindestens mit einer Unterhose bekleidete Gesäß" zulässig ist, und zwar bei männlichen Zöglingen „nur durch den Anstaltsleiter selbst oder seinen Stellvertreter oder in deren Gegenwart durch den von ihm beauftragten Hausvater oder Erzieher" (beim „Vollzuge dieser Strafe dürfen andere Beamte oder Zöglinge nicht zugegen sein");
- dass „psychopathische oder in sonstiger Hinsicht anormale oder schonungsbedürftige Zöglinge ... in der Regel überhaupt nicht körperlich gezüchtigt werden (dürfen). Von dieser Regel darf ausnahmsweise nur dann abgewichen werden, wenn der Anstaltsarzt nach vorheriger Untersuchung des Zöglings und Prüfung der Vorgänge eine Züchtigung ausdrücklich für unbedenklich erklärt hat. Eine schriftliche Äußerung des Arztes ist den Anstaltsakten beizufügen";

- dass die Strafe der körperlichen Züchtigung bei weiblichen Zöglingen nur von einer Frau vollzogen werden darf, „und zwar von der Vorsteherin oder einer Erzieherin selbst im Beisein einer Erziehungsgehilfin" – weibliche Zöglinge, die das 16. Lebensjahr vollendet haben, sind hiervon ausgenommen;
- dass „Strafen wie Ohrfeigen, Schläge auf den Kopf, auf die flache Hand, Ziehen am Ohr, Stoßen gegen das Kinn usw. ... nach wie vor unzulässig" sind;
- dass jede Strafe mit Ausnahme der Schulstrafen in ein Strafbuch einzutragen und eine Abschrift – bei staatlichen und privaten Erziehungsanstalten – vierteljährlich dem Regierungspräsidenten, soweit es sich um Anstalten der Provinz handelt, dem Oberpräsidenten einzureichen ist.

Der Erlass findet sich inhaltlich in der am 10. Dezember 1924 erlassenen Hausordnung für die Rheinischen Provinzial- und Fürsorgeanstalten wieder. Am 12. März 1930 wurde die Hausordnung ein wenig modifiziert: Die Züchtigung mit einem „Hasel- oder Rohrstock von 1 cm Stärke" beispielsweise findet keine Erwähnung mehr. In einem weiteren Erlass des Preußischen Ministers für Volkswohlfahrt, Heinrich Hirtsiefer, vom 12. Juli 1929, in dem auch Bestimmungen für eine Vereinheitlichung der Regelung des Beschwerderechts der Fürsorgezöglinge enthalten sind, führt der Minister aus:

„In meinem Erlass vom 1. April 1926 – III F 535/26 – habe ich darauf hingewiesen, dass die <u>körperliche Züchtigung</u> (im Erlass durch Unterstreichung hervorgehoben – *Anm. d. Verf.*), sofern auf sie nicht verzichtet werden könne, auf die schwersten Verfehlungen beschränkt bleiben müsse und dass sie auch hier nur dann in Frage komme, wenn die Anwendung anderer Erziehungsmittel keinen Erfolg verspreche."

Der Minister erklärt weiter, dass sich „in der pädagogischen Theorie und Praxis immer mehr die Einsicht durchgesetzt (hat), dass die Strafe der körperlichen Züchtigung – namentlich bei Jugendlichen, die dem Kindesalter entwachsen sind – weniger nützt als schadet und deshalb als Erziehungsmittel grundsätzlich zu verwerfen ist. (...) Mit besonderer Genugtuung habe ich davon Kenntnis genommen, dass eine nicht geringe Zahl gerade der größeren Anstalten teils auf Weisung ihrer Fürsorgeerziehungsbehörden, teils aus freien Stücken dazu übergegangen ist, auf die Anwendung der Körperstrafe ganz zu verzichten. Die Sorge um die Aufrechterhaltung der äußeren Ordnung in den Erziehungsheimen hatte mich dazu bestimmt, in meinem Erlass vom 1.4.1926 wenigstens die Möglichkeit einer Anwendung der Züchtigung bei Verfehlungen schwerster Art noch offen zu halten. Inzwischen haben aber die Erfahrungen derjenigen Fürsorgeerziehungsbehörden, die von sich aus die Züchtigung aus der Reihe der zulässigen Strafmittel

bereits entfernt haben, ohne dass sich Unzuträglichkeiten hieraus ergeben, den Beweis dafür erbracht, dass auf die grundsätzliche Beibehaltung dieses Strafmittels ohne Gefahr für die äußere Zucht und Ordnung in den Anstalten verzichtet werden kann. Ich ordne deshalb unter Aufhebung der entsprechenden Bestimmungen meines Erlasses vom 1.4.1926 mit sofortiger Wirkung für alle Fürsorgeerziehungsheime folgendes an:
a) Mädchen gleichviel welchen Alters, Knaben im vorschulpflichtigen Alter, sowie im ersten und zweiten Schuljahre und schulentlassene männliche Zöglinge dürfen nicht körperlich gezüchtigt werden.
b) Bei der hiernach noch verbleibenden Gruppe der männlichen Zöglinge im Alter von 8 Jahren bis zur Beendigung der Schulpflicht ist die körperliche Züchtigung nur noch in den engen Grenzen zulässig, die ihr für die Schulen durch Erlass des Herrn Preußischen Ministers für Wissenschaft, Kunst und Volksbildung vom 29. März 1928 gezogen sind. Unaufmerksamkeit und mangelhafte Leistungen dürfen hiernach keinesfalls durch körperliche Züchtigung geahndet werden".

Dieser Erlass wurde durch den Runderlass ("Züchtigungsrecht in der Fürsorgeerziehung") des Reichs- und Preußischen Ministers des Inneren, Wilhelm Frick, vom 4.7.1935 wieder aufgehoben. Die Züchtigung wurde unter ganz bestimmten Bedingungen wieder erlaubt und das Folgende angeordnet:

"Hinsichtlich der Ausübung der Züchtigung ordne ich folgendes an:
Die Züchtigung ist nur dann anwendbar, wenn sie zur sofortigen Wahrung der Autorität des Erziehers (Erzieherin) oder zur Aufrechterhaltung der Zucht und Ordnung in der Anstalt im gegebenen Augenblick das wirksamste Erziehungsmittel darstellt. Sie muss unmittelbar nach frischer Tat erfolgen. Art und Ausmaß der Züchtigung haben sich im Rahmen des elterlichen Züchtigungsrechts zu halten. Der Erzieher (Erzieherin) hat vor der Anwendung der Züchtigung dem Anstaltsleiter (Anstaltsleiterin) unverzüglich Anzeige zu erstatten.
Erweist sich die vorgenannte sofortige Züchtigung durch den Erzieher (Erzieherin) als untunlich, so kann sie auch nachträglich, jedoch nur durch den Anstaltsleiter (Anstaltsleiterin) persönlich oder in seinem Beisein alsbald nach der Tat vollzogen werden. In diesem Falle hat eine Eintragung in das Strafbuch zu erfolgen.
Die Handlung des Züchtigungsrechtes ist von den Anstaltsleitern (Anstaltsleiterin) und den übergeordneten Aufsichtsstellen peinlichst zu überwachen."

Zu dem Erlass führt der Oberpräsident der Rheinprovinz (Verwaltung des Provinzialverbandes / Fürsorgeerziehungsbehörde) in einem Schreiben vom 16.9.1935 an die Erziehungsanstalten u. a. aus:

„(...) Wie die Fassung des Erlasses zeigt ..., soll die Züchtigung kein ordentliches, sondern ein außerordentliches Erziehungsmittel sein, dessen pädagogische und rechtliche Zulässigkeit gebunden ist an ganz bestimmte Voraussetzungen, insbesondere an die, dass sie ‚das wirksamste Erziehungsmittel...' ist und dass sie sich ‚im Rahmen des elterlichen Züchtigungsrechts' hält." (Im Schreiben durch Unterstreichung hervorgehoben – *Anm. d. Verf.*)

An anderer Stelle folgt der Hinweis:

„Jedenfalls gehen besinnungsloses Zuschlagen, insbesondere auf den Kopf oder im Beisein der anderen Zöglinge, Züchtigungen mit harten Gegenständen und Züchtigungen von Jugendlichen im gereifteren Alter in der Regel über den Rahmen des elterlichen Züchtigungsrechts hinaus und fallen dann unter den Begriff der strafbaren Körperverletzung."

Abschließend wird deutlich hervorgehoben, dass eine „Prügel-Pädagogik" in den Erziehungsanstalten nicht erwünscht ist, obwohl als Strafmittel für Zöglinge im schulpflichtigen und nachschulpflichtigen Alter sogar die körperliche Züchtigung mit „Hasel- oder Rohrstock von 1 cm Stärke bis zu 10 Hieben auf das bekleidete Gesäß" wieder eingeführt worden ist:

„Die nach der sofortigen Züchtigung dem Anstaltsleiter zu erstattende unverzügliche Anzeige ist in das Strafbuch einzutragen. Die Eintragung muss auch enthalten die Begründung, die Notwendigkeit der Züchtigung und deren Art, auch die ungefähre Zahl der Schläge. Die Anstaltsleiter sind persönlich dafür verantwortlich, dass die vorgeschriebenen Anzeigen von den Erziehern ausnahmslos erstattet werden.
Die peinliche Überwachung der Züchtigungspraxis, ihre Bewahrung vor dem Missbrauch durch den einzelnen Erzieher und vor dem langsamen Abgleiten in eine dann kaum wieder zu behebende ‚Prügel-Pädagogik' ist die vornehmste Verantwortung des Anstaltsleiters gerade jetzt im ersten Stadium der Neuordnung, welche die schärfste Selbstkontrolle des einzelnen Erziehers und das neubegründete Kameradschaftsverhältnis zwischen Erzieher und Zögling zur selbstverständlichen Voraussetzung hat."

Nach Kriegsende richtete der Sozialminister des Landes Nordrhein-Westfalen, Rudolf Amelunxen, am 10.2.1950 ein Rundschreiben an „die Heime für schulentlassene Jungen und Schulkinder":
„Durch Erlass vom 1.2.1947 habe ich angeordnet, dass in Anstalten für schulentlassene Mädchen unter keinen Umständen geschlagen wird, und die übrigen Anstalten aufgefordert, soweit wie irgend möglich, auf dieses Strafmittel zu verzichten. Aus den halbjährig hier vor-

gelegten Strafbuchauszügen ersehe ich, dass die Anstalten für schulentlassene Jungen ausnahmslos von einer körperlichen Züchtigung Abstand nehmen und dass in den Anstalten für Schulkinder in so seltenen Ausnahmefällen davon Gebrauch gemacht worden ist, dass ich nunmehr erwarten kann, dass auf diese Strafmittel völlig verzichtet wird. Ich bitte daher aus allen Hausordnungen, soweit darin noch die Möglichkeit einer körperlichen Züchtigung vorgesehen ist, diesen Passus zu streichen.
Größtes Gewicht lege ich darauf, dass, falls ein Erzieher dennoch einen Schlag erteilen sollte, sofort der Heimleitung Meldung erstattet und dieser Ausnahmefall in das Strafbuch mit dem Namen des Erziehers eingetragen wird.
Ein Erzieher, der ein derartiges Vorkommnis nicht sofort meldet, sondern es darauf ankommen lässt, ob Anzeige von dritter Seite erstattet wird, hat ernste Folgen zu erwarten.
Ich bitte mir zu bestätigen, dass die Hausordnung der vorstehenden Verordnung entspricht bzw. entsprechend geändert und ergänzt worden ist."

Der Aufforderung des Sozialministers sind offenbar nicht alle Anstalten nachgekommen, wie die beschriebenen Beispiele (Kinderheim St. Josef in Eschweiler, Kinderheim St. Hedwig in Lippstadt und Vincenzheim Ausbildungsstätte in Dortmund, die sich alle in Nordrhein-Westfalen befinden) zeigen.

Der Verfasser bedankt sich an dieser Stelle beim *Landschaftsverband Rheinland – Rhein. Archiv- und Museumsamt – Archiv des Landesverbandes* für die freundliche Überlassung der zitierten Dokumente.

Dem perfiden Repressionssystem der Heimerziehung, das auch und gerade die christlichen Anstalten unterhielten und praktizierten, waren nach Schätzungen zwischen 1945 und 1970 mehr als eine halbe Million Mädchen und Jungen wehr- und hilflos ausgeliefert. Alleine „1960 trimmten katholische und evangelische Erzieher in rund 3000 Heimen mit 200 000 Plätzen die ihnen Anvertrauten. Sobald sich die Tore der konfessionellen Besserungsanstalten hinter ihnen schlossen, mussten viele von ihnen schmerzhaft erfahren, was damals Buße bedeutete: Misshandlungen, Ungerechtigkeiten, soziale Ausbeutung und Menschenrechtsverletzungen im Namen Gottes und der Kirche, die bis heute unangeklagt und damit ungesühnt sind", wie es Peter Wensierski in seinem *Spiegel*-Artikel zutreffend beschreibt.[19]
Erst Ende der sechziger Jahre wurden durch die „Apo" und deren „Heimkampagne" Politiker und (Landes-)Jugendämter dazu gezwungen, sich mit dem menschenverachtenden brutalen und perfiden Repressionssystem der Heimerziehung auseinander zu setzen und um-

fassende Reformen innerhalb der Öffentlichen Erziehung einzuleiten. Die staatlichen und kirchlichen Heimträger (die meisten Heime sind auch heute noch in kirchlicher Hand) waren nunmehr gezwungen, peu à peu von der menschenverachtenden Schwarzen Pädagogik Abschied zu nehmen. „Heute sind in den meisten dieser Häuser die Spuren der Vergangenheit wegrenoviert, sowohl bei den Fassaden als auch in der Geschichtsschreibung. In Jubiläumsbroschüren wird die Zeit gern übersprungen, und in Ordnern existieren nur noch selten Aktenvermerke oder Fotos, die die dunklen Kapitel belegen könnten", so Peter Wensierski in seinem *Spiegel*-Artikel.

Über die Zeit zwischen 1945 und 1970 liegt noch immer ein dunkler Schatten.

Über 30 Jahre nach dem Ende der Schwarzen (Heim-)Pädagogik fangen Betroffene, die eine „Bundesinteressengemeinschaft der missbrauchten und misshandelten Heimkinder" gründeten, an zu reden und konfrontieren die verantwortlichen Heimträger mit der schlimmen Gewalt, der sie als Kinder wehr- und hilflos ausgesetzt waren. Sie wollen erreichen, dass sich die Amtskirchen, die Heimträger, die Frauen- und Männerorden, aber auch die Verantwortlichen in den (Landes-)Jugendämtern und Wohlfahrtverbänden mit ihrer Vergangenheit öffentlich auseinandersetzen. Und sie fordern eine öffentliche Entschuldigung, Wiedergutmachung und Entschädigung (wie sie seit kurzem auch von ehemaligen Opfern katholischer Anstalten in Amerika, Irland und England verlangt werden) – und stoßen auf eine Mauer des Schweigens. „Der Vatikan reagierte bislang ähnlich abweisend wie vor zehn Jahren, als die ersten Missbrauchsvorwürfe gegen Priester laut wurden. Und bei der Deutschen Bischofskonferenz, den Ordensgemeinschaften, bei Caritas und Diakonie will man angeblich nicht wissen, was jahrzehntelang unter ihrer Verantwortung geschehen ist", so Peter Wensierski in seinem *Spiegel*-Bericht. „Dabei liegen die letzten dieser Fälle gar nicht so lange zurück. So wurden Kinder im ‚St. Joseph-Haus' in Seligenstadt noch 1992 blutig geschlagen. Und im katholischen Stift zu Eisingen bei Würzburg wurden sie noch im Jahr 1995 beispielsweise zur Strafe in Badewannen mit kaltem Wasser gesteckt." (Siehe hierzu das Kapitel „Gewalt auch heute noch in der Heimerziehung. Oder: Aktuelle Fälle")
Die Bundestagsabgeordnete Ute Berg (SPD), an die sich die „Bundesinteressengemeinschaft der missbrauchten und misshandelten Heimkinder"[20] wandte, konfrontierte den Vorsitzenden der Deutschen Bischofskonferenz, Kardinal Karl Lehmann und den Vorsitzenden des Rates der Evangelischen Kirche in Deutschland, Bischof Wolfgang Huber, mit dem Anliegen der ehemaligen Heimkinder. In zwei gleichlautenden Schreiben, datiert auf den 22. Januar 2004, führt sie aus:

„M. E. ist das Leid der Heimkinder eine bedrückende Tatsache und Herausforderung, mit der sich die damals verantwortlichen Institutionen (Kirchen und Staat) befassen sollten. In Teilen geschieht dies wohl auch, wie ich weiß. Dennoch wäre ich Ihnen dankbar, wenn Sie mir mitteilen könnten, wie die Katholische Kirche (Evangelische Kirche – Anm. d. Verf.) von Deutschland das Schicksal der Heimkinder und ihre Forderungen beurteilt und welche Maßnahmen von Seiten der Kirche denkbar sind. ...."

Bischof Huber ließ Frau Berg offenbar mitteilen, dass man sich innerhalb der evangelischen Kirche und ihren Institutionen mit dem Thema beschäftigen wolle (dem Verfasser sind keine entsprechenden Aktivitäten bekannt geworden). Kardinal Lehmann soll bislang offenbar nicht reagiert haben.

Umso erstaunlicher ist die Tatsache, dass die Caritas und die Diakonie im Rahmen eines Hörfunkbeitrages, der im Juni 2004 unter dem Titel „Unbarmherzige Schwestern – Erziehung in kirchlichen Kinderheimen" vom Bayerischen Rundfunk ausgestrahlt wurde, schriftliche Erklärungen abgaben, die durchaus als „Schuldeingeständnisse" bewertet werden können.

Die Pressestelle der Caritas erklärt:

„Wir glauben, dass viele unsere ehemaligen Schützlinge in den ersten Jahrzehnten der Bundesrepublik auch leidvolle Erfahrungen in unseren Heimen machen mussten. Dies ist schlimm für die Betroffenen und wir haben bereits die grundsätzliche Empfehlung ausgegeben, dass die entsprechenden Heime das Leid ihrer Ehemaligen anerkennen und sich entschuldigen.

Wir wollen zum Verständnis aber auch daran erinnern, dass die Gesellschaft als Ganzes damals Erziehungskonzepte gutgeheißen hat, die uns erschrecken und abstoßen. (...)."

Die Pressestelle des Diakonischen Werkes der Evangelischen Kirchen in Deutschland (EKD) erklärt:

„Bis in die 70er Jahre hinein war der autoritäre Erziehungsstil in Heimen gang und gäbe, in den katholischen und evangelischen Heimen genauso wie in den Heimen der staatlichen Träger. Die Prügelstrafe an Schulen zum Beispiel war erst in den 70er Jahren in allen Bundesländern abgeschafft. An den Reformen in der Jugendhilfe hat die Diakonie maßgeblich mitgearbeitet.

Für viele Menschen in unserer Obhut kam die Reform sicherlich zu spät; wir bedauern, dass sie zu Schaden kamen. Wenn die Betroffenen sich jetzt zusammenschließen, um ihre Erlebnisse auszutauschen, begrüßen und unterstützen wir diese Aufarbeitung der Geschehnisse."

Und der Präsident des Diakonischen Werkes der EKD, Jürgen Gohde, versichert in dem vom *Norddeutschen Rundfunk* am 11.01.2005 ausgestrahlten Rundfunkbeitrag (Titel: „Lebenslange Narben – Ehemalige Heimkinder wollen nicht länger schweigen"), ihm sei bekannt, in welchem Geist die Kinder, die von christlicher Nächstenliebe wenig zu spüren bekamen, damals erzogen wurden:

„Die gesellschaftliche Wirklichkeit war anders: Es hat zu diesem Zeitgeist gehört, dass man bei den Erziehungszielen die Gewalt als Mittel im Grunde nicht klar thematisiert und ausgeschlossen hat, das zählt zu einer obrigkeitlichen Tradition der Erziehung, die unsere deutsche Situation mit geprägt hat, und von dieser Tradition ist auch die Kirche nicht frei gewesen. (...) An dieser Stelle müssen wir feststellen, dass das zu dem Teil unserer Geschichte gehört, mit dem wir leben müssen."

Doch diese „Schuldeingeständnisse" helfen den vielen Betroffenen nicht. Solange die einzelnen Heime und deren kirchliche Träger schweigen und auf die berechtigte Anklage und den berechtigten Forderungen der Menschen nicht eingehen und mit einer Mauer des Schweigens reagieren, werden die Betroffenen keine wie auch immer geartete Entschuldigung akzeptieren (können). Gleiches gilt für Caritas und Diakonie, die sich nicht bei den Opfern entschuldigt haben, auch wenn die Caritas behauptet, sie habe „bereits die grundsätzliche Empfehlung ausgegeben, dass die entsprechenden Heime das Leid ihrer Ehemaligen anerkennen und sich entschuldigen". Dieser „grundsätzlichen Empfehlung" scheinen offenbar die betroffenen Heime nicht nachzukommen. Wie der Fall des Eschweiler Kinderheims St. Josef zeigt, können die Opfer *nicht* mit einer Anerkennung ihrer Leiden und einer Entschuldigung rechnen. Im Gegenteil: Die Opfer werden mit Strafanzeigen konfrontiert in der Hoffnung, sie so zum Schweigen zu bringen.

Aber auch eine Anerkennung ihrer Leiden und eine Entschuldigung würde den Betroffenen nicht viel bringen. Sehr viele ehemalige Heimkinder sind ihr Leben lang schwer gekennzeichnet und traumatisiert: Sie leiden beispielsweise unter Albträumen, Depressionen, Angststörungen und Suchterkrankungen (wie viele haben ihr Leben durch Suizid beendet?). Viele von ihnen landeten – wenn nicht bereits während ihrer Heimzeit – in psychiatrischen Anstalten und in Gefängnisse, in denen manche auch bis an ihr Lebensende werden leben müssen. Und von den Betroffenen, die von weitergehenden Freiheitsentziehungsmaßnahmen verschont blieben, haben sehr viele nicht die Chance einer Schul- oder Berufsausbildung erhalten – sie wurden (Hilfs-)Arbeiter. Viele von ihnen sind heute Sozialhilfeempfänger, Langzeitarbeitslose, (Früh-)Rentner.

Der Verfasser fragt sich an dieser Stelle: Wie hoch sind die gesamten volkswirtschaftlichen Kosten, die seit Jahrzehnten für viele ehemalige Heimkinder aufgebracht werden müssen, die in der Psychiatrie, im Maßregelvollzug (Stichwort: Sexualdelikte), im Gefängnis, im Alten- oder Pflegeheim leben müssen, oder in „Freiheit" leben und sich in psychologischer oder psychiatrischer Behandlung befinden?

Verein ehemaliger Heimkinder e.V.

Im Oktober 2004 gründete sich der „Verein ehemaliger Heimkinder e. V.", nachdem sich die „Bundesinteressengemeinschaft der missbrauchten und misshandelten Heimkinder" auflöste. Der Verfasser veröffentlicht an dieser Stelle die Zielsetzung des Vereins, die dieser ihm zum Abdruck zur Verfügung stellte:

Eine der wesentlichen Aufgaben des Vereines soll darin bestehen, ehemaligen Heimkindern bei der Bewältigung ihres Alltages Hilfen aufzuweisen, Therapiemöglichkeiten zu vermitteln und die Einrichtung von Selbsthilfegruppen zu fördern.
Durch das Sammeln von Lebensgeschichten Betroffener will der Verein sich bemühen, ein Bewusstsein für die Notwendigkeit einer wissenschaftlichen Aufarbeitung der Heimerziehung der Nachkriegszeit zu schaffen und wissenschaftlichen Einrichtungen, (zu welchen bereits Kontakte bestehen), das gesammelte Material zur Verfügung stellen.

Außerdem will sich der Verein darum bemühen, die Anerkennung der ehemaligen Heimkinder mit den „beschädigten Biographien" als Opfer von Misshandlung und (oder) Missbrauch zu erreichen. Das bedeutet aber auch, dass Wege zu einer objektiven Prüfung des Einzelfalls, möglicherweise durch das Auffinden von Zeitzeugen, erarbeitet werden müssen. Die gewissenhafte Abklärung des subjektiv Erlebten, beziehungsweise Erinnerten, das oft durch „Private Mythologie" überhöht ist, wird dabei unumgänglich sein. Dies Ziel ist möglicherweise nur durch ein entsprechendes neues Gesetz zu erreichen, da das gültige OEG auf Heimkinder, sofern sie vor 1976 in Heimen waren, nur in wenigen Einzelfällen anwendbar ist.

Als ein weiteres Ziel gilt es, zu erreichen, eine angemessene Anrechnung der „Arbeitstherapie", die in einigen Einrichtungen durchgeführt wurde, auf die Rentenanwartschaft der zu kostenloser Leistungen verpflichteten ehemaligen Heimkinder durchzusetzen! Das kann jedoch nicht bedeuten, dass jedes ehemalige Heimkind eine solche Anrechnung erfährt, da nicht in allen Heimen entsprechende Arbeitseinsätze stattgefunden haben, die über einfache tägliche Hilfsdienste, wie sie Kindern und Jugendlichen auch zu Hause zugemutet werden können, wenn nicht gar sollen, hinausgingen.
Ein Mitglied des Vereines führt hier z. Zt. einen Prozess um Rentenanwartschaften, der Erfolg verspricht und möglicherweise als Präzedenzfall wird gelten können. Wahrscheinlich wird aber auch hier bei An-

wendung bestehender Gesetze nur im Einzelfall Hilfe möglich sein, so dass auch bezüglich der Anerkennung von Rentenanwartschaften auf eine neue gesetzliche Regelung wird hingearbeitet werden müssen, die sich ausdrücklich auf die besondere Situation ehemaliger Heimkinder bezieht.

Eine der wichtigen Aufgaben des Vereines ist auch darin zu sehen, ein Netzwerk zu schaffen, in dem betroffene ehemalige Heimkinder, Wissenschaftler, Therapeuten, andere Gruppen mit ähnlicher Problemstellung, die Rechtsnachfolger der früheren Heime, heutige Einrichtungen der Kinderbetreuung sowie alle Bereiche der Gesellschaft zu einem Dialog finden können.

All diese Bemühungen müssen getragen sein von der Hoffnung und dem Bemühen, in der Allgemeinheit ein Bewusstsein dafür zu entwickeln, dass es in unserer Gesellschaft heute und in der Zukunft keinen Ort geben darf, an dem zugelassen wird, dass Kindern, ob zu Hause oder in Heimen, Gewalt angetan wird! Ein wichtiges Anliegen für jeden Bürger muss daher sein, für Maßnahmen einzutreten, die der Prävention von Gewalt dienen, in Schule, Kirche und der gesamten Öffentlichkeit.

Anlaufstelle:
Verein ehemaliger Heimkinder e. V.
An der Kirche 15
37647 Vahlbruch
Telefon: 0 55 35 / 91 0 38
E-Mail: Schiltsky@t-online.de

Anmerkungen

[1] Handbuch der Heimerziehung, unter Mitwirkung von Sachverständigen aller Gebiete und Richtungen der Heimerziehung in Gemeinschaft mit Hans Scherpner; von Friedrich Trost (Hrsg.), Frankfurt-Berlin-Bonn, 1952 ff.

[2] Kurt Frör (ev.): Grundfragen der evangelischen Heimerziehung, in: Handbuch der Heimerziehung, unter Mitwirkung von Sachverständigen aller Gebiete und Richtungen der Heimerziehung in Gemeinschaft mit Hans Scherpner; von Friedrich Trost (Hrsg.), Frankfurt-Berlin-Bonn, 1952 ff., S. 577-596

[3] Ebenda, S. 591

[4] Kurt Frör (ev.): Die öffentliche Erziehung als Beitrag zur Überwindung der Erziehungsnot, in: AFET-Mitgliederrundbrief 1964, S. 34 f., hier: S. 35

[5] Hermann Josef Kreutz (kath.): Gedanken zu einer modernen Geschlechtserziehung, in: Jugendwohl, 47. Jg. (1966), S. 103-108, hier, S. 108

[6] Hermann Maass (kath.): Diskussionsbeitrag zum Referat „Sonderprobleme der Mädchenerziehung", AFET-Mitgliederrundbrief 1967, S. 48-51, hier: S. 50

[7] Linus Bopp: Eigenständigkeit und Aufgeschlossenheit der katholischen Heilpädagogik, in: Jugendwohl, 31. Jg. (1950), S. 218-221, S. 242-245, hier: S. 243, 244

[8] Zitiert nach einem *Spiegel*-Bericht von Peter Wensierski, der unter dem Titel „Unbarmherzige Schwestern" erschienen ist (Ausgabe 21/2003, Seite 70 bis 76)

[9] Das Interview ist erstmalig in dem vom Verfasser herausgegebenen Buch: „Heimerziehung – Lebenshilfe oder Beugehaft?" (Fischer Taschenbuchverlag, Frankfurt/M., 1984) erschienen. In dem Buch kommen auch Menschen zu Wort, die unter der katholischen, klerikalen Schwarzen Pädagogik gelitten haben. Zum Beispiel ein Mann, der nach seiner Heimentlassung größte Schwierigkeiten hatte, Beziehungen mit Frauen einzugehen. Er berichtete dem Verfasser (Homes, 1984, S. 170): „Im Heim kamen wir nie mit Mädchen zusammen. Ich hatte oft von einem Mädchen geträumt, nachts, wenn ich mich selbst befriedigte. Heute bin ich auf der Suche nach Frauen, die Ähnlichkeit haben

mit einer der Nonnen oder Erzieherinnen, die mich früher als kleines Kind schon prügelten, wenn ich mich an sie schmiegen wollte. Wenn ich also eine entsprechende Frau kennen lerne, will ich immer, dass sie mich gewaltsam nackt auszieht und mich dann ganz brutal schlägt."

[10] Unter dem Titel „Verschweigen, Verleugnen, Vertuschen – Die Behinderung der UN-Kinderrechtskonvention durch das katholische Kirchenrecht bei sexuellem Missbrauch von Kindern" – erschien in der *Frankfurter Rundschau* (Ausgabe 6.1.2004) ein Beitrag von Verena Mosen. Der Verfasser veröffentlicht an dieser Stelle einen kurzen Auszug, der deutlich macht, dass die ablehnende Haltung des Bischöflichen Generalvikariats des Bistums Aachen offenbar nicht nur eindeutig gegen das Kirchenrecht (kanonisches Recht – kurz: "Kodex") und das Dokument „Sacramentum sanctitatis tutela", sondern auch gegen die von der Deutschen Bischofskonferenz in der Herbst-Vollversammlung 2002 erlassenen Richtlinien zum Umgang mit sexuellem Missbrauch an Minderjährigen verstoßen dürfte (Es stellt sich die Frage, ob der Diözesanbischof, der umgehend zu informieren ist, entsprechend dieser Richtlinien informiert worden ist):

„2001 veröffentlichte der Heilige Stuhl ein Dokument mit dem Titel Sacramentum sanctitatis tutela. Es beinhaltet eine kaum veröffentlichte, aber bedeutsame Gesetzesänderung. Mit diesem Dokument, welches die entsprechenden Normen des Kirchenrechtes ersetzt, weist der Heilige Stuhl alle Bischöfe an, die Kongregation für die Glaubenslehre zu informieren, sobald sie von einem Fall potenziellen sexuellen Kindesmissbrauchs erfahren. Das gleiche Gesetz verbietet den Bischöfen ohne direkte Weisung durch einen Vertreter des Vatikans Maßnahmen zu ergreifen, die über eine erste Untersuchung der Anschuldigungen hinausgehen. Die Fälle unterliegen dem „pontifikalen Geheimnis". Dies ist Ausdruck der höchsten Stufe von Vertraulichkeit des Heiligen Stuhls – knapp unter der absoluten Verschwiegenheit sakramentalen Rangs. Sie ermächtigt den Heiligen Stuhl, jede Partei des Verfahrens zu bestrafen und allein die Informationen über sexuellen Missbrauch zu veröffentlichen. Das Dokument bestimmt auch, dass nur ein Priester mit einem Verfahren zu sexuellem Missbrauch befasst sein darf. Diese Bestimmungen lassen Zweifel bezüglich der Integrität der internen Verfahren sowie Fragen nach Konflikten mit der staatlichen Rechtsprechung, der Kirchenangehörigen unterstehen, aufkommen.

Die neuen rechtlichen Ausführungen stellen klar: Der Heilige Stuhl beansprucht zum einen offen, solche Fälle selbst zu behandeln, und zum anderen, die UN-Kinderrechtskonvention nicht einzuhalten. Durch die Verschwiegenheitsklausel umgeht er die Anzeige eines Falls nach Artikel 44 der Konvention, verletzt gesetzmäßige Anstrengungen zur Einhaltung der Konvention durch Unterzeichnerstaaten und veranlasst zu Gunsten der eigenen Geheimhaltungspolitik die Umgehung ihrer Gesetze.

Im September 2002 veröffentlichte die Deutsche Bischofskonferenz Richtlinien zum Umgang mit sexuellem Missbrauch an Minderjährigen. Die Richtlinien sind eine Reaktion auf die pontifikale Verschwiegenheit, wie im Sacramentum sanctitatis tutela eingefordert, und erkennen den Heiligen Stuhl als uneingeschränkte, unmittelbare und universelle Macht in der katholischen Kirche an, ebenso wie die Tatsache, dass Bischöfe auf Anweisung des Vatikans zu handeln haben. Die Deutsche Bischofskonferenz erklärt zwar ihr Mitgefühl mit den Opfern, allerdings scheint den Bischöfen das Ansehen der Kirche in Deutschland wichtiger zu sein als Aussöhnung, Entschädigung oder therapeutische Hilfe für die Opfer."
Die Richtlinien gelten auch bei „Missbrauch durch andere Mitarbeiterinnen und Mitarbeitern im kirchlichen Dienst": „Gegen Mitarbeiterinnen und Mitarbeiter im haupt- und nebenamtlichen kirchlichen Dienst, die sich sexuellen Missbrauchs Minderjähriger schuldig machen, wird im Einklang mit den jeweiligen arbeitsrechtlichen Regelungen entsprechend vorgegangen."

[11] Frau Schneider stellte, nachdem sie dieses Gutachten in Händen hatte, klar, dass nicht eine Schwester, sondern die Erzieherin Therese H. die Missbraucherin gewesen sei.
Gegenüber dem vom Versorgungsamt beauftragten Gutachter Prof. Dr. J. K. erklärte Frau Schneider, dass ihre Sexualität abnorm sei, sie habe nie ein normales Sexualleben führen können, sie habe in ihrem Haus überall Glasplatten montiert – und Glastische würden eine große Rolle in ihrem Leben spielen: „Ich glaube, das ist abartig und pervers, ich kann aber nichts dafür. Wenn ich Sex mit einem Partner habe, dann mit Glasplatten." Ohne Glasplatten habe sie keinen Trieb, könne kein sexuelles Verlangen verspüren. Auch ohne Partner käme sie nie ohne Glasplatten aus: „Ich schlafe mit Glasplatten." Sie sei durch eine falsche Erziehung zur falschen Geschlechtsidentität gekommen, sie fühle sich als Frau, aber genetisch sei sie ein Mann. Prof. Dr. K. kommt u. a. zu der Feststellung, „dass hierbei die sexuellen Missbrauchserfahrungen eine wesentliche Ursache darstellen, (dies) zeigt sich schon in der phänomenologischen Verwandtschaft zwischen Fetisch (Glasplatten, glatte Fläche) und psychischem Trauma (Ort, an dem die sexuellen Missbrauchserlebnisse jeweils stattfanden: Glastisch). Es lässt sich psychodynamisch nachvollziehen, dass durch den Fetischismus ein Autonomiegewinn hinsichtlich des sexuellen Erlebens für Frau S. verbunden ist, das ansonsten angstbesetzt, schamhaft oder bedrohlich abgewehrt wird (z. B. als Ekel vor Geschlechtsorganen). Es scheint somit angemessen, den Fetischismus als schädigungsbedingt anzusehen genauso, wie es plausibel erscheint anzunehmen, dass ohne den wiederholten sexuellen Missbrauch auf einer Glasplatte diese Störung nicht entstanden wäre".

[12] Abhängige Täter-Opfer-Liebesbeziehungen sind mit Blick auf die Fachliteratur bekannt. Auch die hiermit im Zusammenhang stehende Unterwerfung und weiteren Ausleben der Opferrolle bei gleichzeitig starker Bindung an die Täter bzw. Täterinnen. Der Verfasser hat sich mit dem Thema sehr ausführlich in seinem Sachbuch „Von der Mutter missbraucht. Frauen und die sexuelle Lust am Kind" beschäftigt, das 2005 im Verlag Pabst Science Publishers (ISBN 3-89967-285-2) erschienen ist.

[13] Die damalige Oberin, Schwester C, erinnert sich in einem Schreiben vom 03.01.1982 an Frau Schneider: „Es stimmt, dass Du gerne mit Puppen gespielt hast und dass Du den Puppenwagen bekamst. Da warst Du nicht der einzige Junge, das hat man öfters. Die Pädagogen haben damals gesagt, man solle den kindlichen Interessen entgegenkommen, Jungen mit Puppen spielen lassen und Mädchen mit Pferdchen. Ob man es heute noch sagt, weiß ich nicht. Aber dass mein Bruder auch mit meinen Puppen spielte, weiß ich bestimmt. Gerne hast du eine Mädchenschürze getragen oder an Fastnacht ein Mädchenkostüm. ... Wie gesagt, diese Symptome waren bei Dir vorhanden, aber nicht so auffällig, dass man an eine genetische Untersuchung hätte denken können. Nein, Du bist in dieser Hinsicht nicht <u>aufgefallen</u> und daher auch keinem Arzt vorgestellt worden. ..." (Das Wort „aufgefallen" wurde an dieser Stelle von der ehemaligen Oberin unterstrichen.)
Hermine Schneider erinnert sich, bis etwa zum achten Lebensjahr hätte sie Mädchenkleider, dann plötzlich Jungenkleidung tragen müssen: „Wenn du diese Kleider nicht trägst, kommst du in die Irrenanstalt." Und sie erinnert sich daran, dass weibliches Geschlecht im Heim mit dem Privileg verbunden gewesen sei, weniger Gewalt „abzubekommen". Der Gutachter Prof. Dr. F. führt hierzu u. a. aus, dass mit Blick auf die bereits seit Kindheit bestehende Störung der Geschlechtsidentität (Transsexualismus) davon auszugehen ist, „dass ... die fehlerhafte Geschlechtserziehung (,falsche Kleidung' tragen müssen, ,falsche Spielsachen'), die vom Erziehungspersonal unmittelbar und gewaltsam angestrebt wurde – wie von der Probandin beschrieben –, einen deutlichen Einfluss auf die Weiterentwicklung gehabt (habe). Insbesondere ist anzunehmen, dass die in der folgenden Schulzeit durch die Erziehung erneut aufgedrängte Umorientierung und den Zwang, wieder Jungenkleidung tragen zu müssen, maßgeblich zu einer weiteren tiefen Verunsicherung bzgl. des Selbstgefühls, der Geschlechtsidentität und der Geschlechtszugehörigkeit geführt hat. Diese Unsicherheit ist als früher Ausdruck einer tiefgreifenderen Persönlichkeitsstörung zu werten".
Im Übrigen entschied das Sozialgericht Ulm mit rechtskräftigem Urteil vom 27.01.2000 (Az. S 9 VG 1086/99), ein tätlicher Angriff kann auch in Form von Unterlassen (bei bestehender Garantenpflicht im strafrechtlichen Sinne) begangen werden. Nicht nur Handgreiflichkeiten,

sondern auch extremes Fehlverhalten der Personensorgeberechtigten bei der Pflege und Erziehung eines Kindes wie außerordentliche Vernachlässigung und eindeutig falsches Erziehungsverhalten ist demnach einem tätlichen Angriff i.S. des § 1 Abs. 1 Satz 1 OGE gleichzusetzen. Auch das Bundessozialgericht weist in einer Gerichtsentscheidung (BSG-Urteil vom 18.10.1995 – Az. 9 RV g 4/93) daraufhin, dass ein tätlicher Angriff nicht nur bei physischer Kraftentfaltung vorliegt, sondern auch bei Gewalttaten, die darauf gerichtet sind, den Widerstand des Opfers zu brechen und dessen Willensfreiheit zu beeinträchtigen. Traumatische Erlebnisse wie sexueller Missbrauch, Vergewaltigung oder Entführung können unter bestimmten Voraussetzungen ursächlich für eine seelische Behinderung sein und einen Anspruch auf OEG-Leistungen begründen.

[14] In einem Schreiben vom 11.12.2001 an Frau Hermine Schneider erklärte Lothar H.: „Ich kann mich leider nicht daran erinnern, dass ich ein Kind so geschlagen haben soll, dass es um sein Leben schrie. Sollte das doch gewesen sein, so bitte ich um Entschuldigung. Es tut mir leid. Ich selbst war nicht angestellt oder eingestellt, sondern nur Gast von Schwester O., wo ich auch als Kind war. ..."

[15] Frau R. nahm, nachdem sie Herrn Peter K heiratete, seinen Familiennamen an. Das Ehepaar K. ging mittels einer einstweiligen Verfügung und einer Klage gegen Frau Schneider vor. Am 18.06.2003 erklärt Herr K., der als Kind selbst im Kinderheim St. Josef untergebracht war, vor dem Landgericht Aachen: „Sicherlich waren die Erziehungsmethoden in einem Kinderheim in den 60er Jahren noch andere als heute in einer viel aufgeklärteren Zeit. Ich bleibe bei meinem in diesem Rechtsstreit und im einstweiligen Verfügungsverfahren vertretenen Rechtsstandpunkt; dennoch bin ich bereit zu erklären, dass ich und meine Frau, sollte es in der fraglichen Zeit am fraglichen Ort Vorfälle mit Heimkindern gegeben haben, an denen wir ggfls. beteiligt waren, die nicht unserer heutigen Anschauung von Erziehung entsprochen haben, solche Vorfälle bedauern."

[16] Dem Verfasser ist an dieser Stelle aufgefallen, dass der „Zeitzeuge" angibt, seit „meiner Geburt" von 1957 bis 1976 im St. Josef Heim untergebracht gewesen zu sein, und zwar auf der Gruppe von Schwester O.: Für „ein halbes Jahr wechselte ich einmal in die Gruppe von Schwester L.". Er war demnach mindestens „ein halbes Jahr" nicht auf der Gruppe von Siegfried K., der auf diese Situation bezogen weder Schwester O. noch eine andere Schwester benannt hat, sondern Frau Ilona K., geb. R., die ihn blutig geschlagen habe. Und hinsichtlich der Frage, ob andere Kinder hiervon Kenntnis erlangten, führt Siegfried K. aus: „Ich stand danach blutüberströmt unter der Dusche und habe mich abgeduscht. Meine Wunden wurden nicht versorgt. Ich ging wieder zu meiner Gruppe zurück. Die anderen Kinder haben zwar meine

Verletzungen gesehen, sie haben jedoch aus Angst geschwiegen." Im Übrigen fällt auf, dass Frau Ilona K., von ehemaligen Heimbewohnern schwer belastet, von allen „Zeitzeugen" nie erwähnt wird.

[17] Frau Hermine Schneider, die ihren Angaben nach nicht auf der Gruppe von Schwester O. untergebracht war, behauptet, häufig auf einer Glasplatte missbraucht worden zu sein, und zwar auf einem Speicher sowie im Zimmer der Erzieherin Therese H., das sich auf der Gruppe von Schwester L. befand.

[18] Der Verfasser hat die Kinderärztin mit den Aussagen von Dirk Friedrich und Josef W. konfrontiert. Die Ärztin teilte ihm lapidar mit: „Die Ihnen geschilderten Methoden einer angeblich von mir durchgeführten ‚Bettnässer-Therapie' sind völlig absurd. Ich verwehre mich energisch gegen solche Unterstellungen und werde nicht zögern, ggfls. juristisch dagegen vorzugehen." (Der Verfasser macht sich die Aussagen der Betroffenen nicht zu Eigen.)

[19] Zum Thema erscheint im Februar 2006 das *Spiegel*-Buch „Schläge im Namen des Herrn" von Peter Wensierski im DVA Verlag München.

[20] Die „Bundesinteressengemeinschaft der missbrauchten und misshandelten Heimkinder" existiert nicht mehr. Im Oktober 2004 gründete sich der „Verein ehemaliger Heimkinder e. V." (siehe letzte Seite).

"Der junge Mensch ist ein aufständischer, und solange es Menschen auf dieser ihrem Ende zueilenden Welt gibt, wird es Strafe geben müssen, auch in einem christlichen Erziehungsheim (...). Die erbarmende Liebe schafft die Strafe nicht ab, sondern weiß, dass sie dem vom Chaos bedrohten natürlichen Menschen durch Zucht und Strafe einen unentbehrlichen Dienst tut."
Kurt Frör Grundfragen der evangelischen Heimerziehung, in: Handbuch der Heimerziehung, S. 577–596, hier: S. 591, hersg. von Friedrich Trost, Frankfurt/Berlin/Bonn, 1952 ff.

3
Gewalt auch heute noch in der Heimerziehung? Oder: Aktuelle Fälle

Auch heute noch werden in – wenn natürlich auch nicht in allen – Heimen junge Menschen geprügelt, seelisch gequält, gedemütigt, verbal niedergemacht, ja hin und wieder sogar sexuell missbraucht. Doch nur wenige Skandale dringen an die Öffentlichkeit. Die „Mauer des Schweigens" scheint immer noch eine sehr große, fast unüberwindbare Tradition innerhalb der Heimerziehung darzustellen.
Die folgenden Beispiele mögen dies verdeutlichen.

Im **Don-Bosco-Internat Kemperhof** der Salesianer in Bendorf-Sayn bei Neuwied, in dem 87 Jungen zwischen elf und achtzehn Jahren untergebracht waren, wurden von Brüdern dieses Ordens Internatskinder sexuell missbraucht. Das Internat wurde im Sommer 1997 geschlossen, und zwar unabhängig dieser Vorfälle.
1994 wurde der Erzieher und Ordensbruder R. B., der gestand, Jungen fortgesetzt sexuell missbraucht zu haben, zu sieben Jahre Haft verurteilt.
Im Dezember 1995 wurde ein weiterer Ordensbruder, der Erzieher und Gruppenleiter A. R., dem die Staatsanwaltschaft Koblenz vorwarf, jahrelang nachts in die Schlafräume der Jungen geschlichen zu sein und mindestens einen Jungen unter vierzehn Jahren dadurch sexuell missbraucht zu haben, dass er ihn unter der Bettdecke hindurch am Geschlechtsteil berührte, zu drei Jahren Haft verurteilt. Zuvor hatte der Mann versucht, sich der Strafe durch Flucht zu entziehen; er wurde jedoch noch rechtzeitig aufgegriffen und verhaftet.
Ein Junge berichtete im Mai 1995 der *Mittelrheinischen Morgenpost* (Ausgabe 28.5.1995), dass ein Lehrer die Angewohnheit habe, hin und wieder „mit einem Tritt in den Hintern nachzuhelfen, wenn sich der Klassenraum nicht schnell genug leeren würde".

Die *Mittelrheinische Morgenpost* berichtete auch von einem Nasenbeinbruch, den sich ein Schüler zugezogen habe, als er mal die „Lehr-Kraft" zu spüren bekam. Der Lehrer H. bestritt diese Darstellung. Ein fünfzehnjähriger Junge berichtete der Zeitung, er habe von dem Pater W. eine gewaltige Ohrfeige bekommen, weil dieser ihn beim Rauchen einer Zigarette erwischt habe.
Obwohl der Junge der Klassenlehrerin habe ausrichten lassen, dass er durch diese Ohrfeige Ohrenschmerzen habe und den Arzt aufsuche, habe sie einen Eintrag ins Klassenbuch wegen unerlaubten Entfernens vom Schulhof vorgenommen. Der Junge berichtete den Vorfall seiner Mutter, die Strafanzeige wegen Körperverletzung erstattete.
Der Direktor des Kemperhofs, Pater K.-H. B., scheint an der Aufklärung dieser Vorfälle nicht sonderlich interessiert gewesen zu sein. Fragenden Reportern knallte er mit den Worten: „Keine Frage mehr!" die Tür vor der Nase zu. Er zeigte sich überrascht, dass der Fall an die Öffentlichkeit gelangt sei. Die *Super Sonntag*, eine in Koblenz erscheinende Sonntagszeitung, schrieb: „Offenbar gilt hinter den dicken Mauern des historischen Gebäudes der Grundsatz: ‚Schweigen ist besser als Reden.'"

*

Unter dem Titel: „Geschlagen, gedemütigt" berichtete die Fachzeitschrift *Sozialmagazin* im April 1977 über das unter der Trägerschaft des Bistums Mainz stehende **St. Josephshaus** in Klein-Zimmern bei Darmstadt. Der damalige Heimleiter H. P., ein katholischer Priester, habe Kinder und Jugendliche schwersten, brutalen Misshandlungen unterworfen:
„Im St. Josephs-Haus ... herrschen mittelalterliche Zustände. Ein Bube wurde über eine Wiese geprügelt und getreten, weil er sich geweigert hatte, ein Stück Papier aufzuheben. Jungen, die über den Rasen liefen, wurden mit ‚Pottsau' angebrüllt, mussten auf Händen und Füssen weiterlaufen und bellen oder an der Mauer ein Bein heben, da ja nur ‚Hunde' über den Rasen liefen. Andere mussten bis zur Erschöpfung Kniebeugen machen. Wer nicht mehr konnte, wurde wieder hochgerissen. Jugendliche, die vom Ausgang verspätet heimkehrten, mussten zur sogenannten ‚Watschenparade' antreten. Sie hatten sich nach Mitternacht auf dem Speicher aufzustellen und vom Heimleiter Ohrfeigen abzuholen. Unter anderem drückte Heimleiter P. seine Zigaretten in den Kaffeetassen der Jungen aus. Ein kleiner Junge wurde von ihm derart geschlagen, dass sich dieser unter einen Heizkörper flüchtete. Zur Strafe wurde schon einigen Jungen der Kopf kahlgeschoren."
Der fromme Kirchenmann habe, berichtete das *Sozialmagazin* weiter, „Jungen wegen versuchter Aneignung von Äpfeln aus dem Heimgarten

so brutal geschlagen, dass einem das Blut aus der Nase floss und die Schlagspuren bzw. Schwellungen noch tags darauf zu sehen waren".
Das *Darmstädter Echo* berichtete am 2. Februar 1977 unter dem Titel: „Gehört Prügeln zum Erziehungsprogramm?":
„Heimleiter P. hält einen Jugendlichen mit einer Hand an den Haaren fest und schlägt ihm mit der anderen mehrfach ins Gesicht. Später nötigt er den Misshandelten unter Drohungen zu dem Versprechen, ihn nicht wegen Körperverletzung anzuzeigen."
Dem Zeitungsbericht ist weiter zu entnehmen, dass auf eine von einer „Initiative Heimerziehung" einberufenen Pressekonferenz ein betroffener Junge berichtete:
„Heimleiter P. sei in den Waschraum des Ferienheims gekommen und habe die Gruppe von 13 bis 17 Jahren alten Jungen aufgefordert, sich nackt auszuziehen. Danach habe er die Jungen am ganzen Körper gewaschen."
Der Priester, der den Kindern und Jugendlichen auch die Beichte abnahm, habe versucht, „unbequemen Jungen in einer psychiatrischen Klinik einweisen zu lassen. Andere Kinder seien mit Drohungen dazu gebracht worden, Aussagen über körperliche Züchtigungen zu unterlassen". Der fromme Mann sei nicht einmal davor zurückgeschreckt, so der *Darmstädter Echo*, „Zöglinge als Verbrecher abzustempeln".
Zahlreiche schriftliche Eingaben und schriftliche Aussagen von Erziehern an das Bistum Mainz, in denen umfangreich über schwere Misshandlungen berichtet wurden, blieben unbeantwortet. Das Bistum reagierte erst aufgrund weiterer Eingaben mit dem Hinweis, der Priester und Heimleiter P. würde die Vorwürfe bestreiten. Erst nachdem die Staatsanwaltschaft Darmstadt gegen den Priester wegen schwerer Körperverletzung Ermittlungen aufnahm und die Presse über den Fall berichtete, ging das Bistum in die Offensive. In einer Stellungnahme wird darauf verwiesen, so das *Sozialmagazin*, „dass die Klärung der Vorwürfe schwierig sei. Dabei gab das Bischöfliche Ordinariat zu, schon seit 1975 über Vorwürfe gegen den Heimleiter unterrichtet gewesen zu sein". Gegenüber dem *Darmstädter Echo* erklärte die bischöfliche Pressestelle, die Aussagen seien so „widersprüchlich gewesen, dass eine Klärung der Tatbestände, aber auch eine gütliche Bereinigung nicht möglich gewesen sei". Gleichzeitig wurde der „Initiative Heimerziehung", die den ganzen Skandal öffentlich machte, vorgeworfen, aus nicht ersichtlichen Gründen die Vorwürfe in der Öffentlichkeit hochgespielt zu haben.
„Aber nicht nur die Kirche reagierte gleichgültig", ist dem Artikel des *Darmstädter Echos* zu entnehmen. „Auch die Jugendämter in Trier, Cochem, Bad Homburg, Offenbach, Mosbach und Gross-Rosseln – über die Misshandlungen der von ihnen ins St. Josef-Haus geschickten Kinder informiert – zeigten keine Reaktion."
Nachdem die Staatsanwaltschaft Darmstadt gegen den Priester Ermittlungen aufnahm und die Presse über den Fall berichtete, erhängte sich dieser 1977.

Im Frühjahr 1994 geriet das St. Josephshaus, in dem rund hundert sogenannte „schwer erziehbare" Jungen und Mädchen von etwa 130 Mitarbeitern betreut werden, wieder in die Schlagzeilen. Mitarbeiter und Mitarbeiterinnen erhoben schwere Anschuldigungen gegen einen Kollegen und einer Kollegin. Der Vorwurf: In den Jahren 1991 bis 1993 sollen sie Kinder im Alter von sieben bis fünfzehn Jahren körperlich misshandelt und einige sogar sexuell missbraucht haben.

Vier Mitarbeiterinnen der Einrichtung, die zum Teil selbst Kinder haben, konnten und wollten nicht akzeptieren, dass die ihnen anvertrauten Kinder „durch überzogene disziplinarische Maßnahmen, die sich u.a. in körperlicher Misshandlung äußert, sowie durch seelische Grausamkeiten gefügig" gemacht werden. Sie sprachen am 24. Januar 1992 beim katholischen Heim-Träger vor. Im Bischöflichen Ordinariat Mainz haben sie, hielten die Mitarbeiterinnen schriftlich fest, „mit einem Herrn M. und einer Frau G. gesprochen. Aufgrund der Schwere des Vorgebrachten habe man sofort auf Herrn Domkapitular G. E. verwiesen". Doch ein Gespräch mit Domkapitular G. E. sei nicht zustande gekommen. Mit dem freundlichen Hinweis, die Mitarbeiterinnen sollten sich an die Mitarbeitervertretung der Heimeinrichtung wenden, wurden sie verabschiedet.

Am 29. Januar 1992 nahmen die Mitarbeiterinnen mit der Mitarbeitervertretung ihrer Heimeinrichtung Kontakt auf und berichteten ihr mündlich wie auch in einem schriftlich als „Streng vertraulich, nur für den Dienstgebrauch" festgehaltenem Protokoll Szenen von Misshandlungen, denen Kinder wehr- und hilflos ausgesetzt gewesen seien.

Hier ein Auszug:

„Während der Hausaufgabenzeit hielt sich Frau V. mit dem Kind M. bei geschlossener Tür im Bad auf. Frau H., die die Kinder während der Hausaufgaben betreut, hörte M. schreien und sprach ihn später auf seine blutverschmierte Nase an. M. sagte aus, Frau V. habe seinen Kopf festgehalten und ihn mit ihrem Knie auf die Nase geschlagen ... M. wurde von Herrn Asch. wegen Fehlverhaltens auf sein Zimmer geschickt. Herr Asch. ging ihm dorthin nach und schloss die Zimmertür. Frau B. hörte M. schreien und betrat daraufhin das Zimmer. Sie traf das Kind auf dem Bett sitzend mit starkem Nasenbluten an. Seine Kleidung, die Bettwäsche sowie der vor dem Bett liegende Läufer waren blutverschmiert. Herr Asch., der daneben stand und einen recht verstörten Eindruck machte, behauptete, M. sei unglücklich auf die Bettkante gefallen ... Kinder werden oftmals von Frau V. zwecks disziplinarischer Maßnahme brutal und schmerzhaft an den Ohren gezogen ... In der Vorweihnachtzeit zeigte das Kind S. Frau B. einen faustgroßen Bluterguss auf dem Oberschenkel. S. sagte aus, Herr Asch. habe ihn immer wieder auf die selbe Stelle geschlagen und erst, als er zu weinen anfing, damit aufgehört und behauptet, das sei nur Spaß gewesen ... Das Kind J. wurde laut eigener Aussage von Herrn Asch. am Hals gepackt und mit dem Kopf gegen den im Keller befindlichen Sicherungskasten geschlagen ... Als Strafmassnahme für Kinder, die abends im Bett nicht leise sind, werden diese von Herrn Asch. barfuss und im Schlafanzug vor die Tür gestellt. Diese Vorgehensweise praktiziert Herr Asch. auch bei winterlichen Temperaturen ... Oftmals nächtigt Herr Asch. mit Kindern in deren Bett. Herr Asch. wurde von Frau B. zusammen mit der 9-jährigen S. in deren Bett angetroffen. Alle drei genannten Kinder haben in ihrer Vorgeschichte sexuellen Missbrauch durch ihnen nahestehende Personen erlebt."

Die vier Mitarbeiterinnen richteten die ausdrückliche Bitte an die Mitarbeitervertretung, „im Interesse und zum Schutz der in der Wohngruppe lebenden und uns anvertrauten Kinder um Untersuchung und Klärung der von uns geschilderten Vorkommnisse und um Einleitung und Durchführung der entsprechenden erforderlichen Konsequenzen". Das Protokoll wurde der Heimleitung und – spätestens – Anfang Februar 1992 dem Bischöflichen Ordinariat und dem Verwaltungsrat zugänglich gemacht. Das Bistum Mainz und die Heimleitung wurden heimintern aktiv. Trotz der schwerwiegenden Beschuldigungen, die durch Aussagen betroffener Kinder bestätigt wurden, trennte man sich nicht von der Mitarbeiterin V. und des Mitarbeiters Asch. Noch schlimmer: Mit Zustimmung des Bistum Mainz wurden beide im Februar 1992 auf andere Gruppen versetzt, wo sie auch weiterhin für die Betreuung und Erziehung der Kinder mitverantwortlich waren.
Noch im gleichen Monat geschah etwas Unfassbares und Unbegreifliches: In der Nähe von Klein-Zimmern wurde ein Haus angemietet, in dem Frau V. und einige Zeit später Herr Asch. in leitenden Positionen – beide heirateten zwischendurch – unter ihren Familiennamen („Familiengruppe V.") eine Familiengruppe betreiben durften.
Ein ehemaliger Mitarbeiter der Heimeinrichtung erstattete im Sommer 1993 gegen die Heimleitung und mehrere MitarbeiterInnen bei der Staatsanwaltschaft Darmstadt Strafanzeige wegen Verdacht der schweren Körperverletzung, Misshandlung Schutzbefohlener und des sexuellen Missbrauchs von Kindern. Nicht nur das Ehepaar V. habe Kinder misshandelt, auch andere Mitarbeiter hätten sich der Misshandlung von Schutzbefohlenen schuldig gemacht.
Im Dezember 1993 benachrichtigte er auch das Landesjugendamt – Heimaufsicht – in Wiesbaden. Daraufhin kamen Heimleitung und das Bistum Mainz im Januar 1994 in große Bedrängnis, nachdem sie bis dahin pflichtwidrig gegenüber den zuständigen Behörden, Eltern und MitarbeiterInnen bewusst geschwiegen haben.
In einem Schreiben vom 22. Februar 1994 an die MitarbeiterInnen spielte Domkapitular G. E. den Ahnungslosen. Der Kirchenmann, der über die von den Mitarbeiterinnen berichtete Malträtierung der Kinder ausreichend Kenntnis hatte, versicherte allen MitarbeiterInnen, er bemühe sich um eine lückenlose Aufklärung sämtlicher Vorwürfe:
"Das Landesjugendamt Hessen hat den Verwaltungsrat des St. Josefhauses Klein-Zimmern schriftlich über die Anschuldigungen gegen

Mitarbeiter des St. Josefhauses informiert ... Der Verwaltungsrat ist an der Aufklärung dieser Vorwürfe interessiert ... Gemeinsam mit der Heimleitung sind wir der Ansicht, dass die für die anstehenden Entscheidungen notwendigen Aufklärungen einwandfrei durchzuführen sind ... Wir bitten um Ihre Mitsorge und Mithilfe gerade in der derzeitigen schwierigen Situation."

> ### Zur „Verschwiegenheit verpflichtet".
>
> Bereits einen Tag vor Anfertigung dieses Schreibens an die MitarbeiterInnen, nämlich am 21. Februar 1994, wurde auf einer Gruppenleiterkonferenz eine Strategie entwickelt, die Mitarbeiter und Mitarbeiterinnen zum Schweigen verpflichten soll: Im Protokoll dieser Gruppenleiterkonferenz ist nachzulesen, dass sich alle Konferenzteilnehmer zur „Verschwiegenheit verpflichten; jeder Mitarbeiter bekommt heute noch eine Kopie § 5 AVR* mit der Empfehlung, sich wie Verwaltungsrat und Heimleitung im Umgang mit der Öffentlichkeit zu verhalten". Anders ausgedrückt: Alle sollen sich disziplinell und loyal gegenüber dem Dienstherrn verhalten und eisern schweigen, denn, so ist es dem Protokoll zu entnehmen: das „Interesse der Öffentlichkeit (ist nur) vorübergehend".
>
> *§ 5 Abs. 1 AVR (Richtlinien für Arbeitsverträge in den Einrichtungen des deutschen Caritasverbandes): „Besondere Dienstpflichten: Das Gebot der Verschwiegenheit in allen dienstlichen Angelegenheiten besteht nicht nur während des Dienstverhältnisses, sondern auch nach dessen Beendigung."

Alle haben sich an ihre Dienstpflicht – konkret: Schweigegebot – gehalten. Niemand hatte den Mut, gegen das schreiende Unrecht zu protestieren: Keiner wagte es, im Interesse der Kinder, mit den Misshandlungsvorfällen, wie sie insbesondere im Protokoll der Mitarbeiterinnen beschrieben worden sind, an die Öffentlichkeit zu gehen. Und dennoch wurden – immerhin anonym – einige schwere Anschuldigungen gegenüber der Presse erhoben:
Ein Diakon, der auf zwei Freizeiten im Schwarzwald die Rolle des Organisators innehatte, soll an zwei Jugendlichen Alkohol ausgegeben und ihnen Gewalt- und Porno-Videos gezeigt haben. Zur Belohnung habe er verlangt, dass die beiden ihn sexuell befriedigen (*Darmstädter ECHO*, 08. März 1994).
Ein Mitarbeiter berichtete dem *Darmstädter Echo*, der stellvertretende Heimleiter P. A. habe sich „schwere Verfehlungen zuschulden kommen lassen". Dieser habe nicht nur von den schweren Misshandlungen

gewusst, er habe auch nichts unternommen. Noch schlimmer: Der stellvertretende Heimleiter sei Zeuge eines schlimmen Zwischenfalls gewesen: Während eines Aufenthalts in Schweden, deklariert als „erlebnispädagogisches Projekt", an dem mehrere Jugendliche und ein Betreuer teilnahmen, soll dieser Betreuer die Jugendlichen oftmals geschlagen und mit Nahrungsentzug bestraft haben. Der Betreuer soll überdies mit einem Gewehr auf ein Schlauchboot, in dem ein Jugendlicher sich auf einem See befunden habe, geschossen haben. Der Junge sei in Panik geraten und ins Wasser gesprungen, nachdem das Boot zweimal getroffen wurde (*Darmstädter ECHO*, 26. Februar 1994). Die schwedischen Behörden hatten 1992 die Verantwortlichen, darunter das hessische Landesjugendamt, über die Vorfälle informiert. Doch man zog hieraus keinerlei Konsequenzen. Insbesondere wurde die Staatsanwaltschaft nicht eingeschaltet, der betroffene Betreuer nicht entlassen. Der Betreuer wurde aus Schweden zurückgerufen und konnte trotz der Vorwürfe auch weiterhin für das St. Josephshaus arbeiten, indem man ihn mit der Betreuung von zwei Jugendlichen in einer Wohngruppe in R. – im Rahmen einer sogenannten Individualmaßnahme – betraute. Im August 1993 wurde der Betreuer von der Wohngruppe zurückgezogen und das Angestelltenverhältnis aufgelöst. Doch bereits am 1. September 1993 wurde er als freier Mitarbeiter weiterbeschäftigt – und mit einem neuen Projekt „Erlebnispädagogik" in Schweden betraut.

Domkapitular G. E., in Personalunion Dezernent für Caritas und Soziales (hier angegliedert ist die kirchliche Heimaufsicht, die für alle Kinder- und Jugendheime des Bistums Mainz zuständig ist) und Vorsitzender der Caritas im ganzen Bistum Mainz und Vorsitzender des Verwaltungsrats, untersuchte im Auftrag des Bistum Mainz gemeinsam mit dem Landesjugendamt die schweren Vorwürfe, von denen er bereits seit zwei Jahren detailliert Kenntnis hatte. Gegenüber der Presse erklärte er, dass das Bistum Mainz keinesfalls irgendetwas unter den Teppich kehren will. Im Übrigen, so Domkapitular G. E. gegenüber dem Kirchenblatt des Bistums Mainz *Glaube und Leben*, habe der Verwaltungsrat im Februar 1994 – genau zwei Jahre später, nachdem der Kirchenmann und das Bistum Mainz über ausreichende Kenntnisse bezüglich der schweren Vorwürfe verfügten – „sofort gehandelt und Kündigungen ausgesprochen". Die Dienstverträge mit den Betroffenen endeten in Wirklichkeit jedoch nicht durch Kündigung, sondern wurden, nachdem das Landesjugendamt den Träger massiv unter Druck setzte, „in gegenseitigem Einvernehmen aufgehoben", wie Domkapitular G. E. in dem Schreiben an die MitarbeiterInnen betonte, wobei möglicherweise vom Bistum Mainz Abfindungen gezahlt worden sind.

Als die Vorwürfe an Intensität zunahmen, wurde der stellvertretende Heimleiter P. A. beurlaubt, und kurze Zeit später – „auf eigenen Wunsch" und „im Interesse einer umfassenden Sachaufklärung" – auch der Direktor des Heims, E. K. Beide hatten Kenntnisse über die schweren Misshandlungen. Trotzdem hielte das Bistum Mainz im

Rahmen seiner „Fürsorgepflicht" unerschrocken an dem Direktor und seinem Stellvertreter fest: Auf einer Abteilungsleiterkonferenz vom 14.03.94 versicherte Domkapitular G. E. ihnen seine uneingeschränkte Solidarität:
„Herr E. K. ist auch weiterhin Leiter der Einrichtung und wird es nach dem Willen des Verwaltungsrates auch bleiben." – „Im Augenblick wird geprüft, welche andere Funktion ihm (P. A.) zugeordnet werden soll."
Das Bistum Mainz und Domkapitular G. E. konnten sich jedoch gegenüber dem Landesjugendamt nicht durchsetzen: Die Heimaufsicht verlangte die totale Entfernung des Direktors und seines Stellvertreters. Domkapitular G. E., der sich zunächst mit Vehemenz gegen diese Forderung wehrte, gab seinen Widerstand auf, nachdem ihm angedeutet wurde, dass eine mögliche Schließung der Einrichtung nicht zwingend auszuschließen sei. Der Kirchenmann, dem es sehr schwergefallen sein muss, sich an den Gedanken zu gewöhnen, dass er die beiden Herren innerhalb der Heimeinrichtung nicht mehr wird halten können, verstand die „Warnung" und ließ seinen Direktor und dessen Stellvertreter, über die er schützend seine Hände ausgebreitet hatte, über die „Klinge springen". Gegenüber dem *Darmstädter Echo* räumte der Kirchenmann plötzlich öffentlich ein: Auch der bisherige Heimleiter und sein Stellvertreter hätten über ihre Gesamtverantwortung Anteil an den Vorkommnissen im Heim. Der Heimleitung, so wurde nun offiziell festgestellt, waren die meisten Vorwürfe bekannt; sie wurden entweder gar nicht oder nicht mit der nötigen Konsequenz verfolgt. Der Kirchenmann verschwieg gegenüber der Presse jedoch ganz bewusst die Tatsache, dass auch er von den schweren Vorwürfen Kenntnis hatte – und die Heimleitung schützte. Noch schlimmer: Domkapitular E. G., gegen den die Staatsanwaltschaft Darmstadt im Sommer 1997 aufgrund seines Eingeständnisses, von den Vorwürfen seit Anfang 1992 Kenntnis zu haben, (Vor-)Ermittlungen aufgenommen hat (das Verfahren ist später eingestellt worden; über die Gründe lässt sich durchaus streiten!), übernahm höchstpersönlich die kommissarische Leitung der Einrichtung.
Der Kirchenmann versuchte trotz der laufenden Untersuchung, über die in einer Abteilungsleiterkonferenz vom 28. Februar 1994 (mit den Fragen: „Der Verwaltungsrat und das Landesjugendamt fragen sich, ob sie kompetent gehandelt haben?" und „Wer hat seit wann was gewusst?") diskutiert wurde, die Vorfälle zu bagatellisieren: Bei den „pädagogischen Fehlhandlungen" würde es sich um „Einzelfälle" handeln. Gleichzeitig versuchte das Bistum Mainz herauszufinden, wer mit den Vorwürfen an die Medien herangetreten ist. Einige Mitarbeiter und Mitarbeiterinnen – darunter Zeugen der Staatsanwaltschaft Darmstadt – sollen, ganz bestimmt nicht im Auftrag des Bistums, von leitenden Mitarbeitern der Heimeinrichtung eingeschüchtert worden sein. Von diesen mutmaßlichen Einschüchterungen berichtete ein früherer Mitarbeiter dem „Sehr geehrten Pfarrer E." in einem Schreiben vom 28.

Februar 1994. Zum Schluss seines vierseitigen Schreibens an Domkapitular G. E. führte er aus:
„Die Angelegenheit macht mich sehr betroffen, insbesondere die Abfolge von inhaltlicher Reaktion, derer die doch offensichtlich wider besseres Wissens handeln, um Menschen zu verängstigen, um sie gefügig zu machen. Das hat doch nichts mehr mit Loyalität zu tun."
Obwohl in dem Schreiben zahlreiche Fälle von Bedrohungen bzw. Nötigungen bzw. Einschüchterungen, denen MitarbeiterInnen ausgesetzt gewesen sein sollen, beschrieben sind, hat der Briefschreiber eine Antwort des „Sehr geehrten Pfarrer E." nie erhalten.
Mit den Mitgliedern der früheren Heimleitung, über die ein Mantel der Nächstenliebe und Barmherzigkeit ausgebreitet wurde, scheint das Bistum Mainz nach der Formel: „Gnade vor Recht" umgegangen zu sein: So ist es nicht erstaunlich, dass der frühere Heimdirektor E. K. und sein damaliger Stellvertreter P. A. immer noch für die katholische Kirche tätig sind, obwohl beide durch das Bistum Mainz belastet wurden.
Der ehemalige Direktor E. K. ist seit 1. August 1994 für den Aufbau eines Forschungsinstituts „Kinder- und Jugendhilfe" innerhalb des – dem Caritasverband in Freiburg angeschlossenen – Verbandes Heim- und Heilpädagogik leitend tätig. Zwischen seinem damaligen Stellvertreter P. A. und dem Bistum Mainz und dem Caritasverband Darmstadt e.V. wurde am 30. November 1994 ein Gestellungsvertrag abgeschlossen. Laut § 1 des Vertrags „überstellt" das „Bistum Mainz/St. Josephshaus" Herrn P. A. „dem Caritasverband Darmstadt e.V. zum Aufbau eines Betreuungsvereins im Odenwaldkreis und zur Begleitung der Arbeit der ehrenamtlichen Betreuer". Der Caritasverband Darmstadt e.V. „verpflichtet sich, dem St. Josephshaus Klein-Zimmern die Kosten der Vergütung für Herrn A. (Grundvergütung, Ortszuschlag, Allgemeine Zulage, Urlaubsgeld, Weihnachtszuwendung sowie die Personalnebenkosten: Beihilfe, u.ä.) teilweise oder ganz zu erstatten, und zwar in dem Masse, in dem eine Förderung aus der Tätigkeit von Herrn A. an den Verband erfolgt." Unterschrieben ist dieser Gestellungsvertrag von Domkapitular G. E. in seiner Funktion als Verwaltungsratsvorsitzender des St. Josephshauses und dem Caritasdirektor des Caritasverbands Darmstadt e.V., Sch., der gleichzeitig auch stellvertretender Vorsitzender im Verwaltungsrat des St. Josephshauses ist, und Herrn P. A.
Unter den Titel-Überschriften „Gehört Prügeln zum Erziehungsprogramm?", „Nach Streit Prügel bezogen" und „Kommt die Lawine erst richtig ins Rollen?" berichteten bereits im Januar 1986 der *Darmstädter Echo* und das *Darmstädter Tagblatt* über eine Strafanzeige, die der damalige im St. Josephshaus untergebrachte Michael S. gegen Herrn P. A. wegen Körperverletzung erstattet hatte. Michael S. gab bei der Polizei an, Herr P. A. habe ihn geprügelt: „Er sei am rechten Auge verletzt worden, leide unter Kopfschmerzen und habe Schmerzen im Unterleib, wo ihn das Knie des stellvertretenden Heimleiters getroffen

habe", berichtete das *Darmstädter Echo* in seiner Ausgabe vom 22. Januar 1986. Gegenüber der Zeitung erklärte Herr P. A.:
„Ich bin darüber sehr betroffen, weil ich mich nicht besser zu zügeln vermochte. Die ganze Sache tut mir sehr leid. Ich habe Michael nicht verletzen wollen."
„Unvermögen, Willkür, Gewalt, pädagogische Unfähigkeit und hierarchisches Machtstreben" wurde laut *Darmstädter Tagblatt* Herrn P. A. nicht nur von den Jugendlichen, sondern auch von MitarbeiterInnen vorgeworfen. Herr P. A. habe nach Angaben von Mitarbeitern, ist der Ausgabe des *Darmstädter Tagblatt* vom 25. Januar 1986 zu entnehmen, „keine Abhilfe bei schwerwiegenden und offenkundigen und ihm auch mehrfach mit Beweisen belegten Missstände" geschaffen. „Dessen krankhaftes Machtbedürfnis sorge sowohl für miserable äußere Umstände, als auch für eine Atmosphäre des Misstrauens selbst unter den Mitarbeitern, die häufig gegeneinander ausgespielt würden. Eine der Folgen ist eine starke Mitarbeiterfluktuation, die einer pädagogischen Hilfe und Erziehung der Jugendlichen nicht förderlich sei."
Das Bistum Mainz (zu dem Zeitpunkt war bereits Karl Lehmann Bischof) soll damals Herrn P. A. einer Suspension – konkret: einer einstweiligen Dienstenthebung – unterworfen haben, nachdem das Landesjugendamt sich einschaltete. Bereits vier Monate später soll dieser wieder an seinem alten Platz zurückgekehrt sein, wo er sich bis Frühjahr 1994 halten konnte.

Der schützende Mantel der Nächstenliebe und Barmherzigkeit.

Nicht nur in katholischen – dem Deutschen Caritasverband angeschlossenen – Einrichtungen schützen einige der Heimträger bzw. die jeweilige Heimleitung hin und wieder ihre Mitarbeiter und Mitarbeiterinnen auch dann noch, wenn ihnen schwere Misshandlungen von Schutzbefohlenen oder entsprechende Beihilfe angelastet wird. Diese werden, wenn solche Misshandlungsfälle öffentlich werden und sie deshalb nicht mehr „haltbar" sind, oft mit einer – zum Teil hohen – Abfindung und einem Auflösungsvertrag abgefunden – obwohl eine (fristlose) Kündigung mehr als gerechtfertigt wäre. Noch schlimmer: Über rechtskräftig verurteilte Mitarbeiter und Mitarbeiterinnen wird – im Einzelfall – schützend ein Mantel der Nächstenliebe und Barmherzigkeit ausgebreitet, wenn eine besondere Abhängigkeit (zum Beispiel Insider, deren Wissen nicht nach Außen dringen darf) besteht: Ihnen wird unter dem Dach der Kirche eine Weiterbeschäftigung in anderen Einrichtungen angeboten und zugesichert.
Der schützende Mantel der Nächstenliebe und Barmherzigkeit wird dann in der Regel nicht mehr weiter über die Betroffenen ausgebreitet,

> wenn ein unbescholtener Mitarbeiter bzw. eine unbescholtene Mitarbeiterin aus der katholischen oder evangelischen Kirche austritt. Das Landesarbeitsgericht Rheinland-Pfalz in Mainz hat mit Urteil vom 9. Januar 1997 das Gottesurteil, das bei Kirchenaustritt verhängt wird, in Form der fristlosen Kündigung, bestätigt: Der Kirchenaustritt gehöre nach kirchlichem Recht zu den schwersten Vergehen gegen den Glauben und die Einheit der Kirche (AZ.: LAG Rheinland-Pfalz – 11 Sa 428/96).

Der Vorsitzende der katholischen Bischofskonferenz, der Mainzer Bischof Karl Lehmann, hat sich erstmals im Dezember 1996 aufgrund des Buches des Verfassers: „Gestohlene Kindheit" und zahlreicher Presseberichte über den „Fall St. Josephshaus" öffentlich gegenüber den Medien geäußert. Obwohl er seit *spätestens* April bzw. Mai 1994 Kenntnis von den Misshandlungen hat. Am 16. Dezember 1996 erklärte er auf einer Pressekonferenz im St. Josephshaus in Klein-Zimmern: „Es ist – daran will ich keinen Zweifel lassen – für uns alle eine sehr große Enttäuschung, wenn ganz wenige Mitarbeiterinnen und Mitarbeiter in Jahrzehnten sich in einem solchen Haus falsch verhalten und das Vertrauen der Jugendlichen missbrauchen."
Lehmann, der über ausreichende Kenntnisse verfügt, dass in seiner Einrichtung vorwiegend Kinder im Alter von sieben bis vierzehn schwersten Misshandlungen ausgesetzt gewesen sein sollen, fügte hinzu:
„Es tut mir leid, dass in den vergangenen Jahren, jedenfalls zwischen 1992 und 1994, einige Jugendliche hier zu Schaden gekommen sind. Ich bedaure dies zutiefst und verspreche eine noch größere Wachsamkeit aller, die für dieses Haus Verantwortung tragen."
In der Mainzer Bischofszeitung *Glaube und Leben* vom 5. Januar 1997 beschwor der Kirchenfunktionär die „Wahrheit" und die „Gerechtigkeit" und kritisierte scharf die „Medienkampagne gegen katholische Heimerziehung". Der Gottesmann nahm für sich in Anspruch, die Medien dafür anzuklagen, dass sie über die auch unter christlichen Aspekten zu verurteilende psychische und physische Gewalt, denen Kinder in einem dem Bistum Mainz unterstehenden katholischen Heim wehr- und hilflos ausgesetzt gewesen sein sollen, berichtet haben. Seine Anklage richtete sich aber auch insofern gegen die Medien, als dass diese das unverantwortliche und unchristliche Verhalten des Bistums Mainz beschrieben haben. Lehmann, der sich fast als Zensor aufspielte, ist – aus seinem Blickwinkel heraus betrachtet – ehrlich genug zuzugeben:
„Die Menschen, die in dieses Haus kommen, sind genauso wenig reine Engel wie wir."
Um dann mit der „Anklage" fortzufahren:
„Da werden Fakten verdreht, wird Verdacht um Verdacht gehäuft, werden Mutmaßungen immer wiederholt, Verantwortungsträger öffent-

lich verunglimpft, jahrhundertelange Bemühungen um die Erziehung junger Menschen als ‚schwarze Pädagogik' diffamiert ... Im Interesse dieser Mitarbeiter beklage ich die rücksichtslose Sensationsgier, die es sich mit der Wahrheit und mit der Gerechtigkeit leicht macht."
In einer *dpa*-Meldung (*Deutsche Presse-Agentur*) vom 12. Januar 1997, die sich auf eine von der Pressestelle des Bistums Mainz verbreiten Erklärung bezieht, steht unter anderem geschrieben: „Lehmann sei erst 1994 in die Affäre einbezogen worden, als die Heimleitung abgelöst und die Verträge eines Ehepaares aufgelöst worden seien." Einen Tag später – am 13. Januar 1997 – wurde von der *dpa* aufgrund einer von der Bischöflichen Pressestelle verbreiteten neuen Version folgendes verbreitet: „1994 habe sich Bischof Lehmann erstmals mit dem Fall befasst, als man erkannt habe, dass die Versetzung (des betroffenen Ehepaares – Anm. d. Verf.) nicht die gewünschte Wirkung hatte. Das Ehepaar sei entlassen und die Heimleitung abgelöst worden." Ist Lehmann tatsächlich erst nach der Ablösung der damaligen Heimleitung und Auflösung der Arbeitsverträge mit dem Ehepaares „in die Affäre einbezogen" worden? Oder hat er sich „erstmals mit dem Fall befasst, als man erkannt hatte, dass die Versetzung (des betroffenen Ehepaares – Anm. d. Verf.) nicht die gewünschte Wirkung hatte"?
Lehmann kann nicht entgangen sein, dass die ersten Presseberichte über diese „Affäre" bereits ab Februar 1994 erschienen waren – und man sich erst im April bzw. Mai 1994 von der damaligen Heimleitung trennte.

„Medienkampagne gegen die katholische Heimerziehung."

Der Vorstand des Verbandes katholischer Einrichtungen der Heim- und Heilpädagogik, ein Fachverband des Deutschen Caritasverbandes, dem nach eigenen Angaben „über 400 Mitgliedseinrichtungen, in denen täglich mehr als 18.000 junge Menschen" betreut werden, angeschlossen sind, erhob in einer vom Deutschen Caritasverband Freiburg verbreiteten Pressemitteilung vom 17. Januar 1997 eine Anklage gegen die „Medienkampagne gegen die katholische Heimerziehung". Die Medien „zeichnen oft ein Bild von Heimerziehung in der Öffentlichkeit, das beleidigend und in seinen pauschalierenden Aussagen unwahr ist": „Er protestiert auf das entschiedenste gegen das Unrecht, das damit auch und insbesondere den in der Heimerziehung lebenden jungen Menschen angetan wird."
In der Pressemitteilung geht der Vorstand mit keinem Wort auf die jungen Menschen ein, die auch in Mitgliedseinrichtungen seines Verbandes schwersten Misshandlungen an Leib und Seele wehr- und hilflos ausgeliefert waren. Dem Pressetext ist auch hinsichtlich der christ-

> lichen – früheren – Mitarbeiter und Mitarbeiterinnen, die rechtskräftig verurteilt worden sind – oder gegen die wegen Verdacht der Misshandlung von Schutzbefohlenen strafrechtliche Ermittlungen laufen – nichts zu entnehmen.

Eine Mutter, deren Sohn im St. Josephshaus untergebracht war, ist immer noch ergriffen von den Schilderungen ihres Kindes:
„Mein Sohn hat mir erzählt, dass er und andere Kinder oft geprügelt wurden. Er durchlebt heute noch diese schlimme Gewalt: Immer wieder wird er durch schlimme Träume aus dem Schlaf gerissen. Mein Kind wacht schreiend, am ganzen Körper zitternd, schweißgebadet auf und weint."

Kirchenmann Lehmann, dem das Leid der betroffenen Heimkinder sicherlich immer noch sehr nahe geht, hat die skandalöse und menschenverachtende Erklärung seines Leitenden Rechtsdirektors und Justitiars, H. B., zu verantworten, der im Hinblick darauf, dass das Bistum Mainz seit spätestens Anfang 1992 über ausreichende Kenntnisse bezüglich der Misshandlungsvorwürfe verfügte – und weder die Öffentlichkeit, noch das Landesjugendamt Hessen – Heimaufsicht – im Rahmen der vorgeschriebenen Meldepflicht, noch die Strafermittlungsbehörden einschaltete –, in den Mainzer Bistumsnachrichten vom 27. November 1996 erklärte:
„Das Unterlassen einer Strafanzeige ist nur dann strafbar, wenn eine Rechtspflicht zur Anzeige besteht. Das war hier nicht der Fall, da die Entscheidung im Ermessen des Verwaltungsrates lag und ein Ermessensmissbrauch nicht vorliegt."
Die Staatsanwaltschaft Darmstadt, die seit Juli 1993 gegen mehrere – ehemalige – Mitarbeiter des St. Josephshauses ermittelte, brauchte Jahre, um die Strafermittlungsverfahren abzuschließen. Es ist nicht auszuschließen, dass ein Teil der Ermittlungsverfahren wegen Verjährung eingestellt werden mussten. Bisher ist in einem Fall gegen eine frühere Mitarbeiterin Anklage erhoben worden, die vom zuständigen Gericht zugelassen wurde.
Am 4. Februar 1998 fand vor dem Amtsgericht Offenbach der Prozess statt. Die Angeklagte gestand, in drei Fällen acht- bis zehnjährige Jungen körperlich misshandelt und in einem Fall einen zehnjährigen Jungen sexuell missbraucht zu haben: Einem Kind habe sie derart heftig am Ohrläppchen gezogen, dass dieses einriss; ein zweites Kind habe sie durch einen Faustschlag ins Gesicht misshandelt, der zu Nasenbluten führte; einem dritten Kind habe sie derart gegen ihr Knie gezogen, dass auch dieses Nasenbluten davontrug; einem Kind habe sie über „mütterliche Streicheleinheiten" hinaus dessen Glied manipuliert, während sie im Bett des Jungen lag.

Aufgrund ihres Geständnisses erhielte die frühere Erzieherin neun Monate Haft auf zwei Jahre Bewährung sowie eine Geldbusse von 2.500,00 Mark. In seiner Urteilsbegründung erklärte der Vorsitzende Richter, einige der Kinder sind gerade wegen sexueller Übergriffe, denen sie in ihren Familien ausgesetzt waren, im St. Josephshaus untergebracht worden. Die Öffentlichkeit dürfe daher erwarten, dass diese Kinder im Heim nicht neuerlichen sexuellen Misshandlungen ausgesetzt würden. Züchtigungen an Kindern seien nicht hinzunehmen: „Die körperliche Unversehrtheit von Kindern ist ein hohes Rechtsgut." Auch der damals im St. Josephshaus tätige Erzieher und Ehemann der verurteilten Erzieherin ist wegen Misshandlung Schutzbefohlener und sexuellen Missbrauchs eines Kindes zu einer Geldstrafe verurteilt worden.

Weitere Ermittlungsverfahren sind eingestellt worden, u. a. weil zum Teil die Beweise nicht als ausreichend angesehen worden sind, teilweise auch wegen eingetretener Verjährung (!) – und auch unter Hinweis darauf, dass ein Strafantrag innerhalb von drei Monaten gestellt werden muss. Ein rechtspolitischer Skandal, da man kaum erwarten kann, dass Heimkinder von sich aus Strafantrag stellen – zumal innerhalb einer derartigen kurzen Frist.

*

Im März 1995 wurde bekannt, dass junge Menschen im katholischen **St. Josef-Stift** in Eisingen bei Würzburg, einer der größten Behinderteneinrichtungen in Unterfranken, in dem 340 sogenannte geistig behinderte Menschen untergebracht sind, jahrelang von Mitarbeitern und Mitarbeiterinnen schwer misshandelt und gequält wurden.

Eine Heilerziehungspflegerin, die auf der betroffenen Gruppe 132 tätig war, sah sich eine kurze Zeit lang fassungslos an, was ein Kollege und zwei Kolleginnen unter christlicher Pädagogik verstanden und praktizierten – und wurde bei der Heimleitung vorstellig. Sie klärte die Heimleitung darüber auf, dass die Gruppenleiterin U. K., von Beruf Erzieherin, die Hilfskraft W. E., die wie zahlreiche andere der 500 MitarbeiterInnen über keine pädagogische Ausbildung verfügt, und der Praktikant E. G. über einen längeren Zeitraum mehrere der dort lebenden jungen Menschen wiederholt psychisch und physisch brutal misshandelten und quälten. Auch verbalen Beschimpfungen und Beleidigungen wie „Du Drecksau", „Du Drecksack" und „Sauhammel" waren die Heimbewohner wehrlos und hilflos ausgesetzt.

In einem – schriftlich festgehaltenen – Gespräch, das ein Bereichsleiter im Auftrag der Heimleitung am 27. Januar 1995 mit der Heilerziehungspflegerin führte, schilderte diese ein brutales Geschehnis: Nach einem Sparziergang sei sie, E. G. und ein paar Jugendliche auf das Haus 13 zugegangen:

„Christian F. lief voraus und ließ sich durch Zurufe nicht zurückhalten. Christian F. war zur damaligen Zeit sehr schwerhörig. Erst jetzt, nach seiner Operation, hat sich dieses Handicap gebessert. Wir verloren Christian aus dem Auge, und aus Angst, dass er davonläuft, beschleunigten wir unseren Schritt und fanden ihn dann am Hintereingang auf uns wartend. Herr G. ging auf ihn zu, gab ihm zwei oder drei Ohrfeigen und schrie: ‚Du hast nicht wegzulaufen, du weißt, dass du auf uns warten musst, ich habe es dir verboten, davonzulaufen!' Christian legte sich, wie es seine Art in einer solchen Situation ist, auf den Boden und Herr G. trat ihm in die Seiten, worauf Christian schrie und weinte. Ich war zu weit von der Situation entfernt, um direkt Einfluss nehmen zu können. Ich sah, wie Herr G. dann Christian an den Haaren in das Haus zog und die vier Stufen zu unserem Gruppeneingang hinauf. Christian krabbelte teilweise, hat sich wieder fallen lassen, aber Herr G. hat ihn fest an den Haaren gehalten und weiter zur Gruppentür hingezogen."
Der Bereichsleiter hielt weiter schriftlich fest:
„Frau K. berichtet weiter, dass sie die gesamte Situation in der Gruppe als sehr strafend und wenig verständnisvoll, was die Bewohner betrifft, erlebt. Der psychische Druck und die psychischen Strafen wirken ihrer Meinung nach ebenso mindestens genauso auf die Entwicklung der Bewohner wie die körperliche Züchtigung. Frau K. schildert auch, dass die sehr engen, straffen Regeln, die die Bewohner betreffen, sich auch ganz stark auf die Mitarbeiter auswirken und von daher kaum situationsorientiert im Gruppenalltag gehandelt werden könne. Es sei kein fröhliches Arbeiten, sondern es sei nur ein Gebote- und Verordnungenausführen."
Die Heilerziehungspflegerin selbst wurde einem massiven psychischen Druck ausgesetzt: Während einige nichtbetroffene Kollegen und Kolleginnen sie später mit Worten wie: „Du Nestbeschmutzerin" und „Du Verräterin" beschimpften, schwiegen die anderen. Noch schlimmer: Die christlichen MitarbeiterInnen schwiegen auch weiterhin: aus Angst, durch Solidarität könnte ihre (berufliche und somit ökonomische) Existenz gefährdet werden. Sie nahmen dabei billigend in Kauf, dass mindestens einige der (sogenannten) behinderten Menschen möglicherweise auch weiterhin noch gequält und misshandelt wurden.
Die Beschuldigten selbst bestritten die Vorwürfe, machten aber gleichzeitig Erinnerungslücken geltend und beriefen sich rein vorsorglich auf das Notwehrrecht. Noch schlimmer: Im Dezember 1988 war die Gruppenleiterin U. K. Mitverfasserin von „Gruppennormen", die im März 1989 modifiziert wurden. In diesen „Gruppennormen", die als christliche, pädagogische Grundlage der klerikalen Heimerziehung verstanden wurden, steht geschrieben:
„Wenn ein Behinderter auf seiner Ebene handelt und in Worten nicht erreichbar – ansprechbar – ist, werde ich ihm auf seiner Ebene mit angemessenen Mitteln begegnen."

Welche Mittel die kirchlichen Mitarbeiter und Mitarbeiterinnen für pädagogisch angemessen hielten, schrieben sie in diesen „Gruppennormen" nieder:

„Aussondern in einen anderen Raum" – „kalt duschen" – „Ohrfeige" – „scharf anschauen" – „eine Arbeit übernehmen lassen" – „Jede/r Mitarbeiter/in soll klar und deutlich handeln und die Antwort geben, die in dieser Situation zu dem betreffenden Behinderten und zu ihm selber passt." – „Schlagen", so die kirchlichen Mitarbeiter und Mitarbeiterinnen, „ist das allerletzte Mittel, um Grenzen deutlich zu machen." – „Nach Absprache mit dem Erzieherteam" dürfen Betroffene, die ihr Essen wegwerfen, kein neues Essen bekommen. – „Wer entsprechende Mengen nascht, bekommt bei den nachfolgenden Mahlzeiten nichts mehr." – Mit „Essensentzug" mussten die Heimbewohner immer rechnen: „Wer nach dem Gong und Gebet nicht zum Essen kommt, d.h. am Tisch sitzt, sagt damit, dass er nichts will."

In einem „Gruppen-Buch" protokollierten die Beschuldigten einen Teil ihrer strafrechtlich relevanten Handlungen: Die verschiedenen Misshandlungsformen sind dort mit Akribie festgehalten.
Hier einige Beispiele:

- „Es sind große Lätze da für die Schweinchen, sie liegen im oberen Schrankfach."
- „Michel hat ohne Vorwarnung Blumen abgerissen. Er hat nicht gesehen, dass der Wasserschlauch angeschlossen ist, es gab die kalte Dusche."
- „Heiko kann sich sein ‚aufgehobenes Essen' über den ganzen Tag einteilen. Zum Frühstück hat er es nicht geschafft. Etwas anderes gibt es heute nicht, bevor es nicht weg ist! Vielleicht lernt der gute Mann dadurch einmal, wie man mit Essen umgeht. Ich bin stink sauer!!!"
- „Michel hat es mal wieder geschafft! Nachdem er sich den Nachmittag über unmöglich verhielt, erhielt er als Konsequenz für sein Verhalten zum Abendessen Zwieback. Daraufhin zertrümmerte er sein Glas und ging in sein Zimmer = negative Verstärkung. SCHÖN WAR'S!" („Negative Verstärkung" bedeutet, den Heimbewohner unter Mithilfe mindestens eines weiteren Heimmitarbeiters zu verprügeln – Anm. d. Verf.)
- „Michel hat nach dem Abendessen Wurst geklaut = trocken Brot morgen zum Frühstück."
- „Michel hat nach dem Frühstück Gerdis Kaffe getrunken = trocken Brot."

Auch die folgenden Beispiele zeigen, dass die (klerikale) Schwarze Pädagogik immer noch traurige Realität ist:

- Heimbewohner, die sich beim Tischgebet – versehentlich – falsch bekreuzigt oder ein Gebet falsch aufgesagt haben, mussten damit rechnen, dass sie geprügelt oder vom Essen ausgeschlossen wurden.
- Essensreste, die Heimbewohnern bei der nächsten Mahlzeit wieder aufgetischt wurden, gehörten ebenso zu dem Repressionsinstrumentarium wie verschimmeltes Brot.
- Heimbewohner, die ins Bett machten, wurden an den Haaren ins Bad gezerrt und brutal unter die kalte oder heiße Dusche gestellt oder in eine Wanne mit kaltem oder heißem Wasser gezwungen; ihnen hat man eine ganze Woche lang kein Mineralwasser gegeben.
- Die Intimsphäre der Heimbewohner wurde nicht beachtet: Im Flur mussten sich alle nackt ausziehen und sich dann im Bad aufhalten. Das zweite Bad, das der Gruppe zur Verfügung steht, wurde nicht mitbenutzt.
- Den Heimbewohnern wurde das Recht auf Sexualität, das Ausleben sexueller Bedürfnisse verweigert: Erwischte man einen bei der Onanie oder zwei beim Austausch homoerotischer Bedürfnisse, griff man auf ein besonderes, althergebrachtes, brutales Unterdrückungsinstrumentarium zurück: Die Betroffenen wurden körperlich malträtiert – sprich: körperlich misshandelt –, dann unter die kalte Dusche gezerrt und mit Worten wie: „Du schwule Sau!" verbal beschimpft und beleidigt.

Eine Erzieherin, die erst seit eine Woche auf der Gruppe 132 tätig war, fertigte im Herbst 1994 umfangreiche Tages-Protokolle. Diese schriftlichen Aussagen bedürfen keiner näheren Kommentierung.
Hier einige Auszüge:

- „Der Besuch im Zoo ist zu Ende. Am Zoo-Ausgang befinden sich einige Kioske. Alle sollen Eis bekommen. Michael G. bekommt von U. K. zwei Ohrfeigen. Ich frage: Was war los? Verstehe den Grund nicht und bekomme zur Erklärung: Michael versteht Schläge am besten. Michael weint – bekommt kein Eis. Er möchte bei anderen schlecken, wird aber zurückgestoßen. Außenstehende Besucher haben die Situation bemerkt, wundern sich offensichtlich über unsere Gruppe."
- „W. E. kontrolliert die Schultaschen. Grund? Sie findet ein zusammengelegtes Pausenbrot mit Mettwurst. Das Brot ist ca. drei bis fünf Tage alt. Frau E. zeigt mir das alte verdorbene Pausenbrot und erklärt, dass der Bewohner Heiko S. sein Pausenbrot nicht gerne isst und es im Flurbereich versteckt. Ich erlebe, wie Heiko das alte Brot essen muss. Heiko würgt das alte Brot ohne Widerrede."
- „Betreuer E. G. ist mit Christian F. im Bad. Es ist dort sehr laut – Streitgespräch mit Christian. Ich gehe in die Personaltoilette und höre, dass Christian aufgefordert wird, aus dem Bad zu gehen. Christian möchte sehr gerne baden (Zeit und Möglichkeit wäre gegeben). E. G. fordert Christian nun sehr laut auf, das Bad zu verlassen und ins Zimmer zu gehen. Ich höre einen schmerzhaft-lauten Au-Schrei von Christian. Ich verlasse die Toilette Richtung Gruppenraum. Christian

stürzt an mir mit nasser Kleidung vorbei. Er wird in sein Zimmer gesperrt. Ich höre Christian laut schreien: ‚Mama, hilf mir, Mama, komm!'. E. G. bestimmt, dass er zur Strafe zum Abendessen Zwieback statt Würstchen bekommt. Christian weint noch mehr.
Ich gehe, schließe sein Zimmer auf. Christian sitzt nackt bei geöffnetem Fenster auf dem Bett. Ich frage: Warum weinst Du? Christian antwortet erst nicht. Als ich ihn in den Arm nehme, erzählt er: ‚E. G. hat mich mit heißem Wasser übergossen, mir tut der Rücken weh.' Ich sehe, dass Christians Haut in der Schulterpartie links gerötet ist."
- „Micha will sein Essen: Fisch mit Salat und Remouladensoße nicht essen. Er muss aber den Teller leer essen, das ist Pflicht auf der Gruppe 132. Frau E. beugt sich über Micha, er kann nicht mehr ausweichen, und zwingt ihn, weiter zu essen. Micha weint, hat den Mund voll und würgt mit vollem Mund. Frau E. schlägt Micha auf den Kopf und droht damit, dass er an diesem Wochenende nicht heim darf, wenn er nicht isst. Micha weint weiter und schluckt nicht das Essen hinunter. Ich frage Frau E., ob wir das Essen nicht besser wegnehmen, es wird verneint. Es ist 13.00 Uhr, und Herr G. kommt in die Gruppe (Dienstbeginn). Herr G. nimmt die Situation wahr und sagt: ‚Heute isst er seinen Teller leer, das will ich genau wissen.' Herr G. nimmt die Arme von Micha und dreht sie auf seinen Rücken. Drückt sie nach oben. Micha schreit laut ‚Aua', dabei fällt die Speise aus dem Mund in den Teller. Frau E. deutet auf den Teller und verlangt laut: ‚Iss auf!' Micha weint immer noch und sagt: ‚Nein.' Herr G. schlägt hart auf Micha ein. Ich zähle drei Schläge. Die Arme werden höher gedrückt, dadurch fällt er mit dem Gesicht in den Teller.
Mein Dienst endete um 14.30 Uhr. Ich schämte mich vor mir selbst, weil ich unfähig war zu helfen."
- „Gespräch mit Herrn G. wegen Schläge an Micha. Er findet, ich bin zu zart, überempfindlich. Er beharrt darauf, dass sein Verhalten richtig ist. Ich weise ihn darauf hin, dass seine Schläge strafbar sind und kein Mittel, einen pubertierenden Jungen zu erziehen."

Die Erzieherin brachte das brutale Vorgehen von E. G. auf einer Gruppenbesprechung zur Sprache. E. G. und U. K. verteidigten die strafbaren Handlungen. „Das Verhalten von Herrn G. wurde als Machtkampf toleriert, den Herr G. gewinnen musste", erinnert sich die Erzieherin. Auch ein Gespräch mit dem Dipl.-Psychologen und Leiter des Heilpädagogischen Fachdienstes, Herrn H., bei dem die Erzieherin Rat und Hilfe suchte und diesen über die schweren strafbaren Handlungen aufklärte, brachte sie nicht weiter. Die Erzieherin hielt schriftlich fest, Herr H. „fühlt sich nicht zuständig. Ich soll es selbst regeln". Und Herr I., der Bereichsleiter und Diakon, der sich offenbar für die Menschenrechte der betroffenen HeimbewohnerInnen nicht interessierte, warf der Erzieherin „Indiskretion" vor. Der Diakon (der zunächst auch weiterhin mit Zustimmung des Vorstands und der Heimleitung die Funktion des Bereichsleiters ausübte und für die betroffene Gruppe 132

weiter Mit-Verantwortung trug), wurde erst entlassen, als ein von seiner Mitarbeiterin U. K. im Herbst 1994 niedergeschriebenes „Pädagogisches Konzept" den Verantwortlichen bekannt wurde. Der Diakon I. billigte diese pädagogischen Richtlinien und gab ihnen seinen Segen. Auf der Gruppe 132 wurden die MitarbeiterInnen aufgefordert, sich an diese zu halten.
Hier einige Auszüge, was unter dem christlichen „Pädagogischen Konzept" verstanden und praktiziert wurde:

„Wir beten morgens ein Morgengebet sowie zu den Hauptmahlzeiten ein Bitt- und ein Dankesgebet. Darauf achten, dass jeder ein Kreuzzeichen macht und ordentlich dasitzt." – „Wer vor Gebetsschluss anfängt zu essen, wartet eine Weile." – „Sonntags Kirchgang ist Pflicht für alle." – „Wer in der Kirche nicht brav ist, braucht auch keine sonntägliche Vergünstigung (Nachtisch, Kuchen...)." – „Alle müssen pünktlich zum Essen kommen, sonst wird abgeräumt. Der Zu-Spät-Gekommene kann ein Stück Brot und Tee haben." – „Wer seinen Teller nicht leer isst, bekommt den Rest zur nächsten Mahlzeit, bevor es etwas anderes gibt."

Über den alltäglichen Umgang mit einigen „schwierigen Jungen" hält U. K. fest:

„Morgens darauf achten, dass er seinen Schlafanzug zusammenlegt. Wenn er zuviel an Schränke, Wände, Türen klopft, zur Beruhigung ins Zimmer stecken. Wenn er ausflippt, Zimmer vorher ausräumen. – Wenn er klaut, hat er die nächste Mahlzeit schon gegessen. Aufpassen: klaut auch den Jungs vom Teller. – Möglichst jeden Tag mit ihm spazieren gehen. Wenn er sich heißgelaufen hat, tut eine kalte Dusche ganz gut. – Wenn er Kleider zerreißt, muss er sie bis zum nächsten Kleiderwechsel anziehen. Mit zerrissenen Kleidern kann er nicht raus. – Den Mund verbieten, wenn er zuviel redet. Wenn er sich danebenbenimmt, kommt er in sein Zimmer. Manchmal wirkt auch eine kalte Dusche beruhigend. – Im Notfall kann man ihn mit dem Bauchgurt im Bett fesseln. Vorsicht, haut gerne ab!"

Eine Strategie der Verharmlosung und des Verschweigens.

Die Stiftung und die Heimleitung, die seit spätestens Januar 1995 über umfangreiche Informationen bezüglich der schweren Misshandlungen verfügte, haben erst Wochen später die Angehörigen der Betroffenen und die MitarbeiterInnen über die Vorfälle wenigstens teilweise aufgeklärt. Die Verantwortlichen, die über mehr Informationen verfüg-

> ten und sie dennoch zurückhielten, verfolgten offenbar eine Strategie der Verharmlosung und des Verschweigens: Ihr Ziel scheint es ursprünglich gewesen zu sein, einen „Mantel des Schweigens" über das Stift auszubreiten. Denn der Heimleiter des Stifts W. F., der Geschäftsführer N. R., sein Stellvertreter D. N. und der Vorsitzende der Stiftung, Pfarrer H. O. verschwiegen offensichtlich gegenüber den Eltern, den MitarbeiterInnen und der Presse die brutalen Menschenrechtsverletzungen, soweit sie Kenntnisse über das ganze Ausmaß der Misshandlungen hatten. Sie gestanden in erster Linie ein, Betroffene seien geohrfeigt worden, ohne dass eine Notwehrsituation vorlag. Auch sei nicht im Affekt geschlagen worden. Sie klärten die betroffenen Angehörigen der betroffenen Menschen nicht darüber auf, dass christliche MitarbeiterInnen ihre Söhne nicht nur geohrfeigt, sondern auch geprügelt oder getreten oder zum Essen gezwungen oder mit Essensentzug bestraft oder zur Bestrafung nach Belieben kalt oder heiß abgeduscht oder verbal beleidigt hatten.

Im März bzw. April 1995 richteten die Verantwortlichen je ein Schreiben an die „lieben MitarbeiterInnen" und an die betroffenen Angehörigen. Den Angehörigen teilten sie schriftlich mit:
„Es gibt an dieser Sache nichts zu beschönigen und zu verharmlosen."
Den Betroffenen, denen „in den zurückliegenden Jahren solche Schandtaten und Qualen widerfahren sind, gehört unser ganzes Mitgefühl. Die Verantwortlichen der St. Josefs-Stiftung entschuldigen sich dafür bei ihnen, ihren Eltern und Angehörigen in aller Form."
Die Verantwortlichen gingen auch auf das „Gruppenbuch", „das zum Zweck hat, nur Organisationsabläufe festzuhalten", ein. Trotz der schweren Misshandlungen, deren sich die Mitarbeiter in dem „Gruppenbuch" selbst bezichtigten, wurde bei den heiminternen „Untersuchungen" zunächst diesem „Gruppenbuch keine Bedeutung beigemessen", obwohl die Verantwortlichen seit Januar 1995 wussten, dass dort ein Teil der Misshandlungen mit Akribie niedergeschrieben wurden. Erstaunt war man dennoch über die Selbstbezichtigung der Täter und Täterinnen. Welch ein Zufall: Während der Ermittlungen verschwand das „Gruppenbuch" plötzlich spurlos.

Kritiker bedrohte man mit fristloser Kündigung.

Ob die Verantwortlichen der St. Josef-Stiftung – im Rahmen der heiminternen Ermittlungen – von sich aus tatsächlich an einer größtmöglichen Aufklärung der schweren psychischen und physischen Misshandlungen interessiert waren, könnte man durchaus bezweifeln: In einem Schreiben an die „lieben Mitarbeiterinnen und Mitarbeiter"

drohte die Stiftung jedem mit massiver Gegenwehr, der es wagen würde, mit entsprechenden Informationen an die Öffentlichkeit zu gehen. So steht in den „Mitarbeiter-Nachrichten der St. Josef-Stiftung Eisingen" vom 29. Januar 1996 geschrieben:
„Im Interesse aller MitarbeiterInnen des St. Josef-Stiftes und der St. Josef-Stiftung als Ihrem Dienstgeber, aber auch im Interesse der betroffenen Mitarbeiter erinnern wir an die *Schweigepflicht* (Hervorhebung durch den Geschäftsführer R.) eines jeden Mitarbeiters und jeder Mitarbeiterin. Die Befriedigung eigener Neugier, die Lust auf Sensation und das Bedürfnis, vertrauliche Informationen möglichst vielen Unbeteiligten zugänglich zu machen, ist unkollegial und schadet letztlich uns allen.
Jede Mitarbeiterin und jeder Mitarbeiter, der mit vertraulichen und dienstlichen Informationen ‚so locker' umgeht, muss sich darüber im klaren sein, dass ein solches Verhalten arbeitsrechtliche und auch strafrechtliche Konsequenzen (Hervorhebung durch den Geschäftsführer R.) haben kann."
Während die Stiftung bei Bekanntwerden der Vorfälle im Januar 1995 zunächst (aus juristischen Gründen?) unentschlossen war, den beschuldigten Mitarbeitern und Mitarbeiterinnen fristlos zu kündigen (der Heimleiter F. brachte U. K. und E. G. auf anderen Gruppen unter, U. K. wurde sogar wieder Gruppenleiterin; die Suspendierungen – nicht fristlose Kündigungen – erfolgten erst, als betroffene Eltern davon erfuhren und die Presse über die Misshandlungen berichtete), herrschte nun plötzlich eine wie auch immer geartete Rechtssicherheit, wie man unliebsame Kritiker, die möglicherweise den Mut aufbringen würden, Vorfälle von Misshandlungen an die Öffentlichkeit zu bringen, sofort „mundtot" machen konnte: durch die Androhung einer fristlosen Kündigung und eines Strafverfahrens.

Die Bedrohung durch den „Dienstgeber" scheint bei den christlichen Mitarbeitern und Mitarbeiterinnen die gewünschte Wirkung zu zeigen: Die „Mauer des Schweigens" wird mit ihrer ganz persönlichen Hilfe weiter aufrechterhalten.
„Die Mauer des Schweigens" konnten die Mitarbeiter/Innen erfolgreich unter Beweis stellen: Ende 1995 wurde heimintern bekannt, dass ein medizinischer Masseur und Bademeister Heimbewohnerinnen sexuell missbraucht und ein Hausmeister eine Heimbewohnerin mit sexuellem Hintergrund beleidigt hatte. Der Hausmeister soll bereits vor etwa zehn Jahren wegen Exhibitionismus aufgefallen sein. Die Heimleitung selbst war es, die ihn damals gedeckt und schützend über ihm einen Mantel der Barmherzigkeit ausgebreitete haben soll: Mit der Auflage, sich einer Therapie zu unterziehen, habe sie ihn weiterbeschäftigt. Diese klerikale Barmherzigkeit scheint offenbar der „Dienstgeber" nun dem

Hausmeister verweigert zu haben: Mit sofortiger Wirkung wurde ihm und dem medizinischen Masseur und Bademeister gekündigt.

Nachdem die Staatsanwaltschaft Würzburg von diesen strafbaren Handlungen Kenntnis erlangte, nahm sie entsprechende Ermittlungen gegen den medizinischen Masseur und Bademeister und den Hausmeister auf. Aufgrund der Ermittlungsergebnisse beantragte die Staatsanwaltschaft beim Amtsgericht gegen die Beschuldigten Strafbefehle. Das Gericht verurteilte daraufhin den medizinischen Masseur und Bademeister durch Strafbefehl wegen sexuellen Missbrauchs von Kranken in Anstalten in drei Fällen zu einer Freiheitsstrafe von acht Monaten auf Bewährung. Und den Hausmeister verurteilte das Gericht durch Strafbefehl wegen Beleidigung (mit sexuellem Hintergrund) zu einer Geldstrafe.

Die seit Frühjahr 1995 laufenden strafrechtlichen Ermittlungen der Staatsanwaltschaft Würzburg gegen acht weitere (ehemalige) Mitarbeiterinnen/Mitarbeiter des Stifts sind Ende Dezember 1995 abgeschlossen worden. Die Staatsanwaltschaft, die mehreren der Beschuldigten (schwere) Körperverletzung, begangen an Schutzbefohlenen, vorwarf, konnte jedoch nur Vorfälle ab 1990 berücksichtigen – mit der Folge, dass die Ermittlungsverfahren gegen drei Beschuldigte wegen Verjährung eingestellt worden sind. In fünf Fällen wurde auf Antrag der Staatsanwaltschaft vom Amtsgericht Strafbefehl mit Strafvorbehalt erlassen; die angedrohte Strafe ist also auf „Bewährung" ausgesprochen und wird erst im Wiederholungsfall vollstreckt; diese Strafbefehle haben mittlerweile Rechtskraft erlangt. Gegen die Beschuldigten E. G., U. K., W. E. und B. I. wurde Anklage erhoben wegen schwere Körperverletzung, Misshandlung von Schutzbefohlenen und, im Falle des Diakons B. I., wegen Verletzung der Garantenpflicht.

Im Herbst 1996, nach der Anklageerhebung, zog die Staatsanwaltschaft plötzlich die Anklage zurück und verzichtete somit auf eine Hauptverhandlung. Auf Anregung des Würzburger Landgerichtspräsidenten beantragte die Anklagebehörde den Erlass von Strafbefehlen, die alle Rechtskraft erlangt haben. Die Heilerziehungspflegerin und die Gruppenleiterin wurden wegen vorsätzlicher Körperverletzung in sieben Fällen und Misshandlung Schutzbefohlener in einem minderschweren Fall bzw. wegen zwei vorsätzlicher Körperverletzungen und Beihilfe zu 120 Tagessätzen, der Erziehungspraktikant wegen zwei minderschwerer Fällen von Misshandlung Schutzbefohlener und einer vorsätzlichen Körperverletzung zu 90 Tagessätzen und der Bereichsleiter und Diakon wegen Beihilfe zu 75 Tagessätzen verurteilt.

Dass keine öffentliche Verhandlung stattfand, wurde offiziell mit dem „Opferschutz" begründet, doch in Wirklichkeit spricht einiges dafür, dass man den Täter und Täterinnen, aber auch dem St. Josef-Stift eine öffentliche Verhandlung ersparen wollte. Der Landgerichtspräsident hatte – vermutlich – im Blick darauf, dass die betroffenen Eltern Protest erheben könnten, öffentlich erklärt, man wollte den Opfern den Auftritt in einer Hauptverhandlung ersparen, und im übrigen hätten

die Misshandlungen bei den betroffenen Opfer „keine sichtbaren Spuren hinterlassen".
Glaubt der Landgerichtspräsident tatsächlich, dass diese Misshandlungen „keine sichtbaren Spuren hinterlassen" haben? – Dass behinderte Menschen nicht an Körper und Seele schmerzvoll leiden, nachdem sie eine lange Zeit schlimmste Gewalt durch christliche Mitarbeiter und Mitarbeiterinnen wehr– und hilflos ausgeliefert waren? Und: Wollte und will man diesen Menschen etwa absprechen, Schmerzen, Angst, Trauer und Hoffnungslosigkeit zu empfinden?
Im Mai 1997 wurde der – nicht mehr in der Einrichtung beschäftigte – medizinische Masseur und Bademeister erneut angeklagt und zu einer Freiheitsstrafe von zwei Jahren und sechs Monaten ohne Bewährung verurteilt, weil er während seiner Tätigkeit im St. Josef-Stift eine behinderte Frau sexuell missbrauchte. Zugunsten des Angeklagten wertete das Gericht sein Schuldbekenntnis und die Tatsache, dass es im St. Josef-Stift „keine oder wenig Kontrollen" gegeben habe, obwohl Überprüfungen „objektiv möglich und nötig gewesen wären".

Der Hilferuf an Bischof Scheele verhallte ungehört innerhalb der Gemäuer.

Der Vater eines betroffenen Kindes verfasste an dem Bischof von Würzburg, Paul Werner Scheele*, ein fünf Seiten langes Schreiben. Inständig richtete der katholische Christ die Bitte an „Eure Exzellenz", ihm uneingeschränkte Hilfe und Beistand zu gewähren. Der besorgte Vater fragte in seinem Schreiben vom 15. Dezember 1996 „Eure Exzellenz":
„Ist es redlich, wenn die Eltern erst aus der Presse von den Misshandlungen an ihren Kindern erfahren? Ist es redlich, wenn Eltern und gesetzliche Betreuer strafrechtlich relevante Vorgänge erst aus dem Buch von Herrn Homes erfahren? Ist es redlich, wenn man Mitwisser der Untaten mit der Untersuchung der Vorfälle betraut, so dass wichtige Beweismittel verschwinden können? Ist es redlich, wenn bis heute kein Strafantrag im Zusammenhang mit den durch Mitarbeiter des St. Josef-Stifts an anvertrauten Menschen begangenen Straftaten von der Geschäfts- oder Heimleitung sowie dem Vorstand bei der Staatsanwaltschaft einging?
Eine weitere Frage, die Sie beschäftigen sollte, ist die Frage der Handhabung von Empfängnisverhütung, Abtreibung und Sterilisation. Wissen Sie, wie diese heiklen Komplexe in Ihrem St. Josef-Stift in Eisingen geregelt sind und gehandhabt werden? Wie groß ist hier der Unterschied zwischen Anspruch und Wirklichkeit?"

> Der Hilferuf an Bischof Scheele verhallte ungehört innerhalb der Gemäuer des Bistums Würzburg: Der besorgte Christ bekam keine persönliche Antwort des Klerikers.
>
> ** Gemäss § 15 Abs. 3 der Satzung der St. Josef-Stiftung steht diese Stiftung, die als eingetragener Verein registriert ist, „unter dem Schutz und der Aufsicht des Bischofs von Würzburg". Die im Herbst 1996 modifizierte Satzung trat erst nach ausdrücklicher Genehmigung durch den Bischof von Würzburg und ihrer Eintragung ins Vereinsregister in Kraft.*

Es gab einige Eltern, die gegenüber der St. Josef-Stiftung protestierten und die Entlassung der Heimleitung und der Geschäftsführung forderten. Ohne Erfolg! Auch ein von der St. Josef-Stiftung im Spätsommer 1995 an die Gesellschaft für Forschung und Beratung im Gesundheits- und Sozialbereich mbH in Köln in Auftrag gegebenes Gutachten, das die Gutachter im Januar 1996 erstellten, war für die Auftraggeber kein Grund, personelle Konsequenzen zu ziehen. In dem Gutachten wird unter anderem festgehalten: Der Heimleiter, W. F., der seit spätestens 25. Januar 1995 durch Mitarbeiter erfahren hatte, dass Heimbewohner grausam misshandelt wurden, informierte noch am gleichen Tag den damaligen Vorstandsvorsitzenden, Pfarrer O., und den Geschäftsführer N. R. von den Vorfällen. Weder der Heimleiter noch der Vorstandsvorsitzende hatten, so die Gutachter, die übrigen Vorstandsmitglieder in Kenntnis gesetzt. Die „Fachdienste (z.B. medizinisch-therapeutischer Fachdienst, Supervision)", ist dem Gutachten zu entnehmen, „hatten zum Teil ausreichend Kenntnis von den Vorfällen und haben nicht eingegriffen". Die Gutachter, die zahlreiche Mitarbeiter und Mitarbeiterinnen befragten, halten in ihrem Gutachten weiter fest:
„Nach Aussagen der InterviewpartnerInnen kann davon ausgegangen werden, dass dem derzeitigen Heimleiter, W. F., wie auch seinem Vorgänger die Probleme auf der Gruppe 132 als auch wiederum die Leistungsprobleme des zuständigen Bereichsleiters in Grundzügen bekannt waren. Beide Problembereiche hätten – bereits seit längerem – Interventionen der Heimleitung z.B. im Hinblick auf die Personalfluktuation, die Angehörigenarbeit und die Aufgabenerfüllung des Bereichsleiters (z.B. Beratung, Anordnung von Supervision) nahe legen müssen. Das Vorgehen der beiden Heimleiter muss jedoch als eher zögernd und abwartend beurteilt werden, so dass auch mit Blick auf die Heimleitung (zumindest) von einer unzureichenden Wahrnehmung von Aufsichts- und Führungsfunktionen gesprochen werden muss."
Die Gutachter kritisieren in ihrem Gutachten auch das ursprüngliche Festhalten an die beschuldigten Mitarbeitern und Mitarbeiterinnen, denn diesen hätten „angesichts der schwerwiegenden Hinweise auf erhebliches Fehlverhalten fristlos gekündigt werden müssen. Ihre Ver-

setzung in andere Gruppen war ein gravierender Fehler mit erheblichen atmosphärischen Konsequenzen bei Beschäftigten, Eltern und Öffentlichkeit. Nur eine fristlose Kündigung wäre – unbeschadet einer arbeitsrechtlichen Auseinandersetzung – ein klares Signal der Einrichtung zugunsten der Bewohnerfürsorge gewesen. Ebenso bleibt das lange Festhalten am Bereichsleiter unverständlich, hier hätte ebenfalls frühzeitig eine fristlose Kündigung ausgesprochen werden sollen".

Nachdem weitere Vorwürfe gegen den Heimleiter und dem stellvertretenden Geschäftsführer bekannt wurden, trennte sich die St. Josef-Stiftung im Frühjahr 1997 von beiden durch entsprechende „Auflösungsverträge"; die St. Josef-Stiftung soll ihnen die Beendigung der Beschäftigungsverhältnisse mit hohen Abfindungen versüßt haben. Der ehemalige stellvertretende Geschäftsführer arbeitet seitdem in einer der Caritas angeschlossenen Einrichtung für Drogenabhängige als Heimleiter.

„Die Kirche muss auch Kritik ertragen können!"

Eine besorgte, christliche Familie, deren Kind nicht der brutalen Gewalt durch christliche MitarbeiterInnen ausgesetzt war, richtete am 10. Dezember 1996 ein Schreiben an Domkapitular K. R. vom Bischöflichen Ordinariat Würzburg:

„Grüß Gott, Herr R!

Weihnachten steht vor der Tür, das Fest der Liebe und der Freude – so wird es dann auch wieder in unseren Kirchen gepredigt. Dies ist auch der Grund, warum wir Ihnen unsere Erfahrung mitteilen... Wir dachten: Das St. Josef-Stift ist eine kirchliche Einrichtung, jedoch haben wir noch nichts davon bemerkt. Zu all den schrecklichen Dingen, die da geschehen sind, hat die Kirche bis jetzt geschwiegen. Weder eine Entschuldigung noch ein Wort, dass sich der Caritasverband dafür einsetzt, diese Sachen lückenlos auszuklären (...) Kein Wort und Mitgefühl für unsere Behinderten, die ja laut Medien über Jahre diese Misshandlungen erleiden mussten, obwohl die Geschäftsleitung davon wusste. Jeder Tierschützer erhält dafür, dass er sich für misshandelte Tiere einsetzt, mehr Unterstützung und Verständnis als hier Eltern und Behinderte erfahren haben (...) Die Kirche muss auch Kritik ertragen können. Die Kirche macht sich so stark, wenn es um Verhütung und Abtreibung geht. Hier geht es um Menschen aus Fleisch und Blut mit einem Herzen im Leib, die genauso der Liebe und Zuneigung bedürfen wie alle Menschen; es sind keine Monster (...) Diese Kirche thront auf einem sehr hohen Ross. Wer ihr nicht passt, den übergeht man, lässt ihn zappeln. Kein Wunder, dass so viele Menschen aus der Kirche austreten."

Anfang 1998 wurde öffentlich bekannt, dass eine Heimbewohnerin ohne Einwilligung der Eltern im Rahmen einer amtsärztlichen Untersuchung von zwei Humangenetikern der Universität Würzburg untersucht worden ist. Hierbei wurden von der Betroffenen Fotos angefertigt. Die Leiterin des medizinisch-therapeutischen Dienstes des St. Josef-Stifts, Frau Dr. H., Fachärztin für Kinder- und Jugendpsychiatrie, versicherte später gegenüber der Geschäftsführung der St. Josef-Stiftung, dass dies der einzige Fall gewesen sei, bei dem sie ohne die notwendige Zustimmung der betroffenen Eltern gehandelt habe. Diese Darstellung bekräftigte sie durch eine eidesstattliche Versicherung, wobei ihr die Bedeutung solch einer eidesstattlichen Erklärung bekannt gewesen sein dürfte: Die Abgabe einer falschen Versicherung an Eides Statt ist strafbar – und wird mit Freiheitsstrafe von bis zu drei Jahren oder mit Geldstrafe bestraft. Es bestehen offenbar – möglicherweise – Zweifel an der Richtigkeit dieser eidesstattlichen Versicherung. Ob es sich hier tatsächlich um einen Einzelfall handelt, ist mehr als fraglich:
Wie Frau Dr. H. und der Humangenetiker Prof. Dr. G., Leiter der der Universität Würzburg angeschlossenen Abteilung für Medizinische Genetik im Institut für Humangenetik, auf einer Informationsveranstaltung im März 1998 im St. Josef-Stift einräumten, habe man etwa 160 bis 170 Heimbewohnern Blut abgenommen. Mindestens 30 behinderte Menschen habe man darüber hinaus weitergehende humangenetische Untersuchungen unterzogen. Professor G. begründete dies u. a. damit, dass bei den Behinderten die einst gewonnene Diagnose nach heutigem medizinischen Kenntnisstand oft überholt ist: „Die humangenetisch ausgebildeten Ärzte sind in der Lage, Behinderungen unklarer Ursache abzuklären."
Im Rahmen der Untersuchungen seien die Betroffenen „nur äußerlich angeschaut" worden; für Eingriffe wie Blutabnahme seien schriftliche Einverständniserklärungen der Eltern eingeholt worden. Auf der Informationsveranstaltung räumte der Humangenetiker nunmehr ein, ihm hätten solche Erklärungen nicht vorgelegen; er habe vorausgesetzt, so seine letzte Version, dass solch eine Erklärung vorliege, wenn ihm ein anderer Arzt Blut schicke.
Eine von dem Elternbeirat veranlasste Umfrage bei den Eltern und Betreuern hatte jedoch ergeben, dass der größte Teil von ihnen nicht informiert wurde, demnach eine Einwilligung zu diesen Eingriffen in zahlreiche Fälle nicht vorlag.
Im April 1998 räumte das Humangenetische Institut laut der *Frankfurter Rundschau* ein, tatsächlich „jahrelang Blutproben behinderter Heimbewohner ohne deren Einverständnis und Wissen für Forschungszwecke genutzt zu haben". Die Bayerische Landesärztekammer, vom St. Josef-Stift um eine Stellungnahme gebeten, erklärte, eine Einverständniserklärung von Eltern oder Betreuern ist dann nicht notwendig, wenn die Untersuchung für die Therapie medizinisch indiziert ist: „Wenn eine sinnvolle therapeutische Indikation bestand, dann

war es in Eisingen offenbar üblich, einen Mediziner von außerhalb des Stifts heranzuziehen." Der Bayerische Landesbeauftragte für Datenschutz hingegen beanstandete die „Verarbeitung von Patientendaten und Untersuchung von Blutproben behinderter Heimbewohner des Sankt-Josefs-Stifts in Eisingen durch das Institut für Humangenetik der Universität Würzburg": „Da diese Daten ohne Einwilligung der Betroffenen oder eine andere Offenbarungsbefugnis, d. h. rechtswidrig an das Institut übermittelt wurden, durften sie dort nicht verarbeitet, insbesondere gespeichert oder genutzt werden. Aus der Unzulässigkeit der Übermittlung an das Institut folgt die Unzulässigkeit der weiteren Verarbeitung durch dieses. Insbesondere ist Art. 27 Abs. 4 des Bayerischen Krankenhausgesetzes (BayKrG) keine Rechtsgrundlage für eine Nutzung dieser Patientendaten, die diese Bestimmung rechtmäßig erhobener Daten voraussetzt. Datenschutzrechtlich liegt somit eine rechtswidrige Verarbeitung und Nutzung sensibler Patientendaten durch die Universität vor. Ferner ergibt sich aus den Unterlagen, dass am Institut für Humangenetik Blut von Bewohnern des Sankt-Josefs-Stifts zumindest teilweise zu wissenschaftlichen Zwecken untersucht wurde..."

Unter juristischen Gesichtspunkten betrachtet ist von einer Körperverletzung auszugehen, wenn eine ausdrückliche Einwilligung des Betroffenen bzw. dessen Eltern bzw. des Vormundschaftsgericht nicht vorliegt. Für derartige Untersuchungen muss immer eine entsprechende Zustimmung vorliegen. Entsprechend ist die Staatsanwaltschaft Würzburg aktiv geworden und hat ein Ermittlungsverfahren eingeleitet.

Frau Dr. H. hat im Februar 1998 der Geschäftsleitung gegenüber erklärt, dass St. Josef-Stift zu verlassen und sich selbständig zu machen; natürlich habe ihre eigene Kündigung nichts mit den Vorfällen zu tun. Die Staatsanwaltschaft Würzburg leitete gegen die Heimärztin ein Ermittlungsverfahren ein; Dr. H. wurde mit einem Strafbefehl wegen „Verletzung von Privatgeheimnissen" konfrontiert. Der Vorwurf: sie habe einer Doktorandin der Universität Würzburg „unerlaubterweise" persönliche Patientendaten zur Verfügung gestellt. Hiergegen legte sie Widerspruch ein, das Verfahren ist später offenbar eingestellt worden.

Die von fünf Sorgeberechtigten erstattete Strafanzeige gegen drei Humangenetiker der Universität Würzburg blieben ohne Erfolg: Das von der Staatsanwaltschaft eingeleitete Ermittlungsverfahren wurde Ende 1999 eingestellt. Ein „strafrechtlich relevantes Handeln" sei den Beschuldigten nicht nachzuweisen.

Eine Expertenkommission unter der Leitung des Hamburger Psychiatrieprofessors Klaus Dörner untersuchte, ob tatsächlich geistig behinderte Heimbewohner des St.-Josefs-Stifts illegaler (Gen-)Forschung durch Humangenetiker der Universität Würzburg ausgesetzt waren – ohne Einwilligung der Eltern oder Betreuer. Die Kommission kommt letztendlich zu dem Schluss, dass zwischen 1995 und 1998 an 231 (rund ¾ aller Heimbewohner) geistig behinderten Bewohnern und Bewohnerinnen humangenetische Laboruntersuchungen durchgeführt wurden. Fest steht demnach auch, dass die dort durchgeführten DNA-Untersuchungen die Grundlage für zwei medizinische Dissertationen am Institut für Humangenetik der Universität Würzburg waren. Fest steht aber auch, dass in fast allen Fällen die Blutentnahmen ohne Kenntnis, Wissen und somit Einwilligung der betroffenen Menschen und ihrer Eltern bzw. gesetzlichen Betreuer erfolgte.

Gegenstand der Dissertationen war die Klärung der Frage, ob ein Zusammenhang zwischen einer erhöhten genetisch bedingten Anfälligkeit für die Alzheimer-Krankheit bei Patienten mit Down-Syndrom existiert bzw. ob Brüche auf dem Geschlechtschromosom X für das Krankheitsbild „fragilen X-Syndrom" (eine bestimmte Form geistiger Behinderung) verantwortlich gemacht werden kann.

Wurden nun „fremdnützige Forschung" durchgeführt oder nicht? „Vieles spricht dafür, dass die wissenschaftlichen Fragestellungen im Vordergrund standen", erklärte der Verfassungsrechtler – und Mitglied der Kommission – Professor Wolfgang Höfling. Für die Tübinger Humangenetikerin Sigrid Graumann – ein weiteres Mitglied der Kommission – gibt es mindestens einige Hinweise, dass die Untersuchungen auf „fremdnützige Forschung" hinweisen könnten.

*

Der 1989 aufgelöste **Jugendwerkhof Torgau** war mit Abstand die härteste, brutalste Jugenderziehungseinrichtung in der DDR. Aufgrund seiner organisatorischen Struktur, Aufbau, Bauart und Sicherheitsvorkehrungen glich er dem Strafvollzug in Haft- und Jugendstrafanstalten. Das Areal, das zuvor als Gefängnis diente, war 4.000 qm groß, das Gelände von drei Meter hohen Mauern umgeben, auf der als Kletterschutz Glasscherben einbetoniert waren, an den Ecken der Umfassungsmauer gab es Wachtürme, am Gebäude selbst befanden sich Scheinwerfer, die Türen und Fenster hatten Vergitterungen mit zum Teil Sichtblenden. Die Zellen nutzte man unverändert als Arrestzellen, die ehemaligen Gefängnistüren mit Spion wurden unverändert übernommen. Die Mädchen und Jungen waren überall mit Stahltüren und Gittern umgeben.

Die Jugendlichen, die nach Torgau abgeschoben wurden, waren nicht straffällig. Torgau war Synonym für brutalste Gewalt, die nur ein Ziel hatte: die völlige Anpassung und somit Unterwerfung an die Disziplinierungsanstalt. Torgau war aber auch die Ultima Ratio im Erziehungssystem der DDR: Jugendliche, die sich der Schwarzen Pädagogik der insgesamt 31 Jugendwerkhöfen und der insgesamt 42 Spezialkinderheimen nicht bedingungslos unterwarfen, wurden in der Regel spätestens hier gebrochen. Etwa 5.000 Mädchen und Jungen durchliefen diese Disziplinierungsanstalt von ihrer Gründung 1965 bis zu seiner Schließung 1989.

Die „Stätte des Grauens" unterstand Margot Honeckers Volksbildungsministerium. Die gesetzliche Grundlage für den Jugendwerkhof Torgau wurde durch die „Anordnung über die Spezialheime der Jugendhilfe" der DDR vom 22. April 1965 geschaffen: „Der geschlossene Jugendwerkhof ist eine Disziplinareinrichtung im System der Spezialheime der Jugendhilfe. In dieser Einrichtung werden Jugendliche im Alter von 14 bis 20 Jahren aufgenommen, die in Jugendwerkhöfen und Spezialkinderheime die Heimordnung vorsätzlich schwerwiegend und wiederholt verletzen. Der Aufenthalt darf in der Regel 6 Monate nicht übersteigen. Über die Aufnahme entscheidet auf Antrag des Leiters des Spezialheimes der Leiter der Zentralstelle für Spezialheime der Jugendhilfe."

Die Jugendlichen waren der Willkür ihrer ErzieherInnen wehr- und hilflos ausgeliefert. Die Gründe der Bestrafung waren insbesondere Flucht, Arbeitsverweigerung, Missachtung der Haus– oder Arrestordnung, Störung der Nachtruhe oder des Unterrichts, renitentes Verhalten, gruppenzersetzendes Verhalten, Kontakte zum anderen Geschlecht usw. Die Straf- und Sanktionsmitteln bestand insbesondere aus Gruppenabsonderung, Nachtisolierung, Verlängerung des Heimaufenthalts, körperliche und seelische Gewalt, Freiheitsberaubung, Demütigung, Entwürdigung. Auch der Sport wurde als Strafinstrumentarium eingesetzt. Zum militärischen Drill gehörten insbesondere: „Sturmbahnlaufen", „Entengang", mit Gewichten beschwert mehrere Hofrunden drehen, der sogenannte „Stuhlgang", bei dem der Jugendliche mit einem Stuhl in den Flur treten, über den Stuhl springen und anschließend mit dem Stuhl in den Händen 10 Kniebeuge machen musste, und der sogenannte „Torgauer Dreier", der aus Liegestütz, Hocke und Hockstrecksprung bestand.

Ein Dokument der vollzogenen Schwarzen Pädagogik ist auch eine Anweisung über die Anwendung und Gebrauch von Schlagstöcken, in der geschrieben steht, dass drei Schlagstöcke, die nur in Notwehr oder zur Abwendung einer persönlichen, unmittelbar bestehenden Gefahr Verwendung finden dürfen, im Erziehungszimmer vorhanden sein müssen. Aussagen Betroffener bestätigten, dass immer wieder zugeschlagen wurde. Auch „Kopfnüsse" und das Schlagen mittels eines Schlüsselbundes gehörten dazu.

Doch die mit Abstand schlimmste Bestrafung in Form des Straf- und Unterdrückungsinstrumentariums war die zwangsweise Unterbringung in einer Arrestzelle. Einer Anordnung über die zeitweilige Isolierung von Minderjährigen aus disziplinarischen Gründen in den Spezialheimen der Jugendhilfe vom 1. Dezember 1967 ist zu entnehmen:

„Bei besonders schwerwiegenden und wiederholten Verstößen gegen die Heimordnung, bei wiederholter Arbeitsverweigerung, bei Aufwiegelung anderer Minderjähriger und bei wiederholten Fluchtversuchen kann in Spezialheimen zur Sicherung anderer Personen, zur Sicherung des Minderjährigen selbst sowie zur Beseitigung einer akuten Gefahr eine zeitweilige Isolierung veranlasst werden. Bei jeder zeitweiligen

Isolierung ist stets sorgfältig zu überlegen, welche Wirkung und Reaktion diese Maßnahme beim Minderjährigen auslösen wird."

In den Heimen der DDR, und zwar unabhängig ihrer jeweiligen Bezeichnung, wurden Kinder und Jugendliche nicht nur mit der Isolierung, also dem Einsperren in Isolierzellen, bedroht: unzählige Mädchen und Jungen haben immer wieder viele Stunden, manchmal sogar Tage in den Isolierzellen verbringen müssen.

„Das ist unsere Endlösung!"

Einen Einblick in den Heimalltag in der ehemaligen DDR konnten sich die West-Deutschen kurz vor der Wiedervereinigung im Sommer 1990 verschaffen. Die Illustrierte STERN beschrieb, mit großen Fotos bebildert, das menschenverachtende, würdelose... Leben in verschiedenen Anstalten des SED-Staats, so zum Beispiel im „Medizinisches Zentrum Kreis Stralsund".

Die STERN-Mitarbeiter wurden von der Leiterin der Anstalt, der Kinderneuropsychiaterin Frau Dr. R., in die Abgründe eines Systems geführt, das „nicht förderungsfähige" Kinder im Vorschulalter „aussortiert und zur Verwahrung in Heime und psychiatrische Krankenhäuser abschiebt". Frau Dr. R. rechtfertigte gegenüber dem STERN die Käfig- und Zwingerhaltung mit einer faschistisch durchsetzten Terminologie: „Sie werden sehen, 50 von 70 Kindern hier sind Vollidioten. Denen ist es völlig egal, wo sie liegen. Die haben keine Hospitalismusschäden. Denn dazu gehört ein gewisser Intellekt." „Schlafsaal für Schlafsaal wird aufgeschlossen", so die STERN-Mitarbeiter, „Käfig an Käfig, Bett an Bett. Darin liegen gefesselte Kinder, unter Netzen zusammengekauerte Leiber ... Chefärztin Dr. R. führt uns in Räume, in denen Jugendliche in großen Käfigen hausen. ‚Wir haben hier keinen Platz für Isolierzellen. Ich bin froh, dass die Männer unserer Schwestern für die Kinder diese Hundezwinger aus Gusseisen gebaut haben. Sie haben sie schön bunt angemalt, damit sie ein bisschen freundlicher aussehen. Das ist unsere Endlösung."

Die Ärztin, die versicherte, dass die Kinder „mindestens die doppelte Dosis" von Medikamenten (zum Beispiel Haloperidol und Faustan, das DDR-Valium, aber auch sexualdämpfende Medikamente), die ein Erwachsener bekommt, zur Ruhigstellung erhalten, erzählte den STERN-Mitarbeitern im Plauderton von Kindern, die „ohne Krankheitssymptom" plötzlich gestorben sind, an Atemstillstand oder Kreislaufzusammenbruch: „Cornelia war eine ganz Kernige. Sie konnte laufen, selber essen und sich anziehen. Wir mussten sie fast immer in den Käfig sperren. Eines Abends hat sie ein paar Mal nach Luft geschnappt und war tot. Einfach so."

Der Anordnung zur „Durchführung der zeitweiligen Isolierung" sind auch die „Bedingungen und Formen der zeitweiligen Isolierung" zu entnehmen:

Die Isolierung durfte demnach nur bei Jugendlichen durchgeführt werden, „die älter als 14 Jahre sind. In Ausnahmefällen dürfen Kinder, die das 12. Lebensjahr vollendet haben, für maximal 12 Stunden isoliert werden". Das Recht zur Anordnung der Isolierung lag bei dem Heimleiter. Dieser musste vor der Einweisung mit dem Betroffenen ein Gespräch führen, „in dem u.a. die Gründe der Einweisung genannt werden. Die Anordnung ist schriftlich zu begründen und der Akte des Minderjährigen beizufügen". Weiter heißt es in der Anordnung:

„Die Isolierung kann als Isolierung während der Freizeit oder als Arrest angeordnet werden. Die Isolierung während der Freizeit kann für die Dauer von 6 Tagen angeordnet werden. Der Minderjährige besucht dabei die Schule bzw. geht einer Arbeit nach. Seine Freizeit verbringt er im Arrestraum des Heimes. Arrest darf in der Regel bis zur Dauer von 3 Tagen angeordnet werden. Während des Arrestes wird der Jugendliche auch vom Schulbesuch und von der Arbeit ausgeschlossen. Muss in Ausnahmefällen der Arrest für mehr als 3 Tage angeordnet werden, so ist hierzu die Zustimmung des für die Einrichtung zuständigen Referates Jugendhilfe des Rates des Bezirkes erforderlich. Der Arrest darf höchstens auf 12 Tage ausgedehnt werden. Für Kinder bis zu 14 Jahren darf Arrest nicht angeordnet werden."

Auch die Einrichtung des Arrestraumes ist in dieser Anordnung festgeschrieben:

Die Grundfläche soll „mindestens 6 x 2 m" betragen und einen „Rauminhalt von mindestens 20 m3" haben. „Das Fenster soll etwa 60 x 120 cm groß, hoch angebracht und aus Drahtglas sein. Zur Sicherung sind mindestens 12 mm starke Eisengitter allseitig in die Außenwand einzulassen. Die Tür soll aus starkem Material bestehen. Außer einem Schloss sind zur Sicherung zwei starke Riegel außen anzubringen. Es darf keine Klinke in den Innenraum hineinragen. Um den Raum von außen her übersehen zu können, ist ein mit starkem Glas abgedeckter Spion anzubringen, der mit einer Klappe versehen ist ... Die Möblierung des Arrestraumes besteht aus: 1 Bett mit Matratze (möglichst an der Wand verschraubt), 1 Wandklapptisch, 1 Hocker (möglichst an der Wand befestigen), Toiletteneimer bzw. Spülklosett. Das Bett ist tagsüber an der Wand anzuschließen. Bei nicht fest mit der Wand verbundenen Betten sind die Auflagenmatratzen tagsüber zu entfernen."

Verstoß gegen die Menschenrechte

„Aus dem Selbstverständnis sozialistischer Pädagogik waren Umerziehung, pädagogisches Regime und politisch-ideologische Indoktrination geeignete Mittel der Erziehung. Dieser Ansatz bedeutete im GJWH (Geschlossener Jugendwerkhof) Torgau Disziplinierung, Unterdrückung, Verweigerung angemessener psychologischer Betreuung, letztlich einen schweren Verstoß gegen die Menschenrechte. Der Verstoß gegen die Menschenrechte wirkt besonders erschwerend, da es sich bei den Insassen um minderjährige Jugendliche gehandelt hat, die einer besonderen Fürsorge der Gesellschaft bedurft hätten ... Der Jugendwerkhof diente als Sammelbecken für eine ganz spezielle Randgruppe der Gesellschaft und reproduzierte diese immer wieder, so dass es auch zu Zweit- und Dritteinweisungen kam. Letztlich war eine Erfahrung vieler Randgruppen in der ehemaligen DDR, dass Auffälligkeit oder Anderssein massiv unterdrückt und aus der Öffentlichkeit verdrängt wurde ... Die Art und Weise der Unterbringung und Behandlung der minderjährigen Jugendlichen stellt unseres Erachtens

- eine grobe Missachtung der Persönlichkeit des Jugendlichen
- eine Unterdrückung und Deformation der Individualität des Menschen und
- einen schweren Verstoß gegen elementare pädagogische Prinzipien

dar.

Die in der Einrichtung tätig gewesenen Pädagogen, die freiwillig dort arbeiteten, haben sich moralisch schuldig gemacht. Sie haben sich schuldig gemacht, indem sie sich in den Dienst dieser Disziplinierungsanstalt begaben und darüber hinaus in eigener Verantwortung zusätzlich willkürliche Repressalien gegenüber den Jugendlichen verübten."

Auszug aus dem „Abschlussbericht des Unabhängigen Untersuchungsausschusses zu Vorgängen im ehemaligen Geschlossenen Jugendwerkhof Torgau"

Im Geschlossenen Jugendwerkhof Torgau gab es eine beängstigend hohe Selbstmordrate. Mädchen und Jungen im Alter ab 14 Jahre haben immer wieder versucht, sich auf verschiedene Weise das junge Leben zu nehmen: durch Erhängen, durch Trinken von Giftstoffen, durch Schlucken von Nägeln oder Nadeln, durch Aufschneiden der Pulsader.
In der DDR gab es verschiedene Typen von Heimen: Aufnahmeheime, Jugendwerkhöfe, Geschlossener Jugendwerkhof, Sonderheime und

Spezialheime. In einer Anordnung über Spezialheime der Jugendhilfe, die im Einvernehmen mit den Leitern der zuständigen zentralen Organe des DDR-Staatsapparates und in Übereinstimmung mit dem Freien Deutschen Gewerkschaftsbund – Sozialversicherung – entstanden ist, wird zum Beispiel festgehalten:
„In den Spezialheimen werden schwererziehbare und straffällige Jugendliche sowie schwererziehbare Kinder aufgenommen, deren Umerziehung in ihrer bisherigen Erziehungsumgebung trotz optimal organisierter erzieherischer Einwirkung der Gesellschaft nicht erfolgreich verlief. Der Aufenthalt im Spezialheim stellt eine Etappe im Prozess der Umerziehung dieser Kinder und Jugendlichen dar."
Die Umerziehung wurde vollzogen „auf der Grundlage der sozialistischen Schulpolitik und Pädagogik mit dem Ziel der Heranbildung vollwertiger Mitglieder der sozialistischen Gesellschaft und bewusster Bürger der Deutschen Demokratischen Republik". Der Prozess der Umerziehung, ist dieser Anordnung zu entnehmen, „vollzieht sich im Heim im Rahmen der Allgemeinbildung, (...) der staatsbürgerlichen Erziehung, einer sinnvollen Freizeitgestaltung und einer straffen Ordnung und Disziplin. Die Kinder und Jugendlichen werden aktiv in den Erziehungsprozess einbezogen".
Von der Umerziehung waren nicht nur verhaltensgestörte und schwer erziehbare Kinder betroffen, sondern auch Kinder von Regimegegnern und Jugendliche, die sich gegen das System gewehrt hatten.

In Meerane bei Zwickau existierte solch ein Spezial-Kinderheim, das im Gegensatz zum Jugendwerkhof Torgau die „Wende" überlebte. Auch hier war man durch die Umerziehung sehr bemüht, durch eine straffe Ordnung und Disziplin aus jungen Menschen „vollwertige Mitglieder der sozialistischen Gesellschaft" zu machen. Anfang der neunziger Jahre übernahm das Diakonische Werk Sachsen das Heim, das sich nunmehr Georg-Krause-Kinderheim nennt. Die „Wende" überlebt haben auch einige der dort beschäftigten ErzieherInnen – sie wurden übernommen und weiterbeschäftigt.
Kinder sollen in dem Spezialkinderheim bis mindestens 1989 wehr- und hilflos einer menschenunwürdigen und menschenverachtenden Schwarzen Pädagogik ausgesetzt gewesen sein: ErzieherInnen hätten insbesondere mit physische, psychische, verbale Gewalt und Freiheitsberaubung die Kinder durch ihre „Kindheit" begleitet. Das behaupten mehrere ehemalige Heimkinder gegenüber der Staatsanwaltschaft Chemnitz. Mario S. ist einer von ihnen. Der heute 23-Jährige war von 1986 bis 1989 im Spezialkinderheim Meerane untergebracht. Im Oktober 1996 erstattete er gegen sieben ErzieherInnen, von denen drei heute noch dort tätig sind, Strafanzeige wegen Misshandlung Schutzbefohlener, Körperverletzung und – in einem Fall – sexuellen Missbrauch. Mindestens fünf ehemalige Heimkinder haben sich Mario S. durch die Erstattung eigener Strafanzeigen angeschlossen.

Mario S., der sich nach seiner Heimzeit dreimal das Leben nehmen wollte, erinnert sich, dass er bereits am ersten Tag im Spezialkinderheim Meerane mit der brutalen Heimwirklichkeit konfrontiert wurde: „Ich sollte mich der Erzieherin L. vorstellen, doch ich wollte nicht, ich weinte und wollte wieder heim. Ich blickte zu ihr hoch, zitterte am ganzen Körper und drehte mich von ihr weg. Plötzlich spürte ich einen Schmerz im Gesäß, Frau L. hatte zugetreten." Frau L., Mutter von zweier Kinder im Alter von 3 und 10 Jahren, soll die Misshandlungsform auf erschreckender brutaler Weise gesteigert haben. Mario S., den Tränen nahe, scheint, während er mit bewegender Stimme weiter berichtet, diese von ihm als „Kindheit des Grauens" bezeichnete Zeit noch einmal zu durchleben: „Sie zog mich an den Haaren, nahm meinen Kopf, steckte ihn in ein Waschbecken und drehte das kalte Wasser auf. Ich weinte noch lauter. Sie packte mich wieder an den Haaren und steckte dann meinen Kopf in ein WC und betätigte die Spülung. Nachdem die Wasserspülung aufhörte, fragte sie mich, ob das nun reiche. Vor Angst bejahte ich. Am Wochenende zwang sie mich, mit einer Nagelbürste den Korridor zu reinigen."

Während dieser Heim-Zeit hatte Mario S. nur ein Ziel vor Augen: Flucht!: „Als ich am Sonntag bei einem Sparziergang die Flucht ergriff und zur Oma fuhr, wurde ich bei ihr von der Polizei abgeholt und ins Heim zurückgebracht. Zur Strafe sperrte mich Frau L. in einer Kellerzelle mit vergitterten Fenster ein, wo ich die Nacht verbringen musste."

In dieser Zelle sei er mehrmals eingesperrt worden, so auch wegen Störung der Nachtruhe.

Arrestbelehrung

Da Sie die Hausordnung des Jugendwerkhofes Torgau nicht eingehalten haben, werden Sie mit Arrest bestraft. Sie haben sich im Arrest entsprechend der nachstehenden Ordnung zu verhalten:

a) Ihnen ist im Arrest verboten:

1. Das Singen und Pfeifen
2. Das Lärmen
3. Das Herausschauen aus dem Fenster
4. Das Benutzen der Lagerstätte außerhalb der Nachtruhe
5. Der Besitz von Büchern, Zeitungen, Bleistiften und dergleichen
6. Das Beschmieren und Beschriften der Wände und Türen
7. Jede Art der Unterhaltung mit anderen Jugendlichen.

b) Weiterhin haben Sie folgende Anordnung zu befolgen:

> 1. Wird die Arrestzelle geöffnet, haben Sie eine stramme Haltung einzunehmen und Meldung zu machen. Inhalt der Meldung ist: Name – Dauer des Arrestes – Grund des Arrestes – die schon verbüßte Zeit.
> 2. Der Hocker hat in der Mitte der Zelle zu stehen.
> 3. Die Lagerstätte steht in der Zelle links neben der Wand am Fenster.
> 4. Der Kübel steht in der Zelle rechts neben der Tür. Dinge des persönlichen Bedarfs, wie Zahnbecher, Seife, Kamm werden außerhalb des Arrestes aufbewahrt.
> 5. Alle in der Zelle vorhandenen Einrichtungsgegenstände sind schonend zu behandeln.
> (…)
> c) Sollten Sie gegen die Arrestordnung verstoßen, werden notwendige erzieherische Maßnahmen – Arrestverschärfung – angewandt.
> Die in den Arrestzellen und in anderen Räumlichkeiten befindlichen roten Alarmmelder sind nur im Notfall zur Benachrichtigung eines Erziehers zu nutzen. Jeder Missbrauch ist verboten.

Mario S. erinnert sich sehr lebhaft an den Erzieher M., der ihn sexuell missbraucht habe:
„Bei einer ihrer Besuche schenkte mir meine Oma eine Stoffmaus, die mir Herr M. nach Besuchende abnahm. Eines abends holte mich Herr M. aus dem Bett; er forderte mich auf, ihm ins Erzieherzimmer zu folgen. Er holte die Stoffmaus aus einem Schrank und ging mit mir ins Nachtwachezimmer. Herr M. hielte mir spielerisch die Stoffmaus ans Gesicht, dann an den Bauch und an mein Geschlechtsteil. Er rieb die Stoffmaus eine längere Zeit lang an mein Geschlechtsteil, und ich bekam dadurch eine Erektion. Herr M. hatte noch nicht genug und schlug mir mit einem Schreibstift auf den Penis."
Mario S. erinnert sich, dass die Kinder sich vor dem Duschen nackt in einer am Fußboden angebrachten Linie aufstellen mussten. Hierbei sei es auch vorgekommen, dass der „Erzieher mit einem Stöckchen die Kinder an den Geschlechtsteilen berührte". Auch seien die Kinder hin und wieder von Erziehern und Erzieherinnen eingeseift worden.
Mario S. erinnert sich an einen Jungen, dessen Eltern die Ausreise in die BRD beantragt hatten und deren Antrag genehmigt wurde. Erzieher M. wollte die Meinung der Kinder hierzu erfahren und fragte, was sie davon hielten. „Ich erklärte ihm", berichtet Mario S., „dem T. ginge es in der BRD ganz bestimmt besser als hier in diesem Knast. Herr M. gab mir einen heftigen Tritt ins Gesäß und zog mich heftig an den Haaren. Damit nicht genug: Ich musste von 20 bis 23 Uhr ununterbrochen stramm stehen und die Arme waagrecht nach vorne hin ausstrecken. Und als meine Knie einknickten, schlug er mit einem dicken Stock in die Kniekehlen. Die heftigen Schmerzen und Krämpfe durch das lange Stehen interessierten ihn nicht."

Mario S. erinnert sich auch an den Erzieher H., der nach der „Wende" im Heim Karriere machte, indem er zum Heimleiter aufstieg: „Vor den hatten alle Kinder Angst, da er als brutal und gefährlich galt. Er schlug zu, wenn einer was angestellt hatte, und verteilte Strafarbeiten wie Schuhputzen, Reinigen des Treppenhauses mit einer Zahnbürste."
Erzieher H., der auch von anderen Zeugen als brutal eingestuft wurde, habe einen Jungen besonders brutal misshandelt, berichtet Mario S.: „Ich habe mit ansehen müssen, wie Herr H. ein Junge seiner Gruppe immer wieder schlug; der Junge hatte auf dem Rücken grünlichblaue Flecke. Ich habe auch gesehen, dass Herr H. den Jungen, der nur mit einem Slip bekleidet war, einmal auf dem Korridor mit einer Peitsche schlug."
Auch ihm, berichtet er, habe der Erzieher H. „mit dieser Riemenpeitsche geschlagen, er schlug zwei- bis dreimal auf meinen Rücken. Ich musste auch Liegestütze machen".
Der damalige Heimleiter des Spezialkinderheims, versichert Mario S., „hatte zum Teil Kenntnis von den Misshandlungen, denen ich ausgesetzt war, doch der schwieg. Ich habe ihm zum Beispiel einmal Hämatome an meinem Körper gezeigt, doch er interessierte sich für diese Verletzung nicht".
Nicht nur von ErzieherInnen sei Gewalt ausgegangen. Auch der frühere Musiklehrer des Spezial-Kinderheims Meerane, Herr I., an dem Mario S. keine gute Erinnerung hat, sei ihm gegenüber gewalttätig gewesen: Herr I. habe ihm damals während des Musikunterrichts eine „Gitarre auf den Kopf geschlagen, weil ich den Unterricht störte. Da ich anfing zu lachen, zog Herr I. mich vom Stuhl und stieß mich mit den Kopf gegen die Wand". Mario S. erinnert sich, dass er eine starke Beule mit einer Platzwunde davon getragen habe, „die geklammert werden musste". Dieser Vorfall wurde, erinnert sich Mario S., der Erzieherin Frau P. mitgeteilt: „Frau P. interessierte sich nicht für die Wunde am Kopf. Sie ordnete an, dass ich die Piss-Becken mit einer Zahnbürste zu reinigen habe. Danach wurde ich in die Kellerzelle eingesperrt."
Der Musiklehrer hatte das große Glück, nach der „Wende" Karriere zu machen: Herr I. wurde stellvertretender Oberbürgermeister der Stadt Meerane.

„Deine Mutter ist tot!"

Rainer C., der von Anfang 1982 bis Juli 1984 im Spezialkinderheim Meerane untergebracht war, erinnert sich noch heute an diese Heimzeit und an die „Erzieher". Der Verfasser gibt wieder, was Rainer C. seinen eigenen Angaben nach dort erlebt hat – und zitiert, der Authentizität wegen ohne stilistische Eingriffe vorzunehmen, aus dessen Gesamtausführungen:

Rainer C. berichtet, Erzieher H., der nach der „Wende" bis November 1997 Heimleiter der Einrichtung war, habe ihn wie auch andere Kinder „Liegestütze, Kniebeuge" und den „Entengang um die Tischtennisplatte bis zum Umfallen" machen lassen: „Auf den Stühlen standen Eimer Wasser, wir mussten unter den Stühlen durchkriechen. Wenn wir den Stuhl mit den Rücken berührt haben, ist der Eimer umgekippt und auf uns raufgefallen. Dann haben wir bei ihm in einer Reihe stehen müssen, dann ist er mit einen Arm hintern Rücken und hat mit der anderen Hand seinen Vollbart gestrichen und suchte sich einen Schüler aus – und sagte: ‚Nun, mein Sohn, wo ist die Leber?' Wenn er es nicht wusste, wo die Leber sitzt, schlug er mit aller Gewalt den Schüler in die Leber, so dass er zusammenbrach. Und grinste unverschämt."

Erzieher H. habe, so Rainer C., einen „farbigen" Jungen brutal misshandelt, so dass dieser „mit einem blauen Auge aus dem Keller kam". Der Junge R. oder der Junge M., so Rainer C. weiter, habe „einmal vor der Kellertreppe gestanden und wurde mit einer Kugel der Größe einer Bowlingkugel beworfen. Der Junge konnte nicht mehr nach links oder rechts wegspringen, denn da war die Mauer. Die Kugel fiel ihm auf den Zeh. Und der Zeh war geschwollen".

Über Herrn I., dem damaligen Ersten Beigeordneten der Stadt Meerane, berichtet Rainer C.:

„Herr I. war Musiklehrer und Erzieher. Herr I. war ein knallharter Erzieher. Ich wurde von diesem Erzieher zwei mal zusammengeschlagen. Das erste mal ist es im 2. Stock passiert, indem er mich aus dem Bett zog und mich in den Flur schlief. Er zog mich auf den Fußboden und schlug mich mit Füße und Hände zusammen. Ich wurde am ganzen Körper getroffen sowie auch am Kopf. Danach musste ich Kniebeugen, Liegestützen und Entengang machen. Das hat sicher zwei Stunden gedauert. Den anderen Tag bin ich ins Krankenhaus gekommen. Das zweite Mal spielten wir auf den Hof, da hat mir ein Jugendlicher etwas gesagt. Darauf habe ich ihm geantwortet. Da wird Herr I. sicher gedacht haben, dass ich ihn meinte. Und schnappte mich an den Haaren – und zog mich wieder rein. Er schlief mich über den ganzen Flur und riss mich die Kellertreppe runter. Ich knallte mit dem Kopf auf die Stufen und gegen die Mauer. Danach hat er mich wieder zusammen geschlagen, und ich wachte in der Einzelzelle auf. Dann bin ich wieder ins Krankenhaus gekommen. Ich hatte stark gebrochen und starke Schmerzen im Kopf. Ich hatte kaum etwas gesehen, alles war schwarz vor meinen Augen. Beim dritten Mal wusste ich nicht, was passiert ist, ich bin im Krankenhaus aufgewacht. Der Arzt sagte mir, ich habe eine Gehirnerschütterung. Ich musste beim Herrn I. im Entengang die Treppe runter gehen, und das war ihn anscheinend zu langsam – und er schupste mich. Und ich flog mit den Kopf gegen die Mauer.

Ich habe häufig auch sehr starke Kopfschmerzen. Ich denke auch sehr oft an dieses Heim zurück. Die letzte Zeit ist bei mir kein anderes Thema mehr. Ich hoffe es, dass ich endlich vergessen kann.

> 1982 ist meine Mutter gestorben. Diese Nachricht übermittelte mir Herr I. Er sagte: ‚Komme bitte mit. Gab es irgendwelche Probleme in deiner Familie?' Ich sagte ‚Ja'. Er sagte ganz locker zu mir: ‚Deine Mutter ist tot.' Ich durfte nicht zu Beerdigung fahren.
> Ich selbst, wenn ich heute in dieses Kinderheim reingehen würde nach 15 Jahre, würde ich Ihnen genau zeigen können, wo die Einzelzelle und die Duschen im Keller waren. Ich hatte mir in dieser Einzelhaft Selbstmord versucht. Ich habe heute noch die Narben an meinen Armen."
> Über die – damalige – Heimerzieherin Frau G. berichtet Rainer C.:
> „Ich kam ins Kinderheim Meerane. Das war gleich am ersten Tag, da musste ich meine Sachen auspacken. Ich habe gleich von der Frau G. eine geknallt bekommen. Bei dieser Erzieherin wurden wir ständig mit Liegestützen, Kniebeugen und Entengang gequält, bis uns die Füße schmerzten und zu zittern anfingen. Da mussten wir uns in einer Reihe vor die Tischtennisplatte hinstellen und uns ausziehen. Dann begann sie zu lachen über unsere Geschlechtsteile und zeigte mit den Finger. Die Frauen hatten uns häufig eiskalt duschen lassen. Und haben uns immer dabei zugeschaut. Wir mussten immer vom 2. Stock bis in den Keller nackig runterlaufen. Und wir wurden gezwungen, alles zu essen. Ich selbst habe heute noch von Tomaten ein starkes Grausen. Es dürfen heute keine Tomaten auf den Tisch."

Im Rahmen des Strafermittlungsverfahrens haben zahlreiche ehemalige Heimkinder den Ermittlungsbehörden die Straf- und Sanktionsmitteln wie folgt beschrieben: Dass Reinigen des Korridors mit einer Fingernagelbürste habe genauso zum Heimalltag gehört wie Gewalt in Form von Tritte in den Hintern, an den Ohren ziehen, mit der flachen Hand ins Gesicht schlagen, grobes Anfassen im Genick oder an den Armen, den Kopf ins Erbrochene drücken, Kniebeuge und Liegestütze machen, kalte Dusche, Treppen auf- und absteigen, verbale Gewalt („Idioten", „Schweine"), das Einsperren in eine Zelle (ein ehemaliges Heimkind berichtete: „Man musste sich dann vor der Zelle, die nicht beheizt war, nackt ausziehen; in der Zelle gab es keine Decke. Ich selbst war dort oft eingesperrt, so zum Beispiel, weil ich die Nachtruhe störte. Ich musste ohne Frühstück, Mittagessen und Abendbrot den ganzen Tag dort bleiben"). Immer wieder sei es der Erzieher H. gewesen, der ihn da eingesperrt habe.
In einem *SPIEGEL*-Bericht, der am 6. Oktober 1997 erschien, verteidigte Heimleiter H., der von mehreren Zeugen schwer belastet wurde, sich und seine Kollegen gegen die „Verleumdungen": „Wir haben auch zu DDR-Zeiten unter sehr schwierigen Verhältnissen versucht, den Kindern Wärme und Geborgenheit zu geben." Mario S., den Hauptzeugen der Staatsanwaltschaft Chemnitz, diffamierte er als „weichen, linksgestrickten Jungen", der, aufgestachelt von anderen, nichts als „Ver-

leumdungen" verbreite: „Der Junge ist gescheitert, und nun will er uns dafür zum Sündenbock machen."
Um generell die Glaubwürdigkeit des Hauptzeugen in Frage zu stellen, wurde dieser letztendlich vom Heimleiter und vom stellvertretenden Bürgermeister I. zu einem kranken Menschen abgestempelt. Entsprechend forderten beide ein Glaubwürdigkeitsgutachten.
Ein Glaubwürdigkeitsgutachten wurde später erstellt, der Gutachter bescheinigte Mario S. die von den Herren H. und I. in Frage gestellte Glaubwürdigkeit.
Einen Tag nach der *SPIEGEL*-Veröffentlichung wurde den Beschuldigten von höchster Stelle der Stadt Meerane die „Absolution" erteilt: In einer „Amtlichen Stellungnahme zu öffentlichen Vorwürfen gegen den Ersten Beigeordneten der Stadt Meerane" vom 7. Oktober 1997 erklärte der Oberbürgermeister von Meerane, Dr. O.:
„Mir ist bekannt, dass gegen Herrn I., der Stadt Meerane, und gegen Erzieher des Kinderheimes ‚Georg-Krause', Amtsstraße 5 in Meerane, ein Ermittlungsverfahren läuft. Hierfür ist allein die Staatsanwaltschaft zuständig. Solange keine Ergebnisse vorliegen, gibt es seitens der Stadt Meerane keinen Handlungsbedarf. Im übrigen bin ich überzeugt, dass sich die Vorwürfe als haltlos erweisen werden."
Sicherlich ist es ein purer Zufall, dass Dr. O. heute Oberbürgermeister und der damalige Musiklehrer I. heute sein Stellvertreter ist (beide sind seit 2001 nicht mehr in der jeweiligen Funktion tätig).
Vor seiner Zeit als Oberbürgermeister hatte Dr. O. in Meerane eine Arztpraxis und war als Arzt auch für das Spezial-Kinderheim Meerane tätig. Ob Dr. O. zu den Ärzten gehörte, die zu verantworten haben, dass Heimkinder teilweise zur Ruhigstellung Tranquilizer wie „Frenolon" erhielten, ist heute nicht mehr zu eruieren.
Auch der Diakonie-Direktor, J. B., erklärte dem Heimleiter H. seine uneingeschränkte Solidarität: Gegenüber der *Leipziger Volkszeitung* versicherte er Anfang Oktober 1997: Für eine Beurlaubung des Heimleiters gebe es keinen Anlass, „vor allem, wenn man sich klarmacht, dass nach einem Jahr noch kein Ermittlungsergebnis vorliegt".
Einige Wochen später war Heimleiter H. kein Heimleiter mehr. Den Posten des Geschäftsführers vom Erziehungsförderverein e.V. Meerane, Träger der Heimeinrichtung, den dieser seit Anfang der neunziger Jahre innehatte, führt er seit 2001 nicht mehr aus.
Die Staatsanwaltschaft erhob gegen einige frühere und noch tätige MitarbeiterInnen (auch gegen den Geschäftsführer vom Erziehungsförderverein) Anklage. Die gesamte Anklage wurde vom Landgericht Chemnitz nicht zugelassen. Die Begründung lautete: Alle in der Anklageschrift aufgeführten Straftaten unterliegen der Verjährung. Hiergegen hatte die Staatsanwaltschaft folgerichtig in zahlreichen Fällen, die ihrer Rechtsauffassung nach nicht verjährt waren, Beschwerde beim Oberlandesgericht Chemnitz eingelegt. Das Oberlandesgericht gab der Beschwerde in den wesentlichen Punkten statt – mit der Folge, dass das Landgericht das Hauptverfahren eröffnen musste. Für alle Pro-

zessbeobachter völlig unerwartet wurde die modifizierte Anklage trotz der OLG-Entscheidung durch Urteil verworfen; das Landgericht blieb bei seiner Rechtsauffassung, dass die Anklage wegen Verjährung der vorgeworfenen Straftaten nicht zu einer Verurteilung führen könne. Das Skandal-Urteil wurde vor dem Bundesgerichtshof angefochten, der das Urteil aufhob und den Strafprozess an das Landgericht Leipzig verwies. Im Sommer 2002 legten zwei der Angeklagten gegen die BGH-Entscheidung Verfassungsbeschwerde ein, die im November 2003 verworfen wurde. Im Sommer 2004 wurde der Prozess vor dem Landgericht Leipzig eröffnet; die 5. Strafkammer hatte für das Verfahren 18 Prozesstage angesetzt, 54 Zeugen sollten gehört werden. Doch dann geschah etwas sehr merkwürdiges: Während der Eröffnung des Hauptverfahrens stellte die Strafkammer nach Rücksprache mit der Staatsanwaltschaft das Strafverfahren nach § 153 a Abs. 2 StPO vorläufig ein. Der zuständige Staatsanwalt, Alexander Winterhalter, der die Erziehungsmethoden des Heimpersonals als teilweise menschenverachtend bezeichnete, begründete – wie auch die Strafkammer – die Einstellung so: Der Prozess sei eingestellt worden, weil die Strafen nach 18 Jahren geringer auszufallen drohten als das jetzt vereinbarte Bußgeld. Die 54 Zeugen wurden wieder ausgeladen. Für die endgültige Einstellung des Verfahrens mussten sich die Angeklagten verpflichten, zur Wiedergutmachung des durch die Taten verursachten Schadens an die drei Nebenkläger Schmerzensgeld von insgesamt 8.800 Euro zu zahlen. Darüber hinaus mussten sie insgesamt weitere 5.700 Euro an gemeinnützige Einrichtungen zahlen. Doch einer von ihnen, der ehemalige Erste Beigeordnete der Stadt Meerane, Herr I., hatte aus nicht nachvollziehbaren Gründen großes Glück: „Das Verfahren gegen den Angeklagten I. wird mit Zustimmung der Staatsanwaltschaft und des Angeklagten sowie seines Verteidigers nach § 153 Abs. 2 StPO eingestellt."

Die Angeklagten erweckten in der Öffentlichkeit den Eindruck, das Gericht habe eine Art „Freisprechung" ausgesprochen. Doch eine „Freisprechung" von Schuld ist nicht erfolgt. § 153 a StPO ist nicht nach Belieben interpretierbar:

§ 153 a StPO

(1) Mit Zustimmung des für die Eröffnung des Hauptverfahrens zuständigen Gerichts und des Beschuldigten kann die Staatsanwaltschaft bei einem Vergehen vorläufig von der Erhebung der öffentlichen Klage absehen und zugleich dem Beschuldigten Auflagen und Weisungen erteilen, wenn diese geeignet sind, das öffentliche Interesse an der Strafverfolgung zu beseitigen, und die Schwere der Schuld nicht entge-

gensteht. Als Auflagen oder Weisungen kommen insbesondere in Betracht,

1. zur Wiedergutmachung des durch die Tat verursachten Schadens eine bestimmte Leistung zu erbringen,

2. einen Geldbetrag zugunsten einer gemeinnützigen Einrichtung oder der Staatskasse zu zahlen,

3. sonst gemeinnützige Leistungen zu erbringen,

4. Unterhaltspflichten in einer bestimmten Höhe nachzukommen,

5. sich ernsthaft zu bemühen, einen Ausgleich mit dem Verletzten zu erreichen (Täter-Opfer-Ausgleich) und dabei seine Tat ganz oder zum überwiegenden Teil wieder gut zu machen oder deren Wiedergutmachung zu erstreben, oder

6. an einem Aufbauseminar nach § 2b Abs. 2 Satz 2 oder § 4 Abs. 8 Satz 4 des Straßenverkehrsgesetzes teilzunehmen.

Zur Erfüllung der Auflagen und Weisungen setzt die Staatsanwaltschaft dem Beschuldigten eine Frist, die in den Fällen des Satzes 2 Nr. 1 bis 3, 5 und 6 höchstens sechs Monate, in den Fällen des Satzes 2 Nr. 4 höchstens ein Jahr beträgt. Die Staatsanwaltschaft kann Auflagen und Weisungen nachträglich aufheben und die Frist einmal für die Dauer von drei Monaten verlängern; mit Zustimmung des Beschuldigten kann sie auch Auflagen und Weisungen nachträglich auferlegen und ändern. Erfüllt der Beschuldigte die Auflagen und Weisungen, so kann die Tat nicht mehr als Vergehen verfolgt werden. Erfüllt der Beschuldigte die Auflagen und Weisungen nicht, so werden Leistungen, die er zu ihrer Erfüllung erbracht hat, nicht erstattet. § 153 Abs. 1 Satz 2 gilt in den Fällen des Satzes 2 Nr. 1 bis 5 entsprechend.

(2) Ist die Klage bereits erhoben, so kann das Gericht mit Zustimmung der Staatsanwaltschaft und des Angeschuldigten das Verfahren bis zum Ende der Hauptverhandlung, in der die tatsächlichen Feststellungen letztmals geprüft werden können, vorläufig einstellen und zugleich dem Angeschuldigten die in Absatz 1 Satz 1 und 2 bezeichneten Auflagen und Weisungen erteilen. Absatz 1 Satz 3 bis 6 gilt entsprechend. Die Entscheidung nach Satz 1 ergeht durch Beschluss. Der Beschluss ist nicht anfechtbar. Satz 4 gilt auch für eine Feststellung, dass gemäß Satz 1 erteilte Auflagen und Weisungen erfüllt worden sind.

(3) Während des Laufes der für die Erfüllung der Auflagen und Weisungen gesetzten Frist ruht die Verjährung.

Die erhobenen schweren Vorwürfe, Beschuldigungen, Straftaten werden für immer ungesühnt bleiben. Sehr viel spricht tatsächlich dafür, dass damals Kinder bzw. Jugendliche in dem Spezialkinderheim Misshandlungen – teilweise schwersten Misshandlungen und Freiheitsberaubung – wehr- und hilflos ausgeliefert waren.
Hierzu ein Zitat aus dem Beschluss des OLG Dresden vom 28.04.2000:

„In der Gesamtschau haben die Ermittlungen ein allgemeines Bild der in dem Spezialkinderheim herrschenden Verhältnisse ergeben, in das sich die Schilderungen der Geschädigten bruchlos einfügen. ... Da die Glaubwürdigkeit von Zeugen grundsätzlich eine der Beurteilung in der Hauptverhandlung vorbehaltene Frage ist und mithin nach Aktenlage eine überwiegende Verurteilungswahrscheinlichkeit besteht. (...) Auch jenseits der Anklagevorwürfe wurden Züchtigungen und Misshandlungen, insbesondere durch den Angeschuldigten H., von verschiedenen Zeugen unabhängig voneinander geschildert."

Die Zeugen berichteten den Ermittlungsbehörden über ein Terrorsystem, dem der damalige Geschäftsführer vorstand. Dieser habe über ein großes Arsenal von Bestrafungsinstrumentarien verfügt. Prügel (beispielsweise mittels eines Knüppels oder Peitsche), Treten, Boxen, Faustschläge, Schlagen in die Nieren- und Lebergegend, „Entengang", „Watschelgang", Liegestützen, Kniebeugen, „Bergsteigen" (indem sie vielfach die Treppen hoch und herunter laufen mussten), kaltes Abduschen, verbale Beleidigungen, Erniedrigungen und Entwürdigungen gehörten für Herrn H. offensichtlich zum Heimalltag. Dieser Mann war – wie viele andere DDR-Erzieher und DDR-Erzieherinnen auch – die Inkarnation der Schwarzen Pädagogik innerhalb der DDR-Heimerziehung.
Ein Betroffener berichtete, Herr H. habe ihn mit einer Eisenstange geschlagen; ein anderer Betroffener erinnerte sich, Herr H. habe ihn einmal in der Dusche mit dem Kopf mehrmals gegen die Wand gestoßen, bis aus einer Platzwunde Blut floss; ein weiterer Betroffener berichtete über eine Erzieherin, diese habe in die Geschlechtsteile der Kinder getreten, sie an den Haaren gezogen und mit den Knien getreten. Er erinnerte sich auch daran, dass er auf Anweisung des Herrn H. den Penis – konkret: die Eichel – eines anderen Jungen mit einer Zahnbürste habe schrubben müssen. Die Schmerzensschreie des Jungen hätten Herrn H. nicht interessiert. Auch er sei den Gewaltexzessen des Herrn H. wehr- und hilflos ausgeliefert gewesen: Nach einem erfolglosen Fluchtversuch habe Herr H. ihn nackt in die Zelle eingesperrt; zuvor habe er sich bücken müssen – mittels einer Eisenstange habe Herr H. eine Art von Analkontrolle durchgeführt.
Andere berichteten, man habe sie buchstäblich krankenhausreif geprügelt.
Und die Opfer der Schwarzen Pädagogik erinnerten sich an die „berühmte" Zelle. Sie berichteten nicht nur über die Existenz dieser Zelle,

sie versicherten auch, selbst dort eingesperrt worden zu sein, wobei die Erzieher nach Gutdünken die Länge des Aufenthaltes festlegten. Einige berichteten, man habe sie 2 bzw. 3 Tage dort eingesperrt, andere erinnerten sich an bis zu 12 Tage, die sie dort haben verbringen müssen. Und sie waren, als man sie – notfalls mit Gewalt– einsperrte und ihrer Freiheit beraubte, noch Kinder bzw. Jugendliche, die der Willkür der Erzieher und Erzieherinnen wehr- und hilflos ausgesetzt waren – voller Angst, Traurigkeit, Hoffnungslosigkeit. Es gibt weitere frühere Heimbewohner, die sich nicht bei den Ermittlungsbehörden meldeten und dem Verfasser über schwere Misshandlungen, Gewaltexzesse, auch Freiheitsberaubung berichtet haben. Und immer wieder wird der Name des (ehemaligen) Geschäftsführers des „Erziehungsfördervereins e.V. Meerane" genannt.

„Uns wurde damals das Recht genommen, wie ein Kind zu leben und aufzuwachsen."

Michael B. war von 1983 bis 1986 im Spezialkinderheim „Erich Hartung" in Meerane untergebracht. Auf der Homepage „Spezialheime.de" veröffentlichte er am 20.04.2005 folgenden Text (der Verfasser hat der Authentizität wegen keine stilistischen Eingriffe vorgenommen):

„Ich habe auf der Seite jugendwerkhof.info die Namen derjenigen erkannt, die damals auch meine Erzieher und Erziehrinnen im Spezialkinderheim „Erich Hartung" in Meerane in Sachsen waren.
Ich muss sagen, dass ich es nicht verstehen kann, warum solche Leute heute noch in diesem Bereich arbeiten dürfen. Es macht mich rasend, wenn ich lesen muss, dass kein einziger von den Angeklagten eine wirkliche Strafe bekommen hat. Es kann doch nicht sein, dass so eine Schweinerei in unserem Rechtstaat ungesühnt bleibt.
Ich war auch in diesem Kinderheim „Erich Hartung". Ich musste jeden Tag dasselbe durchmachen wie Mario und ich habe genau dieselben Probleme wie er. Ich kann keine Nacht richtig schlafen, seit ich wieder von Meerane gehört habe und ich wieder Alpträume bekommen habe.
Ich bekomme nun eine Frührente, weil ich mit meinen Nerven fertig bin. Ich muss 4 verschiedene Tabletten nehmen, die meine Angst unter Kontrolle halten sollen, was aber nicht richtig klappt. Ich habe auch immer Angst, wenn meine Freundin aus dem Haus geht. Manchmal ist es so schlimm, dass ich den Krankenwagen rufen muss, weil mein Kreislauf nicht mehr richtig funktioniert. Das geht nun schon über 12 Jahre so, dass ich nicht mehr machen kann was ich will.
Mein Leben ist kaputt wegen Menschen, die ihren Beruf verfehlt haben und ihre Wut an Kindern ausgelassen haben. Ich muss sagen, als ich

> gelesen habe, dass Frau Angelika P. eine Fehlgeburt hatte, habe ich keinen Schimmer von Mitleid gehabt. Diese Frau darf meiner Meinung nach kein Kind bekommen. Ich kenne sie zu gut von damals. Das klingt gemein – sagen sie sich jetzt. Ich habe auch ein Kind und ich weiß, dass man so etwas nicht sagen soll. Aber wenn sie Jahre lang so mit Kindern umgegangen sind, die sich nicht wehren konnten, haben sie kein Recht auf ein eigenes Kind. Meine Meinung wird mir auch niemand nehmen können, nach diesen 3 Jahren, die ich mit gemacht habe in diesem Heim. Selbst wenn ich Tausende Entschuldigungen bekommen würde... NIE!
> Ich habe selbst geweint, als ich im Fernsehen sah, wie Mario geweint hat. Es kam in mir alles wieder hoch von damals. Meine Freundin musste mich trösten, weil ich mich nicht mehr fangen konnte. Uns wurde damals das Recht genommen, wie ein Kind zu leben und aufzuwachsen. Wenn ich könnte, würde ich einen neuen Versuch starten, einen Prozess anzufangen, was aber nach Presse- und Rundfunkberichten nicht mehr möglich ist.
> Von mir aus können Sie dies alles auch veröffentlichen auf dieser HP, was ich hier geschrieben habe. Es sollen alle wissen, was ein Mensch denkt, der selber damals dabei war und nicht mehr weiß, was er machen soll, weil seine Zukunft kaputt gemacht wurde von Menschen, die dazu ausgesucht worden sind, Kindern Wärme und Geborgenheit zu geben (Aussage eines Erziehers aus Meerane), was die eigenen Eltern nicht schafften???
> Ich kann mich heute noch daran erinnern, wie der Zug mit meiner Großmutter jedes Mal weggefahren ist und ich wusste, dass die schönen Stunden ohne Schläge, Tritte, Qual und Hass vorbei sind, weil ich wieder zurück in das schöne SPEZIALKINDERHEIM „ERICH HARTUNG" musste, wo man immer von guten Händen empfangen wurde (SCHLAGKRÄFTIGE HÄNDE).
> Ich möchte keinen schlechten Eindruck bei Ihnen hinterlassen und möchte Ihnen sagen, dass ich normalerweise nicht so schlecht über etwas denke, wie ich es hier eben getan habe."

Im Sommer 2005 passierte etwas Erstaunliches: Das Heim in Meerane wurde aufgegeben – und dezentral entstanden zwei neue kleine Wohneinheiten: das „Wim-Thoelke-Haus" in Oberwinkel bei Waldenburg und eine Wohngruppe in Waldsachsen. **Und gar nicht erstaunlich ist die Tatsache, dass der damals beschuldigte Erzieher M., der u. a. des sexuellen Missbrauchs angeklagt war, offenbar weiterhin in der Einrichtung tätig ist.** Innerhalb der beiden großen Kirchen scheint es offenbar immer noch üblich zu sein, schwer belastete Erzieher und Erzieherinnen an gleicher oder anderer Stelle weiterzubeschäftigen.

**Heimleiter bedrängte Mitarbeiterin
offenbar zur Falschaussage**

Herr M., Anfang der neunziger Jahre Zivildienstleistender in der Einrichtung, wurde wegen seinen Fähigkeiten im Umgang mit Kindern vom – damaligen – Heimleiter, Herrn H., nach seiner Zivildienstzeit als Mitarbeiter eingestellt. Anfang 1994 hatte der Mitarbeiter mit einem Heimjungen seine Schwierigkeiten: Der Junge tobte und schlitzte mit einem Messer in das Mobiliar. Dem Mitarbeiter gelangte es, ihm das Messer aus der Hand zu nehmen. Wegen Vorwurf der Misshandlung musste er sich vor Gericht verantworten, da eine Praktikantin in ihrer polizeilichen Vernehmung – sehr ungewöhnlich: der Heimleiter soll hierbei anwesend gewesen sein – angab, er habe den Jungen geschlagen, getreten und an den Ohren gezogen. Als Zeugin vernommen, gab sie an, der Heimleiter habe sie zu dieser Aussage gedrängt, darüber hinaus habe sie gehofft, dass die Berufsanerkennung ohne Probleme verläuft.

Durch dieses Eingeständnis wurde der Erzieher freigesprochen – und der Heimleiter angeklagt. Die Zeugin blieb auch hier bei ihrer Aussage. Und der freigesprochene Erzieher berichtete als Zeuge, er habe Herrn H. mit einer Klage vor dem Arbeitsgericht gedroht, da dieser ihm angekündigt habe, er müsse Mitarbeiter wegen dem Personalschlüssel entlassen; dieser würde nicht mit dem „Schlüssel" pro Kind übereinstimmen. Weiter berichtete der Erzieher, er gehe davon aus, dass der Heimleiter ihm über den Misshandlungsvorwurf habe kündigen wollen. Über eine Verurteilung wegen Kindesmisshandlung wäre die Kündigung sicherlich erfolgreich durchzusetzen gewesen.

Das Gericht schien – warum auch immer – mit Heimleiter H. Erbarmen zu haben: Das Verfahren wurde gegen eine Geldauflage von DM 4.000,00 eingestellt.

Die Diakonie Sachsen als Träger der Einrichtung sah keine Veranlassung, sich von Herrn H. zu trennen.

Dem früheren Leiter des Erzbischöflichen Kinderheims **St. Kilian** in Walldürn (Neckar-Odenwald-Kreis), E. K., der dort von 1969 bis Oktober 1995 Direktor war, wurde im Frühjahr 1995 vorgeworfen, über „längere Zeiträume verteilt kontinuierlich immer wieder Kinder geschlagen" zu haben. Der Diplom-Psychologe R. R., der bis Ende 1994 in dem Heim, in dem 80 Kinder zwischen fünf und achtzehn Jahren untergebracht sind, arbeitete, hatte gegen den achtundsechzigjährigen Priester, der auch gleichzeitig der Beichtvater des Kinderheims war, eine entsprechende Strafanzeige gestellt.

Der Diplom-Psychologe berichtete den Ermittlungsbehörden:

„Der Heimleiter rühmte sich wiederholt der Tatsache, dass er Kinder schlägt, gegenüber den ErzieherInnen und einem betreuenden Psychologen. Er stellte diese Misshandlung als notwendige pädagogische Maßnahme dar. Dieses Schlagen von Kindern fand nicht im Affekt unwillkürlich statt. Im Gegenteil wurden die Kinder oft erst tagelang nach ihrem ‚Verbrechen' geschlagen."

Er schilderte den Ermittlern einen konkreten Fall:

„Zum Beispiel der vierzehnjährige Markus M. Sein Vergehen war, dass er mittags beim Geschirrspülen mit seinen Gruppenkameraden herumalberte. Als er einem Freund den Spüllappen nachwarf, traf er die Esszimmertischlampe und beschädigte eine kleine ‚handtellergroße' Glasscheibe (Schätzwert ca. 10,– DM). Tage später begegnete das Kind dem Heimleiter auf dem Hof in Anwesenheit seiner Erzieherin. Wie das von den Kindern im Kinderheim verlangt wird, redete der Junge den Heimleiter mit Herr Rektor an und fragte ihn, wie es ihm gehe."

Die Worte dieser Erzieherin über den weiteren Verlauf des Geschehens gibt er so wieder:

„Herr K. sprach Markus wegen einer Glasscheibe an, die Markus an einer Lampe im Gruppenraum vorher beschädigt hatte und schlug ihm ins Gesicht. Danach gab er Markus die Hand, bedankte sich ironisch dafür, dass Markus die Lampe kaputt gemacht habe, und schlug ihm nochmals ins Gesicht."

„Zu vier weiteren Kindern", berichtete er, „liegen konkrete Angaben von ErzieherInnen, HeimbewohnerInnen und Psychologen vor, in denen von Herrn K. begangene Misshandlungen an Kindern beschrieben werden. Die Art des Misshandelns unterschied sich von Schlagen bis Treten; gemeinsam ist allen Vorfällen, dass Kinder, die oft schwere Gewalterfahrungen zu bewältigen haben, ein weiteres Mal von einer vertrauten Bezugsperson misshandelt und traumatisiert wurden."

Die – weitere – Karriere eines kindlichen Opfers dieses Heimleiters, das bereits vor seinem Aufenthalt im Kinderheim St. Kilian in verschiedenen Heimen und psychiatrischen Anstalten leben musste, hat er in einem Protokoll festgehalten:

„Es ist eine traurige Karriere, wenn ein Kind, das von Herrn K. geschlagen wurde, verhaltensmäßig im Kinderheim derart eskalierte, dass er nur noch in die nächste Kinder- und Jugendpsychiatrie abgeschoben werden konnte. Seitdem wanderte dieses Kind bis heute weiter

durch die Psychiatrien und gilt als schwerst verhaltensauffällig. Für den Heimleiter eine notwendige Erziehungsmaßnahme, für das Kind eine verpasste Lebenschance!"
Beichtvater K. „zwang die Kinder", erinnert sich der Diplom-Psychologe, bei ihm höchstpersönlich die Beichte abzulegen. „Themenschwerpunkt dieser Beichte", die als Beichtgespräche abgehalten wurden, sei immer wieder „das Thema Homosexualität und Onanie" gewesen.
R. R. fragt sich heute:
„Ist es sinnvoll, dass Kinder im Kinderheim St. Kilian zu den verschiedensten Anlässen gezwungen wurden, erhebliche Anteile ihres privaten Geldes für kirchliche Kollekten zu spenden?"
Dass – damals – „ein ehemaliger Heimzögling noch als Jugendlicher zu Herrn K. in die Wohnung im Kinderheim zieht und mit diesem zusammen lebt", wundert ihn heute noch. Bemerkenswert ist, dass dieser Junge, so der Diplom-Psychologe, mit anderen Heimkindern in der Wohnung des Priesters Pornofilme angeschaut habe.
Der Priester erklärte hierzu später, der Kontakt zu dem Jungen sei moralisch einwandfrei gewesen: „Ich habe mir in dieser Hinsicht nichts vorzuwerfen."

Hilferuf an Weihbischof Wolfgang Kirchgässner

Dem Weihbischof Wolfgang Kirchgässner vom Erzbischöflichen Ordinariat Freiburg, dem Träger der Einrichtung, schrieb der Diplom-Psychologe kurz vor seinem Ausscheiden aus der Einrichtung einen Brief – und erwähnte die „untragbare Situation hier im Haus":
„In der Folge wurde mir selbst grundlegende psychologische Arbeit wie zum Beispiel Elternarbeit, Arbeit mit ErzieherInnen oder Kontakte mit zuständigen Jugendämtern nur noch möglich, wenn ich bereit war, mich massiven Angriffen der Geschäftsleitung auszusetzen. Dass mir dann sogar vorgeworfen wurde, ich sei bei den ErzieherInnen beliebt und zu aktiv als Diplom-Psychologe, mag vielleicht eher eine humorvolle Komponente haben. Das Arbeiten in Ihrem Kinderheim wurde mir mit diesen, aber auch mit vielen anderen Vorfällen so unerträglich gemacht, dass ich eine Arbeitsstelle verlassen muss, für die mich auch die Heimleitung trotz aller Anfeindungen für hochqualifiziert bezeichnet hat und mir ausdrücklich erklärte, dass die Qualität meiner Arbeit und meines Engagements außer jeglichem Zweifel sei."
Zum Schluss dieses Schreibens drückte er seine Hoffnung aus, „dass mit diesem Brief das geschlossene Schweigen durchbrochen wird und die im Haus verbliebenen MitarbeiterInnen und Kinder bitter nötige Hilfe von ‚außen' erhalten, die ihnen wieder Mut und Würde zurückgibt".

Der Dipl.-Psychologe bekam vom Weihbischof, Wolfgang Kirchgässner, keine persönliche Antwort. In seinem Auftrag erwiderte ihm der Leiter der Abteilung Caritas und Soziales des Erzbischöflichen Ordinariats Freiburg, Domkapitular Dr. B. U., auf diesen Brief hin: Der Weihbischof „... hat uns Ihr Schreiben zuständigkeitshalber zur Beantwortung übergeben. Nach Rücksprache mit der Leitung des Kinderheims sehen wir keine Veranlassung, auf Ihre Ausführungen einzugehen und wünschen Ihnen für Ihre weitere berufliche Zukunft alles Gute". Daraufhin erwiderte R. R., sichtlich enttäuscht über die Reaktion, kurz: „Ihr Schreiben ist mir zugegangen und befremdet mich insoweit, dass man fast der Meinung sein könnte, es bestätige inhaltlich die Aussage von Herrn K., der im Kinderheim gegenüber einem Erzieher die Aussagen mit folgendem Inhalt machte: „... und ans Ordinariat können Sie so viel schreiben, wie Sie wollen. Glauben tun die eh nur mir. Bei der Kirche ist es nämlich so wie auch beim Staat: Eine Krähe hackt der anderen kein Auge aus.' Sollte dies also tatsächlich so sein, dass Sie im Konfliktfall blindlings den Heimleiter stützen, ohne den Nöten anderer Gehör zu schenken, dann müssen Sie in jedem Fall für die Missstände im Kinderheim als mitverantwortlich bezeichnet werden."

In einem später angefertigten Protokoll schreibt der Diplom-Psychologe R. R. folgendes:

„Aus welchem Grund hält die Erzdiözese Herrn K. noch immer in der gesamten Verantwortung für das Kinderheim und setzt damit die Kinder unter Umständen weiteren Misshandlungen aus, signalisiert aber den Kindern zumindest unmissverständlich, dass sie auch weiterhin dem ausgesetzt sind, der sie geschlagen hat?"

In großer Sorge um die Kinder, aber auch der MitarbeiterInnen schaltete er die Gewerkschaft Öffentliche Dienste, Transport und Verkehr (ÖTV) in diese Auseinandersetzung ein. In einem Schreiben an das Erzbischöfliche Ordinariat Freiburg forderte die ÖTV Domkapitular Dr. U. auf, bis zur Klärung der gegen den Priester gerichteten Vorwürfe diesen von seinen Dienstpflichten zu entbinden.

In einem Erwiderungsschreiben räumte der Kirchenmann ein, dass K. „einigen Kindern des Heimes eine Ohrfeige gegeben hat".

Doch trotz der von Dr. U. erwähnten staatsanwaltschaftlichen Ermittlungen gegen den Priester hielt das Erzbischöfliche Ordinariat unbeirrbar an dem Priester fest und sprach von einer „gezielten Kampagne" eines ehemaligen Mitarbeiters des Hauses:

„Unsererseits sehen wir keine unmittelbare Veranlassung, Herrn Rektor K. von seinen Dienstpflichten zu entbinden. In einer Gesamtbewertung der Ereignisse seit dem letzten Jahr haben wir den Eindruck gewinnen müssen, dass Herr K. auch das Opfer einer gezielten Kampagne ist, die von einem ehemaligen Mitarbeiter des Hauses ausgeht. Wir werden uns aber durch keinerlei Kampagnen unter Druck setzen lassen, sondern mit Bedacht auf die entstandene Situation reagieren. Sie dürfen davon ausgehen, dass unsere Entscheidungen von der Sorge um das Gesamtwohl der Einrichtung getragen sind."

Die ÖTV schaltete daraufhin das Ministerium für Familie, Frauen, Weiterbildung und Kunst in die Auseinandersetzung ein und führte in einem u. a. aus:
„Es geht darum, dass nach Informationen von verschiedenen Seiten von dem 68jährigen Rektor dieses Heims, Pfarrer K., Kinder immer wieder gezielt und in entwürdigender Weise geschlagen und getreten werden ... Auch in Walldürn sind die Schläge weithin bekannt."
In dem Schreiben drückte die ÖTV auch Unverständnis über die Reaktion des Erzbischöflichen Ordinariats aus:
„Die Haltung des Erzbischöflichen Ordinariats, hier nicht einzugreifen, ist uns auch deshalb unverständlich, weil Herr K. offensichtlich schon in früheren Zeiten durch Schläge von Kindern in seiner Eigenschaft als Lehrer im Jugenddorf Klinge aufgefallen sein soll. Ebenso sollen sich Kinder des Heims bereits an die Heimaufsichtsbehörde gewandt haben. Es werden zudem Vorwürfe erhoben, Kinder seien vom Rektor zu Spenden für kirchliche Projekte gezwungen worden."
Das Ministerium forderte daraufhin das Erzbischöfliche Ordinariat Freiburg zu einer Stellungnahme auf. In einem Schreiben an das Ministerium unterstellte das Erzbischöfliche Ordinariat der ÖTV, dieses „in unrichtiger und unvollständiger Weise über Vorkommnisse im Erzbischöflichen Kinder- und Jugendheim St. Kilian in Walldürn und das Verhalten des Erzbischöflichen Ordinariates informiert" zu haben. „In einer Gesamtbewertung der Ereignisse sind wir deshalb zum damaligen Zeitpunkt (im Mai 1995) zum Entschluss gekommen, Herrn K. nicht zu suspendieren. Dieser hat aber inzwischen von sich aus um seine Beurlaubung gebeten, bis die Anschuldigungen der Körperverletzung in vier Fällen gerichtlich geklärt sind. Mit Schreiben vom 4. Oktober 1995 haben wir diesem Ersuchen entsprochen."
Dass der Priester plötzlich durch die Intervention des Ministeriums – freiwillig oder unfreiwillig ? – um seine Beurlaubung vom Dienst gebeten hatte, ist anzunehmen: Beide Schreiben, das an das Ministerium und das an den Priester, tragen das gleiche Datum: 4. Oktober 1995.

Erzbischöfliches Ordinariat hielte an dem Geistlichen fest

Erstaunlich ist, dass das Erzbischöfliche Ordinariat zu diesem Zeitpunkt (Oktober 1995) mindestens seit fünf Monaten von den schwerwiegenden Vorwürfen und den staatsanwaltschaftlichen Ermittlungen gegen den Priester Kenntnis hatte und an dem Geistlichen als Heimleiter, Direktor und Beichtvater unbeirrbar festhielt. Beachtenswert ist aber auch, dass der Geistliche Rat kurz zuvor, im Jahre 1994, mit der „Konradsplakette" des Erzbischöflichen Ordinariats Freiburg ausgezeichnet worden ist.

> Das unbeirrbare Festhalten des Erzbischöflichen Ordinariats an E. K. als Heimleiter, Direktor und Beichtvater brachte letztendlich nichts: Mit einer Geldstrafe in Höhe von DM 7 500 wegen körperlicher Misshandlung Schutzbefohlener in drei Fällen durch das Amtsgericht Buchen belegt, hat dieser seinen endgültigen Rücktritt erklärt.

Die Staatsanwaltschaft Mosbach und das Amtsgericht Buchen kamen zu dem Schluss, dass der Priester zumindest in drei Fällen den Rahmen einer Erziehungsmaßnahme „überzogen" habe.
Und trotzdem erstaunt die Vorgehensweise der Mosbacher Staatsanwaltschaft: Im Rahmen des Strafermittlungsverfahrens gegen den Priester ging es u. a. auch um folgende weitere strafbare Handlungen: „drei Ohrfeigen zum Nachteil" des Kindes Norbert K. und „eine Ohrfeige und Fußtritte zum Nachteil" des Kindes Mario H.
Diese dem „Beschuldigten zur Last gelegten Taten" sind, so die Staatsanwaltschaft Mosbach in ihrer – zeitgleich mit dem ergangenen Strafbefehl – vollzogenen Einstellungsverfügung vom 5. Oktober 1995, gemäss § 154 Abs. 1 StPO (Strafprozessordnung) eingestellt worden. Eine völlige, der Strafprozessordnung widersprechende (Fehl-)Entscheidung: § 154 Abs. 1 StPO setzt nämlich laut dem Kommentar zur Strafprozessordnung von Kleinknecht/Meyer-Goßner (Ausgabe 42; 1995) voraus, dass diese zur Einstellung kommenden Tatvorwürfe „nicht beträchtlich ins Gewicht" fallen und die „materiell-rechtlichen Strafzwecke in ihrem Kern nicht tangiert und nicht wesentlich beeinträchtigt werden".
Immerhin handelt es sich hierbei um die Tatvorwürfe der Körperverletzung und der Misshandlung von Schutzbefohlenen (§§ 223, 223 b StGB), die bei Verurteilung zu einer höheren Geldstrafe bzw. einer Gefängnisstrafe hätte führen können. Anders ausgedrückt: Warum hat die Staatsanwaltschaft Mosbach, die den Strafbefehl nur auf die von dem Priester „verteilten" Ohrfeigen stützte, die strafrechtlich relevanteren und viel schwerwiegenderen – von ihr aber eingestellten – Tatvorwürfe nicht mit zum Gegenstand eines Strafbefehls erklärt, oder – sicherlich noch naheliegender – generell eine öffentliche Anklage, die sicherlich zu einer öffentlichen Hauptverhandlung geführt hätte, erhoben? Wollte – möglicherweise – die Staatsanwaltschaft Mosbach im Interesse des Priesters und der katholischen Kirche eine öffentliche Hauptverhandlung um jeden Preis vermeiden?
Der zuständige Leitende Oberstaatsanwalt, Herr J., erklärt hierzu dem Verfasser mit Schreiben vom 25. Juli 1996, dass „das Kind K. bei seiner Anhörung angab, der Beschuldigte habe lediglich versucht, es zu ohrfeigen. Es habe aber weglaufen können ...".
Der Priester selbst habe eine Körperverletzung bestritten.

Diese Darstellung steht im Widerspruch zu der von seiner Behörde vollzogenen Einstellungsverfügung vom 5. Oktober 1995. Dort ist von „drei Ohrfeigen" die Rede.

Im Falle des Kindes H., das als Zeuge erst gar nicht angehört worden ist, erklärte der Leitende Oberstaatsanwalt, „mit einer Wahrscheinlichkeit (hätte) lediglich eine Körperverletzung zum Nachteil des Kindes H. in die öffentliche Klage einbezogen werden können". Wohl wissend, dass das Kind von dem Geistlichen – nach Angaben von Zeugen, die davon gehört hatten – nicht nur geohrfeigt, sondern auch getreten worden sein soll, fügt der Vertreter der Staatsanwaltschaft, der sich die Frage stellen muss, warum man das Kind nicht anhörte, rein vorsorglich hinzu: „Dass dies zu einer erheblich höheren Gesamtstrafe geführt hätte, als sie in dem Strafbefehlsantrag niedergelegt ist, erscheint ausgeschlossen." Dies ist eine kühne Behauptung, denn dem Ankläger ist hinreichend bekannt, dass das Gericht „Herr des Verfahrens" ist.

„Im Hinblick auf diese Sachlage", verteidigt er die zuständige Kollegin, „halte ich die Entscheidung der Dezernentin, zugunsten einer schnellen Erhebung der öffentlichen Klage auf eine weitere Aufklärung zu verzichten, für vertretbar."

Die Fürsorgepflicht für den Priester scheint trotz der Geldstrafe beim Erzbischöflichen Ordinariat ungebrochen fortzubestehen: Der Geistliche, der nach Rechtskraft des Strafbefehls auch weiterhin in dem Kinderheim wohnt, wurde mit der seelsorgerischen Betreuung des Konvents der Mallersdorfer Schwestern, die zahlreiche leitende Positionen auf den Wohngruppen bis hin zur stellvertretenden Heimleiterin innehaben, betraut.

Domkapitular Dr. U. stellt zu dem Verbleib des Priesters ausdrücklich fest:

„Im Entscheidungsprozess aber werden wir nicht unter Druck entscheiden, auch nicht, wer, wo und wie lange wohnt."

Und in aller Deutlichkeit stellt er unmissverständlich klar, dass „der Direktor K. (es) nicht verdient hat, hier wie ein Hund davongejagt zu werden".

Ungebrochen scheint aber auch die für den Priester vorhandene kollegiale Solidarität eines im Kinderheim tätigen Mitarbeiters, von Beruf: Diplom-Psychologe, zu sein. Dieser Herr H. B. erklärte in einen an den Diplom-Psychologen R. R. gerichteten Schreiben:

„Ich möchte Ihnen sagen, dass mich Ihre Handlungsweise angewidert hat und dass Sie für mich Ihre Reputation verloren haben ... Sie wissen genau, dass Herr K. nicht der mit Vorliebe prügelnde Heimleiter ist, als der er in der Öffentlichkeit hingestellt wurde."

Der Priester und Heimleiter selbst, dem die ÖTV auch vorwarf, schon seit Ende der sechziger Jahre Kinder und Jugendliche immer wieder „massiv getreten und geschlagen" sowie Mitarbeiter „entwürdigend" behandelt zu haben (das Erzbischöfliche Ordinariat in Freiburg bestritt die von der ÖTV in diesem Zusammenhang aufgestellte Behauptung, sie habe Kenntnis von solchen Vorfällen und sei untätig geblieben), rechtfertigte die körperliche Misshandlung von Kindern, soweit er sie gegenüber der Staatsanwaltschaft einräumte, „als pädagogische letzte Maßnahme". Der Geistliche kennt offenbar keine wie auch immer geartete Reue: Nicht als Täter, sondern als Opfer sieht er sich: „als Opfer einer Machenschaft, als Opfer einer Kampagne, die bis in die Privatsphäre geht". Noch schlimmer: „Jetzt werde ich als massiver Schlägertyp dargestellt."

Schwester D. wurde aufgefordert, Züchtigungen zu unterlassen.

Nach einer eidesstattlichen Versicherung, die dem Verfasser vorliegt, soll selbst die Schwester Oberin in einem Fall im Unterricht die Hand gegen ein Kind erhoben haben: Vor allen Kindern habe sie einen Jungen geohrfeigt. Ende Oktober 1996 leitete die Staatsanwaltschaft Mosbach gegen die Oberin des Schwesterkonvents und stellvertretende Heimleiterin Schwester D. ein Ermittlungsverfahren wegen des Verdachts der Misshandlung Schutzbefohlener ein.

Im Mai 1997 wurde das Verfahren nach Zahlung einer Geldauflage von DM 300 eingestellt. Schwester D. habe, so die Staatsanwaltschaft in ihrer Einstellungsverfügung, ein Kind geohrfeigt, „die eine Gesichtshälfte war danach gerötet"; einem anderen Kind habe sie „ca. 3-4 Sekunden an den Ohren gezogen". Ein anderes Kind, so ist es der Einstellungsverfügung zu entnehmen, gab an, „ab und zu von der Beschuldigten an den Ohren gezogen worden zu sein, wie oft dies geschehen sei, wisse er nicht mehr; er habe dies jedoch nicht als schlimm empfunden. Bezüglich dieser weiteren Vorfälle war eine für eine Anklageerhebung ausreichend konkretisierbare Tat nicht nachweisbar, da W. sich weder an Ort und Zeit noch an genauere Einzelheiten erinnern kann". Die Identität eines anderen Kindes, dem Schwester D. „einmal an den Haaren gezogen haben soll", konnte nicht ermittelt werden.

Das Sozialministerium Baden-Württemberg teilte dem Verfasser in dieser Sache durch Schreiben vom 19. August 1997 mit: Schwester D. sei zu den Vorwürfen gehört worden. „Hierbei wurde sie aufgefordert, körperliche Züchtigungen in Zukunft zu unterlassen." Schwester D. „sagte zu, dies künftig zu beachten". Nicht nachvollziehbar ist, dass alleine aufgrund dieser Zusicherung das Sozialministerium erklärte: Schwester D. kann „nach unserer Auffassung in ihren Funktionen belassen werden".

Der Verfasser, der sehr intensiv recherchierte, hat absichtlich so ausführlich von den differenzierten Vorgängen um diese Anklage berichtet, um zu zeigen, wie schwer eine Aufklärung von derartigen Geschehnissen gemacht wird. Es geht ihm vor allem auch um die institutionalisierten Machtstrukturen, die bei allen Beteiligten große Ängste hervorrufen können; aus diesem Grund werden einzelne Personen nur mit den Anfangsbuchstaben ihres Namens bezeichnet. Doch nur wenn Sachverhalte der beschriebenen Art offen dargelegt werden, können Missstände überhaupt erst durchschaubar und erkannt werden.

*

Im Sommer 2001 wurde durch einen Strafprozess bekannt, dass in einer Außenwohngruppe des **Vereins Lebensgemeinschaft Meineringhausen** in Frankenberg (nähe Marburg) Kinder misshandelt und gequält wurden. Vor dem Marburger Landgericht mussten sich im August 2001 eine damals 39-jährige Erzieherin, ihr 37-jähriger Ehemann und eine 34-jährige Erzieherin wegen Misshandlung von Schutzbefohlenen verantworten.
Die 39-jährige Erzieherin, die die misshandelten Kinder zum Schweigen verurteilte, wurde zu drei Jahren Haft und lebenslangem Berufsverbot verurteilt. Ihr Ehemann erhielte 15 Monate Haft auf Bewährung, die 34-jährige Erzieherin zwei Jahre auf Bewährung und Berufsverbot.
Die damals zwischen acht und zwölf Jahre alten Kinder wurden regelmäßig mit Kochlöffeln, Teppichklopfern und mit der Hand geschlagen. „Mehrfach mussten sie nach ein bis zwei Tagen des Hungerns mit Salz, Pfeffer und Tabasco überwürzte Speisen essen, bis sie erbrachen", berichtete die *Frankfurter Rundschau* (Ausgabe 23.8.2001): „Das Erbrochene mussten sie abermals essen. Es gab eiskalte oder extrem heiße Zwangsduschen, die in einem Fall mit einem Kreislaufzusammenbruch endete."
Ein Mädchen, das in der Vergangenheit vermutlich sexuell missbraucht worden ist, musste mit der Bedrohung leben, in einen Puff gesteckt zu werden, wenn sie sich weiter unartig verhalte. Einem Jungen, der den Abfalleimer nicht herausgetragen hatte, wurde der volle Mülleimer auf seinem Bett entleert; eine Nacht hatte er in diesem Bett schlafen müssen. Und ein Mädchen wollte sich aus Verzweiflung vom Dach der Turnhalle in die Tiefe fallen lassen.
Dass die Misshandlungen überhaupt bekannt wurden, ist einem Sportlehrer zu verdanken. Ihm waren die blauen Flecken am Körper eines Kindes aufgefallen.
Die Außenwohngruppe wurde aufgelöst. Die Kinder, die bereits geschädigt in die Einrichtung kamen, mussten therapeutisch behandelt werden.

Im Januar 2006 wurde bekannt, dass die Heimleiterin des Kinderheims **Martinshof** in Wachtberg bei Bonn, Barbara K. (54), und deren Stellvertreterin Julia K. (27) Kinder eingesperrt, misshandelt und gedemütigt haben sollen. Die beiden Erzieherinnen, die beurlaubt sind, sollen ein hartes Regiment geführt haben. Das behaupten der angehende Heimerzieher Frank E. und dessen Kollegin Cornelia F., die den Umgang mit den hilflosen Kids einfach nicht länger hinnehmen konnten. „Kinder wurden im eiskalten Keller gesperrt, verdroschen und mit Essensentzug bestraft", so E. gegenüber dem *Kölner Express* (Ausgabe vom 22.1. und 24.1.06): „Ein behinderter zehnjähriger Junge wurde als ‚Abendritual' in den Keller gesperrt, einem Mädchen eine volle Windel ins Gesicht geschlagen." Auch soll ein Mädchen mit Blasenschwäche jedesmal mit der nassen Windel ausgepeitscht worden sein, weil es wieder nicht rechtzeitig zur Toilette gekommen war. „Danach", so die Augenzeugen gegenüber dem *Kölner Express*, „musste die Kleine vor versammelter Mannschaft nackt im Garten duschen."

Dem *Kölner Express* berichtet E., dem inzwischen gekündigte wurde, weiter: „Frau J. schrie die Kinder auch aggressiv an, setzte Mitarbeiter unter Druck". Einige Erzieher hätten wegen der Zustände in den letzten zwei Jahren noch in der Probezeit die Flucht ergriffen. Doch keiner von ihnen habe die zuständigen Behörden informiert. E. und seine Kollegin schalteten das Jugendamt Bonn und das Landesjugendamt ein, die die Ermittlungen aufgenommen haben. Ninja Klein, Sprecherin des zuständigen Landschaftsverbands Rheinland (LVR), erklärt gegenüber dem *Kölner Express*: „Die Vorwürfe werden gerade umfassend von uns geprüft. Die Leiterinnen sollen sehr unverhältnismäßig gehandelt haben".

Auch die Staatsanwaltschaft Bonn, die im Heim Unterlagen beschlagnahmt hat, ermittelt gegen die mutmaßlichen Täterinnen. Inzwischen, so der *Kölner Express*, liegen neue Aussagen weiterer Ex-Mitarbeiterinnen vor, die den grausigen Verdacht stützen.

Die in dem Kapitel beschriebenen unmenschlichen Zustände legen Zeugnis dafür ab, dass die Schwarze Pädagogik immer noch Teile unseres Erziehungssystems beherrscht und nicht der Vergangenheit angehört. Sie wird eben oft noch unverhohlen und bewusst gegen Kinder und Jugendliche eingesetzt. Hierbei spielt es überhaupt keine Rolle, ob die „Täter" und „Täterinnen" aus dem konfessionellen, privaten oder staatlichen Heimbereich oder aus dem familiären Umfeld kommen: Opfer sind auch weiterhin junge Menschen, die der psychischen und physischen Gewalt, Erniedrigung, Demütigung und den hiermit verbundenen Schmerzen, Trauer, Einsamkeit und traumatischen Erlebnissen der Schwarzen Pädagogik hilflos und wehrlos ausgesetzt sind.

„Einige Träger und Vorgesetzte leugnen trotz klarer Hinweise die sexuelle Ausbeutung in ihrer Institution."
Ursula Enders (1999, S. 191)

4

Der sexuelle Missbrauch von Heimkindern Oder: Kinder und sexueller Missbrauch in der katholischen Kirche

Kinder und Jugendliche, die inzestuösen sexuellen Missbrauch – oft Wochen oder Monate, ja Jahre – haben über sich ergehen lassen müssen, werden von den Jugendämtern folgerichtig aus der inzestuösen familialen Umgebung herausgenommen und in Heimen untergebracht, in denen sie geschützt sein sollen. Aber auch hier sind sie vor weiteren Missbrauchshandlungen nicht immer sicher. Anstelle der missbrauchenden Eltern sind es nun häufig Erzieher[1], Pädagogen, Psychologen und Priester, die die ihnen anvertrauten Kinder sexuell missbrauchen. Aber auch Erzieherinnen, Pädagoginnen, Psychologinnen und Nonnen setzen Heimkinder sexueller Gewalt aus. Dieser Tatbestand wird weitgehend tabuisiert.
Dem Mythos von den *asexuellen* weiblichen Heimmitarbeitern widerspricht völlig zu Recht Enders (1999, S. 191):
„Insbesondere Frauen wird die sexuelle Ausbeutung von Mädchen und Jungen nicht zugetraut. Bis heute hält sich z. B. das Bild der Erzieherin als ‚kinderliebes Unschuldslamm'."
Das Bild der Frau, der Erzieherin als „kinderliebes Unschuldslamm" hatte auch Gerber (2002, S. 75), die „in der Heimerziehung" tätig war, verinnerlicht. Sie berichtet, sie habe – während dieser Zeit – „in vier Fällen sexuelle Beziehungen zwischen Kindern und Frauen, die mehr als fünf Jahre älter waren", erlebt: „In keinem der Fälle wurde dies einrichtungsintern als sexueller Missbrauch von Frauen an Kindern thematisiert. Erst als ich, Jahre später, an einem Referat zum Thema sexueller Missbrauch von Frauen an Kindern arbeitete, begann ich darüber nachzudenken."
Dieses Nachdenken führte zu dem Eingeständnis (2002, S. 98):
„Und ich als Frau, ich glaube, ich habe aus Schuldgefühlen diesen Kids gegenüber angefangen, denen ich bestimmt nicht gerecht geworden bin in der Heimerziehung. Die waren in missbräuchlichen Beziehungen verwickelt und ich habe es nicht begriffen."

Auch *regressive* und *fixierte* pädophile Frauen[2] suchen den Erzieherberuf gezielt aus, um sich an den ihnen anvertrauten Kindern und Jugendlichen sexuell zu vergreifen (vgl. hierzu ausdrücklich auch Homes, 2005). Fünf Fallbeispiele über sexuell missbrauchende Erzieherinnen mögen dies verdeutlichen:

• Im Frühjahr 1998 wurden eine Erzieherin und ein Erzieher, die bis Februar 1994 im *St. Josephshaus*, einer Einrichtung des *Bistums Mainz* in Klein-Zimmern bei Darmstadt, gearbeitet haben, wegen *Misshandlung von Schutzbefohlenen* und *sexuellem Missbrauch von Kindern* verurteilt (vgl. hierzu Homes, 1998, 2001). Von den körperlichen und sexuellen Misshandlungen hatten der damals zuständige *Domkapitular* und die damalige Heimleitung bereits seit etwa zwei Jahren Kenntnis. In der Urteilsbegründung – bezogen auf die Erzieherin – führte der Vorsitzende Richter folgerichtig aus: Einige der Kinder wurden gerade wegen sexueller Übergriffe, denen sie in ihrer Familie ausgesetzt waren, im *St. Josephshaus* untergebracht. Die Öffentlichkeit darf daher erwarten, dass diese Kinder im Heim nicht neuerlichen sexuellen Handlungen ausgesetzt werden. Auch Züchtigungen an Kindern können nicht hingenommen werden: „Die körperliche Unversehrtheit von Kindern ist ein hohes Rechtsgut."

• Mitarbeiter einer Einrichtung, berichtet Conen (1997, S. 714), vermuteten, dass ein 14-jähriger Junge, der ein sexualisiertes Verhalten zeigte, sich einigen 6-8jährigen Mädchen sexuell genähert habe. Bezüglich der eigenen Kindheitsgeschichte war bekannt, dass der Junge im Vorschulalter von seiner Mutter in sexuelle Spiele mit ihren wechselnden Sexualpartnern einbezogen wurde; er habe sich oft im Bahnhofsviertel aufgehalten und sei offensichtlich auf den Straßenstrich gegangen. In der Einrichtung „kam es zu einer sexuellen Beziehung mit einer Mitarbeiterin, die ihn zunächst einfühlsam und sehr zugewandt betreute und ihn auch an den Wochenenden mit zu sich nach Hause nahm, wo es dann zu sexuellen Kontakten zwischen der Betreuerin und dem Jugendlichen kam".

• In einem weiteren Beispiel, das Conen (1997, S. 714) anführt, „werden Dynamik und die Langzeitfolgen deutlich, die die sexuellen Übergriffe durch Mitarbeiter bei Kindern und Jugendlichen herbeiführen können. Ein ehemaliger Heimjugendlicher, der von einer Heimmitarbeiterin sexuell missbraucht worden war, meldet sich bei einem früheren Mitarbeiter. Er ist mit seinen 18 Jahren am Ende. Er hat bereits mehrere Suizidversuche begangen und hat extreme Alkoholprobleme. Der Jugendliche hat, nachdem er die Einrichtung wegen Verhaltensauffälligkeiten verlassen musste, über längere Zeit versucht, Kontakt zu der Mitarbeiterin herzustellen, was ihm anfangs auch gelang. Jedoch wandte sich die Mitarbeiterin (Mitte 30 Jahre alt) nach einiger Zeit von ihm ab und verwahrte sich gegen die teilweise recht massiven

Kontaktversuche seitens des Jugendlichen. Der Jugendliche erlebte diesen Beziehungsabbruch als existentiell sehr bedrohlich und agierte seine Verzweiflung und Wut in der folgenden Zeit mehrfach aus. So zerstach er die Reifen des Pkws der Mitarbeiterin, übte wochenlang Telefonterror aus und bedrohte sie. Die Mitarbeiterin erstattete deswegen Anzeige gegen ihn. Der Jugendliche wurde zu einer Geldstrafe verurteilt. Der sexuelle Missbrauch war in den Ermittlungen ‚kein Thema'. Psychisch am Ende angelangt, schwankte er in seinem Hass auf diese Mitarbeiterin, entweder sich selbst zu töten oder diese Mitarbeiterin oder andere Frauen zu vergewaltigen. Der frühere Mitarbeiter verhalf ihm zu einer Therapie, so dass er eine Hilfestellung fand, diese Erfahrungen, soweit wie möglich, zu verarbeiten".

- Über einen ähnlichen Fall berichtet Enders (1999, S. 189), die sich auf die „persönliche Mitteilung einer der Täterinnen" beruft:
„Ein 14-jähriger Schüler lebt im Heim für männliche Jugendliche. Seine Betreuerin verwickelt ihn in eine sexuelle Beziehung. Anschließend wird der Junge von einer mit ihr befreundeten Kollegin sexuell ausgebeutet. Als der Junge die Situation nicht mehr ertragen kann und einen Suizid versucht, drohen andere Jugendliche des Heimes, die sexuelle Ausbeutung auffliegen zu lassen. Daraufhin entlassen die beiden Täterinnen ihr Opfer in eine Nachsorgemaßnahme ‚Betreutes Wohnen': Der Junge wird aus der stationären Einrichtung entlassen und in einer eigenen Wohnung von einer der beiden Erzieherinnen ‚weiterbetreut'. Innerhalb der stationären Einrichtung garantiert eine von den beiden Erzieherinnen durch Bevorzugung und Benachteiligung geschickt manipulierte Gruppendynamik das Schweigen der redebereiten anderen Jugendlichen. Einige ‚treue' Jungen regeln die Angelegenheit zudem im Sinne der Täterinnen. Sie drohen ihren redebereiten Mitbewohnern an, notfalls die Fäuste sprechen zu lassen."

- Im Februar 2000 wurde Frau K., die eine Kinderpension betrieb, wegen zehnfachen sexuellen Missbrauchs eines 15-jährigen Jungen zu zwei Jahre auf Bewährung verurteilt. Sie bestritt die Vorwürfe, räumte aber ein, im Bett des Jungen geschlafen zu haben:
„Ich habe H. nicht als Mann, sondern als Kind betrachtet. Ich wollte ihm nicht zumuten, dass er als 15-Jähriger bei Sechsjährigen schläft."
Vor Gericht versicherte der mittlerweile 17-Jährige, er sei von ihr zum Geschlechtsverkehr gezwungen worden. Die Leiterin, die sich gegenüber dem Opfer als Ersatz-Mutter fühlte, habe damit gedroht, ihn und seinen 8-jährigen Bruder (beide waren wegen dem Tod ihrer Mutter in der Kinderpension untergebracht) sonst aus der Einrichtung wegzubringen.
„Es ist alles tatsächlich passiert", versicherte das Opfer vor Gericht:
„Ich musste öfters bei ihr übernachten. Sie fasste mir immer in die Hose, streichelte mich. Ich sollte ihre nackten Brüste küssen, dann musste ich mit ihr schlafen."

Die Leiterin habe erst von ihm gelassen, als sie einen neuen Lebenspartner gefunden habe.

„Sexuelle Übergriffe von Mitarbeitern sind in den verschiedensten Formen und Einrichtungen zu beobachten", berichtet Conen (1997, S. 715) über sexuelle Gewalt innerhalb der konfessionellen und nicht-konfessionellen Heimerziehung:
„Die Übergriffe von Mitarbeitern werden sowohl von männlichen als auch von weiblichen Mitarbeitern begangen. Es handelt sich bei den Missbrauchern sowohl um leitende Mitarbeiter, pädagogische Mitarbeiter und Betreuer als auch – und das nicht selten – um Praktikanten. Ob es sich um Einrichtungen handelt, in denen kirchliche MitarbeiterInnen oder nicht-konfessionell gebundene Kollegen tätig sind, oder ob sich die Einrichtung in der Nähe eines Straßenstrichs oder auf dem Lande befindet, spielt ebenfalls keine Rolle. Manches Mal sind die sexuellen Übergriffe sogar Mitarbeitern in den unterbringenden Jugendämtern bekannt. So wurden weiterhin Jugendliche in einem Heim untergebracht, von dem bekannt war, dass der Leiter sexuelle Kontakte mit Jugendlichen aufgenommen hatte beziehungsweise vermutet wurde, dass sogar eine Jugendliche von ihm schwanger geworden war. In einer anderen Einrichtung unterhielt eine Nonne jahrelang sexuell gefärbte Kontakte zu einer ehemaligen geistig behinderten Betreuten."[3]
Schlimm und unerträglich ist der auch von dem Verfasser immer wieder benannte Tatbestand, dass (leitende) MitarbeiterInnen sowie die jeweilige Heimleitung (oft auch der jeweilige Heimträger) von sexueller Gewalt an Heimkindern, verübt durch KollegInnen, Kenntnis haben und schweigen (vgl. hierzu ausdrücklich auch Homes, 2005).
Einen ganz entscheidenden Faktor, warum nicht missbrauchende ErzieherInnen Angst davor haben, sich der Heimleitung oder dem Heimträger zu offenbaren, benennt Conen (1997, S. 718):
„Ein weiteres Moment stellen mögliche Verwicklungen und Verbindungen zwischen der Heimleitung und den betreffenden Kollegen dar. Mitarbeiter sollten berücksichtigen, dass sie zum Spielball der Dynamik der Institution werden können. Die Abhängigkeit vom Arbeitsplatz und Ängste vor dem Verlust oder auch gar Schikanen tragen mit dazu bei, dass nicht wenige Mitarbeiter mögliche sexuelle Übergriffe von Kollegen nicht thematisieren. Eigene sexuelle Belästigungen sowohl von Kollegen als auch durch die Leitung können ebenfalls Mitarbeiter zum Schweigen bringen. Sie erfahren bereits hier mangelnde Unterstützung durch Kollegen und Leitung, warum sollten sie darauf vertrauen, diese dann bei der Thematisierung von sexuellen Übergriffen gegenüber Kindern zu bekommen. Es ist hinlänglich bekannt, welchen Schwierigkeiten Mitarbeiterinnen begegnen, wenn sie die sexuellen Übergriffe der Leitung oder von Kollegen aufdecken."
Mit Blick auf die notorische „Mauer des Schweigens" führt Enders (1999, S. 191, 192) folgerichtig und zutreffend aus:

„Einige Träger und Vorgesetzte leugnen trotz klarer Hinweise die sexuelle Ausbeutung in ihrer Institution, denn sie erkennen nicht, dass sie den Ruf ihrer Einrichtung mehr gefährden, wenn sie das Verbrechen unter den Teppich kehren, anstatt offensiv den Schutz der Kinder sicherzustellen und den Opfern bei der Bewältigung der Gewalterfahrungen Unterstützung anzubieten. In einzelnen Fällen spielt sicherlich die Tatsache eine Rolle, dass die betroffenen Institutionen aufgrund ihrer innovativen Konzeption als ‚Vorzeigeeinrichtungen' gelten. Andere Träger haben sich selbst durch Jugendhilfeangebote gegen sexuelle Gewalt profiliert und können die Möglichkeit der sexuellen Ausbeutung innerhalb einer eigenen Einrichtung nur schwer in ihr Selbstbild integrieren. In einigen Fällen erschwert zudem ein Konkurrenzempfinden gegenüber anderen Trägern der Jugendhilfe den Prozess, sich der Problematik der sexuellen Ausbeutung im eigenen System zu stellen."
Die institutionellen Strukturen, die sexuelle Übergriffe durch MitarbeiterInnen zulassen können, beschreibt Conen (1997, S. 719; vgl. auch Enders, 1999 und Kuhne, 1999):

„Die institutionellen Strukturen stehen im Zusammenhang mit zwei Kategorien von Einrichtungen:

a. die *von rigiden und autoritären Strukturen gekennzeichneten Einrichtungen*, die ihren Mitarbeitern wenig emotionale Unterstützung geben, so dass über einen längeren zeitlichen Prozess hinweg Mitarbeiter die Nähe und den emotionalen Kontakt zu betreuten Kindern und Jugendlichen suchen,

b. die *wenig strukturierten und unklar geleiteten Einrichtungen*, die ihren Mitarbeitern kaum Orientierung geben, und in denen eine destruktive Beliebigkeit besteht sowie ein Mangel an Anerkennung vorzufinden ist, so dass es zu sexuellen Übergriffen gegenüber den betreuten Kindern und Jugendlichen kommen kann."

Kinder und sexueller Missbrauch in der katholischen Kirche

„Katholische Priester hatten nicht nur Tausende von Kindern missbraucht, die Kirche, die ihnen die ehrfurchtgebietende Macht zu segnen und zu vergeben verliehen hatte, hatte sie auch noch jahrzehntelang gedeckt. Konfrontiert mit der Wahl zwischen Gerechtigkeit für die Opfer und Gnade für die Priester, die Kinder missbrauchten, hatten sich die Kirchenoberen stets für das letzte entschieden. Betet, befahlen sie den Priestern, die vom Wege abwichen. Bereut..."
Elinor Burkett und *Frank Bruni* (1997, S. 45)

In ihrem Buch „Das Buch der Schande – Kinder und sexueller Missbrauch in der katholischen Kirche" klagen Burkett und Bruni (1997) zahlreiche „Kinderschänder" und Vergewaltiger im *Priester- und Nonnengewand* in den USA an, die Kinder und Jugendliche sexuell missbraucht haben. Ihre Anklage richtet sich völlig zu Recht auch gegen das große *Schweigen der Kirchen* sowie ihrer klerikalen Kirchenfunktionärinnen:
„Bischöfe, die doch eigentlich dem Beispiel Jesus folgen und die Schwachen und Hilfsbedürftigen unterstützen sollten, verdrängten ihre Verantwortung als Seelsorger und verhielten sich statt dessen wie gute Manager: Sie vertuschten die Geschichte. ... Wenn sie Eltern gegenüberstanden, die durch das, was man ihren Kindern angetan hatte, erschüttert und verstört waren, logen sie. Wenn die Lügen nicht fruchteten, dann verschleppten sie entweder die ganze Angelegenheit oder schüchterten Gemeindemitglieder ein, die doch eigentlich ihrer Obhut anvertraut waren. Die Kirchenoberen schienen hoffnungslos in Lügen verstrickt zu sein – sie bestritten die Vorwürfe, die die Opfer vorbrachten, den großen Schaden, der ihnen zugefügt worden war, die Schwere der psychischen Krankheit, an der die Täter litten, ja sogar das Ausmaß dieses Problems innerhalb des Klerus."

Der Vatikan soll Missbrauch systematisch vertuscht haben.

Nach britischen Presseberichten hat der Vatikan 1962 offiziell angeordnet, Fälle sexuellen Kindesmissbrauchs durch Priester nicht in die Öffentlichkeit dringen zu lassen. In einem Vatikan-Dokument mit dem Titel „Crimine Solicitationies" seien damals die Bischöfe in der ganzen Welt streng vertraulich angewiesen worden, die Verbrechen „mit größter Geheimhaltung" innerkirchlich zu verfolgen. In der 69-Seiten-

Anweisung heißt es weiter: „Dieser Text ist als streng vertraulich zu betrachten und sorgfältig in den Geheimarchiven der Kurie zu verwahren."
Schlimmer noch: Die von Priestern sexuell missbrauchten Opfer sollten unter Androhung der Exkommunizierung „ewiges Stillschweigen" schwören (*dpa*, 19. 8. 2003).

Vier von zehn Nonnen in den USA sind schon einmal sexuell missbraucht worden.

Seit 1996 wird eine Studie der Universität St. Louis (USA) unter Verschluss gehalten, da die katholische Kirche einen Skandal befürchtet. Für die Studie, die von amerikanischen Nonnenorden mit finanzierte wurde, befragte man 1164 Nonnen aus 123 US-Ordensgemeinschaften.

Das Ergebnis lautet: Vier von zehn Nonnen wurden schon einmal sexuell missbraucht, und zwar häufig von einem Priester oder einer anderen Nonne.

Möglicherweise sind insgesamt 34 000 Nonnen betroffen, wie „Blick-Online" (Schweiz) am 5. Januar 2003 berichtete. Die Autoren der Studie, der einzigen dieser Art, gehen von einer hohen Dunkelziffer aus, weil viele der Befragten aus Scham und Furcht vor einer Entdeckung möglicherweise nicht offen geantwortet hätten. Viele der Nonnen seien „Opfer der Strukturen in derselben Institution, der sie ihr Leben gewidmet haben", zitiert „Blick-Online" den Psychologen John Chibnall.

Statistische Zahlen über die Anzahl *pädophiler* und *ephebophiler* (das bedeutet eine Vorliebe für 14 bis 17 Jahre alte Jugendliche) Priester und Nonnen, die Kinder und Jugendliche sexuell missbrauchen, existieren nicht. Burkett und Bruni (1997, S. 122) verweisen auf Experten, die „glauben, dass es bei Kindesmissbrauch durch Nonnen eine hohe Dunkelziffer gibt – wie bei Kindesmissbrauch durch Frauen in der Gesellschaft überhaupt". Bei den Gottesmännern sieht es anders aus. Deren Zahl schätzt Sipe (1992, S. 198 ff.), bezogen auf pädophile katholische Priester in den USA, auf etwa 2%; weitere 4% sind „vorübergehend an heranwachsenden Jungen und Mädchen sexuell interessiert".

In den Vereinigten Staaten gibt es nach Angaben von Rossetti (1996 a, S. 13) „weit über 50 000 Priester und Mönche". Das würde, auf die USA bezogen, bedeuten, dass ausgehend von rund 50 000 katholischen Gottesmännern mindestens 1000 *pädophil* und mindestens 2000 *ephebophil* „veranlagt" sind.

In der Bundesrepublik Deutschland gibt es 13 000 katholische Priester. Nimmt man die von Sipe auf die USA bezogenen Prozentangaben als Berechnungsgrundlage, so wären mindestens 260 der katholischen Priester *pädophil* und 520 *ephebophil*.
Auf die etwa 20 000 evangelischen Geistlichen bezogen wären demnach mindestens 400 *pädophil* und 800 *ephebophil*.
Nach Auffassung des Verfassers dürften die Zahlen jedoch um einiges höher liegen.
An dieser Stelle sei auf ein Interview hingewiesen, dass der *Spiegel* mit dem Vorsitzenden der Deutschen Bischofskonferenz, Kardinal Karl Lehmann, führte (*Spiegel* 26/2002, S. 54-57). Auf den Hinweis des Nachrichtenmagazins: „Der katholische Psychotherapeut Wunibald Müller, der auch psychisch angeschlagene Priester betreut, sagt: Zwei Prozent aller Priester sind pädophil veranlagt. Das wären in Deutschland 200 bis 300 bei insgesamt 13 000 Klerikern. Jeder einzelne kann viel Unheil anrichten", antwortete Lehmann lapidar: „Noch einmal: Jeder einzelne Fall ist schlimm genug. Ohne Beweise darf man verantwortlich aber nicht so tun, als ob es eine Masse von Leuten wäre."

In den vergangenen fünfzig Jahren sind in den USA landesweit 4.392 Priester des sexuellen Missbrauchs Minderjähriger beschuldigt worden.

Zu diesem Ergebnis kommt eine offizielle Bilanzstudie der katholischen Kirche in den USA, die vom *John-Jay-Institut für Kriminalstatistik* der Universität New York im Auftrag der Bischöfe erstellt wurde. Bei den 195 US-Diözesen gingen insgesamt 10.667 Klagen ein.
Hier einige Ergebnisse:

• 6.700 Anschuldigungen konnten erhärtet werden, weitere 1.000 wurden fallengelassen; 3.300 Fälle konnten nicht verfolgt werden, weil die Beschuldigten bereits verstorben waren.

• 533,4 Millionen US-Dollar sind bislang nach gerichtlicher oder außergerichtlich erzielten Einigungen mit Opfern gezahlt worden (in diesem Betrag ist die im September 2003 vereinbarte 85-Millionen-Dollar-Entschädigung der Diözese Boston nicht enthalten).

• Die Polizei wurde bei 640 der insgesamt 4.392 beschuldigten Priester kontaktiert, in 226 Fällen sind Anzeige erstattet und insgesamt 138 Geistliche verurteilt worden; von diesen haben 100 eine Gefängnisstrafe verbüßt.

> • Laut der Bilanzstudie waren 81% der Opfer männlich, die Hälfte davon zwischen 11 und 14 Jahre alt. Zweitgrößte Altersgruppe waren mit 27,3% die 15-17-Jährigen gewesen. Und 6% aller Opfer waren unter sieben Jahre alt.

Sehr ausführlich berichten Burkett und Bruni (1997) über männliche *und* weibliche *pädophile* sowie *ephebophile* (klerikale) Würdenträger, Priester und Nonnen. Ihre Berichte dokumentieren exakt das *Psychogramm* der weiblichen *und* männlichen *regressiven* und *fixierten* Pädophilen. Sie beschreiben Geistliche und Nonnen, die in ihrer Kindheit schwer be- und geschädigt wurden, als *unreif, einsam, angepasst, autoritätsgläubig, unsicher* und durch *massive sexuelle Repression* geprägt.[4] Es sind beschädigte, geschädigte Menschen, deren Sexualität aus ihrem Bewusstsein „aus- beziehungsweise wegradiert" worden ist, deren psychosexuelle Entwicklung in Kindheit und Jugend schwer gestört wurde. Die von Burkett und Bruni genannten Indikatoren sprechen in ihrer Gesamtheit für die Tatsache, dass insbesondere die *sexualfeindliche, rigide, repressive, autoritäre, religiöse* und *klerikale* Erziehung (Schwarze Pädagogik) dafür verantwortlich ist, dass Menschen, die solch eine „Kindheit" erleben, durchleben, häufig von dem *Opferstatus* in den *Täterstatus* „überwechseln".

Über Priester, die vom Opfer zum Täter werden, berichtet Rossetti (1996 b, S. 73):

„... etwa zwei Drittel der wegen sexuellen Missbrauchs angeklagten Priester, die von uns am Saint Luke Institute befragt wurden, sind als Kinder selbst sexuell missbraucht worden."

Eine in den siebziger Jahren durchgeführte Studie über die seelische Gesundheit amerikanischer Priester bedarf keiner näheren Kommentierung. Die Forscher Kenneda und Heckler, über die Rossetti (1996 a) berichtet, beurteilten 271 Teilnehmer anhand von vier Entwicklungsstufen: *mangelhaft entwickelt, unterentwickelt, in der Entwicklung begriffen, und entwickelt.* „Die Priester schnitten dabei nicht gut ab", so *Rossetti* (1996 a, S. 14):

„Die große Mehrheit fiel unter der Kategorie der emotional Unterentwickelten (179). Die nächstgrößte Gruppe war die der in Entwicklung Begriffenen (50), einige wenige fielen unter die Extreme der Entwickelten (19) und mangelhaft Entwickelten (23).

Das war kein schönes Bild."

Die Ergebnisse dieser Studie besitzen nach fester Überzeugung des Verfassers auch heute noch uneingeschränkte Gültigkeit.

Es sind religiöse Menschen, die psychische *und* physische Schäden aus der oft *jahrzehntelangen Triebunterdrückung, Selbstkastrierung* und *Entmenschlichung* durch die Institution Kirche, hier insbesondere der katholischen Kirche, davontragen[5].

„Die meisten Kleriker, befragt man sie nach ihrer sexuellen Entwicklung, werden heute verneinen, dass sie ‚repressiv' erzogen worden seien", davon ist Drewermann (1989, S. 530) überzeugt:
„Sie werden, wie im April 1989 Bischof Lehmann im Gespräch mit Michael Albus, erklären, dass sie in einem glaubensgefestigten, aber nicht unterdrückenden Elternhaus aufgewachsen seien, und sie werden, wie der Bischof von Mainz, dabei einen Augenblick lang spöttisch lächeln, wie um zu sagen: ‚Ich verrate mich nicht. Und: Ich lasse mich nicht psychologisch in Zweifel setzen. Ich bin, wer ich bin.' Doch schaut man genauer hin, so erkennt man die alte Angst wieder, nur in unausgesprochener, verdrängter Form. Die Täuschung geht so weit, dass nicht wenige Kleriker von ihrer Sexualentwicklung in Kinder- und Jugendjahren behaupten werden, ‚damit' nie irgendein Problem gehabt zu haben; sie ahnen nicht, dass eben diese scheinbare Problemlosigkeit das eigentliche Problem darstellt und jedenfalls erklärt, warum sie sich später gerade in diesem Bereich ihres Lebens vor unauflösbaren Schwierigkeiten gestellt sehen."

In Wirklichkeit fürchten sie sich vor ihren *sexuellen Trieben* und *Phantasien* und unterdrücken sie brutal; sie versuchen, *unscheinbar, angepasst, asexuell* zu leben, als wären sie keine sexuellen Wesen. Es sind religiöse Menschen, die sehr häufig wegen einer *dominanten, herrschsüchtigen, aggressiven, gefühlskalten* Mutter sowie einer *pathogenen symbiotischen* Mutter-Sohn-Beziehung eine *Mutter-Hass-Liebe* entwickeln – und die Angst vor der *übergroßen* und *übermächtigen* Mutter haben.
„Sieht man genau hin", so Drewermann (1989, S. 589), der sich hierzu sehr zurückhaltend und verklausuliert äußert, „so durchweht die Psyche der meisten Kleriker ein Hauch nie abgelegten Muttersöhnchentums, in dem die frühere ... Überanspruchname ebenso wie die Überverwöhnung durch die Mutter eine seltsame Mischung eingeht, die von der katholischen Kirche in der beschriebenen Weise mit einem zeremoniellem Aufwand ohnegleichen übernommen und weitergeführt werden."
Die *klerikale Unterdrückung der eigenen Sexualität* funktioniert nicht lange. Auch nicht bei denen, die wegen ihrer *sexuellen Neigung* Priester werden und hoffen, unter dem *Deckmantel des Zölibats* (Heiratsverbot für Priester) und dem *Keuschheitsgelübde* (sexuelle Enthaltsamkeit) werde ihnen ihr Gott helfen, die *Sex-Triebe* auf immer und ewig zu *unterdrücken*, ja *abzutöten*. Der *ständige Triebstau*, insbesondere verursacht durch den *Zölibat* und das *Keuschheitsgelübde*, sucht sich seine Wege und kommt früher oder später zum Durchbruch. Davon ist auch der katholische Priester und Psychologe Stephen J. Rossetti (1996 b, S. 77) fest überzeugt:
„Kandidaten, die der Überzeugung sind, die Verpflichtung zu einem zölibatären Lebensstil werde ihnen helfen, ihre sexuellen Probleme loszuwerden, verfallen damit einem Irrtum. Wie viele Kindesmisshand-

ler haben mir erzählt, dass sie dachten, ihr zölibatäres Priesteramt werde ihnen ihre Kämpfe mit der Sexualität ersparen! Viele von ihnen hatten während der ersten zehn bis fünfzehn Amtsjahren keine Probleme. Doch irgendwann machte sich ein unbewältigtes sexuelles Problem bemerkbar."

Auch Burkett und Bruni (1997, S. 339), die sich hier sehr vorsichtig ausdrücken, gehen davon aus, „dass der Zölibat möglicherweise einen Magnet für Menschen, die sexuell unreif sind oder unter sexuellen Störungen oder Krankheiten leiden, bilden könnte". Die Autoren (1997, S. 305) verweisen auf den zutreffenden Zusammenhang zwischen sexuellem Kindesmissbrauch *und* Sexualunterdrückung, Zölibat, Keuschheitsgelübde und Kirchenhierarchie:

„Wenn es eine Wahrheit gibt, die jeder Experte zu Fragen des Kindesmissbrauchs unterschreibt, dann die, dass Missbrauch in hierarchischen, autoritären Institutionen gedeiht – besonders in solchen, die auch noch die Sexualität unterdrücken. Wenn Experten solche Institutionen beschreiben, scheinen sie die katholische Kirche zu charakterisieren."

In dem Zusammenhang zitieren Burkett und Bruni (1997, S. 306) Mike Lew mit den Worten:

„Ich glaube, jede Institution, die Unfehlbarkeit, Hierarchie und Patriarchat betont, die in sich geschlossen ist, in der es viel Geheimnistuerei gibt und (der es) an Offenheit mangelt, bildet ein Umfeld, in dem Kinderschänder sich ausleben können, ohne entlarvt zu werden. ... Diese Systeme sind Brutstätten des Missbrauchs."

Solange es bei diesem Status quo bleibt, wird die Kirche eine „Brutstätte" der Pädophilie sein.

„Der sexuelle Missbrauch fing mit dem 6. Lebensjahr im Beichtstuhl an."

Der Bayerische Rundfunk sendete im Juni 2004 einen Hörfunkbeitrag mit dem Titel „Unbarmherzige Schwestern – Erziehung in kirchlichen Kinderheimen". In dem Beitrag kommen Menschen zu Wort, die im „Namen Gottes" schwersten Misshandlungen wehr- und hilflos ausgesetzt waren. So auch Cornelia H., heute 45, die ab dem 4. Lebensjahr zehn Jahre ihres Lebens im Marienheim in Würzburg verbringen musste. Das Marienheim, in dem sie 1964 eingewiesen wurde, war für sie die „Hölle, es war die Hölle. Das war Hölle".

Der Verfasser gibt Auszüge des Interviews wieder, das die Rundfunkjournalistin Claudia Becker mit ihr führte:

Claudia Decker: „Sie waren bei Nonnen!"

Cornelia H.: „Dass ein wehrloses Kind, wirklich ein wehrloses kleines Wesen – mir fehlen die Worte, was da angerichtet worden ist. (Schluchzt) Ich bin als behindertes Kind groß geworden. Man hat mir meine ganze Selbstverantwortung, Denkweise, alles, was ein individueller Mensch mit der Zeit erfährt, lernt vor allem, ist mir genommen worden, indem ich machtlos gemacht worden bin, dass ich überhaupt kein Selbstwertgefühl habe. Das habe ich auch heute noch nicht, ein Selbstwertgefühl. Die haben das mit Schlägen, wie man das im Knast macht, entwürdigt."

Decker: „Wofür gab es Schläge?"

H.: „Für alles. ... Ich war bei Pinguine. Das waren bestialische, schwarzweiß gekleidete Frauen, die es mit uns gar nicht gut gemeint haben. Wie sollen sie's gut meinen, wenn sie mich schon ab dem 5. Lebensjahr mit wirklich hochgradigen Psychopharmaka vollgepumpt haben. (...)
Ich bin sexuell missbraucht worden. Der sexuelle Missbrauch fing an im 6. Lebensjahr im Beichtstuhl. Wir haben oben im Heim selber einen Beichtstuhl gehabt, mit einem ganz primitiven Vorhang. Ich bin von Schwester R. regelmäßig da reingeführt worden zu diesem Pfarrer. Ich musste ihn oral befriedigen, ich musste mich auf ihn setzen. Die R. hat neben dran gestanden, hat zugehört."

Decker: „Sie wollen nicht damit sagen, dass sie wusste, was hinter dem Vorhang vor sich geht?"

H.: „Sie wusste wohl, was da hinten war."

Decker: „Das ist eine Vermutung!"

H.: „Nein das ist keine Vermutung, das ist eine Tatsache. Sie hat sehr wohl gewusst, was da passiert war, denn wo der Pfarrer dann fertig war mit mir, bin ich rausgegangen, sie hat mich an die Hand genommen, hat mir ins Ohr reingeflüstert, du bist 'ne Drecksau, was du da gemacht hast, war nicht richtig. Hat mir 'n Rosenkranz in die Hände gedrückt und hat gesagt, so, jetzt gehst du vor und betest zwanzig Mal ein Ave Maria um Vergebung."

„Die Kirche zahlte mir Schweigegeld."

Frau H. war seit zwei Jahren im Marienheim, als sie ihren Angaben nach das erste Mal von einem Priester missbraucht wurde. „Der Priester hob mich während der Beichte auf seinen Schoß, rieb sich an mir. Währenddessen stand die Nonne draußen Schmiere", erinnert sie sich gegenüber der *Bild am Sonntag* – kurz „BamS" genannt – (Ausgabe 10.10.2004). Der Priester habe sie bei fast jeder Beichte missbraucht, versichert sie der *BamS*: „Und das acht Jahre lang. Zum Schluss hat er mich sogar vergewaltigt." Eine Nonne, die sie jedes Mal zum Priester brachte, habe sie nach dem Missbrauch im Beichtstuhl dafür auf ihre Art beschimpft: „Du Drecksau! Das hat die Nonne mir immer ins Ohr gezischt, wenn ich aus dem Beichtstuhl kam. Danach ließ sie mich zig Rosenkränze beten – als Strafe."

Sie konfrontierte 2002 die Diözese Würzburg mit den Missbrauchsvorwürfen. Die Diözese war offenbar bemüht, den Geistlichen zu identifizieren, indem Frau H. auch Fotos von damals im Heim tätigen Geistlichen vorgelegt wurden – ohne Erfolg. Dr. Heinz Geist, stellvertretender Generalvikar, gegenüber der *BamS*: „Es ist möglich, dass alles passiert ist, wie Frau H. es schildert. Es scheint mir aber ausgeschlossen, dass es jemand von unserer Diözese war." Frau H. hingegen versichert der *BamS*: „Es ist geschehen. Und ich werde mein Leben lang mit diesen quälenden Erinnerungen leben müssen."

Frau H. wandte sich schriftlich an Herrn Dr. Heinz Geist und den Vorsitzenden der Deutschen Bischofskonferenz, Kardinal Lehmann. Sie forderte die Kirchenmänner zu einer Entschuldigung auf und machte deutlich, dass sie auf eine Entschädigung besteht.

Kardinal Lehmann antwortete ihr mit Schreiben vom 23. Dezember 2003 persönlich und teilte lapidar mit:

„Weder als Bischof von Mainz noch als Vorsitzender der Deutschen Bischofskonferenz habe ich das Geringste mit Ihren Forderungen zu tun. Ich kann auch Ihre Angelegenheit nicht beurteilen und muss Sie darum bitten, die Sache mit dem Bistum Würzburg auszumachen.

Deshalb ist es auch ganz und gar unangebracht, dass Sie glauben, mir Termine setzen oder Drohungen aussprechen zu können. Dadurch verbessern Sie keineswegs den Eindruck, den ich gewinne."

Möglicherweise in der Hoffnung, dass Frau H., die damit drohte, die Medien einzuschalten, über den Vorgang schweigt, erklärte die Würzburger Diözese sich bereit, ihr finanzielle Hilfe zu gewähren. Sie zahlte Frau H. eine dreiwöchige Erholungsreise nach Dubai (laut Rechnung der „Kolping Tours" in Augsburg vom 11. März 2004, die an das Bischöfliche Ordinariat, zu Händen Herrn Dr. Geist, ausgestellt ist, insgesamt 3.355,00 Euro), kaufte für sie einen Computer inklusive Drucker und finanzierte ihr einen Hauptschulabschluss, der etwa 10 000 Euro kostete. All diese Leistungen, die insgesamt etwa 15 000 Euro ausmachen, sind in einer Vereinbarung aufgeführt. Unter „Regelungen für die Zukunft" wird angeführt:

„Frau H. und die Diözese Würzburg sind sich einig, dass die Angelegenheit mit Abschluss dieser Vereinbarung erledigt ist, insbesondere soweit sie etwaige Ansprüche von Frau H. betrifft, die anlässlich ihres Aufenthaltes im Marienheim in Würzburg geltend gemacht werden könnten aus jeglichem Rechtsgrund, sei es öffentlich-rechtlich, zivilrechtlich oder strafrechtlich.
Frau H. verpflichtet sich, hieraus keine weiteren Ansprüche gegen die Diözese und kirchliche Rechtspersonen geltend zu machen, auch wenn diese ihren Sitz außerhalb der Diözese Würzburg haben. Gleichzeitig erklärt sie sich bereit, künftig weitere Anschuldigungen, die sie derzeit gemäß Ziff. 1 der Vereinbarung erhebt, oder die eine entsprechende Zielsetzung haben, gegen die katholische Kirche und gegen Einrichtungen zu unterlassen, die der katholischen Kirche zuzuordnen sind, sei es im privaten Bereich oder öffentlich.
Die Parteien sind sich darüber einig, dass Frau H. keine weiteren Leistungen gegenüber die Diözese Würzburg und den vorgenannten Einrichtungen geltend macht ..."

In einem Begleitschreiben vom 31. März 2004 bittet der Ständige Vertreter des Diözesanadministrators, Karl Hillenbrand, Frau H., den in zweifacher Ausfertigung übersandten Vertrag zu unterschreiben und zurück zu senden. „Nach Gegenzeichnung erhalten Sie ein Exemplar für Ihre Unterlagen. Bitte haben Sie dafür Verständnis und sehen Sie dies als Zeichen der Unterstützung des Bistums Würzburg, das Ihnen in Ihrer jetzigen Situation sehr entgegengekommen ist."

Frau H. lehnte ihre Unterschrift unter der Vereinbarung ab. „Ich werde das auch nie unterzeichnen. Nur über meine Leiche", versicherte sie der *BamS* – und fügte hinzu: „Die Kirche zahlt mir Schweigegeld". Dr. Geist widersprach gegenüber der *BamS* dieser Behauptung: „Wir wollen sie lediglich unterstützen – aus karitativen Gründen." Das machte auch ein Sprecher des Bistums deutlich, der gegenüber der *Süddeutschen Zeitung* (Ausgabe 13.10.2004) versicherte, das Geld sei lediglich aus „karitativen Gründen" zur Verfügung gestellt worden, weil sich die Frau in einer „gesundheitlichen und wirtschaftlichen Notsituation" befinde.

Für den Anwalt von Frau H., Karl G., steckt mehr dahinter: „Das ist ein moralisches Schuldeingeständnis der Kirche", so der Jurist gegenüber der *BamS*. Die Diözese widersprach ausdrücklich und wies daraufhin, dass man ohne Schuldanerkenntnis gezahlt habe.

Mit einem Leserbrief, der von der Pressestelle des Ordinariats Würzburg – Aktuelle Nachrichten aus der Diözese, Nr. 43, 33. Jahrgang – am 20.10.2004 veröffentlicht wurde, reagierte Prälat Karl Rost auf Zeitungsberichte, die sich mit dem Thema beschäftigten. Der Kirchenmann, der auch Vorsitzender des Marienvereins ist, erklärte: „... ich (habe) ehemalige Mitschülerinnen und Erzieherinnen zu diesen Vorwürfen befragt. Die Befragten haben einmütig folgendes ausgesagt: Die Kinder im Marienheim sind wie üblich im 9./10. Lebensjahr auf den Empfang des Bußsakramentes vorbereitet worden; mit 6 Jahren habe kein Kind gebeichtet; sind ungezwungen zur Beichte gegangen, meist auswärts in umliegende Kirchen, dies freiwillig einmal im Monat oder vor den Hochfesten im Kirchenjahr; wurden dabei höchstens anlässlich der Erstbeichte von einer Erzieherin begleitet, ansonsten sind sie allein und eigenständig gegangen; im Marienheim gab es keinen Beichtstuhl, **wie üblich in Kirchen** (vom Verfasser hervorgehoben)."

Wie können missbrauchende Priester und Nonnen das Verbrechen an Kindern mit ihrem Gott und dem christlichen Menschenbild vereinbaren? Die Antwort ist einfach: Sie glauben im Ernst, durch Gebete und Beichte wird ihnen ihr Gott für die Verbrechen Vergebung schenken. Und während sie beten und beichten, missbrauchen sie auch weiterhin Kinder.

Rossetti und Müller (1996, S. 119, 120) lassen einen betroffenen Priester („Bericht eines Priesters, der Kinder missbraucht hat") zu Wort kommen, der betete *und* beichtete *und* sich weiter an Kindern versündigte:

„Meine Beziehung zu Gott war immer gut. Ich dachte, wir könnten alles gemeinsam durchstehen, doch diese Dinge waren zu schwerwiegend. Gott nahm mir meine Gebete nicht ab. Ich beichtete, bereute und fühlte mich gereinigt, sündigte jedoch sofort wieder. Daher sagte ich Gott, dass ich von nun an meinem freien Tag in der Suppenküche arbeiten werde, solange, bis Er etwas täte. Ich ging dorthin mit der Mutter der Kinder, die ich missbrauchte."

Die katastrophalen Folgen für die kindlichen Opfer, die durch Priester und Nonnen sexuell missbraucht werden, beschreiben Burkett und Bruni (1997, S. 186):

„Sexueller Kindesmissbrauch hinterlässt bei den Opfern keine sichtbaren Narben. ... Sie tragen die Narben eines frühzeitigen Verlustes der kindlichen Unschuld. Diese Narben hindern sie daran, gesunde Erwachsene zu werden. Kleine Kinder fangen wieder an, sich wie Babys zu benehmen. Sie machen ins Bett oder weigern sich, allein zu schlafen. ... Opfer erzählen alle die gleichen Geschichten – von jahrelangen Depressionen, Angstzuständen, Selbsthass und Furcht vor anderen. Sie richten ihr Leben nach ihren Wunden ein. Viele hassen ihren Körper, der sie verraten hat, als er den Täter zum Missbrauch veranlasste ..."

Dass gerade (kindliche) Opfer von sexuellem Missbrauch durch Priester einen noch größeren Folgeschaden davon tragen als Opfer von anderen, nicht klerikalen Tätern, davon sind Burkett und Bruni (1997, S. 187) überzeugt:

„Wenn die Täter einen Priesterkragen tragen, sind die Wunden noch tiefer."

Und sie zitieren einen Therapeuten, der Opfer von Tätern im Priesterrock untersucht hat:

„Ich bin der festen Überzeugung, dass diese Kinder viel größere Schäden davongetragen haben als alle anderen Kinder, die ich in den vergangenen fünfundzwanzig Jahren in meiner Praxis hatte. Ich habe Kinder gesehen, die von einem Jugendleiter missbraucht wurden. Ich habe Kinder gekannt, die von einem Pfadfinderführer missbraucht wurden. Das hier ist ganz anders. Diese Opfer waren viel verletzter und traumatisierter. Sie achteten ihre Eltern nicht mehr. Sie achteten ihre Kirche nicht mehr. Sie achteten nichts und niemand mehr. Sie waren völlig leer. Ich sah Körper, hohle Körper. Das hatte ich noch nie zuvor in meiner Praxis erlebt."

Die traumatischen Verletzungen bekommen eine zusätzliche religiöse Dimension: Das Verhältnis des Opfers zur Kirche wird zerstört. Noch schlimmer: Das Opfer verliert den Glauben an seinen Gott.

Auch Nonnen verüben sexuelle Gewalt an Kindern

Abtreibung ist „ein schlimmerer moralischer Skandal als Priester, die junge Leute missbrauchen".
George Pell, Kardinal und Oberhaupt der australischen Katholiken
(*Frankfurter Rundschau*, 14. 9. 2002)

Über Nonnen, die Kinder *und* Jugendliche misshandeln beziehungsweise missbrauchen, existieren fast keine Veröffentlichungen. Die Erklärung hierfür liegt in der Tatsache begründet, dass es den Kirchen – wie auch bei missbrauchenden Klerikern – immer wieder erfolgreich gelingt, derartige Misshandlungs- und Missbrauchsfälle zu vertuschen, wobei ihnen offenbar jedes Mittel recht ist, damit solche Verbrechen nicht an die Öffentlichkeit gelangen.

„Ich musste mich ausziehen und mich mit den Armen auf dem Rücken vor den Altar knien mit der Bibel, und es hieß: ‚Wir warten auf die Oberschwester.'"

Ein männliches Opfer berichtet den Autorinnen Glöer und Schmiedeskamp-Böhler (1990, S. 90-94) von den Kindheitserfahrungen in einem katholischen Heim. Die *rigide christliche Erziehung* war geprägt von *schlimmsten – sadistischen – psychischen, physischen* und *sexuellen Misshandlungen*, verübt von einer Oberschwester und einem Pater, der ihn mit acht Jahren auch oral und anal vergewaltigte:

„Und dann haben sie uns beide, die Oberschwester mich, der Pater das Mädchen, am späten Abend wieder an den Ohren nackt herausgeschleift und haben uns an dem angrenzenden Zaun festgebunden, der das Gelände umgab ... es zog ein Gewitter auf, und uns wurde gesagt, dass jetzt ein Gottesurteil käme.
In Kreuzsymbolik am Drahtzaun festgebunden, splitternackt wurde mir gesagt, bevor das Gottesurteil komme, würde man dafür sorgen, dass ich dieses Vergehen mein Lebtag nicht vergäße, und hat mir den ganzen Penis und die Hoden mit Brennesseln eingerieben. Erst kitzelte es, später kam dann der Schmerz.
Was der Pater mit dem Mädchen gemacht hat, weiß ich nicht, ich habe sie später nie mehr wiedergesehen."

Das Gottesurteil, dass die gequälten und geschundenen „Kinder Gottes" unstrittig niemals werden vergessen können, folgt auf dem Fuße.

„Die beiden haben sich zurückgezogen, nachdem alles schön mit Brennesseln eingeschmiert war, und dann kam das Gottesurteil, und das war schlimm..., ich habe heute noch Angst vor Gewitter. ... Das

Gewitter zog heran, wirklich ein fürchterliches, knochenhartes Gewitter. Sie können sich vorstellen, ein Achtjähriger mit dem ganzen Vorgeschehen, ich hatte wirklich Angst, Todesangst. Das habe ich nie mehr in meinem ganzen späteren Leben so erlebt wie damals."

Die Angst, die Todesangst des Kindes – wie sehr haben sich die sadistisch veranlagte Nonne und der Pater an dem kleinen wehr- und hilflosen Jungen ergötzt und an seinem zitternden nackten Körper geweidet.

„Ich wurde auf ein Bett gelegt, so eine Pritsche, so ein Militärbett, die Arme nach hinten, ganz nackt, die Füße festgebunden, und dann kam das, wovon ich sage, das ist Sex gewesen. Sie hat gerieben und eingeschmiert, und sobald irgendwelche Regungen kamen vom Penis her, hat sie mir über die Brust gepeitscht. ... Auch zur Toilette durfte ich nicht. Sie hat meinen Penis genommen und quasi für mich uriniert, den After abgewischt usw. ... Aber das Schlimmste war eigentlich, dass ich den anderen vorgeführt wurde als der durch den Teufel Fehlgeleitete. Wie ich da nackt gelegen habe, gefesselt, mit den schon sichtbaren Pickeln, wurde gesagt: ‚Das kommt, wenn ihr...' Und dann durfte die ganze Gruppe an mir vorbeimarschieren. Dieses absolute Ausgeliefertsein, egal was sonst noch passierte, das Ausgeliefertsein, das war das Schlimmste. Wehrlos zu sein. Diese absolute Wehrlosigkeit."

Die Oberschwester hat sich an dem kleinen Knabenkörper, dem kleinen kindlichen Phallus sexuell befriedigt.

„Auch zur Toilette durfte ich immer nur mit Schwestern. Ich durfte mich nicht mehr anfassen. Waschen unterhalb des Bauchnabels wurde dieser Oberschwester überlassen. Und in diesem Zusammenhang, beim Baden – das ist schon fast sadistisch – hat sie mich mit dem Finger stimuliert, und wenn dann was kam, mein Gott, als Achtjährigem passiert einem das schon mal, gab es einen hinten drauf. Dann musste ich mich hinknien, und ich kriegte richtig den Hintern versohlt."

Und der Gottesmann missbraucht eiskalt christliche Rituale zur sexuellen Stimulation, um das Kind zu vergewaltigen.

„Und dann ging das Spiel weiter. Ich musste mich wieder ausziehen, und er kam mit Weihrauch über den nackten Körper und Einreiben und Blabla und Brimborium. Während der ganzen Zeit war er unter seiner Kutte nackt, und irgendwann musste ich seinen Penis in den Mund nehmen. Weil er von Jesus eingesetzt sei, wäre das die einzige Möglichkeit, mich zu retten. Der Mann ist später verhaftet worden, weil er es noch mit anderen Jungen und Mädchen getrieben hat. ... Er hat mit mir auch den Analverkehr durchgeführt. Diese Situation habe ich bewusst erlebt, ohne zu wissen, was vorher passiert war. Also wieder Sexualität in Form von Gewalt.

> Zweimal in der Woche musste ich zu ihm gehen, obwohl ich es nicht wollte. Erstens tat es weh, und zweitens konnte ich es nicht unter einen Hut kriegen, dass jemand, der das Credo singt im Hochamt, wo wir jeden Sonntag hin mussten, solche Sachen mit mir veranstaltete."
>
> Das gedemütigte, missbrauchte, gequälte und gefolterte Opfer berichtet weiter, als Erwachsener gegenüber Frauen gewalttätig gewesen zu sein. Auch seine eigene Frau habe er immer wieder im Keller nackt gefesselt, ausgepeitscht und vergewaltigt.

Nur selten werden Verbrechen, die Nonnen (*und* Priester) an Kindern begehen, öffentlich.
Hier einige Fallbeispiele:

• Burkett und Bruni (1997, S. 122) berichten über eine Schwester namens Georgene Stuppy, die ein Mädchen sexuell missbrauchte und das Verbrechen „mit religiösen Rechtfertigungen" bemäntelte. Die fromme Frau, die 1990 von dem Opfer verklagt wurde, war ohne jegliches Unrechtsbewusstsein: sie leugnete jedes Fehlverhalten. Das „Fehlverhalten" bestand nach Angaben des Opfers darin, dass die fromme Frau sie einige Jahre lang regelmäßig unzüchtig berührte und an ihren Brüsten saugte.
„Es tut wirklich weh, wenn Sie das als sexuellen Kontakt bezeichnen", geben Burkett und Bruni (1997, S. 123) die Einlassung der Nonne gegenüber den Anwälten der Klägerin vor Gericht wieder, „aber ich weiß, dass man das wohl so nennen muss."
Gegenüber Burkett und Bruni (1997, S. 347) gab die Missbraucherin in Nonnengewand folgendes Statement ab:
„Ich bestreite jede Anschuldigung, dass ich eine Straftat begangen hätte."
Liebesbriefe der Nonne an das Mädchen bezeichnen das kindliche Opfer abwechselnd als Geschenk, Mittler von Gott, Mutter Gottes und als Personifikation Jesu. Die Autoren (1997, S. 123) zitieren ein Schreiben der Nonne, in dem sie einen Traum beschreibt, „in dem sie Gott durch das Mädchen erfuhr":
„Du nahmst meine Hand, drehtest sie um und strecktest meinen Arm aus, so dass ich SEIN Gesicht berühren konnte, und dann war irgendwie SEIN Gesicht auch dein Gesicht. Ich spüre noch in meinen Fingern die Wärme und Weichheit deines Gesichts. Zuerst ist dein Gesicht trocken, und dann gleite ich mit meinen Fingern buchstäblich über ein Meer von Tränen."

• *Elliott* (1995, S. 45) lässt ein weibliches Opfer zu Wort kommen, die von einer Nonne missbraucht wurde:

„Als ich sieben Jahre alt war, fasste eine der Nonne, die uns unterrichteten, ständig mit der Hand unter meinen Rock und spielte mit meinen Genitalien, wenn ich an ihrem Schreibtisch stand.
Erst als ich erwachsen war und mich meiner besten Freundin aus der Schulzeit anvertraute, erfuhr ich, dass sie das auch mit anderen Mädchen machte. Ihr war das Gleiche passiert und einigen anderen ebenfalls. Ich war so wütend, dass ich noch einmal zu der Schule fuhr und die Nonne zur Rede stellte. Sie stritt es nicht ab, sagte aber, sie hätte es ‚aus Liebe' zu uns getan, und das könnte ich doch sicher verstehen. Stellen Sie sich vor, Sie sollen einem Erwachsenen erzählen, dass eine Nonne Sie sexuell missbraucht hat. Das glaubt Ihnen doch kein Mensch. Ich habe es meinen Eltern bis heute nicht gesagt. Die würden sich zu sehr aufregen."

• Die Zeitschrift *Boston Globe* (14.5.2004) berichtete über neun ehemalige Schüler einer Gehörlosenschule in Boston (die 1994 geschlossen wurde), die gegen Nonnen und Priester schwere Vorwürfe erhoben haben. Die drei Frauen und sechs Männer, die damals zwischen 7 und 16 Jahre alt waren, werfen den „Schwestern von St. Joseph" und anderen Mitarbeitern vor, sie geschlagen und sexuell missbraucht zu haben. Die Kläger, die heute zwischen 47 und 67 Jahre alt sind, erstatteten Anzeige gegen mindestens 14 katholische Ordensschwestern und Priester. Die Vorfälle sollen sich zwischen 1944 und 1977 ereignet haben. Der Bischof soll informiert gewesen sein, habe aber geschwiegen. Es wird erwartet, dass sich dem Verfahren weitere ehemalige Schüler anschließen werden.

• Der *Evangelische-Presse-Dienst* (15.2.2003) berichtete, dass in der italienischen Stadt Bergamo zwei Ordensfrauen wegen sexuellen Missbrauchs von Kindern zu je neun Jahren und sechs Monaten Haft verurteilt worden sind. Den 70- und 65-jährigen Frauen ist die Arbeit in Kindergärten für immer verboten worden.

• Die *Frankfurter Rundschau* (2.8.1997) berichtete über Regine B., die – wie auch andere Mädchen – im Alter von acht bis zehn Jahren in einem katholischen Mädchenheim in Chiemgau in Oberbayern von einer Klosterschwester misshandelt und sexuell missbraucht worden sei. Vor dieser Nonne habe sie Angst gehabt. Mit einem Holzlineal oder auch Kleiderbügel habe die fromme Frau sie misshandelt. Die Prügelexzesse hätten nicht heimlich, sondern öffentlich stattgefunden: Auf den nackten Po sei geschlagen worden, während die anderen Mädchen zuschauen mussten:
„Ich hab' ziemlich viel Angst vor der Frau gehabt", erinnert sich das Opfer: „Gleichzeitig war es aber auch die Frau, die für mich zuständig war. Es gab nicht viel Entrinnen."
Auf die Frage: „Was war das Schlimmste?", antwortete sie:

„Dass ich mich so geschämt habe. Ich dachte immer, ich sei selber schuld, weil ich mich selbst ausziehen musste."

- Die *Neue Westfälische* (30.11.2001) berichtete über den 44-jährigen Pierre de P., der von 1963 bis 1972 im Kinderheim St.-Hedwig in Lippstadt, das von katholischen Ordensschwestern geleitet wurde, untergebracht war (die Anstalt wurde 1999 wegen „Personalmangels" geschlossen). De P. erinnert sich an diese Zeit:
„Es war ein absoluter Albtraum. Wir wurden geschlagen, gequält und eingesperrt. Das ganze Gelände war mit Stacheldraht umzäunt. Viele haben versucht, zu entkommen. Aber geschafft hat es niemand. ... Die Schwestern haben förmlich darauf gewartet, uns körperliche Gewalt anzutun. Es waren wirkliche Misshandlungen, die dort im Namen Gottes stattgefunden haben."
Brutalität habe zum Alltag gehört, gibt die *Neue Westfälische* die weiteren Erinnerungen des Opfers wieder:
„Bis zur Bewusstlosigkeit sei er geschlagen worden, das Nasenbein habe ihm eine Schwester gebrochen, als er sieben Jahre alt war."
De P. erinnert sich auch an sexuelle Gewalt, der er durch eine Nonne vielfach wehr- und hilflos ausgesetzt war:
„Sie holte sich immer kleine Jungs auf ihre Zelle. Fünfmal in all den Jahren war ich der kleine Junge. ... Sie war eine massive und kräftige Person. Ich war klein und schmächtig. Wehren konnte ich mich nicht."

Es ist ganz offensichtlich, dass sich hinter dem berüchtigten Hang von Nonnen, den Bräuten Jesu Christi (aber auch von Pastoren und Priestern), Kinder körperlich, seelisch *und* verbal zu malträtieren, Anzeichen von *sexuellem Sadismus* verbergen. Kenneth Lanning, ein FBI-Experte für sexuellen Kindesmissbrauch, den Burkett und Bruni (1997, S. 122) zitieren, stellt aufgrund entsprechender beruflicher Erfahrungen folgende Fragen: Verbirgt „sich hinter dem berüchtigten Hang von Nonnen zur körperlichen Züchtigung nicht ein gewisser Grad von sexuellem Sadismus ...? Ist es eine Disziplinarmassnahme, wenn jemand ein Lineal nimmt, ein Kind auf das Pult drückt und es mit dem Lineal züchtigt? Ist es körperliche Misshandlung? Oder ist es sexueller Missbrauch? Meiner Meinung nach könnte jede der drei Möglichkeiten zutreffen".

„Schweig! Du hast mir aufs Wort zu gehorchen!"

In dem hier vorliegenden Buch finden sich Kindheitserlebnisse und -erfahrungen von Kindern, die in einem katholischen Heim aufgewachsen sind (siehe das Kapitel „Gestohlene Kindheit"). Diese ehemaligen Heimbewohner erinnern sich hautnah, als wären sie dieser katholischen Schwarzen Pädagogik immer noch wehr- und hilflos ausgeliefert, an eine Nonne, die für sie die Inkarnation des Bösen darstellte. Eine der schlimmsten Szenen, in der diese Nonne ein Kind sadistisch quält und sexuell missbraucht, sei hier wiedergegeben:

„Schwester Emanuela geht mit Stefan in ihr Schwesternzimmer und schließt die Tür ab. Sie nimmt ihren Rohrstock vom Nachttisch und schwingt ihn durch die Luft.

‚Zieh sofort deine Hose aus', fordert sie Stefan auf, während sie den Rohrstock vor seinem Gesicht hin- und herbewegt. Stefan zittert am ganzen Körper. Schwester Emanuela erkennt in seinem Kindergesicht die große Angst. Ihr altes, lebloses Gesicht erstrahlt plötzlich im Glanz ihrer Frömmigkeit.

Stefan, dessen Hände zittern, zieht langsam die Hose aus.

‚Die Unterhose sollst du auch ausziehen!'

Ihre Stimme wird für Stefan immer angstvoller und bedrohlicher. Langsam zieht er, wie befohlen, gehorsam seine Unterhose aus. Stefan steht direkt vor ihr, und mit zittrigen Händen deckt er vor Scham und Angst seinen Penis ab. Die alte Frau will mehr.

‚Nimm die Pfoten da vorne weg, wird's bald!'

Total verstört und ängstlich nimmt Stefan seine Hände beiseite und fängt an zu weinen. Das Zittern seines gesamten Körpers nimmt zu. Schwester Emanuela begutachtet gierig Stefan, seinen kindlichen, knabenhaften und zierlichen Körper. Sie schaut auf seinen Penis. Ihr Gesicht färbt sich rot. Auf ihrer Stirn bildet sich Schweiß, und ihr Herz klopft hastig und schnell.

‚Stefan' – in ihrer Stimme liegt ein Zittern, und sie atmet schwer – ‚zieh sofort deine ganzen Kleider, einschließlich deiner Strümpfe, aus, und leg dich mit dem Bauch auf mein Bett!'

Stefan zieht sich, ohne einen Hauch von Widerstand zu zeigen, ganz aus. Wie befohlen, legt er sich bäuchlings auf das Bett, schließt die Augen und beisst seine Zähne fest zusammen. Jeden Moment, denkt er, wird Schwester Emanuela mit dem Rohrstock auf ihn einschlagen. Schwester Emanuela steht direkt hinter Stefan und kniet sich auf das Bett neben ihm nieder. Den Rohrstock legt sie auf dem Nachttisch und schlägt mit der flachen Hand ganz leicht auf Stefans Rücken. Beim Po hält sie inne und fängt an, ihn zart zu streicheln. Stefan ist völlig irritiert, sein Körper verkrampft sich. Plötzlich vernimmt er bei der alten

Frau ein Schnaufen und bald darauf ein leichtes Stöhnen. Schwester Emanuela streichelt mit ihren Händen seinen ganzen Körper.
‚Leg dich auf den Rücken', herrscht sie ihn dann an.
Ihre bebende und zugleich fordernde Stimme lässt ihn erneut erschauern. Stefan setzt ihr einen kleinen Widerstand entgegen und verweigert sich. Mit Tränen in den Augen schaut er sie angstvoll an. Ihr gerötetes und verschwitztes Gesicht verfinstert sich. Sie nimmt ihren Rohrstock in die Hand und schlägt mit diesem auf Stefans Po. Stefan krümmt sich vor Schmerz und stößt laute Schreie aus.
‚Schweig! Du hast mir aufs Wort zu gehorchen', schreit Schwester Emanuela ihn erbarmungslos und mit eiskalter Stimme an.
‚Wenn du nicht stillhältst, schlage ich dich so lange mit dem Rohrstock, bis dein schöner Körper mit Striemen übersät ist! Leg dich sofort auf den Rücken!'
Die Androhung von weiteren Schlägen zeigt Wunder. Stefans innerer Widerstand ist gebrochen. Ihm ist kotzübel. Er dreht sich langsam um und sieht ihr dabei ins Gesicht. Schwester Emanuela streichelt mit ihren Fingern sein Gesicht, Hals, Bauch, Bauchnabel und Schenkel. Dann nimmt sie seinen Penis in die Hand und reibt an ihm."

„Ich hatte meinen ersten Samenerguss von einer Nonnenhand!"

Über seine Kindheitserlebnisse in einem katholischen Heim berichtet auch Sven Love (1996, S. 47, 48), ein Callboy, der als Kind von einer Nonne zu sexuellen Handlungen „verführt" wurde:

„Eines Abends rief sie mich ... auf ihr Zimmer und fing an, mich unten zu massieren. Ehrlich gesagt war ich am Anfang nicht besonders erregt, im Gegenteil: Ich hatte Panik, denn sie war eine Autoritätsperson und trug noch dazu ihre Uniform. Dann legte sie das Häubchen ab. Sie hatte lange Haare, war ungefähr 26 Jahre alt, und eine junge, attraktive Frau. Und schließlich hob sie ihre Kutte hoch – sie trug nichts darunter. Ich durfte sie anfassen und streicheln. Wir hatten keinen Verkehr, sie hat mir nur alles an sich gezeigt. Ich durfte alles sehen. Aber sie blieb für mich eine Nonne, schließlich trug sie ja auch noch ihre Kutte. Keiner von uns sprach ein Wort, aber erregt war sie auf jeden Fall. Ich kann schließlich unterscheiden, ob eine Scheide feucht oder trocken ist. Ich hatte meinen ersten Samenerguss von einer Nonnenhand!"

Heime und Internate sind für sexuelle Gewalt unter Kindern und Jugendlichen besonders prädestiniert.

„Doch noch eine Frage wird ewig offen bleiben, daran ändert alle Schuld nichts: Warum muss es überhaupt Menschen geben, die so sind? Sind sie damit meist geboren?
Lieber Gott, was haben sie vor ihrer Geburt verbrochen?"
Jürgen Bartsch (1980, S. 232)

Ein Tabu stellt die Tatsache dar, dass auch und gerade in Heimen Kinder *und* Jugendliche Kinder *und* Jugendliche sexuell missbrauchen. Es handelt sich um Kinder *und* Jugendliche, die häufig in der Herkunftsfamilie sexuell missbraucht worden waren und nun als Heimkinder andere Heimkinder missbrauchen.
Unstrittig gibt es leider derartige Fälle, die genauso der *„Mauer des Schweigens"* anheimfallen wie *physische* und *psychische Misshandlungen* sowie *sexueller Kindesmissbrauch* durch HeimmitarbeiterInnen.
Über ein Heim berichtet beispielsweise *Conen* (1997, S. 716), in dem „ein Mädchen von zwei weiblichen Jugendlichen vergewaltigt (wurde), die – wie später herauskam – selbst sexuell missbraucht und dabei erhebliche Gewalterfahrungen gemacht hatten".
Schumacher (2004, S. 23), die seit zwölf Jahren in einer Mädchengruppe im stationären Jugendhilfebereich arbeitet, berichtet von dort untergebrachten Mädchen, die „fast alle traumatisiert" sind – „häufig mehrfach":
„Ihre Aussagen (auch die der Jungen, mit denen ich 10 Jahre lang gearbeitet habe) enthielten und enthalten häufig Informationen über erlebte Gewalt – auch durch Mütter. Dazu zählen körperliche Gewalt (schlagen, auspeitschen, Verbrennungen zufügen ...), psychische Gewalt (demütigen, beschämen, unter Druck setzen ...) sowie Vernachlässigung und Verwahrlosung, die zu Behinderungen führen. Und sie sprechen immer wieder von sexueller Gewalt. (...) Ohne längere Überlegung fallen mir 10 Mädchen aus der Wohngruppe ein, die uns von sexueller Gewalt durch Frauen (Mutter, Tante, Bekannte, Schwester, Lebensgefährtin der Mutter) erzählten. Alle Mädchen waren zusätzlich körperlicher und psychischer Gewalt durch diese Frauen ausgesetzt. Keine dieser Frauen wurde angezeigt, d. h. keine Tat strafrechtlich verfolgt. ... Diese Gewalttaten gegen Kinder und Jugendliche stehen in keiner Statistik und gehören somit zu einer meiner Erfahrung nach enormen Dunkelziffer."
Schumacher (2004, S. 23) weist völlig zutreffend darauf hin, dass körperliche Gewalt auch eine sexuelle Färbung hat – und sie macht dies an einem Beispiel deutlich:
„Warum muss ein Kind, das vor mehreren ZuschauerInnen ausgepeitscht werden soll, diese Misshandlung nackt über sich ergehen las-

sen? Neben den ungeheuren Schmerzen ist deutlich Scham, Demütigung und Verwirrung bei dem Mädchen zu spüren, was mit der sexuellen Stimmung zu tun hat."
Sie berichtet auch über „Mädchen in unserer Gruppe, die andere Mitbewohnerinnen sexuell misshandelten oder/und zuvor auch schon z. B. die Geschwisterkinder in einer Pflegefamilie sexuell misshandelt hatten".
Im Rahmen der sexuellen Gewalt übten sie Druck auf ihre Opfer aus, indem sie beispielsweise Gewalt androhten bzw. anwandten oder damit drohten, „kleinere Kinder zu verletzen oder umzubringen" (2004, S. 24).
Und sie fährt fort:
„Folgende Verhaltensweisen sexueller Gewalt haben Mädchen im Alter von 10 bis 16 Jahren im Kontext von Geheimhaltung, zur Befriedigung eigener Bedürfnisse, an anderen Mädchen der Gruppe ausgeführt:

- streicheln (über der Kleidung, unter der Kleidung, nackt),
- ausziehen lassen,
- küssen (an der Brust, an der Scheide),
- den nackten Körper ablecken,
- an die Brust fassen, die Brust streicheln, in die Brust kneifen,
- Finger, Papilotten, Stifte in die Scheide einführen,
- sich nackt am ganzen Körper des Mädchens reiben.

Und die Mädchen ließen auch an sich folgende „sexuelle Handlungen ... vornehmen:

- sich küssen lassen (mit der Zunge, an der Brust),
- sich an der Scheide anfassen lassen,
- sich an der Scheide solange streicheln lassen, bis ein Orgasmus erfolgt."

Auch dem Verfasser wurden derartige Fälle berichtet.
Hier zwei Fallbeispiele:

- Frau B., Mutter von vier Jungen im Alter von vier bis vierzehn, brachte ihre Kinder nach Rücksprache mit dem Jugendamt in ein *evangelisches* Kinderheim, um sie vor den *gewalttätigen Übergriffen des Kindesvaters, einem Alkoholiker, zu schützen*. Nach dem sie die Kraft aufgebracht hatte, sich vom Ehemann zu trennen, wollte sie ihre Kinder wieder zu sich nehmen, doch das Jugendamt lehnte ab.
„Der Richter sagte gleich zu Beginn der Verhandlung, dass er mir das Sorgerecht entzieht, egal, was ich sage. Der Heimleiter sagte danach: ‚Sie sehen, jetzt haben wir gewonnen und Sie verloren.' Doch verloren hatten nur die Kinder!"
Einem Gutachten ist zu entnehmen:

„Die Vorgehensweise, die Kinder entgegen allen Absprachen der Mutter einfach nicht mehr zu geben, ist sicherlich zumindest als unglücklich zu bezeichnen. ... Zur Zeit liegen keine Anhaltspunkte vor, Frau B. nach § 1666 BGB das Sorgerecht zu entziehen. Es ist vielmehr so, dass alle vier Kinder eine enge Bindung zur Mutter haben und es nicht zum Wohle der Kinder war, sie dauerhaft von der Mutter zu trennen."
Die Kindesmutter stellte bei ihren Kindern, die die Ferien bei ihr verbrachten, immer wieder „Rötungen im Intimbereich" fest, wenn diese zu Besuch waren. Das Jugendamt, von ihr wegen *Verdacht des sexuellen Missbrauchs* eingeschaltet, habe ihr und den Kindern keinen Glauben geschenkt – und behauptet, die „sexuellen Auffälligkeiten der Kinder" seien dadurch erklärbar, dass sie den sexuellen Verkehr der Eltern mehrfach mitbekommen hätten. Von dieser Darstellung rückte das Jugendamt ab, nachdem eine Mitarbeiterin des Heims den Verdacht des sexuellen Missbrauchs bestätigte: Im Rahmen eines Elterngespräches wurde die Kindesmutter darüber aufgeklärt, dass der Verdacht bestünde, wonach zwei ihrer Söhne, vier und neun Jahre alt, von dem elfjährigen Jungen Markus sexuell missbraucht worden sind. Der neunjährige Julian berichtete seiner Mutter, während er weinte, zitterte und die Augen bedeckt hielt, Markus habe an ihm mehrmals den Analverkehr ausgeübt. Und der vierjährige Robin zuckt, nach Angabe der Mutter, zusammen, wenn er den Namen Markus hört; dieser habe den Penis an seinem Po gerieben.
In einem Protokoll des Sozialen Dienstes des Landratsamts E. wird aufgrund der „Ermittlungen dieses Verdachts" festgehalten:
„Es ist glaubhaft, dass es zu einem sexuellen Übergriff auf Robin gekommen ist in der Form, dass Markus seinen Penis an Robins Po gerieben hat. Auch Julians Beschreibungen von dem Erlebnis mit Markus im Frühjahr und kürzlich sind glaubhaft. Robin und Julian haben vor Markus Angst."
Anstatt Konsequenzen zu ziehen, um die Kinder zu schützen, wurde zwischen Heimleiter und Jugendamt laut Protokoll vereinbart:
„Die Vorsichtsmassnahmen zum Schutz von Julian und Robin bestehen darin, dass Markus und Robin und Julian von den Erzieherinnen nicht aus den Augen gelassen werden. Sie reden mit Markus eindringlich, dass er die Kinder in Ruhe lassen solle."
Dennoch waren die betroffenen Kinder, nachdem die Verantwortlichen über ausreichende Kenntnisse verfügten, noch einige Zeit mit Markus in der gleichen Heimgruppe untergebracht. Der Heimleiter, versichert die Kindesmutter, habe ihr gegenüber erklärt:
„Sexueller Missbrauch kann ja vorkommen. Wenn Kinder im Heim sind, kann man sie vor Missbrauch nicht schützen. Man kann pädophile Jugendliche über Nacht nicht einschließen."
Die Kinder berichteten der Mutter, nicht nur der elfjährige Markus habe sie missbraucht, auch ein fünfzehnjähriger Junge, der den gleichen Vornamen hat, habe sich an ihnen vergangen.

„Der Missbrauch läuft mittlerweile seit mindestens einem drei viertel Jahr und ist im fünften Monat bekannt!"

- In einem privaten Kinder- und Jugendheim berichtete ein Kind einer Erzieherin, es habe gesehen, wie der 13-jährige A. mit der 11-jährigen N. den Analverkehr ausübte. Das Mädchen, das wegen erlebtem sexuellem Missbrauch im Heim untergebracht wurde, fiel zuvor durch häufiges Masturbieren, provozierendes und aggressives Verhalten auf. Nach heiminternen Recherchen kam heraus, dass der 13-Jährige auch drei 8-jährige Jungen missbrauchte; darüber hinaus habe er mit zwei älteren Mädchen sexuellen Kontakt gehabt. Die Mitarbeiter hatten offenbar nichts Nennenswertes unternommen, um die Opfer, die nicht einmal medizinisch und psychologisch versorgt wurden, zu schützen.
In einem Bericht hält ein – früherer – Heimmitarbeiter fest:
„Die Mitarbeiter versuchten alleine die Missbrauchssache unter Kontrolle zu bekommen, was in einem dreistöckigen Wohnhaus mit 11 Kindern (8 - 15 Jahre) und regelmäßig einem Diensttuenden (vor allem abends und nachts) sehr schwierig war. Der Gruppenleiter Herr T. hielt sich für kompetent, den Missbrauch in Grenzen und den Täter unter Kontrolle zu halten, relevante Gespräche alleine zu führen und den Kontakt zu den betroffenen Jugendämtern zu pflegen. Dem Täter versicherte er, dass er auf jeden Fall im Hause bleiben kann; zur ‚Strafe' musste A. Sozialstunden leisten, zum Beispiel Blätter fegen im Hof."
Erst nachdem bekannt wurde, dass der 13-Jährige das 11-jährige Mädchen weiterhin sexuell missbrauchte, entschloss sich die Gruppen- und Heimleitung, eine Verlegung des Jungen ins Auge zu fassen. Der Mitarbeiter hierzu:
„Der Missbrauch läuft mittlerweile seit mindestens einem drei viertel Jahr und ist im fünften Monat bekannt!"
Nachdem der Junge in eine andere Einrichtung verlegt wurde, hörten die Missbrauchsfälle nicht auf. Nun war er das Opfer.
Der Mitarbeiter berichtet weiter:
„Der Schüler T. hat sich u. a. an A. vergangen und musste deshalb das Heim verlassen. Der Junge J. hatte ebenfalls sexuelle Kontakte im Hause, zum Beispiel mit A. und wurde auf Wunsch der Mutter in Wohnortnähe verlegt."
Er berichtet auch von *physischen Misshandlungen, denen Kinder durch Erzieher ausgesetzt waren* – und hält in seinem Bericht fest:
„In der Wohngruppe leben viele Kinder, die aufgrund von Missbrauchserlebnissen dort eingewiesen wurden. Leider dürften manche von ihnen dort auch zum ersten Male sexuellen Kontakt gehabt haben beziehungsweise missbraucht worden sein, zum Beispiel R. (körperlich und im Lernen zurückgeblieben) und A. Letzterer war generell im sexuellen Verhalten auffallend und frühentwickelt. So trat A. zum Beispiel durch häufiges Onanieren in Erscheinung beziehungsweise wollte andere, teilweise noch jüngere Kinder (auch von Erziehern) dazu oder zu anderen ‚Spielchen' (z. B. Pipimannlutschen) animieren."

Ausdrücklich verweist er auf das Problem, dass aus Opfern Täter werden können:
„Wichtig erscheint auch der Hinweis auf den sogenannten Negativkreislauf, dass oft die Opfer wieder zu Tätern werden (der 13-jährige Täter A. wurde von T. missbraucht!). Was ist mit den drei Opfern, die zur Zeit noch im Hause sind, zum Beispiel wenn sie älter werden oder jüngere Kinder in die Wohngruppe gekommen sind, beziehungsweise wieder von den Jugendämtern eingewiesen werden!?"

Kirchliche Heime sind gekennzeichnet durch rigide, autoritäre und sexualfeindliche Strukturen

„Der drangsalierte Trieb lebt sich in Pervertierung aus, die nichts ist als eine verzerrte Spiegelung christlicher Moral ... Insbesondere gehen ungezählte Sexualmorde auf das Konto christlicher Triebunterdrückung."
Karl-Heinz Deschner (1977, S. 390 f.)

Über die rigiden, autoritären und sexualfeindlichen Strukturen in (konfessionellen) Heimen wurde in den siebziger und Anfang der achtziger Jahren viel geschrieben. Dass diese Strukturen offenbar immer noch die Heimerziehung in der Bundesrepublik Deutschland zu beherrschen scheinen, wird leider heute nicht mehr so offen beschrieben.
Mit Blick auf insbesondere konfessionell ausgerichtete Heimen berichtete Roth (1973, S. 31), der 130 Kinderheime untersuchte, damals:
„Langsam aber sicher und endgültig deformieren sich Tag für Tag die Bedürfnisse der Kinder nach affektiver Zuwendung, nach menschlicher Wärme zu neurotischen Verhaltensstrukturen. Während der Erzieher immer noch die Möglichkeit hat, seine sexuellen Frustrationen dem Kind gegenüber durch sadistische Sanktionen abzuleiten, zieht sich das Kind entweder ganz in sich zurück oder es passt sich nach außen hin an. (...) Bei 70 % aller katholischen Heimen gab es keinerlei differenzierte konkrete Einstellung zur Sexualität. Keine Einstellung heißt, dass Gespräche, die auf Sexualität oder auf sexuelle Bedürfnisse der Kinder zu sprechen kamen, sofort abgeblockt wurden. Begründung: ‚Das gibt es bei uns nicht.' (...) In den meisten Heimen, nämlich in 90 %, fehlten die elementaren Voraussetzungen, dem Kind Zärtlichkeit zu geben. (...) Die totale Negierung jeder Lust und Sinnlichkeit, die sich anders als in frömmelnder Demut gegenüber den Kindern und der eigenen Person ausdrückt. Jede Intimität, Zärtlichkeit, jede lustvolle Erregung des eigenen Körpers bzw. des Körpers des Kindes gilt als ‚unsittlich'. ... Die Einstellung zur Sexualität zeichnete sich durch das sprachlose Verleugnen jeglicher sexueller Bedürfnisse aus. (...) Der ideologische Hintergrund der Erzieher ist dominant religiös bestimmt.

Man kann sagen, dass die Apartheit der religiösen Ziele sich in der Tatsache widerspiegeln, dass die Manifestationsformen der Religion in den Heimen stark ritualisiert sind und gewissermaßen sexuellen Ersatz bieten. ... Das Gerede von Sündhaftigkeit und nötiger Liebe zwecks Freude lassen darauf schließen, dass hier sexuelle Frustrationen neurotisch verarbeitet werden."

Den Unterschied zwischen „den meisten katholischen und evangelischen Heimen" auf der einen, und staatlichen Heimen auf der anderen Seite sieht Roth (1973, S. 34) in der „religiösen Liebe", die den „Selbstzweck (habe), konkreten Forderungen der Kinder nach Zärtlichkeit und liebevoller Intimität aus dem Weg zu gehen, weil die Erzieher nicht in der Lage sind, kindliche Zärtlichkeit von ihren eigenen sexuellen Frustrationen zu trennen. ... In über 90 % aller Heime werden jegliche sexuelle Aktivitäten der Kinder untereinander durch die ständigen Drohungen der Erzieher, sich ja nicht sexuell zu betätigen, mit starken Schuldgefühlen belastet, – zumal wenn sie sich trotzdem gegenseitig sexuell befriedigen. Die durch die Schuldgefühle entstehenden Ängste, die sich im Über-Ich des Kindes strukturell manifestieren, verhindern für die gesamte weitere Zukunft befriedigende sexuelle Kontakte, frei von Ängsten und Hemmungen. Alles spielt sich unter dem Schleier der Heimlichkeiten ab, im Kinderheim wie später im familiären Bereich".

Roth´s (1973, S. 35, 36) Resümee:
"Ich habe noch nicht einmal 10 Heime gefunden, in denen es möglich gewesen wäre, den Kindern wirklich optimale Förderung ihrer emotionalen und sozialen Bedürfnisse zu gewähren. Zärtlichkeit, Schmusen, Kosen, Küssen, Hautkontakte, elementare zwischenmenschliche Verhaltensformen gab es fast nirgends. Geborgenheit für die Kinder konnte sich daher nicht entwickeln. (...) Was bleibt ist die Perversion der frustrierten sexuellen Bedürfnisse in sadistische und masochistische Kanäle, die sich im weiteren Verlauf als ‚Verwahrlosung' oder als ‚sexuelle gehemmte Persönlichkeit' darstellen."

Die von *Roth* beschriebenen Fakten hatten – und haben selbstverständlich auch heute noch – für die Betroffenen *katastrophale psychosexuelle Fehlentwicklungen* zur Folge: Unzählige Menschen, die insbesondere in *konfessionell* ausgerichtete Heimeinrichtungen *rigiden, autoritären sexualfeindlichen* Strukturen ausgesetzt waren (und sind), kommen mit dem *Sexualstrafrecht* in Kontakt.

Der Verfasser ist davon überzeugt, dass sich viele dieser Menschen in *Gefängnissen*, aber auch in der *forensischen Psychiatrie* befinden. Menschen, die *seelische Krüppel* sind, und die sich – aus ihrer tiefen inneren Not heraus, über deren tiefere Ursachen sie sich in aller Regel nicht bewusst sind – an Kindern und Frauen vergangen haben, im schlimmsten Fall Menschenleben brutal auslöschten.

Es soll dies keine Entschuldigung sein, aber man muss einfach die Kausalitätenkette verstehen.

„Das Fehlen eines vollständigen Elternhauses infolge unehelicher Geburt, Scheidung, Todesfall, Unfall oder Berufstätigkeit der Eltern beeinträchtigte nicht weniger die Kindheitsentwicklung zahlreicher Täter", berichtet Körner (1975, S. 151, 152), der heute als Leitender Oberstaatsanwalt in Frankfurt am Main tätig ist. „Großeltern oder Pflegeeltern vermochten meist nicht ausreichenden Ersatz für den Mangel an familiärer Geborgenheit und Identifikationsmöglichkeiten mit dem elterlichen Vorbild bieten. Äußerst bedenklich wirkte sich schließlich der Aufenthalt in Fürsorge- und Erziehungsheim auf die Entwicklung aus. Die Kapitulation der Eltern vor einer Erziehung im Familienkreis, das Abschieben von Sorgenkindern in ein Heim und das kasernierte Zusammenleben mit anderen entwicklungsgestörten Kindern führte regelmäßig zu einer Potenzierung von Aggressionen und Lieblosigkeit. Die seit langer Zeit bekannte Erfahrung, dass die Kasernierung sozialgeschädigter Menschen, sei es in Fürsorgeheimen oder Strafanstalten, nicht zu einer Resozialisierung, sondern zu einer Asozialisierung führt, geht auch aus meinem Material hervor. Ein Lebenslauf, der alle Sparten der staatlichen Kasernierung vom Waisenhaus über das Fürsorgeheim bis zur Haftanstalt umfasste, war bei den erheblich vorbestraften Sexualdelinquenten meines Materials nicht selten."

Er vertritt die Auffassung, dass der Staat durch die „gegenwärtigen Formen der Heimerziehung und des Strafvollzugs die Kriminalität, die er eigentlich bekämpfen sollte", selbst „sät".

Die folgenden Beispiele mögen verdeutlichen, dass gerade aus – insbesondere in katholischen Heimen aufgewachsene – Heimkinder, die Opfer psychischer, physischer Gewalt (und sexuellen Missbrauchs) wurden (und werden), Täter werden können (vgl. hierzu beispielsweise Homes 1984, 2005; *Stern*-Interview mit dem Gerichtspsychiater Wilfried Rasch – Ausgabe 37/1996 –, der auch Heime für mitverantwortlich erklärt bei der Entstehung der Pädophilie):

- „Wegen Tötung von Mädchen in Psychiatrie eingewiesen" lautet die Überschrift eines Zeitungsberichts der *Frankfurter Rundschau* (Ausgabe 4.7.98). Der 20-jährige Torsten T. hatte zunächst drei Mädchen sexuell belästigt; das vierte Opfer, ein neunjähriges Mädchen, missbrauchte, schlug und erwürgte er im Keller eines Mehrfamilienhauses zu Tode. „Der Mann ist schwer in seiner Persönlichkeit gestört", zitierte die Richterin aus dem Sachverständigengutachten. Torsten T. hatte nie ein Familienleben, er wuchs seit seiner Kindheit in Heimen auf. Das Gericht ordnete die Einweisung in die forensische Psychiatrie an; sollte er geheilt werden, muss er sechs Jahre Haft absitzen.

- „Ein Opfer, das zum Täter geworden ist" titelte die *Frankfurter Rundschau* (Ausgabe 5.8.98) einen Beitrag, in dem es um einen Prozess gegen den 26-jährigen Dirk W. ging, der einen 6-jährigen Jungen im Wald „zur Befriedigung des Geschlechtstriebs" mit einem Handtuch erwürgt hatte, um das Verbrechen zu verdecken. Während er das Kind tötete, habe er eine sexuelle Erregung verspürt, so der Staatsanwalt. Nach dem Verbrechen habe er auf den Körper des Jungen onaniert. Bereits 1996 hatte die Staatsanwaltschaft gegen ihn wegen Verdacht des sexuellen Missbrauchs eines Kindes ermittelt, musste aber das Verfahren wegen fehlender ausreichender Beweise wieder einstellen. Auch Dirk W. hatte nie ein Familienleben, er wuchs in Heimen auf, erlebte sexuelle Gewalt und ging auf den Männerstrich. „Fehlende Fürsorge und körperliche Misshandlungen hätten den Lebensweg des Täters erheblich geprägt", so der Richter. Dirk W. erklärte vor Gericht, er würde alles dafür geben, die Tat ungeschehen zu machen; sogar einer Kastration würde er freiwillig zustimmen. Dirk W. wurde zu einer 15-jährigen Haftstrafe verurteilt; darüber hinaus ordnete das Gericht die Unterbringung in die forensische Psychiatrie an.

- „Lebenslang für Kindermörder" lautet die Überschrift einer Meldung der Nachrichtenagentur *AP* (Meldung vom 21.5.1993). Das Lüneburger Landgericht hatte 1993 den ehemaligen Kinderpfleger Thomas E., der 1992 zwei Jungen im Alter von sechs und neun Jahren sexuell missbrauchte und, damit sie ihn später nicht identifizieren konnten, tötete – und sich an sechs weiteren Jungen sexuell vergangen hatte –, zur lebenslanger Haft und Unterbringung in die forensische Psychiatrie verurteilt. E. sei „in gewisser Weise psychisch krank", so das Gericht, die Schlagzeilen wie „Bestie" und „Unmensch" unangemessen. Auch das Leben von E. war nach Darstellung des Gerichtsvorsitzenden seit seiner Geburt ein „einziger Passionsweg". Seine Kindheit verbrachte er in Heimen, wo er „ständig negative Erfahrungen" machte. Der Vorsitzende betonte, dass E. in seiner „neurotischen Persönlichkeit" sich zurück in die Welt der Kinder begeben habe, was sich auch an seiner Berufswahl gezeigt habe.

- Im März 1999 verurteilte das Landgericht Halle, so die *Frankfurter Rundschau* (Ausgabe 31.3.99), den 51-jährigen Bernd B. zu lebenslanger Haft – mit anschließender Sicherungsverwahrung –, und zwar wegen zweifachen Mordes, erpresserischen Menschenraubs, Geiselnahme und Vergewaltigung. Kurz vor der Tat war B. aus einem Landeskrankenhaus für Psychiatrie geflohen, und auf der Suche nach Geld in ein Familienhaus eingedrungen. Dort tötete er den damals 46jährigen Familienvater und die 71-jährige Großmutter. Die 16-jährige Tochter und ihre Mutter hielte er 17 Stunden gefangen, missbrauchte und vergewaltige sie. Bernd B. war seit seinem 12. Lebensjahr in Heimen und später im Gefängnis untergebracht.

- Das Landgericht Essen verurteilte den 25-jährigen Karsten B. wegen Sexualmordes an einem zehnjährigen Jungen zu lebenslanger Haft und stellte damit eine „besonders schwere Schuld" fest mit der Folge, dass eine vorzeitige Entlassung nach 15 Jahren auf Bewährung ausgeschlossen ist. B. hatte gestanden, berichtete die Nachrichtenagentur *AP* (Meldung vom 22.3.2001), im Juli 1999 in seiner Wohnung den Jungen missbraucht und dann erdrosselt zu haben; die Leiche versteckte er in einer Kühltruhe, wo sie 14 Monate später nach seinem Auszug aus der Wohnung gefunden wurde. B. verbrachte mehrere Jahre im Heim und psychiatrischen Kliniken.

• Das Jugendschöffengericht Wiesbaden verurteilte einen 38-Jährigen wegen sexuellen Missbrauchs, sexueller Nötigung, Freiheitsberaubung und Verbreitung von pornografischen Schriften zu einer Freiheitsstrafe von zwei Jahren, die auf vier Jahre zur Bewährung ausgesetzt wurden. Der 38-Jährige, selbst Vater zweier Kinder von sieben und acht Jahren, hatte im März 2003 ein neunjähriges Mädchen in seinem VW-Bus gezerrt und fuhr mit ihr zu einer Mülldeponie. „Dort hält er, zieht dem Mädchen die Hose herunter, drückt ihr die Beine auseinander. Dann lässt er sie stehen und fährt davon", berichtete die *Frankfurter Rundschau* (Ausgabe 9.7.2003). Bei dem Urteil wurde die Tatsache berücksichtigt, dass er mit vier Jahren in ein Heim untergebracht wurde, nachdem die Mutter ihn (und seinen Bruder) verstoßen hatte. Später wurde er in einer Pflegefamilie untergebracht, wo er von seinem Pflegevater und einem älteren Jungen sexuell missbraucht wurde.
Auf dem Computer des Mannes, der sich freiwillig der Polizei stellte und ein lückenloses Geständnis ablegte, wurden 1462 Bilder von Kinderpornos gefunden. „Als ich an dem Sonntagmorgen das Mädchen sah, tauchten vor mit die Bilder nackter Mädchen auf", erklärte er vor Gericht.

• Das Jugendschöffengericht Frankfurt am Main verurteilte einen 39-Jährigen, der sich zwei Jahre lang mehrfach an einen 15-jährigen Jungen, der heute 17 Jahre alt ist, vergangen hatte, wegen sexuellen Missbrauchs und sexueller Nötigung zu drei Jahren und neun Monaten Freiheitsstrafe – zusätzlich wurde, berichtete die *Frankfurter Rundschau* (Ausgabe 5.11.05), die anschließende Sicherungsverwahrung angeordnet. Der Vorsitzende Richter erwähnte in seiner Urteilsbegründung die ungünstigen Lebensumstände: Der Angeklagte sei hinter Gittern auf die Welt gekommen, habe als junger Mensch mehrere Heime durchlaufen und vier Jahre in Gefängnissen verbracht.

• „Viele möchten mich tot sehen" titelte der *Spiegel* 1992 (Ausgabe 31/1992, vgl. auch *Spiegel* 48/1992) eine Geschichte um einen Jungen, „der mit 13 zum erstenmal tötete". Das Kind Marco missbrauchte, bevor er andere Kinder tötete, mehrere Jungen: Ende März 1991 tötete er einen zehnjährigen Jungen, nachdem er ihn zuvor sexuell missbrauchte und quälte. Im Februar 1992 missbrauchte, quälte und tötete er, nun 14 Jahre alt, einen achtjährigen Jungen. Das Kind Marco tötete, weil er Angst hatte, sie würden ihn verraten.

Marco war, bevor er tötete, in Heimen untergebracht. Im ersten Heim wurde er von einem 18-jährigen Jungen sexuell missbraucht. Die körperliche und sexuelle Brutalität steigert sich, als er in ein Erziehungsheim untergebracht worden war: Das Manipulieren der Geschlechtsteile, Oral- und Analverkehr waren für das Kind Marco Bestandteil der ihm aufgezwungenen Sexualkontakte. Vor Gericht zeigte das Kind keinerlei Regung, Gefühl, es strahlte Gleichgültigkeit und Kälte aus. Auf die Frage, wie viele Sexpartner er im Heim hatte, antwortete Marco: „Man kann sagen, dass ich fast mit jedem im Heim, vielleicht mit 30 Kindern, sexuellen Kontakt hatte."

Marco war immer der Unterlegene, der Unterdrückte, der Verlierer. Vor Gericht versicherte Marco, er hätte nie andere Kinder missbraucht und getötet, wenn er nicht selbst missbraucht worden wäre.

„Es gibt", berichtete der *Spiegel*, „für den Sachverständigen zwischen den sexuellen Handlungen, die Marco erlitt, und den von ihm selbst verübten sexuellen Handlungen Ähnlichkeiten. Marco wiederholte Handlungsmuster, die er zuvor selbst über sich ergehen lassen musste." Der Gerichtssachverständige stellte in seinem Gutachten eine gemischte sexuelle, pädophil-sadistische Deviation fest; Marco sei eine antisoziale, hochgradig affektgestörte, gefühlsarme Persönlichkeit. Der Gutachter stellte darüber hinaus Hospitalismus fest, der eindeutig auf die Heimerziehung zurückzuführen sei. Der Aufenthalt in den Heimen und die dort erlebte Gewalt hätten das Kind aus der Bahn geworfen und ihm seine Entwicklung – sprich: Kindheit – geraubt. Weitere Folgen für das Kind: gefühlsarm, fehlende Identität, er habe kein Gewissen und kein Gefühl für sich und andere entwickeln können.

Die Kindestötungen durch das Kind Marco hätte, davon ist er selbst überzeugt, offenbar verhindert werden können.

Sellin und Weber (1999) haben den Fall von Marco sehr ausführlich beschrieben und führten mit dem heute 21-Jährigen ein Interview.

„Viele hätten sie verhindern können", versicherte Marco den Autoren, viele hätten verhindern können, dass das Kind Marco zum zweifachen Kindesmörder wird:

„Vor allem die Erzieher, mit denen ich damals täglichen Umgang hatte, und auch das Jugendamt. Nur, ich war damals ein Problemkind. Und Probleme schiebt man am liebsten beiseite. Damit hat man dann keine Probleme mehr. Es hätten sich damals einfach geschulte Leute … mit mir beschäftigen müssen. Die hätten das dann wahrscheinlich erkannt und etwas unternehmen können. Jeder, der sich näher mit mir beschäftigt hätte, hätte etwas dagegen tun können. Aber das soll jetzt kein Vorwurf sein. Die mir vertrauten Leute wollten eben nichts zu tun haben mit mir. Es gab viele Situationen, wo mir das sehr, sehr wehgetan hat. (…) Wenn ich einen Schuldigen benennen soll, neben mir, neben meiner eigenen Person, dann würde ich ihn beim Jugendamt sehen. Aber ich bin der Hauptschuldige. Das Jugendamt hat da-

mals die Verantwortung übernommen. Was sie gemacht haben, mich ins Heim gesteckt, war das Verkehrte. Die haben mich dort wieder als Problemkind eingestuft und abgeschoben ins nächste und so weiter. Und dann war irgendwann Schluss."
Im November 1992 wurde das Kind Marco zu sieben Jahren und sechs Monaten Haft verurteilt. Vor der Verbüßung sollte Marco in der forensischen Psychiatrie eine Behandlung erfahren. Da sich aber kein Platz fand, wurde eine „Änderung der Vollstreckungsreihe" verfügt.
„Die kindlichen Täter sind auch Opfer. Sie sind Spiegelbilder der Erwachsenenwelt, Seismographen", so der *Spiegel* (Ausgabe 19/1993) folgerichtig in einer Titelgeschichte: „Kinder, die töten".

Die Lebensgeschichte von Marco weckt Erinnerungen an Jürgen Bartsch, den vierfachen Kindermörder. Die Fälle Marco und Bartsch, aber auch die anderen hier beschriebenen Fälle zeigen, dass im Extremfall aus kindlichen Opfern kindliche oder erwachsene Täter werden. Das Leben von Jürgen Bartsch ist eine Geschichte der Erniedrigung, Kränkungen, schwersten körperlichen, seelischen und sexuellen Misshandlungen mit sadistischen Zügen. Eine durch die Schwarze Pädagogik geprägte Lebensgeschichte von Entmenschlichung, Entrechtung. An dem Fall Bartsch ist eindeutig ablesbar, was es für Kinder und Jugendliche bis weit in sie siebziger Jahre bedeutet hat, in einem konfessionell ausgerichtetem Heim aufzuwachsen. In einer kirchlichen Anstalt, die durch militärische Zucht, Ordnung, eiserne Disziplin und menschenfeindlichen Lebensbedingungen geprägt war.
Der 1946 geborene Jürgen Bartsch, der vor seiner Adoption durch die Familie Bartsch Karl-Heinz Sadrozinski hieß, wurde von seiner Mutter im Krankenhaus direkt nach seiner Geburt alleine zurückgelassen und kurze Zeit später von dem Fleischerehepaar Bartsch adoptiert. Die neuen Eltern, die ihm den Namen Jürgen Bartsch gaben, hielten das Kind von anderen Kindern fern. Religiöse Strenge und die völlige Isolation waren oberstes Gebot. Die Isolation vollkommen: Bartsch verbrachte einen großen Teil am Tage in einem Keller, eingeschlossen, eingesperrt. Bekannte der Familie sahen damals, dass Bartsch als Baby mit Blutergüsse übersät war.
Über diese Zeit schrieb Bartsch später:
„Überall und nirgends zu Hause, keine Kameraden, keine Freunde, weil man niemanden kennt. (...) Bis zum Schulanfang eingesperrt, fast ausschließlich in dem alten Gefängnis unter Tage, mit den vergitterten Fenstern und mit Kunstlicht. Drei Meter hohe Mauer, alles da. Man darf nur an der Hand der Oma raus, mit keinem anderen Kind spielen. Sechs Jahre nicht."
Bartsch wurde noch mit neunzehn Jahren von der Adoptionsmutter gebadet:
„Meine Mutter hat mir den Kopf, den Hals und den Rücken gewaschen. Das wäre vielleicht normal gewesen, aber über den Bauch ist sie auch gegangen, bis unten hin, und auch die Oberschenkel, also

praktisch von oben bis unten alles runter. Ich habe meistens überhaupt nichts gemacht, obwohl sie sagte: ‚Wasche Dir die Hände und die Füße.'"

Mit zehn verfrachteten sie Bartsch in ein Kinderheim in Reinbach. Mit zwölf landete er in dem katholischen Internat Marienhausen, in Rüdesheim-Aulhausen, das von den Salesianer „Don Bosco" geführt wird, wo militärische Zucht und Ordnung herrschte. Hier war die Schwarze Pädagogik großgeschrieben: Der Internatsalltag war bestimmt von schlimmster Brutalität. „Marienhausen war die Hölle", so Bartsch (Moor, 1972, S. 58), „wenn auch eine katholische, das macht sie nicht besser. Ich denke da nur an die Schlägerei im Priesterrock, ob nun in der Schule, beim Chor, oder, auch da machte man sich nichts draus, in der Kirche. An die sadistischen Strafen (stundenlanges Strammstehen im Schlafanzug im Kreis im Hof, bis der erste zusammenbricht), an die verbotene Kinderarbeit bei schwerer Hitze auf dem Feld, Stockschläge für langsame Kinder, die gnadenlose Verteufelung der (für die Entwicklung notwendigen!) ach so bösen ‚Schweinereien' unter Jungen, das unnatürliche ‚Silentium' beim Essen und die wirrenden, unnatürlichen Sprüche gegenüber Kindern, etwa: ‚Wer eines unserer Küchenmädchen auch nur anschaut, bekommt Prügel.'"

Freundschaften waren verboten.

„Sie dachten, Freundschaft als solche sei verdächtig, weil jemand, der sich einen richtigen Freund anschaffen würde, er würde ihn nun eben in die Hose fassen. Sie haben sofort hinter jedem Blick etwas Sexuelles gewittert."

Bartsch musste lernen, die Brutalität und den Hass der Patres widerspruchslos hinzunehmen. Noch schlimmer: Er musste lernen, die Sehnsucht nach körperlicher und seelischer Nähe eines Menschen zu verdammen und in sich abzutöten.

Wer bei homosexuellen Handlungen erwischt wurde, bekam Prügel und wurde rausgeschmissen. Kindern, auf der Suche nach körperlicher Wärme, wurde eingetrichtert, dass man solche Jungs an ihren feuchten Händen erkennen könne. Homoerotische Kontakte wurden verteufelt, als Verbrechen deklariert. Solche „verbrecherischen Schweinereien", wurde ihnen erzählt, kämen „direkt nach Mord". Einen Pfarrer namens Pütz hatte Bartsch als die Inkarnation des Bösen in Erinnerung. Der Gottesmann, der offenbar wahllos und grausam auf (Klein-)Kinder draufschlug, und gerade dann, wenn er diese beim Austausch von Zärtlichkeiten erwischte, misshandelte Bartsch nach dessen Angaben sexuell. Bartsch erinnert sich, dass Pütz ihn zu sich ins Bett lockte:

„Wir sind erst einmal eine gewisse Zeitlang nebeneinander gelegen, bis er mich an sich drückte und seine Hand hinten in meine Hose hineinschob. Da schob er seine Hand hinten in die Hose meines Schlafanzugs hinein und ‚streichelte' mich. Dasselbe tat er auch vorne und versuchte, bei mir zu onanieren."

Der Kleriker bedrohte Bartsch, er würde „mich schon fertig machen, wenn ich die Schnauze aufreißen würde".

In den Jahren 1962 bis 1966 tötete Bartsch im Alter von 16-20 vier Jungen zwischen 8 und 13, nachdem er zuvor jeweils eine „Situation von tiefer Demütigung, Bedrohung, Vernichtung der Würde, Entmachtung und Ängstigung eines kleinen Jungen in Lederhosen, der er einst gewesen war, inszenierte. Es erregte ihn, in die verängstigten, gefügigen, hilflosen Augen des Opfers zu blicken, in denen er sich selbst begegnete und mit dem er die Vernichtung seines Selbst in großer Erregung immer wieder durchspielte – diesmal nicht mehr als hilfloses Opfer, sondern als der mächtige Verfolger", so die bekannte Psychoanalytikerin Alice Miller (1980, S. 259, 260).

„Sie waren alle so klein", erzählte Bartsch dem Journalist Paul Moor (Moor 1972, S. 63), „viel kleiner als ich. Sie haben alle solche Angst gehabt, dass sie sich gar nicht gewehrt haben. (...) Bis 1962 ging das nur um das Ausziehen und das Befühlen und so. Später, als das Töten dazu kam, da war ziemlich sofort auch das Zerschneiden dabei. Zuerst habe ich immer an Rasierklingen gedacht, aber nach der ersten Tat habe ich dann auch langsam an Messer, an unsere Messer gedacht."

„Die Morde ähnelten sich", stellte Moor (1972, S. 22, 23) damals fest: „Er lockte einen Jungen in einem leeren ehemaligen Luftschutzbunker, machte sich diesen durch Schläge gefügig, fesselte ihn mit Schinkenschnur, manipulierte seine Genitalien, während er selber manchmal masturbierte, tötete das Kind durch Erwürgen oder Erschlagen, schnitt den Leib auf, leerte Bauch- und Brusthöhle vollständig und begrub die Überreste. Die verschiedenen Varianten umfassten die Zerstückelung der Leiche, Abtrennung der Gliedmassen, Enthauptung, Kastration, Ausstechen der Augen, Herausschneiden von Fleischstücken aus Gesäß und Schenkeln, an denen er roch und den vergeblichen Versuch analen Geschlechtsverkehrs. In seinen Schilderungen während des Prozesses betonte er, dass er den Höhepunkt der geschlechtlichen Erregung nicht bei seiner Masturbation erreichte, sondern beim Schneiden, das ihn zu einer Art Dauerorgasmus brachte. Bei seinem vierten, letzten Mord gelang ihm schließlich, was ihm seit jeher als höchstes Ziel vorgeschwebt hatte: er band sein Opfer an einen Pfahl und schlachtete das schreiende Kind, ohne es vorher zu töten."

Die extreme Form des sexuellen Kindesmissbrauchs mit Kindestötung ist darin zu sehen, dass mit dem Töten, dem Auslöschen, der physischen Vernichtung jungen Lebens die eigene „Kindheit" des Tötenden vernichtet, ausgelöscht, getötet werden soll. Bartsch tötete kleine Jungen, in denen er sich immer wieder selbst mordete, aber zugleich das Leben anderer Kinder auslöschte. Anders ausgedrückt: Bartsch wollte durch die Kinder seine eigene Kindheit immer wieder „hautnah" erleben bzw. durchleben, und immer wieder erneut vernichten, auslöschen, töten. Er liebte sie, weil sie seine übergroße Sehnsucht nach Kindheit reproduzierten, und gleichzeitig hasste er sie, weil er auch über sie seine Kindheit nicht erlangen konnte.

Bei den Morden wäre es Bartsch am liebsten gewesen, wenn die Jungen sich zuvor gewehrt hätten. Doch er genoss die Hilflosigkeit, das Betteln der Kinder nach dem Leben-lassen. Und er wusste: die Jungen hatten gegen ihn keine Chance. Er genoss die Situation und erinnerte sich an die Brutalitäten der katholischen Pfarrer, denen er und seine Leidensgenossen wehr- und hilflos ausgeliefert waren.

Anderthalb Jahre nach seiner Festnahme wurde Bartsch angeklagt. Die Presse erhob z. B. die Forderung:

„Mauert den Kinder-Mörder lebendig ein!"

Sie sprach von dem „Jahrhundertprozess", bei der Umfrage einer Illustrierten nach dem furchtbarsten Verbrecher dieses Jahrhunderts rangierte Bartsch an zweiter Stelle – direkt nach Hitler, noch vor Eichmann und Himmler. Obwohl er sämtliche Taten als Jugendlicher verübte, wurde er nach dem Erwachsenenstrafrecht zu einer lebenslänglichen Haftstrafe verurteilt. Der Bundesgerichtshof hob das Urteil auf, Bartsch wurde zu 10 Jahre Jugendstrafe und Unterbringung in einer Heil- und Pflegeanstalt verurteilt.

Im Januar 1974 heiratete er in der Anstalt. Seine einzige Hoffnung war: durch einen medizinischen Eingriff geheilt zu werden. Erstaunlich: Eine Hirnoperation (Stereotaxie) wurde von den Ärzten als nicht machbar abgelehnt. Er willigte in einer Kastration ein. Am 28. April 1976 starb Bartsch, 29 Jahre alt, im Westfälischen Landeskrankenhaus Eickelborn an den Folgen eines Narkosefehlers, der im Verlauf der (Kastrations-)Operation gemacht wurde.

Wie konnte es kommen, dass dieser Mensch fünf Kinder bestialisch quälte und sexuell missbrauchte und vier von ihnen auf grausamste Weise tötete? Möglicherweise findet sich die Antwort auf diese Frage in einem Brief von Bartsch, den er aus dem Gefängnis heraus an seine Adoptiveltern schrieb, und den Paul Moor (1972, S. 63; vgl. auch Bartsch, 1991) in einem Buch über ihn erwähnt:

„Ihr hättet mich nie von den anderen Kindern absperren dürfen, so bin ich in der Schule nur ein feiger Hund gewesen. Ihr hättet mich nie zu diesen Sadisten im Schwarzrock schicken dürfen, und nachdem ich ausgerissen war, weil der Pater mich missbraucht hatte, hättet ihr mich nie wieder ins Heim zurückbringen dürfen."

Oder in seinen Worten an Paul Moor (1972, S. 58 f.):

„Besonders anfällig für Triebverirrungen sind Internatskinder, allerdings nur diejenigen, man möchte sagen, die mit Gewalt jahrelang vom anderen Geschlecht ferngehalten werden. Das ist eine widernatürliche Entwicklung."

Die sehr realistische Feststellung von Bartsch war natürlich auch vor seiner Heimzeit gegeben; und sie ist natürlich auch heute noch insbesondere überall dort anzutreffen, wo eine Trennung der Geschlechter vollzogen wird.

Die Geschlechtertrennung führt sehr oft zu einer psychosexuellen Fehlentwicklung.

Die in vielen Einrichtungen immer noch vorhandene *Geschlechtertrennung* führt sehr häufig zu einer *psychosexuellen Fehlentwicklung*, die beispielsweise eine *Zwangshomosexualität*, aber auch *Perversionen* verschiedenster Arten nach sich ziehen kann. Diese Geschlechtertrennung ist auch heute noch in unzähligen Heimen, Internate, (Jugend-)Gefängnisse, (Jugend-)Psychiatrie, Maßregelvollzug, Erwachsenen-Strafvollzug usw. anzutreffen.
Über *psychosoziale* und *psychosexuelle Schwierigkeiten*, die Jungen dank *katholischer* Heimerziehung davontrugen, berichtet Love (1996, 53, 54, 75) in seiner Biographie sehr eindrucksvoll:
„Viele Jungs aus dem Kinderheim sind schwul geblieben, haben sich mit der Sache auseinandergesetzt und sind damit gut zurechtgekommen. Aus meiner Gruppe sind es mindestens zehn. Die haben nie die Chance beim Schopf gepackt, einmal mit einem Mädel zu schlafen. Allerdings haben sie ihre Neigung gut getarnt. (...) Manche weinen ... auch, weil sie mit der ganzen Scheiße nicht klarkamen. (...) Viele der Jungs aus dem Heim hatten Angst, richtige Panik vor Frauen, weil das für sie ja totales Neuland war. (...) Ich traf immer mehr Jungs aus dem Kinderheim, die schwul geworden waren, in der Altstadt. Sie waren auf der Suche nach einem festen Partner. Sie erkannten mich zwar, aber deckten mich auch: ‚Ich habe dich nicht gesehen, und du mich nicht.' Im Lehrlingsheim durfte nämlich niemand von meinem Doppelleben wissen."
„Die Geschlechtertrennung", berichtet Körner (1975, S. 190) zutreffend, „oder die Ansammlung von Jungen und Männer in Schulen, Internaten, Fürsorge- und Lehrlingsheimen, bei der Jugendbewegung oder in nationalsozialistischen Männerbünden begünstigten sexuelle Erlebnisse. ... Die amtliche Massenbetreuung und Kasernierung und der Mangel an einer Bezugsperson hatten etliche Heimkinder meines Materials geistig und seelisch verkümmern lassen. Nach der Flucht oder der Entlassung aus dem Heim waren diese vielfach lebensuntüchtigen Jugendlichen auf fremde Unterstützung angewiesen und erlagen besonders leicht den Verführungskünsten älterer Herren. Bei 30 Jugendlichen hatte die Heimerziehung nicht nur die Opfereigenschaften wie Hilflosigkeit und Kritiklosigkeit gefördert, sondern darüber hinaus Täterenergie geweckt. Das lange Zusammenleben mit schwerst erziehbaren und verwahrlosten Jugendlichen hatte zu einer Dauerinfektion und Potenzierung negativer Kräfte geführt. Diese Jugendlichen verstanden es geschickt, ihre anfängliche Opferrolle in eine Täterrolle zu verwandeln, indem sie während des Sexualkontakts den alten Mann bestahlen oder anschließend erpressten."

Anmerkungen

1 Die 9. Große Strafkammer des Landgerichts Koblenz verurteilt einen Erzieher des Kinderheims "Seraphisches Liebeswerk" in Arenberg wegen mindestens 350fachen sexuellen Missbrauchs Schutzbefohlener zu einer Haftstrafe von neun Jahren. Der Angeklagte hat die zwischen 1990 und 1997 begangenen Taten weitgehend gestanden (Rhein Zeitung vom 10./11.6.1998, S. B 104).

2 Der Verfasser benutzt im gesamten Text die Termini „regressive" und „fixierte" pädophile Männer und Frauen in Kenntnis der Tatsache, dass eine Unterscheidung zwischen „Gelegenheits"-Pädophilen und Pädophilen als solches zwingend notwendig ist. Groth u. a. (1982) differenzieren hier völlig zu Recht zwischen *regressiven* und *fixierten* Pädophilen (vgl. auch Schorsch, 1975, 1993; Kutchinsky, 1991; Hoyndorf u. a., 1995; Lothstein, 1996; Bintig, 1998; Kockott, 1999). *Regressive* Pädophile sind Menschen, deren sexuelle Orientierung eigentlich auf Erwachsene des *anderen Geschlechts* bezogen ist, also sogenannte „Gelegenheits-Pädophile" beziehungsweise Ersatztäter/Ersatztäterin, die in der Regel sogar mit einer (erwachsenen) Person zusammenleben; diese erleben eine psychologische Regression, bezogen auf eine frühere psychosexuelle Altersstufe, und benutzen in extremen Stress-Situationen Kinder zur sexuellen Befriedigung. Und *fixierte* Pädophile haben keinerlei Beziehung zu Erwachsenen des *eigenen* oder *anderen Geschlechts* – sie sind emotional *und* sexuell ausschließlich auf Kinder *beiderlei Geschlechts* fixiert, wobei die männlich fixierten Pädophilen vor allem Jungen, die sich eher als Identifikationsobjekte eignen, bevorzugen.

3 Zemp, Pircher und Neubauer (1997) berichten in ihrer Untersuchung von Erzieherinnen, die Behinderte sexuell missbrauchten.

4 Einen erheblichen Faktor, der Menschen zu Kindesmissbrauchern werden lässt und der gerade auch auf – sehr gläubige – Christen uneingeschränkt zutrifft, benennt der Nestor der Kindesmissbrauchsforschung, David Finkelhor (1984): *repressive Normen, ein repressives Familienklima, repressive, von der Kirche postulierte Sexualnormen.*

5 Der Jesuitenpater und Philosophieprofessor, Rupert Lay, der wegen kritischer Äußerungen von seinen Lehrverpflichtungen an der katholischen Philosophisch-Theologischen Hochschule St. Georgen in Frankfurt am Main entfernt wurde, prangert die starren klerikalen Dogmen und Sündenkataloge an, die für die Erkrankung vieler Menschen verantwortlich seien (vgl. hierzu *Frankfurter Rundschau,* 2. 11.1995). Durch ihre Erfahrungen, die sie in ihrer Kindheit und Jugend mit der

Kirche gemacht haben, sei die Hälfte seiner Therapie-Patienten krank geworden. Innerhalb der katholischen Kirche sei der Begriff der *Sünde* – um die Gläubigen zu disziplinieren – so weit ausgedehnt worden, dass viele Menschen ein weitestgehend sündenfreies Leben nicht mehr führen könnten. Mehr und mehr Katholiken litten entsprechend unter *Neurosen* und *Alkoholismus*.

Literatur

Bartsch, J., zitiert nach Miller, A. (1980): Am Anfang war Erziehung. Frankfurt am Main, S. 232.
Bartsch, J. (1991): Opfer und Täter. Das Selbstbildnis eines Kindermörders in Briefen. Reinbek bei Hamburg.
Bintig, A. (1998): Psychotherapeutische Hilfen für den Täter: Therapeutische Methodenvielfalt im Rahmen verschiedener rechtlicher und institutioneller Bedingungen. In: Sexuelle Kindesmisshandlung: „Die Täter" – Differenzieren statt verallgemeinern. Kongressbericht, hrsg. von der Bundesarbeitsgemeinschaft der Kinderschutz-Zentren. Köln, September 1998, S. 40-47.
Burkett, E., Bruni F. (1997): Das Buch der Schande – Kinder und sexueller Missbrauch in der katholischen Kirche. München.
Conen, M.-L. (1997): Institutionelle Strukturen und sexueller Missbrauch durch Mitarbeiter in stationären Einrichtungen für Kinder und Jugendliche. In: Amann, G., Wipplinger, R. (Hg.): Sexueller Missbrauch – Überblick zu Forschung, Beratung und Therapie. Ein Handbuch. Tübingen, S. 713-725.
Deschner, K.-H. (1977): Das Kreuz mit der Kirche. Eine Sexualgeschichte der Kirche. München.
Drewermann, E. (1989): Kleriker – Psychogramm eines Ideals. Olten und Freiburg im Breisgau.
Elliott, M. (1995): Was Überlebende uns berichten – ein Überblick. In: Elliott, M. (Hg.): Frauen als Täterinnen. Sexueller Missbrauch an Mädchen und Jungen. Ruhnmark, S. 42-56.
Enders, U. (1999): Die Strategien der Täter und die Verantwortung von uns Erwachsenen für den Schutz von Mädchen und Jungen. In: Höfling, S., Drewes, D., Epple-Waigel, I. (Hg.): Auftrag Prävention. Offensive gegen sexuellen Kindesmissbrauch. Hanns Seidel Stiftung. München, S. 178-196.
Finkelhor, D. (Hg.) (1984): Child sexual abuse: New theory and research. New York.
Gerber, H. (2002): Frau oder Täter? Auswirkungen sexuellen Missbrauchs von Kindern durch Frauen, Ergebnisse einer Studie. In: Dokumentation einer Fachtagung der Heinrich-Böll-Stiftung und des „Forum Männer in Theorie und Praxis der Geschlechterverhältnisse"

am 12./13. Oktober 2001 in Berlin. Herausgegeben von der Heinrich-Böll-Stiftung, 2002, S. 75-99.
Glöer, N., Schmiedeskamp-Böhler, I. (1990): Verlorene Kindheit. Jungen als Opfer sexueller Gewalt. München.
Groth, A. N., Hobson, W. F., Gory, T. (1982): The child molester: clinical abservations. In: Conte, J., Shore, D. (Hg.): Social Work and Child Sexual Abuse. New York, S. 129-144.
Homes, A. M (1984) (Hg.): Heimerziehung – Lebenshilfe oder Beugehaft. Mit einem Vorwort von Günter Wallraff. Frankfurt am Main.
Homes, A. M. (1998): Gestohlene Kindheit. Berlin.
Homes, A. M. (2001): Gottes Tal der Tränen. Herdecke.
Homes, A. M. (2004): Von der Mutter missbraucht – Frauen und die sexuelle Lust am Kind. Norderstedt.
Hoyndorf, S., Reinhold, M, Christmann, F. (1995): Behandlung sexueller Störungen - Ätiologie, Diagnostik, Therapie: Sexuelle Dysfunktionen, Missbrauch, Delinquenz. Weinheim.
Kockott, G. (1999): Status quo der Täterbehandlung in Deutschland. In: Höfling, S., Drewes, D., Epple-Waigel, I. (Hg.): Auftrag Prävention. Offensive gegen sexuellen Kindesmissbrauch. Hanns Seidel Stiftung. München, S. 316-322.
Körner, H. H. (1975): Sexualentgleisungen alternder Menschen im Umgang mit Minderjährigen. Eine kriminalätiologische und kriminaltherapeutische Untersuchung, dargestellt anhand von 483 Fällen aus dem Landgerichtsbezirk Frankfurt (Main) aus den Jahren 1960-1969 unter besonderer Berücksichtigung des Verhaltens aller am Tat- und Prozessgeschehen beteiligter Personen und der verschiedenen Schattierungen des Dunkelfeldes, verbunden mit Vorschlägen zur Einführung eines Altersstrafrechts. Dissertation zu Erlangung des Grades eines Doktors der Rechte des Fachbereichs Rechts- und Wirtschaftswissenschaften der Johannes Gutenberg-Universität Mainz.
Kuhne, T. (1999): Prävention von sexueller Gewalt an Mädchen und jungen Frauen mit unterschiedlichen Behinderungen. In: Höfling, S., Drewes, D., Epple-Waigel, I. (Hg.): Auftrag Prävention. Offensive gegen sexuellen Kindesmissbrauch. Hanns Seidel Stiftung. München, S. 235-252.
Kutchinsky, B. (1991): Sexueller Missbrauch von Kindern: Verbreitung, Phänomenologie und Prävention. In: Zeitschrift für Sexualforschung, Jg. 4, Heft 1, S. 33-44.
Lothstein, L. M. (1996): Psychologische Theorien über Pädophilie und Ephebophilie. In: Rossetti, S. J., Müller, W. (Hg.): Sexueller Missbrauch Minderjähriger in der Kirche. Psychologische, seelsorgerische und institutionelle Aspekte. Mainz, S. 31-60.
Love, S. (1996): Du kannst mich nicht ganz haben. Memoiren eines Callboys. München.
Miller, A. (1980): Am Anfang war Erziehung. Frankfurt am Main.
Moor, P. (1972): Das Selbstporträt des Jürgen Bartsch. Frankfurt am Main.

Rossetti, S. J. (1996 a): Einleitung zum Buch: Rossetti, S. J., Müller, W. (Hg.): Sexueller Missbrauch Minderjähriger in der Kirche. Psychologische, seelsorgerische und institutionelle Aspekte. Mainz, S. 9-19.
Rossetti, S. J. (1996 b): Sexueller Missbrauch von Kindern: Sechs Warnsignale - Hinweise für Prävention und Diagnose. In: Rossetti, S. J., Müller, W. (Hg.): Sexueller Missbrauch Minderjähriger in der Kirche. Psychologische, seelsorgerische und institutionelle Aspekte. Mainz, S. 61-79.
Rossetti, S. J., Müller, W. (1996) (Hg.): Sexueller Missbrauch Minderjähriger in der Kirche. Psychologische, seelsorgerische und institutionelle Aspekte. Mainz.
Roth, J. (1973): Zum Beispiel Kinderheime. Kindersexualität: Jagdszenen aus Westdeutschland. In: betrifft : erziehung, 4/1973, S. 31-36.
Roth, J. (1975): Heimkinder – Ein Untersuchungsbericht über Säuglings- und Kinderheime in der Bundesrepublik. Köln.
Schneider, Hermine, Otten, Josef: Transvestitismus, Fetischismus und sexuelle Perversion. Zu beziehen über die Buchhandlung „Aixbooks", Aachen: www.aixbooks.de.
Schorsch, E. (1975): Sexuelle Deviationen: Ideologie, Klinik, Kritik. In: Schorsch, E., Schmidt, G. (Hg.): Ergebnisse zur Sexualforschung. Frankfurt am Main, S. 49-92.
Schorsch, E. (1993): Kinderliebe. Veränderungen der gesellschaftlichen Bewertung pädosexueller Kontakte. In: Schmidt, G., Sigusch, V. (Hg.): Perversion, Liebe, Gewalt. Stuttgart, S. 168-169.
Schumacher, M. (2004): (Sexuelle) Gewalt wird auch von Frauen und Mädchen ausgeübt – Ein Erfahrungsbericht. In: IKK-Nachrichten 1-2/2004, Herausgeber: Deutsches Jugendinstitut e. V. München, S. 23-26.
Sellin, F., Weber, K. (1999): Das Milchgesicht. Wenn Kinder töten. Reinbek bei Hamburg.
Sipe, R. (1992): Sexualität und Zölibat. Paderborn.
Zemp, A., Pircher, E., Neubauer, Ch. (1997): Sexuelle Ausbeutung von Mädchen und Frauen mit Behinderung. In: Amann, G., Wipplinger, R. (Hg.): Sexueller Missbrauch – Überblick zu Forschung, Beratung und Therapie. Ein Handbuch. Tübingen, S. 738-755.

„Das (...) zum Ausdruck kommende Anliegen, den Schutz von Kindern vor Misshandlung und/oder sexuellem Missbrauch zu verbessern, wird von mir rückhaltlos geteilt... Entgegen Ihrer rechtspolitischen Ansicht sehe ich jedoch keinen Handlungsbedarf durch Änderung der §§ 258, 13 oder 138 StGB für verantwortliche Mitarbeiter in Heimen eine strafbewehrte Anzeigepflicht für Körpermisshandlungen und/oder sexuellen Missbrauch an in diesen Heimen untergebrachten Kindern zu schaffen..."
Peter Caesar Landesjustizminister von Rheinland-Pfalz

5

Die Nichtanzeige eines Kindesmissbrauchs erfüllt keinen Straftatbestand
Oder: Das Kartell des Schweigens

Wie sieht die strafrechtliche Bewertung aus, wenn Heimträger, Heimleitung und Geschäftsführung über ausreichende Kenntnisse hinsichtlich schwerer Misshandlungen – einschließlich sexueller Missbrauch – an Kinder und Jugendlichen verfügen und die Strafverfolgungsbehörden nicht durch entsprechende Anzeigen einschalten? Anders gefragt: Liegt ein strafbewehrtes Verhalten der Verantwortlichen vor, wenn sie, wie insbesondere die Fälle St. Josephshaus und St. Josef-Stift zeigen, keine Anzeige erstatten und somit eine mögliche weitere Gefährdung der ihnen anvertrauten Schutzbefohlenen billigend in Kauf nehmen? Und: Gerät nicht zwangsläufig die gesamte Heimerziehung in Verruf, wenn weder die Strafverfolgungsbehörden, noch die Öffentlichkeit, noch das zuständige Landesjugendamt – Heimaufsicht – im Rahmen der vorgeschriebenen Meldepflicht durch die Verantwortlichen, aber auch durch „untergeordnete" MitarbeiterInnen Aufklärung erfahren?

Der Verfasser hat sich sehr intensiv mit dieser Rechtsfrage beschäftigt: Die *Nichtanzeige* von Gewalttaten – konkret: Körpermisshandlung, seelische Misshandlung und sexueller Missbrauch – an Kindern und Jugendlichen in der Heimerziehung erfüllt keinen Straftatbestand!
Im Rahmen massiver Auseinandersetzungen, insbesondere zwischen dem Verfasser und dem Bistum Mainz, hatten die Verantwortlichen einräumen müssen, über ausreichende Kenntnisse zu verfügen, wonach ein Teil der ihnen anvertrauten Schutzbefohlenen schlimmste Gewalt ausgesetzt gewesen sein sollen. Noch schlimmer: Durch ein „Kartell des Schweigens" hatten das Bistum Mainz und das St. Josef-Stift über die (mutmaßlichen) Täter und Täterinnen einen Mantel der

Barmherzigkeit und der Nächstenliebe ausgebreitet; sie wurden „geschützt" und zunächst weiterbeschäftigt mit der Folge, dass die ihnen anvertrauten Kinder und Jugendlichen – möglicherweise – weiterhin der Gefahr wehr- und hilflos ausgesetzt gewesen sein könnten, Opfer von Straftaten zu werden. Von einigen hat man sich erst dann – in der Regel – durch Auflösungsverträge getrennt, nachdem mutige MitarbeiterInnen (anonym) an die Presse herangetreten sind. Die anderen hat man innerhalb der Katholischen Kirche weiterbeschäftigt.
Es ist ein sozial- und rechtspolitischer Skandal, wenn sich die verantwortlichen Heimträger – wie hier das Bistum Mainz und die St. Josef-Stiftung Eisingen – nach dem öffentlichen Bekanntwerden der von absoluter Gewalt geprägten Schwarzen Pädagogik, die in ihren Einrichtungen herrschte bzw. geherrscht haben soll, auf diese Rechtslücke, den „rechtsfreien Raum", die Regelungslücke zum Straftatbestand der Strafvereitelung bzw. der Nichtanzeige von Straftaten berufen und verschanzen (können), ohne strafrechtliche Verfolgung befürchten zu müssen.
So verfasste der frühere Justitiar der St. Josef-Stiftung, N. S., eine Stellungnahme anlässlich eines Pressegesprächs, das am 8. Oktober 1996 im St. Josef-Stift Eisingen stattfand. Anlass hierfür war das Buch des Verfassers: „Gestohlene Kindheit", in dem dieser bereits den Fall St. Josef-Stift beschrieben hatte. Der Justitiar a. D. reagierte u. a. auf den Vorwurf des Verfassers, dass die Verantwortlichen von schwersten Misshandlungen Kenntnis hatten und zunächst untätig blieben:
„Es ist abwegig, in diesem Zusammenhang den Vorwurf der Strafvereitelung zu erheben. Die Geschäftsleitung hat – unter rechtlichen Gesichtspunkten – richtig und mit der gebotene Eile gehandelt. Eine Weitergabe detaillierter Informationen an Außenstehende konnte mit Rücksicht auf den Schutz der Behinderten und auf die der Geschäftsleitung und den Mitarbeitern der St. Josef-Stiftung obliegenden Schweigepflicht ohnehin nicht in Betracht kommen."
Ein Ermittlungsverfahren der Staatsanwaltschaft Würzburg (Az.: 225 Js 19394/96) wegen Verdacht der Strafvereitelung gegen mehrere Verantwortliche der St. Josef-Stiftung in Eisingen, die von Misshandlungen Kenntnis hatten und diese nicht gegenüber der Strafverfolgungsbehörde zur Anzeige brachte, ist eingestellt worden. In der Einstellungsverfügung vom 04. August 1997 steht wortwörtlich geschrieben:
„Den Beschuldigten liegt Strafvereitelung zur Last, begangen dadurch, dass sie in ihrer jeweiligen Funktion in der Leitungsebene des St. Josef-Stiftes in Eisingen von Misshandlungen bzw. Körperverletzungen z. N. der dort untergebrachten Betreuten bewusst und trotz dieses Wissens die Vorgänge nicht unterbunden bzw. die entsprechenden Mitarbeiter nicht bei den zuständigen Strafverfolgungsbehörden angezeigt hätten... Der Tatbestand der Strafvereitelung, § 258 StGB, ist nicht erfüllt."

In dieser Einstellungsverfügung wird unter Hinweis auf eine dem Verfasser vorliegende BGH-Entscheidung zum § 258 StGB – Strafgesetzbuch – (BGH, Urteil vom 30.04.1997 – 2 StR 670/96) weiter vorgetragen:

„Geschütztes Rechtsgut des § 258 StGB ist die staatliche Rechtspflege. Eine Garantenpflicht, d.h., die Verpflichtung, für dieses Rechtsgut einzustehen, trifft nur solche Personen, denen das Recht die Aufgabe zuweist, Belange der Strafrechtspflege wahrzunehmen. Das bedeutete für das Delikt der Strafverfolgungsvereitelung, dass für die Abwendung des Vereitelungserfolges nur einstehen muss, wer von Rechts wegen dazu berufen ist, an der Strafverfolgung mitzuwirken, also in irgendeiner Weise dafür zu sorgen oder dazu beizutragen hat, dass Straftäter nach Maßgabe des geltenden Rechts ihrer Bestrafung oder sonstigen strafrechtlichen Maßnahmen zugeführt werden. Als in der Leistungsebene eines Behindertenheimes Tätige gehören die Beschuldigten nicht zum Kreis derjenigen, denen die Strafverfolgung als amtliche Aufgabe anvertraut ist, wie dies etwa bei Strafrichtern, Staatsanwälten oder Polizeibeamten der Fall ist. Damit begründet allein die Stellung in der Hierarchie des St. Josef-Stiftes in Eisingen keine Garantenstellung der Beschuldigten. Eine solche könnte sich allenfalls aus sondergesetzlichen Vorschriften ergeben, wie dies etwa in § 40 WStG (Wehrstrafgesetz) geschehen ist. Eine vergleichbare Rechtsgrundlage für eine Verpflichtung, Straftaten von unterstellten Mitarbeitern anzuzeigen, existiert für den Bereich von Pflegeheimen nicht."

Das Bistum Mainz hat über seinen Rechtsdirektor und Justitiar, Herr H. B., der im Hinblick darauf, dass das Bistum seit spätestens Anfang 1992 über ausreichende Kenntnisse bezüglich der Misshandlungsvorwürfe im St. Josephshaus verfügte und nicht die Strafvollzugsbehörde einschaltete, in den *Mainzer Bistumsnachrichten* vom 27. November 1996 erklärt:

„Der Vorwurf einer Strafvereitelung ist nicht begründet: Das Unterlassen einer Strafanzeige ist nur dann strafbar, wenn eine Rechtspflicht zur Anzeige besteht. Das ist nicht der Fall gewesen, da die Entscheidung im Ermessen des Verwaltungsrates lag und ein Ermessensmissbrauch nicht vorliegt."

Einleitung strafrechtlicher Ermittlungen gegen Bischof Lehmann abgelehnt.

Die Rechtsauffassung des Bistums Mainz wurde von der Staatsanwaltschaft Darmstadt (10 Js 47586/96) vollinhaltlich bestätigt: In einem Schreiben der Strafverfolgungsbehörde vom 23. Februar 1997, in dem ein „Antrag auf Einleitung strafrechtlicher Ermittlungen gegen den Bischof des Katholischen Bistums Mainz, Dr. Karl Lehmann" eines

früheren Mitarbeiters der Einrichtung nicht entsprochen worden ist, ist eine Art „Ehrenerklärung" für den Kleriker enthalten:
„Nur im Blick darauf, dass der Beschuldigte sich unter anderem auch gegen den Verdacht nach § 258 a StGB (Strafvereitelung im Amt durch Nichtanzeige von Straftaten) ausdrücklich verwahrt hat, sei abschließend bemerkt, dass der Beschuldigte selbstverständlich nicht zu dem in dieser Vorschrift angesprochenen Personenkreis gehört; ob und gegebenenfalls wann er nach Kenntnis vom Verdacht auf Straftaten seitens des Heimpersonals Strafanzeige hätte erstatten sollen oder wollen, lag in seinem hier nicht zu überprüfenden Ermessen."

Das Verhalten der St. Josef-Stiftung und des Bistum Mainz ist weder aus christlicher noch aus strafrechtlicher Sicht akzeptabel. Hier geht es um (junge) Menschen, die sich in ihrer Obhut befinden. Sie haben das Recht auf Achtung und Unversehrtheit ihrer Menschenwürde. Sie haben somit auch das Recht auf Schutz vor jeglicher Gewalt, auch in einem konfessionell orientierten Heim. Diese im Grundgesetz und in der Konvention zum Schutze der Menschenrechte und Grundfreiheiten und in der Konvention über die Rechte des Kindes verbrieften Rechte werden mit Füssen getreten, wenn Heimträger und (verantwortliche) Mitarbeiter in Heimen von Körpermisshandlungen und/oder sexuellen Missbrauch an Kindern Kenntnis haben und, weil sie sich bei Nichtanzeige nicht strafbar machen, hierüber schweigen (dürfen). Und: Die Verantwortlichen bleiben oft untätig und schützen nicht die Kinder, sondern die mutmaßlichen Täter und Täterinnen.
Dieser rechtspolitischer Skandal muss im Interesse der Heimkinder schnellstmöglich beseitigt werden. Der Verfasser denkt hier ausdrücklich an die noch nicht vollzogene sechste Strafrechtsreform.
Der Verfasser hat den Bundesjustizminister, Schmidt-Jortzig, den rheinland-pfälzischen Landesjustizminister Peter Caesar und den bayerischen Staatsminister der Justiz, Hermann Leeb, mit den Fällen St. Josephshaus und St. Josef-Stift konfrontiert und um eine Stellungnahme gebeten; insbesondere zu seiner Forderung, diesen rechtspolitischen Skandal durch eine entsprechende Modifikation der §§ 258 Abs. 1, 13 Abs. 1 oder 138 Abs. 1 StGB zu beheben.
Der Bundesminister der Justiz ließ dem Verfasser mit Schreiben vom 18. September 1997 u.a. antworten:
„Die von Ihnen aufgeworfenen Rechtsfragen werden auch im Bundesministerium der Justiz als rechtspolitisch bedeutsam bewertet. Im einzelnen darf ich hierzu folgendes bemerken: Das von Ihnen angesprochene Urteil des Bundesgerichtshofes vom 30. April 1997 zur Frage einer möglichen Strafbarkeit von Strafvollzugsbediensteten nach § 258 Abs. 1, § 13 StGB (Strafvereitelung durch Unterlassen) wegen der Nichtanzeige von im Strafvollzug begangenen Straftaten ist hier bereits einer ersten Prüfung unter dem Gesichtspunkt unterzogen worden, ob

gesetzgeberische Maßnahmen veranlasst sind. Derzeit wird die Problematik mit den Landesjustizverwaltungen erörtert. Eine in diesem Zusammenhang diskutierte Gesetzesänderung wäre die Statuierung einer speziellen Anzeigepflicht im Strafvollzugsgesetz.
Von der Anwendbarkeit der §§ 258, 13 StGB auf Strafvollzugsbedienstete zu trennen ist die allgemeinere Problematik der Normierung von **präventiv** ausgerichteten Meldepflichten im Hinblick auf Fälle sexuellen Kindesmissbrauchs. Auch diese Frage ist derzeit Gegenstand intensiver Beratungen zwischen Bund und Ländern. Gründlicher Erörterung bedürfen dabei insbesondere die Fragen, ob strafbewehrte Anzeige**pflichten** unabdingbar geboten sind. Bejahendenfalls wäre die schwierige Frage zu entscheiden, ob – wie von Ihnen vorgeschlagen – eine **generelle strafbewehrte** Anzeigepflicht in Gestalt einer Erweiterung der Ausnahmebestimmung in § 138 Abs. 1 StGB in Betracht zu ziehen wäre, oder ob nicht **spezielle Anzeigepflichten für bestimmte betroffene Berufsgruppen** genügten. Insoweit werden im Moment beispielsweise im Hinblick auf den Bereich der Jugendhilfe Änderungen im Sozialgesetzbuch VIII geprüft. Sollte sich die Statuierung von Anzeige**pflichten** dagegen am Ende nicht als sinnvoll erweisen, wäre für bestimmte Berufsgruppen, die gemäss § 203 StGB strafbewehrten Schweigepflichten unterliegen, an die spezialgesetzliche Regelung (auch hier käme etwa das Sozialgesetzbuch VIII in Betracht) von Anzeige**befugnissen** zu denken. Ich möchte Sie um Verständnis dafür bitten, dass die abschließende Klärung der angesprochenen Fragen noch eine gewisse Zeit in Anspruch nehmen wird und darf Ihnen gleichzeitig versichern, dass Ihr Schreiben bei den noch anzustellenden Überlegungen Berücksichtigung finden wird."
Der Landesjustizminister Peter Caesar antwortete mit Schreiben vom 17. September 1997 dem Verfasser höchstpersönlich. Der Minister sieht „keinen Handlungsbedarf", das Strafgesetzbuch so zu ändern, dass die hier in Rede stehende Nichtanzeige von Straftaten in Zukunft unter Strafe gestellt wird:
„Zunächst möchte ich mich für Ihr Schreiben herzlich bedanken. Das darin zum Ausdruck kommende Anliegen, den Schutz von Kindern vor Misshandlung und/oder sexuellem Missbrauch zu verbessern, wird von mir rückhaltlos geteilt... Entgegen Ihrer rechtspolitischen Ansicht sehe ich jedoch keinen Handlungsbedarf durch Änderung der §§ 258, 13 oder 138 StGB für verantwortliche Mitarbeiter in Heimen eine strafbewehrte Anzeigepflicht für Körpermisshandlungen und/oder sexuellen Missbrauch an in diesen Heimen untergebrachten Kindern zu schaffen... (Ein) Dienstvorgesetzter ist, soweit er nicht unter den Personenkreis des § 258 a StGB fällt, nur dann verpflichtet, Straftaten seines Untergebenen anzuzeigen, wenn ihm dies nach pflichtgemäßem Ermessen geboten erscheint. Ein Verstoß gegen diese Dienstpflicht kann als Dienstvergehen, jedoch nicht als Straftat geahndet werden."

Die weitere Begründung seiner ablehnenden Haltung gegenüber einer „Ausdehnung der Anzeigepflicht" ist, wie insbesondere die Fälle Bistum Mainz und St. Josef-Stiftung dokumentieren, nicht nachvollziehbar.
„Eine weitere Ausdehnung der Anzeigepflicht erachte ich auch nicht als sinnvoll. Zum einen kann es im Einzelfall gerade auch unter Berücksichtigung der Interessen des Opfers eine schwerwiegende Entscheidung sein, ob Strafanzeige erstattet werden muss oder nicht. Zum anderen soll vermieden werden, dass nicht jedes strafbare oder nicht strafwürdige Verhalten zur Erfüllung einer vermeintlichen Anzeigepflicht den Ermittlungsbehörden zur Kenntnis gebracht wird. In letzter Konsequenz könnte dies auch dazu führen, dass sich ein Denunziantentum ausbreitet, das weder im Interesse der Betroffenen noch der Strafverfolgungsbehörden liegt und den Rechtsfrieden nachhaltig stören würde."
Der bayerische Staatsminister der Justiz, Hermann Leeb, ließ dem Verfasser – ausgehend von dem Fall St. Josef-Stift Eisingen – mit Schreiben vom 19. September 1997 u.a. lapidar antworten:
„Die Frage, ob Heimträger und (verantwortliche) Mitarbeiter in Heimen, die Kenntnis von an Kindern begangenen Straftaten haben, schweigen dürfen, geht freilich über das Strafrecht hinaus. Auch die Frage, ob die Beschuldigten weiterbeschäftigt werden können, ist keine primär strafrechtliche Frage.
Ich habe Ihr Schreiben deshalb dem Bayerischen Staatsministerium für Arbeit und Sozialordnung, Familie, Frauen und Gesundheit zugeleitet."

„Isolierung, Hospitalismus und Autoritarismus sind nur scheinbar ständige Probleme der Heimerziehung. Aber ihre Gegenpole: Indifferentismus, Überforderung durch zu frühe Freiheit und Autoritätsschwund sind ebenso gefährlich."
Kurt Frör: Die öffentliche Erziehung als Beitrag zur Überwindung der Erziehungsnot, in: AFET-Mitgliederrundbrief 1964, S. 34 f., hier: S. 35

6

Was dieses Buch will
Oder: Die Rechte des Kindes

Dieses Buch ist keine Anklage gegen die Heimerziehung: Die Anklage richtet sich aber gegen die namentlich bekannten Heime und die „namenlosen" Heime, in denen junge Menschen Misshandlungen aller Art hilflos und wehrlos ausgesetzt sind – und wo leider immer noch die Schwarze Pädagogik mit all ihren schlimmen Folgewirkungen für die Betroffenen um sich schlägt.

Dieses Buch ist auch eine Anklage gegen *die* Heimträger und *die* Verantwortlichen in Heimen, die MitarbeiterInnen, die nicht schweigen und gegen die Missachtung der Menschenwürde von jungen Menschen protestieren und Menschenrechtsverletzungen an die Öffentlichkeit bringen (wollen), unter Hinweis auf ihre sogenannte Schweigepflicht massiv mit arbeitsrechtlichen und strafrechtlichen Konsequenzen bedrohen. Und *die* sich Eltern, die sich gegen die Misshandlung ihrer Kinder zur Wehr setzen (wollen), mit der massiven Bedrohung entgegensetzen, ihre Söhne und Töchter aus ihren Einrichtungen zu entfernen – und sie somit in der Regel erfolgreich zum Schweigen bringen.
Dieses Buch dient dazu, die Öffentlichkeit, aber auch die MitarbeiterInnen konfessioneller, privater und staatlicher Heime und alle anderen Institutionen, die Verantwortung für die (Heim-)Erziehung tragen, wachzurütteln.

Dieses Buch soll allen Mut machen, sich gegen das schreiende Unrecht und gegen die Rechtlosigkeit junger Menschen zur Wehr zu setzen. – Und die Menschenrechtsverletzungen nicht durch Schweigen und Wegschauen hinzunehmen.

Dieses Buch soll helfen, das Schweigen – der leider immer noch überwiegenden Mehrheit – der Eltern, die von der Misshandlung ihrer Kinder erfahren, zu brechen; die aus Angst stillhalten und dadurch das weitere Misshandeln ihrer Söhne und Töchter billigend in Kauf nehmen, weil sie entweder die Schwarze Pädagogik dulden bzw. für sich akzeptieren oder weil sie durch die massive Bedrohung der Verantwortlichen (die wiederum um die Tatsache wissen, dass es in der Regel für die betroffenen Eltern schwer ist, einen neuen Heimplatz in der Nähe des Elternhauses zu finden), ihre Kinder aus den Heimen zu entfernen, schweigen.

Dieses Buch ist aber auch für alle Erwachsenen geschrieben, die mit Kindern und Jugendlichen zu tun haben und deren Kindheit, Menschenwürde, Wünsche und Bedürfnisse, deren Gefühle und Autonomie respektieren. Es soll sie bestärken, diesen Weg weiterzugehen. Hierbei macht der Verfasser ausdrücklich überhaupt keinen Unterschied, ob diese Erwachsenen in Familien oder in konfessionellen, privaten oder staatlichen Heimen mit jungen Menschen in Berührung kommen.

Dieses Buch soll auch den Betroffenen die Kraft geben, die sie benötigen, um die „Mauer des Schweigens" aufzubrechen.
Es gibt selbstverständlich auch konfessionell orientierte Erzieher, Erzieherinnen, Nonnen und Patres, die die vom Grundgesetz garantierte Menschenwürde junger Menschen respektieren und diese nicht mit Füssen treten.

Die Heimerziehung, die sich seit den siebziger Jahren zum Teil Stück für Stück positiv verändert hat (hierzu gehört auch das Entstehen von Kleinstheimen, Außenwohngruppen, Jugendwohngemeinschaften), hat auch weiterhin eine Existenzberechtigung, solange es keine durchgreifenden Alternativen gibt: Die Heime sind für – im Elternhaus – misshandelte Kinder und Jugendliche die Ultima Ratio. Und solange junge Menschen mit der Heimerziehung in Berührung kommen, haben sie – und das gilt selbstverständlich auch für Kinder in anderen außerfamiliären Einrichtungen und für Kinder in Familien – das unwiderrufliche Menschenrecht auf Würde und Unversehrtheit.
Auch für diese Kinder und Jugendliche gilt die 1989 von den Vereinten Nationen verabschiedete Konvention über die Rechte des Kindes. Jeder Staat, der diese Konvention ratifiziert, verpflichtet sich, die dort festgelegten Rechte zu gewähren. Hier ein Auszug:
Kinder haben Rechte: Das Recht auf Gleichheit, unabhängig von Rasse, Religion, Herkunft und Geschlecht; das Recht auf eine gesunde, geistige und körperliche Entwicklung; das Recht auf besondere Betreuung im Falle körperlicher oder geistiger Behinderung; das Recht auf Liebe, Verständnis und Geborgenheit; das Recht auf Schutz vor Grausamkeit, Vernachlässigung und Ausbeutung; das Recht auf Schutz vor allen Formen der Diskriminierung und auf eine Erziehung im Geiste der weltweiten Brüderlichkeit, des Friedens und der Toleranz.

Es ist Alice Miller vollinhaltlich zuzustimmen, die in ihrem vielbeachteten Buch: *„Am Anfang war Erziehung"* schreibt:

„Solange das Kind als Container angesehen wird, in den man unbeschadet alle ‚Affektabfälle' hineinwerfen kann, wird sich an der Praxis der ‚Schwarzen Pädagogik' nicht viel ändern. Zugleich werden wir uns über die rapide Zunahme der Psychosen, Neurosen und der Drogensucht bei Jugendlichen wundern, über die sexuellen Perversionen und Gewalttätigkeiten empören und entrüsten, Massenmorde als einen unumgänglichen Teil unseres Lebens anzusehen."

Wiesbaden, im Dezember 2005
Alexander Markus Homes

Dank

Ich bedanke mich bei Frau Marlies Schwochow, die mir mit großem Einfühlungsvermögen, Engagement und Einsatz zur Seite stand, und Herrn Gerhard Evers für seine Unterstützung für die hier vorliegende Ausgabe. Danken will ich auch Frau Hermine Schneider, die mit großem Engagement um eine öffentliche Aufklärung der Vorgänge im Eschweiler Kinderheim St. Josef kämpft.

„Der Mensch, der zum Sklaven seiner Triebe und seiner Hormone wird, ist kein Mensch mehr, (...) er verliert seine Menschenwürde und sinkt damit auf eine Stufe, die unter der des Tieres liegt (...). Werden die weiblichen Reize im Bereich heutiger Erotik nicht zu einem Mittel der Entfesselung der Sinnlichkeit, welches die menschliche Sexualität zur Karikatur der Sexualität des Schmetterlings abstempelt?"
Hermann Maass (kath.): Diskussionsbeitrag zum Referat „Sonderprobleme der Mädchenerziehung", in: AFET-Mitgliederrundbrief 1967, S. 48-51, hier: S. 50

7

Gestohlene Kindheit

1

An einem nebligen und regnerischen Morgen führt ein VW-Bus eine Straße entlang. Draußen und im VW-Bus herrscht Stille. Nur das Motorgeräusch und der Regen, der auf das Dach des VW-Busses und auf die Fensterscheiben niederprasselt, ist wahrnehmbar.
Auf der Rückbank des VW-Busses sitzt Sascha, ein kleiner Junge, der sich in einer Ecke fest ins Polster gedrückt hat, als wolle er sich unsichtbar machen, ganz alleine. Sascha hat einen Daumen im Mund, und mit der anderen Hand drückt er seinen Teddybär ganz eng an den Körper. Er schaut in das Gesicht des Teddybären, gibt ihm einen zarten Kuss auf die Stirn und weint.
Die Tränen kullern über sein Gesicht, Tränen der Trauer, die auf den Teddybär hinabfallen.
Er schaut hinaus zu den Bäumen und sieht, durch Tränen verschwommen, Tiere, die über das weite Feld laufen. Und am Horizont nimmt Sascha die aufgehende Sonne wahr. Vom ersten Sonnenlicht angestrahlt, blickt er nach vorne und sieht am Steuer die Umrisse des Pfarrers und auf dem Beifahrersitz die Umrisse der Krankenschwester. Sascha ist sehr müde und fällt in einen tiefen Schlaf.
Die Krankenschwester betätigt das Autoradio, sucht einen Musiksender und entscheidet sich für Kirchenmusik. Sie schaut kurz zu Sascha und dann nach vorne auf die Straße. Nach einer längeren Zeit des Fahrens wird Sascha durch einen lauten Schrei der Krankenschwester aus dem Schlaf gerissen und schreckt auf.
„Aufwachen! Wir sind da!"

Sascha, der den Ton einer Kirchenglocke wahrnimmt, öffnet die Augen und schaut direkt in das übergroße Gesicht der Krankenschwester.

Der VW-Bus nähert sich einem riesengroßen Gebäude, das durch Bäume und Sträucher halbversteckt hinter einem riesengroßen Stacheldraht verborgen liegt, und hält vor dem großen Tor. Hinter dem Tor sieht Sascha einen großen stämmigen Mann stehen, der das Tor öffnet und zur Seite tritt. Der VW-Bus fährt durch die Toreinfahrt und bleibt vor dem Hauptportal stehen. Dort, auf der obersten Treppe, sieht Sascha eine Schwester vor einer großen Holztür stehen. Er schaut in ihr altes, faltiges Gesicht und sieht, dass sie von oben auf ihn herabblickt und lächelt. Sascha schaut über sie hinweg und sieht oberhalb des Portals eine Statue, die die Mutter Maria darstellt. Ihre Hände, von einem Rosenkranz umgeben, sind gefaltet. Die Schwester kommt langsam die Treppe hinunter und geht mit dem großen Mann auf den VW-Bus zu.
Der Mann öffnet die Beifahrertür. Sascha nimmt schlagartig die volle Lautstärke der bedrohlich wirkenden Kirchenglocke wahr. Immer dann, wenn er den Ton einer Kirchenglocke vernimmt, ergreift ihn eine große Angst. Eine für ihn unbeschreibliche, unerklärliche Angst, die ihn fesselt und lähmt und seine Kinderseele und seinen Körper voll in Besitz nimmt. Sascha fängt an zu zittern und spürt den Schweiß, der sich auf seinem Gesicht und seinem Körper bildet. Schlagartig schnürt sich seine Kehle zu, so dass er kaum noch Luft bekommt. Sascha, der nach Luft ringt, beobachtet den großen Mann, dessen eiskalter und lebloser Blick ihn erschauern lässt.
Während der große Mann der Krankenschwester beim Aussteigen hilft, bittet sie Sascha, der den Teddybären in seinen Hände hält und immer noch zusammengekauert auf dem Sitz versunken ist, herauszukommen. Sascha sieht, wie sich die großen Hände dieses großen Mannes der Schiebetür nähern und diese öffnen. Und schlagartig treffen die Kinderaugen und die Augen dieses großen, für ihn furchterregenden Mannes aufeinander.
Der Mann mustert Sascha und sieht, dass er weint.
„Aber, aber, lächelt er, und seine Stimme ist dunkel und gefühllos, „ein so großer Junge wie du weint doch nicht!"

Sascha, der sich während der Fahrt kaum bewegt und nichts gesagt hat, nimmt erst jetzt richtig wahr, dass für ihn hier ein neuer Lebensabschnitt beginnen soll. Plötzlich fängt er an zu schreien und um sich zu treten. Der große Mann greift nach seinen kleinen Kinderarmen und zerrt ihn mit Gewalt aus dem Bus.
Wie versteinert steht Sascha direkt vor dem großen Mann in Bauchhöhe und hört auf zu weinen. Er schaut langsam zu ihm hoch und blickt in das starre Gesicht dieses Mannes, dessen Blick senkrecht auf ihn herabgerichtet ist. Die Krankenschwester erlöst Sascha von dem Blick

dieses Mannes und zieht ihn zur Seite. Sie überreicht der Schwester eine Akte und ein Formular.

„Ich darf Sie bitten", erklärt sie im strengen Ton, „dieses Formular als Empfangsbestätigung für die ordnungsgemäße Übergabe des Jungen zu unterschreiben."

Sascha, der vom Weinen feuchte Augen hat, schaut auf das gewaltige, übermächtig wirkende Gebäude. Sein Blick richtet sich von links nach rechts und von unten nach oben bis hin zur Spitze des Kirchturms. Sascha versucht die Fenster zu zählen, aber es sind zu viele. Im Hintergrund hört er die Schwestern miteinander reden.

„Der Junge heult bei jeder Kleinigkeit gleich los!", klärt die Krankenschwester, deren Augen vorwurfsvoll auf Sascha gerichtet sind, die Schwester auf. „Er ist nie zufrieden mit dem, was er kriegt. Er ist manchmal total in sich gekehrt. Er ist ein Außenseiter. Er leidet unter einem unheimlich starken Sexualtrieb; er verführt andere Kinder!"

Die Schwester schaut Sascha direkt ins Gesicht, und aus ihrem Lächeln wird ein ernster, starrer und angsteinflößender Blick. Sascha schreckt auf und zuckt in sich zusammen. Die große Angst, die ihn so lähmt und bewegungslos hält, vergrößert sich schlagartig in einem für ihn bis dahin nicht gekannten Ausmaß.

„Machen Sie sich da mal bitte keine Sorgen", versichert die Schwester mit einer gottbegnadeten frommen Miene der Krankenschwester und dem Pfarrer, „das werden wir dem Jungen schon austreiben. Schließlich sind wir eine kirchliche Anstalt!"

Sie faltet ihre Hände, als würde sie beten wollen, und fängt verkrampft an zu lächeln.

Die Krankenschwester geht auf Sascha zu und will ihm die Hand zum Abschied reichen, doch plötzlich steht die Schwester zwischen ihnen.

„Lassen Sie das bitte sein", erklärt sie der Krankenschwester im lautstarken Ton, „das verstört den Jungen noch mehr. Das Beste ist, Sie und der Herr Pfarrer fahren ganz schnell wieder zurück."

Die Krankenschwester schaut der Schwester sprachlos und verstört ins Gesicht. Dann verabschiedet sie sich zusammen mit dem Pfarrer von der Schwester, dreht sich um und geht zum VW-Bus. Plötzlich stürzt sich Sascha auf sie, krallt, wobei ihm der Teddybär aus der Hand fällt, seine kleinen Finger an ihre schwarze Schwesterntracht und umarmt sie. Nur mit großer Kraftanstrengung kann sich die Krankenschwester mit der Hilfe der Schwester aus Saschas Umarmung befreien. Während die Krankenschwester und der Pfarrer schnell in den VW-Bus steigen, hält die Schwester Sascha mit Gewalt am Arm fest. Der Pfarrer gibt Vollgas, und mit quietschenden Reifen rasen sie davon.

Sascha wehrt sich gegen die Schwester, und es gelingt ihm, sich zu befreien. Er greift nach dem am Boden liegenden Teddybär und bekommt ihn zu fassen. Mit einer für ihn bis dahin völlig neuen Schnelligkeit läuft er dem VW-Bus und seinen davonfahrenden ersten Kindheitsjahren hinterher.

Sascha heult, schreit, brüllt.

„Bitte, bitte, lasst mich hier nicht alleine zurück! Haltet an! Ich will wieder zurück zu meinen Freunden!"

Sascha sieht mit jedem Meter, mit dem sich der VW-Bus weiter entfernt, seine ersten Kindheitsjahre wie durch eine große Nebelwand verschwinden. Der VW-Bus fährt durch die Toreinfahrt auf die Straße. Auch Sascha erreicht das Tor und die Straße und rennt dem VW-Bus hinterher. Nach einiger Zeit bleibt er völlig erschöpft stehen, und der Teddybär fällt ihm aus der Hand. Neben seinen Teddybär lässt er sich auf die Straße fallen.

Sascha hebt seinen Teddybär auf, schaut ihm ins Gesicht und drückt ihn fest an sich. Auf den Knien rutschend, legt er ihn wieder auf die Straße und faltet seine Hände.

„Bitte, bitte", fleht er laut schreiend, „lasst mich hier nicht alleine zurück!"

Sascha, dessen Blick durch die Tränen verschwommen ist, sieht den VW-Bus hinter einer Kurve verschwinden. Schmerzhaft erkennen er: Die Krankenschwester und der Pfarrer werden niemals zurückkommen! Niemals wird er seine Freunde und sein Zuhause, das Kinderheim, in dem er sich wohlfühlte, wiedersehen. Niemals wieder wird er die liebenswürdige und immer lächelnde Schwester Roselore erleben, die den Kindern eine liebevolle Ersatzmutter war. Und niemals wird er seine Umgebung, den schönen Park, den großen Kinderspielplatz, auf dem er sich mit seinen Freunden austoben konnte, wiedersehen.

Sascha erkennt auf der Straße, während seine Augen die Straßenkurve fixieren, dass sein bisheriges kurzes Leben im Kinderheim innerhalb weniger Minuten brutal und für immer beendet wurde und ihm nur noch die Erinnerungen bleiben werden. Erinnerungen, von denen er fest überzeugt ist, dass sie im Laufe der Zeit verblassen.

Die Straße ist wie leergefegt. Plötzlich hört Sascha Schritte und schaut sich um. Der große stämmige Mann kommt auf ihn zugelaufen. Bevor Sascha reagieren kann, hat der Mann ihn eingeholt und packt ihn am Hals. Mit seinen Hände zieht er Sascha am Hals nach oben. Sascha schreit laut auf und verliert den Boden unter seinen Füßen. Der große Mann stellt ihn wieder auf den Boden und greift ihn am Arm. Sascha hört auf zu schreien. Der stämmige Mann zieht ihn am Arm hinter sich her, die Straße entlang, zurück zum Heim.

„Wenn du nicht sofort brav bist", schreit er, während er Sascha von oben herab mit strengem Blick anschaut, „versohle ich dir den Hintern so sehr, dass du nicht mehr sitzen kannst!"

Sascha und der Mann erreichen das Hauptportal. Sascha schaut zum Portal hinauf direkt auf die Statue der Mutter Maria und sieht seitlich ein großes Schild mit der Inschrift: „DAS HEIM DER TRAURIGEN KINDER".

Der stämmige Mann führt Sascha an der Pforte vorbei durch die große Eingangshalle. Hinter einer Glasscheibe sieht Sascha eine Schwester

sitzen, die telefoniert. Ein riesengroßes Kreuz hängt an der Wand. An einer anderen Wand sieht er ein großes Bild, auf dem Jesus abgebildet ist, umgeben von kleinen Kindern; auf seinem Schoß sitzt ein kleiner Junge, den er streichelt.
Sascha und der Mann gehen einen langen Flur entlang und halten vor einer großen Tür. Der Mann öffnet diese Tür und schubst Sascha leicht in einen riesigen Saal.
In dem Saal herrscht eine beängstigende Stille. Sascha geht bis zur Mitte des Saals und bleibt dort vor Angst wie angewurzelt stehen. Plötzlich fangen seine Knie an zu zittern. Die Unsicherheit nimmt zu, und er hat das Gefühl, jeden Moment in sich zusammenzufallen.
Vorsichtig schaut er sich in dem großen Saal um, und seine Augen bleiben an einer Wand haften. Dort sieht er wieder ein riesengroßes Kreuz aus Holz. Dieses Kreuz ist mindestens so groß wie er selbst. Sascha schaut sich das Kreuz von oben bis unten an. Und er blickt auf Jesus, der ans Kreuz genagelt zu ihm hinunterschaut.
Direkt unterhalb des Kreuzes nimmt er hinter einem Schreibtisch die Schwester wahr, die ihn zusammen mit dem großen Mann in Empfang nahm und für die Krankenschwester die Empfangsbestätigung unterschrieb. Diese Schwester lächelt Sascha mit einem mütterlichen, frommen Blick an und mustert ihn von unten nach oben. Ihre Augen bleiben am Gesicht des weinenden Saschas haften. Sascha zuckt zusammen. Er versucht, sich von dem Blick der Schwester zu befreien, doch es gelingt ihm nicht. Sascha schaut der Schwester auf den Mund und sieht, wie dieser auf und zu geht und die Lippen sich bewegen.
„Ich bin die Oberin Schwester Andrea!"
Ihre Stimme wirkt auf Sascha beängstigend.

Ein großer Mann mit graumeliertem Haar und einem grauen Anzug mit schwarzem Hemd betritt den Saal. Saschas weinende Augen schauen in das strenge Gesicht dieses Mannes, der ihn begutachtet. Er geht auf Sascha zu und bleibt direkt vor ihm stehen.
„Ich bin Herr Müller, der Heimleiter und Priester!"
Herr Müller schaut Sascha ins Gesicht und fixiert gleichzeitig seine Kinderaugen. Sascha bemerkt, dass die Gesichtszüge dieses Mannes sich nicht verändern. Sie drücken Einsamkeit und Leblosigkeit aus.
„Wie heißt du?", fragt ihn dieser Mann laut.
Sascha antwortet ihm nicht und weint nur noch lauter. Herr Müller schaut ihn erstaunt an.
„Warum weinst du?"
Sascha weint noch heftiger. Tränen kullern über sein Kindergesicht. Die Stimme dieses Mannes wird leiser und ruhiger. Er fragt Sascha noch einmal nach seinem Namen.
„Wie heißt du?"
„Sascha Hesse", antwortet Sascha mit leiser, weinender Stimme.
Herr Müller geht auf die Oberin Andrea zu und bleibt neben ihr stehen. Beide schauen Sascha an, der immer noch wie angewurzelt in der

Mitte des Saals steht. Die Oberin Andrea nimmt eine dicke Akte in die Hände. Mit ernstem Blick blättert sie in der dicken Akte: Sie liest, sie schüttelt den Kopf, sie blättert weiter. Es ist eine Zeitlang still, nur Saschas Weinen und Schluchzen und das „Knistern" der Aktenblätter sind hörbar. Die Augen der Oberin sind auf ein Blatt gerichtet, aus dem sie plötzlich laut vorliest.
„Das Kind kann, seit es im Kinderheim ist, unterscheiden und begreifen, hat Gedächtnis und besitzt Nachahmungstrieb."
Die Oberin blickt nickend zu Herrn Müller. Und während sie aus dem Inhalt weiter laut vorliest, schaut sie immer wieder über ihre Brille hinweg Sascha direkt ins Gesicht.
„Es hat auch Neigung und Geschick zur Beschäftigung, vor allem zu praktischen Arbeiten. Der Junge ist schnell aufgeregt und ängstlich. Er ist oft störrisch, im allgemeinen aber verträglich und gesellig. Er ist nicht zerstörungssüchtig und hat keine besonderen Gewohnheiten."
Über die Brillenränder hinweg blickt die Oberin Andrea zu Sascha und fängt an zu lächeln. Sie blättert weiter in der Akte und liest, wobei sie einen Zeigefinger zur Hilfe nimmt, einen Teil aus einer anderen Seite vor.
„Es muss unbedingt berücksichtigt werden, dass es sich bei dem Kind um einen sehr sensiblen Jungen handelt, der bereits in den ersten Lebensjahren von seiner Mutter körperlich misshandelt wurde. Somit bedarf er jetzt einer besonders liebevollen Pflege."
Mitleidig blicken die Oberin Andrea und Herr Müller zu Sascha. Plötzlich schreckt Sascha in sich zusammen, denn Schwester Oberin Andrea und Herr Müller erklären laut, wie aus einem Mund:
„Du wirst hier eine wunderschöne Zeit erleben, an die du später gerne zurückdenken wirst, glaub mir! Es kommt der Tag, wo du stolz, ja uns dankbar sein wirst, hier im „Heim der traurigen Kinder" deine Kindheit und Jugend verlebt zu haben!"
Mit Sascha an der einen Hand und in der anderen Hand dessen Koffer, geht Herr Müller aus dem Büro.
Über einen sehr langen Flur gelangen sie zu einem Treppenaufgang. Sascha steht da, sprachlos und erstaunt. So ein großes Treppengeländer, das den Blick auf die innere hohe Decke freigibt, hat er noch nie gesehen. Und er schaut von oben nach unten.
Im ganzen Treppenhaus herrscht eine furchterregende Stille. Sascha sieht nirgendwo spielende Kinder, und er hört auch kein Kindergeschrei.
Im dritten Stock angelangt, öffnet Herr Müller eine große Glastür, an der ein Schild mit dem Gruppennamen: „St. Martin" angebracht ist. Sascha, der das Geklirr von Geschirr und Besteck wahrnimmt, sieht vor sich einen sehr langgezogenen Flur; auf einer Seite befinden sich, die ganze Wand entlang, große Fenster; unterhalb der Fensterfront ist eine große, durchgezogene Bank; auf der anderen Seite befinden sich zahlreiche Türen, die zu einzelnen Räumen führen. Beide gehen den langen Gruppenflur, auf dem sich niemand befindet, entlang. Vor einer

großen Tür bleiben sie stehen, und Herr Müller öffnet die Tür. Sie betreten einen großen Saal und bleiben in der Mitte stehen.
Sascha schaut sich diesen Saal näher an und sieht in drei Reihen ein Bett neben dem anderen, daneben jeweils einen Nachttisch. Er ist erstaunt, denn die Farbe und das Muster der Bettwäsche sind überall gleich; auch die Betten und Nachttische sind alle gleich gebaut, und in einem hellen Braun lackiert; die hohen Wände sind hellgrün; an den Wänden hängen keine Bilder; nur ein großes Kreuz mit dem gekreuzigten Jesus hängt an einer Wand zwischen zwei großen Fenstern. Der PVC-Boden ist blitzblank gebohnert; auf den Betten befindet sich keinerlei Spielzeug.
Vor einem Bett bleibt Herr Müller stehen und stellt den Koffer ab.
„Sascha", erklärt er mit einer Handbewegung, „das da ist dein Bett."
Durch eine weitere Handbewegung fordert er Sascha stumm auf, ihm zu folgen, während Sascha seinen Teddybären unterm Kopfkissen versteckt.

Herr Müller und Sascha gehen in den Speisesaal. Sascha sieht in dem Saal mit den hohen Wänden viele Jungen, die an mehreren großen Tischen sitzen und frühstücken. Und er nimmt auch zwei Schwestern und eine Erzieherin wahr. Alle Kinderaugen, auch die Augen der Schwestern und der Erzieherin, sind auf Herrn Müller und Sascha gerichtet.
Die Kinder stehen im Gleichschritt auf und begrüßen den Heimleiter.
„Guten Tag Herr Müller!"
Auf die Begrüßung reagiert er nicht.
„Das ist Sascha Hesse", stellt Herr Müller Sascha allen vor.
Er verabschiedet sich und verlässt den Speisesaal. Die Kinder setzen sich wieder hin. Sascha nimmt auch hier eine nie zuvor gekannte, furchterregende Stille wahr. Eine der Schwestern, eine ältere Frau, schaut Sascha an, geht auf ihn zu, bückt sich zu ihm nieder und lächelt.
„Ich bin Schwester Emanuela, das ist Schwester Sabine, und das ist Fräulein Jung", klärt sie ihn mit überhöflicher frommer Stimme auf.
Sascha weicht etwas nach hinten zurück und sieht ihr ins Gesicht. Sein Gesicht verzerrt sich. Das alte, faltige Gesicht strahlt Ablehnung und Kälte aus. Schwester Emanuela, die eben noch lächelte, schaut ihn plötzlich mit einem ernsten Gesichtsausdruck an und deutet auf einen Platz direkt am Fenster.
„Nimm bitte dort vorne am Fenster Platz!"
Sascha geht zu dem Platz, setzt sich hin und blickt zur Fensterbank, auf der ein Vogelkäfig steht. Im Käfig befindet sich ein Vogel, der ihn bewegungslos und schweigend anschaut.
Sascha wendet sich von dem Vogel ab und beobachtet einige der Kinder. Bei einem sieht er eine geschwollene Backe; bei einem anderen rot angelaufene Ohren.

Die Kinder wirken leblos und lustlos, ihre Gesichter zeugen von Angst, Einsamkeit und Hoffnungslosigkeit. Bewegungslos schauen sie alle zu ihm, dem Kind Sascha.

Sascha versucht durch ein Lächeln, die Kinder zum Lachen zu bringen, doch niemand erwidert sein Lächeln. Er probiert es mit Faxen, in der Hoffnung, dass die Kinder endlich anfangen, Kinder zu sein. Doch sie bleiben stumm und ihre Gesichter ernst.

An Saschas Tisch flüstern plötzlich zwei Kindern miteinander. Schwester Emanuela hört das Geflüster und geht auf sie zu. Die alte Frau schaut in das Gesicht eines der beiden Kinder und schlägt zu. Ein kurzer lauter Kinderschrei geht durch den Speisesaal. Der Stuhl des Kindes kippt rückwärts nach hinten. Das Kind fällt auf den Boden und versucht, seinen Körper eingerollt, sich vor weiteren Schlägen zu schützen. Doch es hat gegen die gewaltige, große Schwester keine Chance. Schwester Emanuela bückt sich zu ihm nieder und schaut in das ängstliche Kindergesicht. Im Speisesaal herrscht schlagartig eine angstvolle Stille.

Alle Kinder sehen sprachlos und voller Angst zu. Keiner wagt es, den Mund aufzumachen. Niemand versucht, dem Kind zu helfen. Die Kinder sitzen bewegungslos auf den Stühlen und schweigen vor Angst.

Laut fängt das Kind an zu weinen, und sein kleiner Körper zittert vor Angst. Es schaut der übermächtigen und gewalttätigen alten Frau hilflos ins Gesicht. Und während sie in das ängstliche und hilflose Kindergesicht schaut, zerrt sie das Kind an den Haaren nach oben. Vor Schmerz schreit es noch lauter auf.

„Du Satansbraten, dir werde ich es zeigen!" brüllt sie das Kind an und lässt von den Haaren ab. „Ich schlage dich krankenhausreif, wenn du nicht sofort aufhörst zu schreien und zu heulen!"

Schlagartig hört das Kind mit dem Schreien und Weinen auf. Es steht wie versteinert, hilflos und voller Angst vor Schwester Emanuela, die es mit kaltem Blick mustert. Die kleinen Kinderhände bewegen sich plötzlich und versuchen, das Kindergesicht zu schützen. Zwischen seinen Fingern hindurch schaut das Kind Schwester Emanuela direkt ins Gesicht und macht vor Angst in die Hose. Schwester Emanuela sieht, wie der nasse Fleck auf seiner Hose an Größe zunimmt. Eine Sekunde lang ist die alte Frau geschockt. Dann steigert sie ihre Aggressionen: Sie packt das Kind und wirft es gegen eine Wand. Das Kind schreit erneut laut auf und fällt zu Boden.

„Bitte, bitte, Schwester Emanuela, hören Sie auf", fleht das Kind mit zitternder Stimme, „ich werde gehorchen, ich mache alles, was Sie wollen, ich werde mich beim Essen mit anderen Jungs nicht mehr unterhalten!"

Schwester Sabine beobachtet Schwester Emanuela, die weiter auf das Kind einschlägt, und schließt für einen kurzen Moment die Augen, während sie betroffen die Hände faltet.

Schwester Emanuela schaut zu Sascha, der vor Angst zusammenzuckt und zu zittern und zu weinen beginnt. Völlig außer Atem hört die alte Frau plötzlich mit dem Schlagen auf.
„Steh sofort auf und setz dich auf deinen Platz", befiehlt sie dem Kind im aggressivem Tonfall.
Am ganzen Körper zitternd, steht das Kind auf, setzt sich auf seinen Stuhl und legt die Hände auf den Tisch. Es beobachtet seine Hände und ist bemüht, dass diese nicht zittern. Mit großer Konzentration versucht das Kind, seinen zitternden Körper in die Gewalt zu bekommen. Denn jede Bewegung, jedes Zittern auch nur eines einzigen Körperteils wird neue Gewalt durch Schwester Emanuela bewirken. Nicht einmal die Augenlider bewegt das Kind. Kerzengerade und stumm sitzt es auf dem Stuhl.
Schwester Emanuela geht auf das andere Kind zu, das sich vor Angst nicht rührt. Sascha schaut dem Kind ins Gesicht und sieht in ihm eine große Angst und ein Flehen. Das Kind fängt an zu zittern und zu weinen. Es verfolgt jede Bewegung von Schwester Emanuela und sieht, wie sich deren Hand zur Faust zusammenballt. Sekunden später spürt das Kind die Faust in seinem Kindergesicht und schreit laut auf. Die Brille fällt ihm von der Nase, das Gestell und die Gläser gehen dabei zu Bruch. Glasteile und Glassplitter fliegen durch die Luft und fallen auf den Boden. Das Kind greift sich an die Nase und bemerkt, dass aus ihr Blut fließt. Schwester Emanuela, die wieder zuschlagen will, hält plötzlich inne, denn sie sieht das Blut.
Sascha ist voller Mitgefühl für diese beiden Kinder. Traurigkeit überkommt ihn. Er schaut aus dem Fenster und sieht die Straße entlang in die Richtung, von der er heute gekommen war. Er schaut den Autos nach, die in diese Richtung fahren. Plötzlich nimmt er diese Autos nicht mehr wahr. Sascha sieht vor sich das Kinderheim, seine Freunde, mit denen er die ersten Jahre seines Lebens zusammenlebte, die liebe Schwester Roselore und den Kinderspielplatz. Nur für wenige Sekunden kann er diese schöne Zeit noch einmal durchleben, denn er wird schlagartig von der Wirklichkeit eingeholt.
Sascha hört die Stimme von Fräulein Jung, die sich mit Schwester Emanuela über ihn unterhält.
„Der Junge hat Heimweh! Interessant ist, dass die Neuen immer den Autos hinterher schauen! Der will unbedingt zurück in das Kinderheim!"
„Der hört schon von selbst damit auf", antwortet ihr Schwester Emanuela, „irgendwann!"
Mit strenger Miene schaut sie zu Sascha herab. Sascha zuckt zusammen und wischt sich die Tränen aus dem Gesicht.
Schwester Emanuela wendet sich Fräulein Jung zu, und Sascha nutzt die Chance und läuft zur Tür.
Über den langen Flur läuft er zum Schlafsaal und wirft sich auf das ihm zugewiesene Bett. Weinend holt er den Teddybär unterm Kopfkis-

sen hervor und drückt ihn fest an sich. Plötzlich vernimmt er Fräulein Jungs Stimme, dreht sich um und schaut ihr direkt ins Gesicht.
„Es ist verboten", erklärt sie dem ängstlich daliegenden Sascha mit strenger Miene, „sich tagsüber im Schlafsaal aufzuhalten!"
Fräulein Jung greift plötzlich nach dem Teddybär, bekommt ihn an den Füßen zu fassen und zieht an diesen. Sascha hält seinen Teddybär festumklammert und lässt ihn nicht los.
„Gib mir sofort auf der Stelle den Teddybär, sofort", schreit sie ihn an. „Wenn du mir den Teddybär nicht sofort herausgibst, bekommst du eine Tracht Prügel, an die du dich dein Leben lang erinnern wirst."
Angstvoll und am Körper zitternd schaut Sascha sie an, während die Tränen immer mehr werden.
„Nein! Nein! Ich gebe meinen Teddybär nicht her", schreit er aus voller Kehle, „der Teddybär gehört mir!"
Fräulein Jung gibt nicht auf. Mit größter Kraft zieht sie an den Füßen des Teddybärs. Sie fällt plötzlich nach hinten auf ein anderes Bett und hält in den Hände die Füße des Teddybärs. Sascha schreit laut auf. Fräulein Jung schaut auf die Füße des Teddybärs und schmeißt sie durch die Luft. Die Füße fallen auf den Boden. Sie steht wieder auf und bekommt Sascha an den Haaren zu fassen und zwingt ihn, vom Bett aufzustehen. Erneut schreit Sascha laut auf. Fräulein Jung lässt Saschas Haare los und erhebt ihre rechte Hand. Sascha sieht die innere Handfläche, die mit voller Wucht auf sein Gesicht niedergeht und fällt zu Boden. Verzweifelt versucht er, das Gesicht mit seinen Händen zu schützen. Doch er hat gegen Fräulein Jung keine Chance. Wieder greift sie nach seinen Haaren und reißt ihn, während sie ihn mit strenger Miene anschaut, ohne Vorwarnung vom Boden hoch.
Sascha schreit laut auf.
„Au! Das tut sehr weh, bitte, bitte lassen Sie mich in Ruhe!", schreit er aus voller Kehle.
Fräulein Jung lässt Saschas Haare los und hält ein Bündel Haare in der Hand. Sie öffnet die Hand, sieht das Bündel Haare auf der Handinnenfläche, dreht diese zum Boden hin um und schüttelt sie. Die Haare fallen und fliegen durch die Luft und gehen auf dem Boden nieder. Wütend schaut Fräulein Jung zu Sascha und schreit aus voller Kehle:
„Dir werde ich es zeigen!"
Dann verlässt sie den Schlafsaal. Sascha, der am ganzen Körper zittert, sammelt die Füße des Teddybärs auf und legt den Teddybär samt Füßen in seinen Kleiderschrank.

2

Schwester Emanuela und Sascha stehen vor dem Schreibtisch des Schuldirektors.
„Das ist Sascha Hesse, der Neue aus meiner Gruppe", klärt sie den Schuldirektor auf.
Sie schaut zu Sascha und setzt ein verkrampft wirkendes Lächeln auf.
„Ich hoffe für dich, dass du hier in der Schule gehorchst und niemals widersprichst", mahnt sie Sascha im strengen Ton, „hast du mich verstanden!"
Ohne irgendeine Reaktion Saschas abzuwarten verabschiedet sie sich und geht aus dem Direktorzimmer. Der Schuldirektor lächelt Sascha väterlich an.
„Ich bin der Schulleiter, Herr Bieber."
Herr Bieber steht auf, geht auf Sascha zu und gibt ihm die Hand.
„Setz dich bitte an den Tisch. Wir machen jetzt verschiedene Tests!"
Auf dem Tisch befindet sich ein Puzzle, leere Blätter und Malstifte.
„Sascha, du kannst doch malen? Bitte male irgendetwas, was dir gerade so einfällt. Lass dir Zeit!"
Sascha nimmt einen Malstift und malt einen kleinen Jungen, der weint, und eine große Schwester, die vor ihm steht. Oberhalb der beiden malt er ein großes Kreuz, an das Jesus genagelt ist. Unter den Augen von Jesus bringt er Tränen an, der Mund ist vor Schmerz weit geöffnet. Das von Sascha gemalte Bild nimmt Herr Bieber an sich, legt es auf seinen Schreibtisch und schaut Sascha entsetzt an. „Sascha", fragt er irritiert, „was soll das denn darstellen?"
Sascha schaut ihn an, und ihm kommen Tränen, die er mit einer Hand aus dem Gesicht wischt. Herr Bieber schaut ihn mitleidig an, ist für einen kurzen Moment sprachlos.
„Bitte, bau das Puzzle zusammen", seine Stimme wirkt plötzlich schlagartig leise und traurig, „ich drücke jetzt die Stopuhr."
Herr Bieber nimmt eine Stopuhr in die Hand und drückt auf einen dort angebrachten Knopf. Sascha zögert erst, dann versucht er, das Puzzle zusammenzubauen. Nach einer längeren Zeit schaut Herr Bieber auf die Stopuhr und sagt laut „Stop!", während er den Knopf drückt. Er schaut Sascha, der nur einen kleinen Teil des Puzzle zusammengebaut hat, an.
„Sascha, wie viel ist 10 + 5?"
„15, Herr Direktor!"
Herr Bieber macht sich Notizen und bittet Sascha, aufzustehen. Er nimmt Sascha an der Hand und verlässt mit ihm sein Büro.

Herr Bieber und Sascha gehen den langen Schulflur entlang. Aus den Schulräumen hört man Kinder- und Frauenstimmen. Am Ende des langen Flurs geht eine Schwester entlang; sie öffnet eine Tür und verschwindet dahinter.

Vor einer anderen Tür bleibt Herr Bieber stehen und öffnet sie. Beide betreten das Klassenzimmer und gehen auf eine Schwester zu, die an der Tafel steht.

Die Schüler stehen alle gleichzeitig auf.

„Guten Morgen, Herr Direktor!" begrüßen sie den Schuldirektor.

„Guten Morgen, meine Kinder! Nehmt wieder Platz", erwidert der Schuldirektor lächelnd.

Die Schüler setzen sich, wie befohlen, wieder hin.

„Das ist deine Lehrerin Schwester Rosa", erklärt der Schuldirektor Sascha liebevoll, „und das ist deine Klasse. Setz dich an den Tisch dort am Fenster."

Vorsichtig schaut Sascha sich um und sieht direkt in die Gesichter der Schüler. Ihre starren Blicke sind alle auf ihn gerichtet. Alle sitzen völlig leblos und bewegungslos kerzengerade hinter ihren Schulbänken. Kein Schüler gibt einen Laut oder ein Geräusch von sich.

Herr Bieber spricht kurz und flüsternd mit der Lehrerin und verlässt dann das Klassenzimmer, während Sascha an der Schulbank Platz nimmt. Die Lehrerin und Schwester geht auf Sascha zu und lächelt ihn an.

„Wie der Schuldirektor dir bereits sagte, bin ich Schwester Rosa. Ich sage dir gleich, dass ich keinerlei Widerrede dulde!"

Während sie weiterspricht, wechselt ihr Gesichtsausdruck: Aus einem Lächeln wird ein ernster, strenger Blick.

„Bei mir herrscht Zucht und Ordnung! Wer sich nicht an meine Spielregeln hält, bekommt seine gottgerechte und gottgewollte Strafe! Haben wir uns verstanden?"

Mit einem strengen Blick schaut sie in Saschas ängstliches Kindergesicht.

„Komm mal mit mir an die Tafel", nimmt sie sich Sascha gleich zur Brust, „und lies laut vor, was da geschrieben steht!"

Sascha ist irritiert und gehemmt; sein Gesicht läuft rot an. Und er schämt sich, an die Tafel zu gehen.

„Sascha, komm bitte mit zur Tafel", fordert sie ihn noch einmal eindringlich auf.

Langsam steht er auf und folgt der Schwester zur Tafel. Leise und langsam liest er vor: „Lasset die Kinder zu mir kommen, denn ihnen gehört mein Himmelreich."

Die Schulglocke fängt an zu läuten. Schwester Rosa schaut auf die Uhr und verkündet:

„Ihr könnt jetzt auf den Schulhof gehen!"

Sascha geht wie alle anderen auch auf den Schulhof. Hier nimmt er die gottgewollte Geschlechtertrennung wahr, die ihm bereits bei seiner Gruppe aufgefallen war und die nur vorübergehend in der Schule und in der Kirche aufgehoben ist. Auf der einen Seite stehen die Mädchen, auf der anderen Seite die Jungen. Die Mädchen schauen zu den Jungs hinüber und tuscheln miteinander. Sie bemerken Sascha, der sich an einen Baum anlehnt.

„Das ist Sascha, der Neue aus meiner Klasse", schwärmt einer der Mädchen, „der sieht toll aus! Der hat eine topgeile Figur! Der müsste mein Freund sein!"

Das Mädchen schaut sich Sascha genau an und lächelt. Sascha, der in ihre Richtung guckt, schaut scheu weg. Die Mädchen unterhalten sich weiter und reichen unter sich Bilder herum, auf denen nackte Jungen abgebildet sind.

„Petra, du hast bei Sascha genauso wenig eine Chance wie wir", sagt ein Mädchen laut lachend, „ihr wisst ja, was uns blüht, wenn man sich mit einem Jungen einlässt!"

„Du blöde Kuh", reagiert Petra giftig, „erinnere uns nicht ständig daran! Du bist doch genauso scharf darauf wie wir – du kannst es ruhig zugeben!"

Drei Kinder kommen auf Sascha zugelaufen und bleiben vor ihm stehen. Einer von ihnen lächelt ihn an.

„Ich bin der Frank", und während Frank jeweils mit dem Zeigefinger auf die anderen zeigt, stellt er auch sie vor, „das ist Michael, und das ist Stefan."

Sascha schaut die Kinder der Reihe nach an und erkennt an den Gesichtern, dass sie aus seiner Gruppe sind. In Frank erkennt er das Kind mit der geschwollenen Backe und in Michael das Kind, dessen Ohren rot angeschwollen sind.

„Was habt ihr denn da?", fragt Sascha.

„Das war Schwester Emanuela", antwortet Frank für sich und Michael, „die schlägt ganz schön fest zu! Heute morgen hast du das doch selbst mitbekommen!"

Stefan grinst ihn liebevoll an.

Einige Kinder spielen Fußball oder balgen herum. Andere haben einen Kreis um zwei Kinder gebildet, die sich raufen. Das eine Kind ist dick und trägt eine Brille, das andere Kind ist schlank und kräftig gebaut. Das dickere Kind liegt mit dem Rücken auf dem Boden, und das schlanke Kind sitzt auf ihm. Die umherstehenden Kinder lachen, grölen, reiben sich die Hände und ballen die Hände zu Fäusten zusammen; einige rufen dem schlanken Kind zu:

„Herbert, mach das dicke, fette Schwein Ralf schon fertig! Los, schlag ihm die Fresse ein!"

„Hört endlich auf damit", schreit Sascha laut, während er auf die beiden zugeht.

Ein Kind in der Runde drängt Sascha zur Seite und hält ihn am Arm fest. Sascha versucht, sich loszureißen, doch das Kind schubst ihn plötzlich mit Wucht zur Seite.

Herbert schlägt weiter auf Ralf ein. Mit einem Faustschlag schlägt er ihm die Brille von der Nase. Die Brille fällt auf den Boden, und die

Gläser fallen aus der Brillenfassung. Die Glasscheiben und -splitter fallen umher.

„Herbert, du Arschloch! Du hast meine Brille kaputtgemacht", schreit Ralf laut auf, „hör endlich mit dem Boxen auf, ich sehe nichts mehr!"

Herbert, dessen Gesicht Gefühlskälte und Aggressivität ausdrückt, sieht plötzlich nicht mehr Ralf wehrlos und hilflos unter sich liegen, sondern sich selbst. Herbert erkennt vor sich auf dem Boden, als würde er in einen Spiegel schauen, das wehrlose und hilflose Kind Herbert, das den Schlägen der allmächtigen Schwester Emanuela immer wieder neu ausgesetzt ist. Herbert ist stolz darauf, hier und jetzt nicht das wehrlose und hilflose Kind zu sein, das der Gewalt der Schwester Emanuela ausgesetzt ist. Herbert nutzt die Hilflosigkeit von Ralf aus und schlägt noch fester zu. Und siegessicher fängt er an zu lachen. Mit einem Faustschlag versetzt er Ralf einen gewaltigen Schlag in den Magen. Ralfs Gesicht läuft rot an, und er bewegt sich eine kurze Zeit nicht mehr. Plötzlich fängt er laut an zu schreien und zu weinen.

Herr Bieber erscheint auf dem Schulhof. Er schaut zu den Schülern und sieht die beiden Kinder am Boden liegen. Er rennt auf sie zu und stellt sich breitbeinig vor die am Boden liegenden Kinder.

„Ihr steht beide sofort auf und kommt mit mir", schreit er sie an.

Sascha entfernt sich vom Geschehen und schüttelt den Kopf. Er geht zum Treppenhauseingang, und über die Stufen, die nach oben zu den Gruppen führen, erreicht er eine große Tür. Oberhalb dieser Tür sieht er eine große Statue aus Marmor, die die Mutter Maria darstellt. Sascha öffnet die Tür und sieht vor sich die Heimkirche. Er betritt die Kirche und schließt hinter sich die Tür. Über den langen Mittelgang geht Sascha bis zum Vorplatz, der zum Altar führt. Dort macht er eine Kniebeuge und bekreuzigt sich.

Auf der ersten Kirchenbankreihe kniet er sich nieder. Sein Blick richtet sich auf das große Kreuz oberhalb des Altars. Sascha faltet seine Hände und spricht leise mit der gekreuzigten Jesusfigur.

„Wenn es dich gibt, so möchte ich mit dir reden, dich sehen, dich hören, dich anfassen!"

Sascha fixiert mit seinen Kinderaugen Jesus. Ihm kommen Tränen, die über sein Gesicht kullern. Sein kindhafter, fragender Blick weicht nicht von Jesus ab.

„Warum antwortest du mir nicht?"

Plötzlich nimmt Sascha ein Geräusch wahr und schreckt auf. Er dreht sich um und sieht im Mittelgang eine kleine, alte Schwester, die sich auf einen Stock abstützt, auf sich zukommen.

Die Schwester geht an ihm vorbei, bleibt vor dem Altar stehen, faltet ihre Hände und macht eine Kniebeuge. Dann geht sie auf Sascha zu und lächelt ihn an. Sascha steht auf und will zu einer Erklärung ausholen, doch plötzlich nimmt er ihre alte, zitternde Stimme wahr.

„Ich bin Schwester Berta. Bleib nur sitzen, mein Junge", flüstert sie ihm mit einem Zittern in der Stimme liebevoll zu.

Schwester Berta entfernt sich und geht langsam zum Aufgang, der zur Empore führt. Sascha, der sie schwer atmen hört und jeden Aufschlag ihres Gehstocks wahrnimmt, schaut ihr hinterher. Über die Stufen erreicht Schwester Berta die Empore und die Kirchenorgel. Sascha schließt die Augen und ist in Gedanken versunken. Plötzlich hört er die Töne der Orgel. Er schaut nach oben zur Empore und sieht die kleine Gestalt der Schwester in ihrer schwarzen Tracht. Sascha, den die Musik tief bewegt, steht auf, geht zum Aufgang und dort die Stufen, die nach oben führen, hoch. Langsam nähert er sich der Schwester, bleibt neben ihr stehen und schaut ihr seitlich in das alte und faltige Gesicht. Ihre Augen glänzen. Schwester Berta weint. Die Tränen wischt sie sich nicht aus dem Gesicht, so dass diese auf ihre Tracht tröpfeln.
Schwungvoll bewegt sie mit ihren Händen die Tasten der Orgel. Die Orgelmusik wird immer lauter und von der Tonlage her immer trauriger. Sascha, der neben der alten Frau steht, ist ergriffen von der traurigen Musik. Schwester Berta wendet ihr Gesicht zu einem offenstehenden Fenster. Sascha folgt ihrem Blick. Die alte Frau schaut aus dem Fenster, ihr Blick ist auf einen großen Baum gerichtet. In der Baumkrone sieht sie Vögel, die sich dort niederlassen oder gerade wegfliegen. Sie blickt zum Himmel.
Schwester Berta dreht sich zu ihm um und lächelt ihn an.
„Mein Junge, du solltest zurück in die Schule gehen", flüstert sie ihm zu, während sie weiterspielt, „wenn man deine Abwesenheit bemerkt, wird man sehr sehr böse auf dich sein!"
„Sie sind ganz anders als Schwester Emanuela", erwidert Sascha und lächelt sie an, „ich mag Sie sehr!"
„Ich weiß: Schwester Emanuel ist sehr böse!", erwidert ihm die alte und gebrechliche Frau mit trauriger Stimme.
Langsam entfernt sich Sascha von ihr und geht die Stufen hinab zum Ausgang. Bevor er die Kirche verlässt, schaut er noch einmal zu Schwester Berta hoch und sieht, wie sich ihr alter Körper im Gleichschritt mit der Orgelmusik heftig hin und her bewegt. Noch im Treppenhaus hört er die Orgelmusik.

Sascha schleicht sich leise über den Schulflur an den einzelnen Klassenzimmertüren vorbei, bis er vor seiner Klassentür steht. Ihn überkommt Angst, denn er merkt, dass die Schulpause vorbei ist. Sascha hört seine Mitschüler und Schwester Rosa ein Lied singen. Er klopft an, öffnet die Tür und sieht auf dem Pult einen Rohrstock liegen. Sascha zuckt zusammen und schaut in das Gesicht der Schwester Rosa, die mit einer Handbewegung ihre Schüler zum Schweigen bringt.
„Warum kommst du erst jetzt zum Unterricht?" schreit sie ihn an.
„Ich war in der Kirche und habe gebetet", antwortet Sascha, und seine Stimme zittert.

„Du warst in der Kirche?" wiederholt die Schwester lautstark, während sie die Schüler der Reihe nach anschaut. „Du hast gebetet, zum allmächtigen Gott im Himmel? Du?"
Schwester Rosa holt tief Luft und brüllt aus voller Kehle:
„Du Gottloser! Du Gotteslästerer!"
Sascha schweigt, er zittert am ganzen Körper.
„Das ist unglaublich, Gott als Entschuldigung für dein Zu-Spät-Kommen zu missbrauchen".
Schwester Rosa schaut ihn aggressiv an. Ihre rechte Hand zittert. Die Schüler, die vor Angst zusammenzucken, bleiben wie befohlen still, und keiner rührt sich. Ihre Gesichter spiegeln die Angst wider, die Sascha durchlebt. Schwester Rosa geht auf Sascha zu, erhebt ihre rechte Hand und schlägt ihm ohne Vorwarnung ins Gesicht. Sascha kippt leicht nach hinten und kann sich gerade noch fangen. Wie benommen steht er vor Schwester Rosa und sieht ihr direkt auf den Mund, der sich immer wieder weit öffnet und schließt, während sie ihn anschreit.
„Nimm Haltung an, wenn ich mit dir rede. Ich habe dich was gefragt. Ich will von dir eine ehrliche Antwort. Verstanden! Noch einmal: Wo warst du?"
Petra schaut Sascha, der keinen Ton aus sich herausbekommt und den Eindruck hat, als sei seine Kehle zugeschnürt, mitleidig und mitfühlend an. Sascha kämpft gegen die Tränen an, kann sie jedoch nicht zurückhalten.
„In der Kirche", kommt es plötzlich unerwartet aus ihm heraus. Mit ängstlicher und zitternder Stimme beschwört er den Gott in Schwester Rosa: „Bei Gott, ich sage die Wahrheit!"
Schwester Rosa schlägt ihm erneut ins Gesicht. Die Schüler schauen sprachlos und voller Angst zu. Mit beiden Händen greift sie Saschas Ohren und zieht ihn mit aller Kraft hoch. Sascha, der laut aufschreit, schaut nach unten und sieht, dass er unter seinen Füßen den Boden verliert. Er schaut der Schwester Rosa in ihr altes Gesicht und bemerkt, dass sie alle Kraft braucht, um ihn in der Luft halten zu können. In ihrem Gesicht bildet sich Schweiß, und sie atmet schwer durch.
„Du Lügner! Du Gottesschänder!" brüllt sie ihn an. „Wenn du nicht sofort hier und jetzt auf der Stelle die Wahrheit sagst, reiße ich dir die Ohren ab!"
Tränen kullern von Saschas Gesicht direkt auf die Brille der Schwester.
„Schwester, bitte, bitte, lassen Sie mich runter", schreit er laut und hilflos, „ich sage die Wahrheit: Ich war in der Kirche und habe zum lieben Gott gebetet!"
„Lügner kommen in die Hölle!" brüllt sie durch den Klassenraum, während sie, völlig außer Atem, Sascha wieder auf den Boden stellt und dann ihre Schüler einzeln anschaut.

„Und sie sterben" fährt sie laut fort, während sie zum Kreuz blickt, „einen langsamen, qualvollen Tod im Fegefeuer!"
Stefan, der Sascha mitleidig anschaut, dreht sich weg. Die Tränen in seinen Augen zeigen Mitgefühl für Sascha. Er schaut aus dem großen Fenster direkt zu einem Baum, um den Vögel friedlich hin und her fliegen.
Mit einem mahnenden Blick schaut Schwester Rosa Sascha in die Augen.
„Setz dich sofort auf deinen Platz!" fährt sie ihn an.
Plötzlich und für alle völlig unerwartet hört sie mit dem Schreien auf. Als sei nichts gewesen, erzählt sie, wieder der ganzen Klasse zugewandt, im ruhigen, liebevollen Ton vom lieben Gott und seinem Sohn Jesus.
„Jesus hat am Kreuz sehr, sehr gelitten", erklärt sie allen mit leiser Stimme, während sie ihre Hände faltet, „er hat sich kreuzigen und foltern lassen für die Menschheit!"
Sascha denkt, er sieht nicht recht: Diese alte Frau hat Tränen in den Augen und weint.
Ihr Blick richtet sich wieder auf das über der Tafel hängende Kreuz, dann schließt sie die Augen. Die Tränen bahnen sich auch unter den Augenlidern hindurch weiter ihren Weg über das alte Gesicht. Sie wendet sich wieder ihren Schülern zu und steht völlig bewegungslos da.
„Steht bitte alle auf, wir wollen beten."
Die Schüler stehen auf und falten ihre Hände.
„Lieber Gott, unser Herrscher und Gebieter, unser Allmächtiger Vater, dein Sohn Jesus hat am Kreuz sehr gelitten, lass uns teilhaben an seinen großen Schmerzen. Übertrage seine Schmerzen auf uns arme Sünder, damit wir nachempfinden können, wie sehr er für uns Menschen gelitten hat. Amen!"
Schwester Rosa macht eine Handbewegung, und die Schüler setzen sich wieder hin. Es herrscht Stille. Schwester Rosa schreibt Zahlen auf die Tafel. Dann bewegt sie sich zum Pult hin und nimmt, während sie Stefan anschaut, den Rohrstock in die Hand. Gezielt steuert sie auf Stefan zu und lässt den Rohrstock leicht und regelmäßig auf ihre innere Handfläche niedergehen. Die Aufschläge des Rohrstocks sind für alle hörbar. Einige Schüler blicken auf den Rohrstock, anderer schauen der Schwester ins Gesicht.
Vor Stefan bleibt Schwester Rosa stehen und schaut ihn eine längere Zeit lang an. Stefan fängt an zu zittern und beobachtet jede ihrer Bewegungen.
„Stefan, wie lautet das Ergebnis?" hört er sie plötzlich fragen.
Stefan, der die Aufgabe nicht verstanden hat, schaut auf die Tafel und dann hilflos zur Schwester Rosa, die breitbeinig vor ihm steht. Schwester Rosa lächelt ihn mit einem hoffnungsvollen Blick an.
„Aber Stefan, du wirst das Ergebnis ganz bestimmt wissen", flüstert sie ihm in einem mütterlichen Ton zu. „Lass dir Zeit!"

Seine Lippen fangen an, sich zu bewegen, und er macht den Mund weit auf. Doch es kommt kein Ton aus ihm heraus. Plötzlich bewegt er heftig den Kopf und die Hände. Und gleichzeitig stößt er immer wieder erneut mit seinen Füßen auf den Boden auf. Er fängt an zu schwitzen, der Schweiß rinnt ihm über die Stirn.
Schwester Rosa wird unruhig und nervös.
„Stefan, stell dich nicht so an", sagt sie, in der Tonlage nicht mehr mütterlich, mit lauter Stimme, „teile der ganzen Klasse nun endlich deutlich mit, wie das Ergebnis lautet!"
Stefan fängt an zu weinen. Schwester Rosa ballt ihre rechte Hand zusammen und gibt ihm eine Kopfnuss. Stefan schreit laut auf und greift mit den Hände an seinen Kopf. Plötzlich schlägt die alte Frau mit dem Rohrstock auf seinen Kopf ein. Stefan stößt erneut laute Schmerzensschreie aus und versucht, sich durch seine Arme zu schützen.
„Du Stotterliese", schreit sie ihn an und gerät dabei erst richtig in Fahrt, „wirst du sofort deine Arme runternehmen, sofort!"
Stefan, der am ganzen Körper zittert, nimmt langsam die Arme herunter. Und plötzlich begreift er, dass Schreie ihm nichts nützen und es besser ist, keinen Schmerz zu zeigen und mit dem Weinen aufhören, damit Schwester Rosa nicht noch wütender wird. Indem er aufhört zu schreien und zu weinen, zeigt er keinen Schmerz mehr nach außen. Schwester Rosa schaut Stefan irritiert an, denn sie kann nicht verstehen, dass das Kind mit dem Schreien und dem Weinen aufgehört hat.
Stefan hat den Eindruck, als würde sie auf seinem Schreien und Weinen bestehen, denn die alte Frau schlägt weiter auf ihn ein. Doch Stefan schreit und weint nicht. Er bleibt ganz still. Nur sein Körper zittert weiter vor Angst.
Schwester Rosa blickt auf das Kreuz und schreckt auf, sie lässt von ihm ab. Langsam geht sie zur Tafel und dreht sich zu den Schülern um. In dem Moment erklingt die Schulglocke.
„Für heute ist der Schulunterricht beendet", verkündet sie mit leiser Stimme. „Steht bitte auf und geht auf eure Gruppen!"
Die Schüler gehen alle mit gesenktem Kopf schweigend an der alten Frau vorbei aus dem Klassenzimmer. Sascha schaut im Schulflur hinter sich und blickt Stefan in das verweinte Gesicht.

3

Im Aufenthaltsraum spielen die Kinder an mehreren Tischen. Am Fenster stehen Sascha und Frank. Sascha blickt zu einem Tisch, an dem mehrere Kinder Karten spielen, und sieht die beiden Kinder, auf die Schwester Emanuela während des Frühstücks wild eingeschlagen hat. Eines der beiden Kinder hat eine rote Nase, unterhalb der Nase

haftet geronnenes Blut, das andere Kind hat eine dicke angeschwollene Backe.
„Ich kann die beiden da am Tisch nicht verstehen", sagt Sascha zu Frank und schaut ihn dabei an, „die spielen und lachen, als sei heute morgen nichts geschehen! Wie können die das einfach so wegstecken?"
„Es gibt einige unter uns", erwidert Frank und grinst Sascha dabei an, „die die Prügel einfach so wegstecken!"
Fräulein Jung hält eine Schelle in der Hand und bewegt sie.
„Marsch, alle in den Speisesaal zum Mittagessen", fordert sie im lauten Ton auf.
Die Kinder gehen gehorsam in den Speisesaal zu ihren Plätzen und bleiben vor den gedeckten Tischen stehen. Von den Tellern steigt der Geruch von Fischeintopf auf. Michael hält sich die Nase zu.
Schwester Emanuela und Schwester Sabine falten die Hände zum Gebet. Auch die Kinder falten ihre Hände. Schwester Emanuela überprüft durch einen gezielten Blick, ob auch wirklich alle die Hände zum Gebet gefaltet haben. Dann fängt sie an zu beten, und alle beten brav und gehorsam mit.
„Segne, Vater, unser Essen. Lass uns Neid und Hass vergessen, schenke uns ein fröhlich Herz. Leite du so Herz wie Hände, führe du zum guten Ende unsre Freude, unsern Schmerz."
Nach dem Gebet nehmen alle auf ihren Stühlen Platz. Michael schaut sich den Fischeintopf näher an. Der heiße Dampf steigt ihm in die Nase, und er hat das Gefühl, als würde sich sein Magen umdrehen.
„Ich mag keinen Fischeintopf", flüstert Michael Sascha ins Ohr.
Schwester Emanuela, die ganz dicht hinter Michael und Sascha steht, bekommt dies mit.
„Wenn du nicht sofort deinen Fischeintopf isst", droht sie Michael, „werde ich persönlich dafür sorgen, dass du ihn isst."
Sascha und Michael zucken ängstlich zusammen. Schwester Sabine schaut mitleidig zu Michael.
Mit einem schnellen, geübten Griff greift Schwester Emanuela seine Nase und drückt den Kopf nach hinten. Sie hebt einen Löffel voll Fischeintopf in die Luft und führt diesen vor Michaels Augen. Michael, dem kotzübel ist, schaut direkt auf den Löffel. Den Mund hält er zu, doch da er keine Luft mehr bekommt, öffnet er ihn unfreiwillig. Schwester Emanuela reagiert blitzschnell und schieb ihm den Löffel direkt in dem Mund. Michael überkommt ein Gefühl des Erbrechens. Schwester Emanuela, die erst die Kinder am Tisch und dann Schwester Sabine anschaut, lächelt zufrieden und lässt seine Nase los.
„Wage ja nicht zu brechen", droht sie ihm mit mahnender Stimme, „ich schlage dich krankenhausreif!"
Michael, dessen Hand zittert, nimmt einen Löffel Fischeintopf, führt diesen zum Mund und beobachtet dabei angstvoll Schwester Emanuela. Er verzerrt das Gesicht und öffnet den Mund. Den Löffel führt er in seinen offenen Mund und schluckt den Fischeintopf hinunter.

Stefan schiebt seinen bis zum Rand gefüllten Teller von sich und bewegt diesen dabei so unglücklich, dass der Fischeintopf überschwappt.
„Frank", flüstert er stotternd, „der Fischeintopf stinkt! Ich mag den nicht essen! Ich würde ihn am liebsten in die Toilette schütten!"
Frank will ihm gerade antworten, als er die laute Stimme von Schwester Emanuela wahrnimmt, die die „Sauerei" auf dem Tisch sieht.
„Stefan, steh auf und komm sofort mit mir!"
In Stefans Gesicht spiegeln sich schlagartig die inneren Ängste vor der allmächtigen alten Frau. Ängstlich schaut er ihr ins Gesicht und zuckt in sich zusammen.
Die Blicke der anderen Kinder sind auf Stefan und Schwester Emanuela gerichtet.
Stefan fängt an zu zittern und versucht, etwas zu sagen, doch er bekommt kein Wort heraus. Er fängt an zu schwitzen, und der Schweiß rinnt über seine Stirn. Schwester Emanuela hebt den Stuhl, auf dem Stefan sitzt, mit voller Wucht hoch. Stefan fällt vom Stuhl und gerät dabei mit seinem Kopf an die Tischkante. Laut schreit er auf. Schwester Sabine eilt zu Stefan und will ihm helfen aufzustehen, doch Schwester Emanuela schaut sie wütend an. Schwester Sabine weicht zurück.
„Du Stotterliese", schreit Schwester Emanuela Stefan laut an, „was für eine Schweinerei hast du denn da gemacht! Du bist ein Versager!"
Stefan, der anfängt zu weinen, steht langsam auf und schaut Schwester Sabine verzweifelt an. Sie erwidert seinen Blick. Dann folgt Stefan Schwester Emanuela willenlos. Schwester Sabine kommen die Tränen, die sie mit einem Taschentuch wegwischt. Hilflos schaut sie Stefan und Schwester Emanuela hinterher.
Schwester Emanuela geht mit Stefan in ihr Schwesternzimmer und schließt die Tür ab. Sie nimmt ihren Rohrstock vom Nachttisch und schwingt ihn durch die Luft.
„Zieh sofort deine Hose aus", fordert sie Stefan auf, während sie den Rohrstock vor seinem Gesicht hin und her bewegt.
Stefan zittert am ganzen Körper. Schwester Emanuela erkennt in seinem Kindergesicht die große Angst. Ihr altes, lebloses Gesicht erstrahlt plötzlich im Glanz ihrer Frömmigkeit. Stefan, dessen Hände zittern, zieht langsam die Hose aus.
„Die Unterhose sollst du auch ausziehen!"
Ihre Stimme wird für Stefan immer angstvoller und bedrohlicher.
Langsam zieht er, wie befohlen, gehorsam seine Unterhose aus. Stefan steht direkt vor ihr, und mit zittrigen Händen deckt er vor Scharm und Angst seinen Penis ab.
Die alte Frau will mehr.
„Nimm die Pfoten da vorne weg, wird's bald!"
Total verstört und ängstlich nimmt Stefan seine Hände beiseite und fängt an zu weinen. Das Zittern seines gesamten Körpers nimmt zu. Schwester Emanuela begutachtet gierig Stefan, seinen kindlichen, knabenhaften und zierlichen Körper. Sie schaut auf seinen Penis. Ihr

Gesicht färbt sich rot. Auf ihrer Stirn bildet sich Schweiß, und ihr Herz klopft hastig und schnell.

„Stefan" – in ihrer Stimme liegt ein Zittern, und sie atmet schwer – „zieh sofort deine ganzen Kleider, einschließlich deiner Strümpfe, aus, und leg dich mit dem Bauch auf mein Bett!"

Stefan zieht sich, ohne einen Hauch von Widerstand zu zeigen, ganz aus. Wie befohlen, legt er sich bäuchlings auf das Bett, schließt die Augen und beißt seine Zähne fest zusammen. Jeden Moment, denkt er, wird Schwester Emanuela mit dem Rohrstock auf ihn einschlagen. Schwester Emanuela steht direkt hinter Stefan und kniet sich auf das Bett neben ihm nieder. Den Rohrstock legt sie auf ihr Nachttisch und schlägt mit der flachen Hand ganz leicht auf Stefans Rücken. Beim Po hält sie inne und fängt an, ihn zart zu streicheln. Stefan ist völlig irritiert, sein Körper verkrampft sich. Plötzlich vernimmt er bei der alten Frau ein Schnaufen und bald darauf ein leichtes Stöhnen. Schwester Emanuela streichelt mit ihren Händen seinen ganzen Körper.

„Leg dich auf den Rücken", herrscht sie ihn dann an.

Ihre bebende und zugleich und fordernde Stimme lässt ihn erneut erschauern.

Stefan setzt ihr einen kleinen Widerstand entgegen und verweigert sich. Mit Tränen in den Augen schaut er sie angstvoll an. Ihr gerötetes und verschwitztes Gesicht verfinstert sich. Sie nimmt ihren Rohrstock in die Hand und schlägt mit diesem auf Stefans Po. Stefan krümmt sich vor Schmerz und stößt laute Schreie aus.

„Schweig! Du hast mir aufs Wort zu gehorchen", schreit Schwester Emanuela ihn erbarmungslos und mit eiskalter Stimme an. „Wenn du nicht stillhältst, schlage ich dich solange mit dem Rohrstock, bis dein schöner Körper mit Striemen übersät ist! Leg dich sofort auf den Rücken!"

Die Androhung von weiteren Schlägen zeigt Wunder. Stefans innerer Widerstand ist gebrochen. Ihm ist kotzübel. Er dreht sich langsam um und sieht ihr dabei ins Gesicht. Schwester Emanuela streichelt mit ihren Fingern sein Gesicht, Hals, Bauch, Bauchnabel und Schenkel. Dann nimmt sie seinen Penis in die Hand und reibt an ihm.

Schwester Emanuela und Stefan kommen in den Speisesaal. Alle Kinderaugen, auch die Augen von Schwester Sabine, sind auf sie gerichtet. Stefan geht, den Kopf nach unten gesenkt, mit langsamen Schritten auf seinen Platz zu und setzt sich hin. Sascha schaut ihm mitfühlend ins Gesicht und sieht, dass seine Augen gerötet sind.

Die Kinder sind mit dem Essen fertig. Schwester Emanuela faltet die Hände zum Gebet, und alle folgen ihr.

„Herr und Vater, wir danken dir für dieses Mahl. Du hast uns heute gestärkt. Hilf uns in deiner Kraft, dir und unseren Mitmenschen zu dienen."

Nach dem Gebet schreitet Schwester Emanuela mit dem Rohrstock in der Hand die Tische ab und fordert alle auf, sich zu erheben und für den Spaziergang fertig zu machen. Dann verlässt sie den Speisesaal.

„Was hat Schwester Emanuela mit dir gemacht?" fragt Sascha Stefan.
Stefan schaut ihn traurig an und sagt nichts; er hebt nur seine Arme. Er hat das große Bedürfnis, Sascha zu umarmen, doch da erscheint Schwester Emanuela.
„Stefan, was machst du da? In zehn Minuten steht ihr alle für den Spaziergang in Reih und Glied im Flur!"
Stefan schaut sie erschrocken an und wischt sich die Tränen aus dem Gesicht.
Die Kinder versammeln sich im Gruppenflur und stellen sich in einer langen Reihe Schulter an Schulter auf. Schwester Emanuela und Fräulein Jung erscheinen. Langsam schreitet Schwester Emanuela mit ernstem Blick die Reihe ab. Dabei prüft sie, ob alle Kinder die Jacke richtig anhaben und die Schnürsenkel zugezogen sind. Vor einem Kind, das vergessen hat, die Schnürsenkel zuzuziehen, bleibt sie stehen und schaut auf seine Schuhe. Das Kind erschrickt und sieht, wie sie ihren rechten Fuß erhebt und ihm fest auf beide Füße tritt. Das Kind schreit laut auf.
„Schweig, du Flegel!" faucht sie ihn an.
Der laute Schmerzensschrei des Kindes verstummt schlagartig, wie befohlen.
Auf ihren Befehl hin drehen sich die Kinder nach rechts um. Schwester Emanuela und Fräulein Jung gehen zum Ausgang, und die Kinder folgen ihnen durchs Treppenhaus. Auf dem Heimvorplatz stellen sie sich wieder Schulter an Schulter in einer langen Reihe auf. Schwester Emanuela schreitet mit ihrem Rohrstock die ganze Reihe ab. Bei einigen bleibt sie breitbeinig stehen und berührt ihre Schultern mit dem Rohrstock. Auch vor Stefan bleibt sie stehen, sieht, dass er einen Knopf seiner Jacke nicht zugemacht hat. Mit voller Wucht prallt der Rohrstock auf seine Schulter nieder. Stefan schreit vor Schmerz kurz auf und fällt leicht in sich zusammen.
„Nimm sofort Haltung an!" schreit Schwester Emanuela aus voller Kehle. Stefan geht in die alte Position zurück und steht kerzengerade und bewegungslos vor ihr.
„Ihr bildet jetzt wie immer Zweierreihen", schreit die alte Frau laut im militärischen Ton.
Die Kinder gehorchen aufs Wort und kommen ihrem Befehl nach. Schwester Emanuela läuft zum Anfang der Kinderparade:
„Marsch! Vorwärts!"
Die Kinder setzen sich in Bewegung.
Die Gruppe erreicht den Friedhof und kurz darauf den Waldweg. Die Kinder müssen mit Schwester Emanuela Schritt halten, egal, ob sie klein oder schon größer sind. Die alte Frau schreitet begeistert vorne weg. Fräulein Jung sorgt für den Gleichschritt und macht den Kleinen,

die nicht Schritt halten können, auf ihre Art „Beine". Mit einem Stock schlägt sie ihnen auf die Waden. Schwester Emanuela hält an einer Wiese mit vielen verschiedenen blühenden Bäumen, Blumen und Pflanzen. Voller Begeisterung schart sie die Kinder um sich und weist mit ihren Händen auf die Schönheiten der Natur.
Sascha schaut zu Stefan, der etwas abseits steht, und sieht, dass dessen Kopf auf den Boden gerichtet ist. Dann hebt Stefan den Kopf und blickt zum Himmel. Sascha sieht in seinem Gesicht Traurigkeit und Einsamkeit.

4

Auf der großen Bank im Gruppenflur sind nebeneinander in kleinen Stapeln je eine Garnitur Hose, Hemd, Pullover, Strümpfe und Unterwäsche aufgereiht. Die Kleidungsstücke sind nummeriert wie die Handtücher, Bettwäsche, Schuhe, Mäntel, Jacken und Schränke. Auch die Kinder und ihr Leben sind dieser Durchnummerierung unterworfen. Sascha hat die Nummer Drei.
Schwester Emanuela befiehlt den Kindern, sich für das Duschen fertig zu machen und in einer langen Reihe aufzustellen. Die Kinder ziehen sich wie befohlen bis zur Unterhose aus. Mit einer Handbewegung fordert sie jeweils fünf Kinder auf, in den großen Dusch- und Toilettenraum zu gehen. Sascha und Stefan befinden sich in der ersten Fünfergruppe.
An den Duschen befinden sich keine Vorhänge. Schwester Emanuela und Fräulein Jung ziehen sich einen Waschlappen über eine Hand und drehen die Wasserhähne auf. Die Kinder sind voller Scham. Mit den kleinen Händen schützen sie ihren Penis vor den Augen der Schwester Emanuela und Fräulein Jung, aber auch vor den Blicken des jeweils anderen Kindes. Sie beobachten scheu, wie Schwester Emanuela und Fräulein Jung je einen von ihnen waschen, bis auf den Penis und den Po, da muss sich jeder selbst waschen.
Schwester Emanuela ist mit dem ersten Kind fertig und schaut zu Stefan. Mit einer Handbewegung fordert sie ihn auf, sich unter die Dusche zu stellen. Stefan, der mit seinen Händen seinen Penis verdeckt hält, schreckt auf und schaut sie ängstlich an. Schwester Emanuelas Gesicht verfinstert. Ihre Hand ist auf Stefan gerichtet; mit dem Zeigefinger fordert sie ihn auf, zu ihr zu kommen.
Stefan, dem Sascha seine Angst ansieht, geht mit gesenktem Kopf langsam auf sie zu und bleibt vor ihr stehen. Dann geht er an ihr vorbei und stellt sich unter die Dusche. Schwester Emanuela lächelt zufrieden. Ihre Finger spürt Stefan durch den Waschlappen hindurch im Gesicht, am Hals, auf dem Bauch, dem Rücken, den Beinen, dem Po und zwischen seinen Schenkeln. Ihn überkommt ein Ekelgefühl. Er

hat eine Gänsehaut, beginnt zu weinen. Schwester Emanuela, die auf seinen Penis schaut, diesen aber nicht berührt, gibt ihm den Waschlappen und verlässt den Duschraum.
Fräulein Jung zeigt mit dem Finger auf Sascha. Misstrauisch schaut Sascha zu ihr und stellt sich unter die Dusche. Fräulein Jungs Finger, die durch den Waschlappen verdeckt sind, berühren den Knabenkörper. Ihre Augen verfolgen jede Bewegung der eigenen Hand, die kreisförmig für mehrere Sekunden auf jedem Körperteil des Kindes ruht. Ihre Finger berühren durch den Waschlappen hindurch auch den Penis und Po. Sascha, der spürt, dass aus dem Waschen immer mehr ein Streicheln wird, schaut ihr völlig verstört und ängstlich in die Augen. Fräulein Jung, deren Gesicht rot anläuft, weicht seinem Blick aus.

Im Gruppenflur reinigt Schwester Emanuela mit Ohrenstäbchen die Ohren der Kinder. Sie winkt Sascha zu sich. Mit einem Stäbchen dringt sie in sein Ohr ein.
„Aua!" schreit Sascha laut auf. „Das tut weh!"
„Stell dich nicht so an!" ist Schwester Emanuela Reaktion.
Sascha blickt auf die kleinen Kleiderhäufchen und erkennt durch die Ziffer Drei. die für ihn bestimmten Baumwollkleider. Kleider aus Baumwolle kann er nicht ausstehen, sie jucken und kratzen auf seiner Haut.
Frank beobachtet Sascha und schaut ihn mitleidig an.
„Schwester Emanuela hat dir ganz bewusst kratzende Wollklamotten auf die Bank gelegt", flüstert er ihm zu.
Sascha schüttelt nur den Kopf.
„Kann ich bitte andere Kleider bekommen", fragt er Schwester Emanuela vorsichtig, „die da kratzen so sehr!"
„Du ziehst schön deine Kleider an. Die oder überhaupt keine", schreit sie ihn an. „Du bekommst von mir solange Baumwollkleider, bis du dich nicht mehr an diesen störst! Von mir aus kannst du in Unterhose hier im Flur stehen bleiben!"
Sascha weigert sich, die Wollkleidung anzuziehen. In der Unterhose steht er, bei geöffnetem Fenster, im Gruppenflur und friert und zittert am ganzen Körper. Die Kinder schauen zu ihm hin und gehen an ihm vorbei in den Aufenthaltsraum. Schwester Emanuela, die bei ihm bleibt, lächelt und schlägt die Arme über ihrem Bauch zusammen. Nach einiger Zeit gibt Sascha auf und zieht mit großem Widerwillen langsam die Baumwollkleider an. Genüsslich schaut Schwester Emanuela zu ihm herab. Sascha geht, als habe er in die Hose gemacht, langsam und breitbeinig an ihr vorbei in den Aufenthaltsraum.

5

Im Aufenthaltsraum spielen die Schwestern mit den Kindern an den Tischen. An einem Tisch sitzt Schwester Sabine mit ein paar Kindern und spielt mit ihnen „Mensch-Ärgere-Dich-Nicht". An einem anderen Tisch sitzen Kinder und spielen mit Schwester Emanuela Karten. Die Kindergesichter sind leblos, ohne Freude und ernst. Nur wenige Kinder geben hin und wieder einen Laut von sich. Keines bewegt sich mehr, als zum Spielen notwendig ist. Niemand will unangenehm auffallen.
An einem Tisch sitzen Sascha, Michael und Frank.
„Schwester Emanuela besteht darauf, dass wir jeden Samstag zur Beichte gehen", flüstert Michael Sascha zu, „erst wenn wir alles gebeichtet haben, dürfen wir vor Gott treten."
„Willst du damit sagen", fragt ihn Sascha völlig entsetzt, „dass Schwester Emanuela uns zur Beichte zwingt, notfalls mit Gewalt, mit Prügel?"
„Du hast richtig verstanden! Und wir müssen alles beichten, wirklich alles!" antwortet ihm Michael.
„Ich will dem Herr Müller aber nicht meine geheimsten Wünsche und Träume beichten!" erwidert Sascha und schaut ihn dabei an. „Ich will ihm nicht die Wahrheit sagen!"
„Musst du auch nicht. Du kannst ihm ja statt dessen Phantasie-Geschichten erzählen, das mach` ich auch so. Es muss nur glaubhaft wirken. Und ein paar Zugeständnisse, dass man frech war, sollte man machen, sonst wirkt alles unglaubhaft. Der Herr Müller, unser Priester und Beichtvater, erzählt sowieso alles, was wir gebeichtet haben, den Schwestern weiter."
Stefan, der am Tisch von Schwester Emanuela sitzt und dort mitspielt, lacht plötzlich laut auf und schreit stotternd.
„Ich habe gewonnen! Ich bin der Sieger!"
„Wenn du nicht sofort aufhörst zu schreien", schreit Schwester Emanuela ihn wütend an, „bekommst du von mir eine Ohrfeige!"
Stefan zuckt in sich zusammen. Aus seinem lachenden Kindergesicht wird schlagartig wieder ein ernstes, lebloses Gesicht. Stefan sitzt stumm und bewegungslos da. Den Mund weit offen, schaut er Schwester Emanuela, deren Gesicht rot anläuft, an. Sein Körper ist vor Angst angespannt, dann fängt er an zu zittern.
Schwester Emanuela steht vom Tisch auf. Die Kinder schauen ängstlich zu ihr hoch. Niemand bewegt sich, alle scheinen die Sprache verloren zu haben. Einige haben den Mund weit offen, ohne ihn zu bewegen.
„Ich darf euch daran erinnern, dass heute Beichttag ist. Ich brauche sicherlich nicht zu erwähnen, dass ihr alle Herrn Müller nur die Wahrheit, nichts als die reine Wahrheit zu beichten habt", ruft sie laut durch den Saal.

Sie schaut aggressiv zu dem Tisch, wo Sascha, Frank und Michael sitzen und eben noch lachend Karten spielten.
„Nur wenn ihr alles beichtet", brüllt sie, und ihre Stimme ist voller Wut, „auch das Böse und eure schlimmen und widerlichen Gedanken und Träume, werden eure Herzen wieder weiß und rein sein. Wenn ihr ihm etwas verschweigt oder gar anlügt, wird euer Herz immer finsterer und schwärzer werden! Der Weg in die Hölle ist dann vorprogrammiert!"
Dann geht sie auf Sascha zu und klärt ihn über die Verhaltensregeln der Beichte auf.

6

Schwester Emanuela geht in der Kirche den Mittelgang entlang, gefolgt von „ihren" Kindern. Sie bleibt in der Mitte stehen und schaut zurück. Mit einem Handzeichen befiehlt sie den Kindern, auf den Bänken Platz zu nehmen. Die Kinder bekreuzigen sich. Sie blicken über den Altar hinweg und sehen das riesengroße Kreuz mit dem Leichnam Jesu. Unterhalb des Kreuzes hängt der großer Teppich, auf dem eine Kirche, spielende Kinder, ein paar Esel und Jesus, der ein kleines Kind auf dem Schoß hat und es streichelt, abgebildet sind. Am unteren Ende befindet sich der Spruch: „Lasset die Kinder zu mir kommen, denn ihnen gehört das Himmelreich."
Stefan, der ängstlich und verunsichert auf das Kreuz schaut, faltet seine Hände und schließt die Augen.
Die Tür der Sakristei öffnet sich, und zum Vorschein kommt Herr Müller. Der Priester und Beichtvater mustert die Kinder und fordert Frank durch ein Kopfnicken auf, den Beichtstuhl zu betreten. Frank geht zum Beichtstuhl, öffnet die Tür, tritt ein und kniet sich auf der Kniebank nieder. Der Beichtstuhl ist fast dunkel und wird durch ein dunkles rotes Licht etwas erhellt. Frank schaut sich um und sieht, dass die Wände, die Decke und auch die Kniebank mit einem roten Samtstoff ausgestattet sind. Er schaut durch das Holzgitter hindurch und erkennt das Gesicht des Beichtvaters nur schemenhaft. Die Stille, die durch das schwere Atmen des Beichtvaters immer wieder unterbrochen wird, ängstigt Frank.

„Sei gegrüßt, mein Sohn!" unterbricht der Beichtvater die Stille.
„Im Namen des Vaters und des Sohnes und des Heiligen Geistes. A-men!" flüstert Frank durch das Holzgitter und bekreuzigt sich.
„Gott, der unser Herz erleuchtet, schenke dir wahre Erkenntnis deiner Sünden und seiner Barmherzigkeit", erwidert der Beichtvater in frommem Ton.
„Amen!" antwortet ihm Frank.

Plötzlich spricht der Beichtvater im Eiltempo, mit strenger Stimme. „Gestohlen – genascht – unschamhafte Reden – unanständige Gedanken – böse Träume und Wünsche – onaniert ..."
Frank antwortet ihm nicht.
Der Beichtvater wird ungeduldig.
„Mein Junge, was hast du mir zu beichten? Du brauchst keine Angst zu haben. Du weißt: Du musst mir alles, aber auch alles sagen!"
Frank gibt keinen Ton von sich. Der Beichtvater fängt von vorne an.
„Gestohlen – genascht – unschamhafte Reden – unanständige Gedanken – böse Träume und Wünsche – onaniert ..."
Es herrscht plötzlich eine furchtbare Stille. Frank zittert am ganzen Körper, sein Herz klopft rasend schnell, und er fängt an zu schwitzen. Durch das Holzgitter hindurch beobachtet er das nur schemenhaft erkennbare Gesicht des Priesters.
„Herr Müller", antwortet er mit ängstlicher, zitternder Stimme, „ich habe nichts zu beichten. Ich war zu den Schwestern und der Erzieherin nicht böse, auch nicht zu anderen Jungen."
Während der Gottesmann das Kind Frank im Namen Gottes laut anklagt, verstehen die Kinder und Schwester Emanuela jedes Wort seiner Anklage.
„Du Lügner, du Heuchler, du wagst es, Gott zu belügen und zu entehren?! Wenn du nicht sofort beichtest und die Wahrheit sagst."
Zwei Kinder schauen sich ängstlich an. Eines der beiden Kinder drückt seine Hände fest zusammen, das andere Kind kaut an den Fingernägeln. Schwester Emanuela spitzt die Ohren und schaut überkonzentriert auf die Beichtstühle.
„Du kannst mir alles gestehen", fährt der Beichtvater im lauten Ton fort, „Schwester Emanuela hat mir da einiges bereits berichtet!"
Schwester Emanuela bekreuzigt sich, während sie die Luft anhält. Ihr Gesicht verfärbt sich rötlich. Einige Kinder blicken fassungslos und sprachlos zu ihr. Die alte Frau bemerkt, dass die Kinderaugen auf sie gerichtet sind und schaut schnell in eine andere Richtung.
Frank spürt große Angst.
„Aber Herr Müller, ich habe nichts zu beichten!"
„Schweig!" erwidert der Beichtvater laut schreiend, „ich werde Schwester Emanuela hierüber aufklären! Verlasse sofort auf der Stelle das Gotteshaus. Vor Gott wirst du dich verantworten müssen. Gott weiß alles, Gott kannst du nicht belügen! Du hast Gott entehrt. Doch bevor du das Gotteshaus verlässt, betest du hundertmal das Ave-Maria."
Unter Tränen verlässt Frank den Beichtstuhl und schaut zu Sascha. Auf einer leeren Bank vor den anderen Kindern nimmt er Platz. Frank faltet die Hände zum Gebet und spricht leise das „Ave Maria". Während Frank betet, schaut er zu Sascha, der den Blick erwidert. Neben Sascha sitzt die betende Schwester Emanuela. Frank fühlt, dass er von ihr beobachtet wird und blickt in ihr misstrauisches Gesicht.
Der Beichtvater kommt aus seiner Kabine, schaut zu Sascha und nickt ihm zu. Sascha geht langsam auf den Beichtstuhl zu, öffnet die Tür

und kniet sich im Beichtstuhl auf der Kniebank nieder. Es herrscht eine Stille, die furchterregend ist. Sascha schaut durch das Holzgitterfenster und erkennt nur schemenhaft das Gesicht des Beichtvaters. Plötzlich hört er dessen Stimme.
„Sei gegrüßt, mein Sohn!"
„Im Namen des Vaters und des Sohnes und des Heiligen Geistes. Amen!" erwidert Sascha voller Ehrfurcht vor dem Priester und Beichtvater und bekreuzigt sich.
„Gott, der unser Herz erleuchtet, schenke dir wahre Erkenntnis deiner Sünden und seiner Barmherzigkeit", flüstert der Gottesmann ihm durch das Holzgitter hindurch zu.
„Amen!" antwortet Sascha.
Der Beichtvater fragt auch ihn im hektischen, schnellen Tonfall.
„Gestohlen – genascht – unschamhafte Reden – unanständige Gedanken – böse Träume und Wünsche – onaniert ..."
Sascha gibt keinen Ton von sich.
Er kann nicht erkennen, das sich das Gesicht des Beichtvaters verfinstert hat, der mit aggressiver Stimme von vorne anfängt.
„Gestohlen – genascht – unschamhafte Reden – unanständige Gedanken – böse Träume und Wünsche – onaniert ..."
Sascha fängt an zu zittern. Schweiß bildet sich in seinem Gesicht. Er schweigt.
Saschas Schweigen wird von dem Beichtvater unterbrochen.
„Warum schweigst du vor mir und Gott? Mein Junge, hast du mir wirklich nichts zu beichten?"
Sascha hat das Gefühl, als würde sich sein Kehlkopf zuschnüren. Vergeblich versucht er, irgend etwas zu sagen.
Doch dann kommt es aus ihm bruchstückhaft heraus.
„Ich war ... ungehorsam zu Schwester Emanuela und habe sie ... belogen. Ich habe andere Kinder ... gehänselt. Ich habe mich während des Essens mit einem anderen Jungen unterhalten ... Ich bereue, dass ich Böses getan habe. Ich will mich bessern! O Herr, erbarme dich meiner!"
Sascha wartet auf eine Reaktion, doch der Gottesmann schweigt. Die Stille ist nur von kurzer Dauer, denn plötzlich vernimmt Sascha die Stimme des Beichtvaters.
„Gott, der barmherzige Vater, hat durch den Tod und die Auferstehung seines Sohnes die Welt mit sich versöhnt und den Heiligen Geist gesandt zur Vergebung der Sünden. Durch den Dienst der Kirche schenke er dir Verzeihung und Frieden", flüstert er in väterlichem und bewegendem Ton.
Er hält einen Moment inne, bevor er im flüsterndem Ton weiterspricht.
„Mein Sohn, du hast schwer gesündigt. Bete zwanzigmal das „Ave-Maria", damit Gott dir auch wirklich vergeben kann! Und er wird dir vergeben, doch du musst in Zukunft der Schwester gegenüber gehorsam und willig sein! So spreche ich dich los von Deinen Sünden."
Während der Beichtvater weiterspricht, bekreuzigt er sich.

„Im Namen des Vaters und des Sohnes und des Heiligen Geistes."
„Amen!" antwortet Sascha.
„Dank dem Herrn, denn er ist gütig!" flüstert ihm der Gottesmann durch das Holzgitter hindurch zu.
„Sein Erbarmen währt ewig!" erwidert Sascha voller Ehrfurcht.
„Der Herr hat dir die Sünden vergeben! Geh hin in Frieden!" antwortet der Beichtvater zufrieden.
Sascha verlässt den Beichtstuhl und bemerkt Schwester Emanuela, die direkt neben der Tür steht. Mit einer Handbewegung gibt sie ihm zu verstehen, dass er auf einer leeren Bank vor Frank Platz nehmen soll. Sascha schaut zu Frank, der immer noch mit gefalteten Händen betet. Langsam geht er zu der Bank, kniet sich dort nieder, faltet die Hände und betet leise.
Der Beichtvater öffnet die Tür seiner Kabine und schaut zu Stefan. Auch ihn fordert er mit einer Handbewegung auf, in den Beichtstuhl zu kommen. Stefans Augen suchen Schwester Emanuela, die immer noch an der Beichtkabinentür steht und den Beichtvater kurz anlächelt. Stefans und Schwester Emanuelas Blicke treffen sich. Die alte Frau schreckt auf, und ihr Gesicht erstarrt. Ihre Gesichtsfarbe ändert sich und geht ins Rötliche über. Sie fängt an zu schwitzen, auf ihrer Stirn bilden sich Schweißtropfen. Stefans Gesicht ist leblos und von großer Traurigkeit und Hoffnungslosigkeit. Stefans Blick wendet sich von der Schwester ab zu dem Gottesmann, dem er hilflos ins Gesicht schaut. Der Beichtvater sieht zur Seite und betritt seine Kabine.
Stefan geht in den Beichtstuhl und kniet sich nieder. Die Stille wird durch den Beichtvater beendet.
„Sei gegrüßt, mein Sohn!"
„Im Namen des Vaters und des Sohnes und des Heiligen Geistes. Amen!" stottert Stefan, während er sich bekreuzigt.
„Gott, der unser Herz erleuchtet, schenke dir wahre Erkenntnis deiner Sünden und seiner Barmherzigkeit", erwidert der Beichtvater flüsternd.
„Amen!" antwortet ihm Stefan stotternd.
„Mein Junge, hast du gestohlen, unschamhafte Gespräche mit anderen Jungs geführt? Hast du unanständige Gedanken, böse Träume und Wünsche in dir hochkommen lassen? Hast du alleine oder mit anderen onaniert?" fragt ihn der Beichtvater einfühlsam.
Stefan schreckt auf und fängt an zu weinen.
„Mein Sohn, warum weinst du?"
Stefan, der auf die Frage nicht reagiert, erinnert sich an den Tag zurück, an dem er von Schwester Emanuela in ihrem Zimmer sexuell missbraucht wurde. Ihn überkommt plötzlich eine Gänsehaut; er spürt, wie aus allen Poren seines Körpers der Schweiß heraustritt; sein Herz klopft rasend schnell, und er hat das Gefühl, als würde es jeden Moment aus seinem Körper heraustreten. Stefan bekommt einen Weinkrampf.

„Mein Sohn, antworte mir: warum weinst du?" fragt ihn der Gottesmann mitleidsvoll.
Stefan antwortet ihm nicht.
„Mein Sohn, antworte mir: warum weinst du?"
Stefan bleibt stumm. Er schaut zu der Lampe und schließt die Augen. Plötzlich herrscht eine gottesfürchtige Stille, die durch Orgelmusik beendet wird.
Schwester Berta sitzt an der Kirchenorgel und blickt hinunter. Dann richtet sie ihren Blick zu einem offenen Fenster und schaut hinaus. Während sie leidenschaftlich spielt, werden ihre Körperbewegungen immer heftiger. Ihre Finger bewegen sich auf den Tasten immer schneller. Die Orgelmusik wird in der Tonlage immer lauter und aggressiver. Die Kinder, die von der Orgelmusik tief bewegt sind, sitzen mit gefalteten Händen bewegungslos auf den Bänken. Manche schauen zum Altar, andere haben die Augen geschlossen. Schwester Emanuela steht immer noch neben der Beichtkabinentür. Mit einem Taschentuch wischt sie sich den Schweiß von der Stirn. Mit einem bösen Blick schaut sie zu Schwester Berta.
Stefan öffnet die Tür des Beichtstuhls und blickt, mit Tränen in den Augen, der Schwester Emanuela direkt ins Gesicht. Stumm geht er mit gesenktem Kopf an ihr vorbei. Bevor er die heilige Stätte verlässt, dreht er sich noch einmal zur Schwester Emanuela um.

7

Stefan, der sich alleine im Speisesaal aufhält, steht am Fenster vor dem Vogelkäfig und beobachtet den Vogel. Plötzlich öffnet er die Gittertür, greift nach dem Vogel, der vergeblich flattert, und holt ihn aus dem Käfig. Stefans Gesicht verfinstert sich zunächst, doch dann fängt er an zu grinsen.
„Mein lieber Vogel", stottert er, „deine Zeit ist abgelaufen!"
Mit einer Hand greift er nach dem Hals des Tieres, das sich verzweifelt versucht zu wehren. Mit seinen Fingern drückt Stefan den Hals so lange zu, bis der Vogel sich nicht mehr bewegt und keinen Ton mehr von sich gibt. Dann legt er den toten Vogel in den Käfig zurück und verlässt schnell den Speisesaal.
Nach einiger Zeit geht Schwester Emanuela in den Speisesaal und blickt auf den Vogelkäfig. Als würde sie etwas Schlimmes ahnen, geht sie mit schnellen Schritten auf den Vogelkäfig zu. Sie blickt in den Käfig und schreit laut auf. In der ganzen Gruppe ist ihr Schrei zu hören. Die Kinder kommen angerannt und schauen auf die schreiende alte Frau.
„Wer hat meinen Vogel bestialisch umgebracht? Wer war das?" brüllt sie aus voller Kehle.

Plötzlich ist es für einige Sekunden mäuschenstill. Schwester Emanuela schaut mit aggressivem Blick den Kindern einzeln ins Gesicht. Die Kindergesichter sind schlagartig todernst und wie versteinert. Und Stefan spürt ihren tiefbohrenden, kalten Blick.
Die angstbeladene und erdrückende Stille wird durch einen erneuten Aufschrei der Schwester Emanuela, der die Kinder für einen kurzen Moment zum Zittern bringt, beendet.
„Ich will auf der Stelle wissen, wer meinen Vogel so grausam getötet hat!"
Kein Kind rührt sich von der Stelle. Kinder, die den Mund weit aufhaben, halten ihn vor Angst weiter offen. Niemand bringt auch nur ein einziges Wort über die Lippen.
Schwester Emanuela ist kurz davor, durchzudrehen.
„Solange sich der Täter nicht zu erkennen gibt", schreit sie durch den Saal, „haben alle darunter zu leiden: Es gibt weder Fernsehen noch Kuchen oder Nachtisch. Das habt ihr davon!"
Schwester Emanuela geht auf Frank zu und schaut mit einem verachtenden Blick auf ihn herab.
„Frank", befiehlt sie ihm in strengem, rüdem Ton, „du kommst sofort mit mir!"
Sascha schaut Frank an.
„Egal was jetzt passiert", flüstert Sascha ihm zu, „ich bin in meinen Gedanken und Gefühlen bei dir!"
Frank kommen Tränen der Rührung und der Angst. Er geht auf Schwester Emanuela zu und fängt an zu zittern. Die Kinder blicken angstvoll auf die alte Frau und erkennen einen Teil ihres Rohrstocks, der aus dem Ärmelinnern ihrer Schwesterntracht hervorschaut.
Schwester Emanuela greift Frank am Arm und zieht ihn hinter sich her. Vor Angst würde Frank am liebsten laut aufschreien, doch er schweigt.

Schwester Emanuela geht mit Frank im Treppenhaus die Stufen hinauf zum obersten Geschoss, wo sich die Dachkammer befindet. Aus ihrer Tasche holt sie einen Schlüssel und schließt eine Tür auf. Dann greift sie mit ihren Händen seinen Hals und zerrt ihn in die Dachkammer. Frank wehrt sich nicht. Er bleibt vor Angst wie angewurzelt stehen.
Frank schaut sich um und nimmt eine Matratze und einen Stuhl wahr. Am Fenster sieht er ein Gitter und an der Wand ein altes, mit Spinnweben überzogenes Kreuz.
Schwester Emanuela schließt hinter sich die Tür. Mit einem aggressiven Blick geht sie auf ihn zu. Frank schreckt auf, weicht ihr aus und starrt sie mit bewegungslosem Augen an.
„Zieh sofort deine Hose und Unterhose aus", fordert sie ihn mahnend auf, „und leg dich über den Stuhl!"
Ein Zittern durchfährt Franks Körper, und er fängt an zu weinen. Ohne einen Hauch von Widerstand zu zeigen, zieht er Hose und Unterho-

se aus. Er legt sich über den Stuhl und sieht von unten her langsam zur Schwester Emanuela auf. Ihre Blicke treffen sich. Frank erkennt in ihren Augen Wut, Hass, aber auch Hilflosigkeit. Schwester Emanuela holt den Rohrstock aus ihrem Ärmel und hält diesen hoch. Frank schaut wieder zum Boden und schließt die Augen. Seine Tränen, die sich ihren Weg unter die Augenlider hindurch bahnen, kullern auf den Boden. Frank beißt vor Angst die Zähne fest zusammen.
„Herr Müller hat mir berichtet, dass du ihm und Gott die Beichte verweigert hast", schreit Schwester Emanuela ihn laut an, während sie zum ersten Schlag ausholt.
Der Rohrstock prallt mit voller Wucht auf Franks Po nieder. Franks Körper zuckt zusammen, sein Gesicht verzerrt sich vor Schmerz, und er stößt laute Schmerzensschreie aus.
„Du bist ein Gottloser, ein Satansbraten. Du hast hier auf Erden nur Prügel verdient!" schreit sie weiter, während sie den Rohrstock mit voller Wucht wieder auf Franks nackten Po niedergehen lässt. Franks Schmerzensschreie nehmen an Lautstärke zu. Sein Gesicht verzerrt sich erneut vor Schmerz. Schwester Emanuela schaut auf Franks Po und sieht die durch die Schläge verursachten roten Striemen. Ihr Gesichtsausdruck ist leblos, gefühlskalt und versteinert. Sie schlägt noch viermal zu. Und Frank, dessen Schmerzen mit jedem Schlag an Intensität zunehmen, schreit noch lauter auf.
Schwester Emanuela bekommt plötzlich einen Schreck, denn sie bemerkt, dass Franks Po blutet.
Die alte Frau steht breitbeinig ohne Gefühlsregung vor dem Kind und schaut es von oben herab mit starrem Blick an. Frank schaut zu ihr hoch und kann es nicht fassen: Schwester Emanuela nimmt das auf ihrer Brust an einer Kette hängende Kreuz in die Hände und faltet sie. Ihr starrer Gesichtsausdruck nimmt plötzlich menschliche Züge an. Sie schließt die Augen, fängt leise an zu beten, öffnet sie wieder und geht zur Tür. Bevor sie die Tür aufschließt, schaut sie auf Frank nieder. Ohne ein Wort zu sagen, verlässt sie die Dachkammer und schließt hinter sich die Tür ab. Frank hört, wie sich der Schlüssel im Schloss dreht. Verzweifelt versucht er, vom Stuhl aufzustehen, doch er schafft es nicht. Noch einmal versucht er es und fällt dabei hinunter. Hilflos liegt er auf dem Boden, schließt die Augen und schläft ein.

8

Die heilige Stätte Gottes, die Kirche, ist ein schöner Ort. Die Gemäuer und Decken der Kirche Gottes sind mit schönen Malereien verziert. Die großen bunten Fenster, die am Tage das Tageslicht in vielen lebendigen Farben in das Kircheninnere einlassen, erzeugen durch die Vielfalt der Farbenpracht bei den Kindern immer wieder neu die Atmosphäre

einer heilen, friedvollen Welt. Einer romantischen, liebevollen Welt, von der die Kinder oft träumen, obwohl sie immer wieder schmerzlich erfahren müssen, dass es diese Welt nicht geben kann. Diese unerreichbaren Träume brauchen sie wie der Teufel das Weihwasser, denn ohne eine Traumwelt haben sie kaum eine Chance zu überleben.
Die Kirche Gottes scheint ein Ort zu sein, wo die Kinder keine Angst haben müssen und wenigstens für eine kurze, begrenzte Zeit Ruhe finden. Hier im Gotteshaus, wo die Kinder dem lieben Gott so nahe sind, durchleben sie hin und wieder das von ihnen immer wieder künstlich erzeugte Gefühl der Geborgenheit und Wärme, die alle zum Leben brauchen.
Heute findet hier ein Gottesdienst statt. Die Kindergruppen sitzen, vom Altar aus gesehen, auf den Bänken immer nach Geschlecht getrennt. Rechts die Mädchen, links die Jungen. Gruppe für Gruppe. Die Gruppenschwestern sitzen am Anfang des Mittelgangs. Weiter hinten sitzen, in drei Bankreihen, auf jeder Seite nur Schwestern mit ihrem Schleier und in schwarzer Tracht. Hinter ihnen sitzen die alten und gebrechlichen Heimbewohner, die Kindheit, Jugend und Erwachsensein hier im Heim der traurigen Kinder verlebt haben und nur noch auf einen durch Gottes Hände vollzogenen Gnadentod warten.
Und die Dorfbewohner.
Die Kirchenbesucher singen laut und deutlich ein Lied:
„Sei gegrüßt, o Königin, Mutter der Barmherzigkeit ..."
Nach dem Lied herrscht eine für die Kinder beängstigende und furchterregende Stille.
Sascha schaut immer wieder mal neugierig zu den Mädchen. Er weiß, dass es gefährlich ist, dort hinzusehen. Doch es ist die einzige Möglichkeit neben der Schule, ein Mädchen zu sehen. Sascha spürt plötzlich eine große Hand auf seinem Kopf und schreit auf. Vorne am Altar schreckt der Priester auf und blickt direkt zu Sascha und Schwester Emanuela. Sascha dreht sich um und sieht direkt in das Gesicht dieser alten, frommen Frau. Sein Körper erstarrt vor Angst und fängt an zu zittern. Angstschweiß fließt aus allen Poren seines Gesichtes.
Schwester Emanuela schaut Sascha wütend ins Gesicht, während ihr Gesicht rötlich anläuft.
Einige Reihen vor Sascha schaut ein Junge ebenfalls zu den Mädchen hinüber. Die Schwester hinter ihm bemerkt das, sie erhebt ihre Hand und verpasst ihm eine Ohrfeige. Der Junge schreit kurz auf. Vorne am Altar nimmt der Priester den Aufschrei wahr, doch er rührt sich nicht von der Stelle. Auch seine Stimme erhebt keinen Protest. In lautem, eindringlichem und mahnendem Ton, den Blick auf die Kinder gerichtet, beginnt er seine Predigt und preist in ihr den allmächtigen Gott im Himmel – und den Teufel in der Hölle.
„Gott ist allmächtig und alleinherrschend. Betet alle zu Gott, dem Vater im Himmel weit über den Wolken, zu dem Herrscher des großen Reiches, der über unser aller Leben entscheidet. Der uns zu sich heraufholt in den Himmel oder uns verstößt in die Hölle!"

Die Kinder hören seiner Predigt mit einer gottgewollten Ehrerbietung zu; beim Wort „Hölle" zucken sie vor Angst zusammen. Sie fühlen sich durch den Priester genauso bedroht wie von den frommen Schwestern, die immer wieder mit dem Teufel und der Hölle drohen.
Der Priester fährt mit seiner Predigt fort, während er mit seinen leblosen und frommen Augen weiter auf die Kinder blickt.
„Zum Teufel in die Hölle, wo sich alle wiederfinden, die dem lieben Gott nicht vertraut und ihn nicht als Herrscher anerkannt haben. Als Herrscher des Himmels und der Erde."
Hier in der Kirche Gottes hat die durch die heilige Predigt erzeugte Angst die Kinder wieder eingeholt. Die Angst, von der sie glaubten und hofften, sie würde nicht bis in die heilige Stätte, der Kirche Gottes, vordringen können. Die Angst, die sie Tag und Nacht verfolgt, egal, ob sie wach sind oder schlafen. Die Angst, ihr ständiger Wegbegleiter. Die Angst ist plötzlich leibhaftig da und frisst sich weiter tief in ihre Kinderseelen hinein.
Der Priester hält einen mit Edelsteinen bestückten goldenen Weinkelch, gefüllt mit Wein, mit beiden Händen festumklammert in der Luft. Den Kelch führt er zum Mund und trinkt aus ihm. Dann schaut er in die Menschenmenge und macht eine Kniebeuge. Ein Messdiener überreicht dem Priester den Weihrauchkessel. Der heilige Mann segnet den Altar, die Hostien, den Wein und macht dann einen Schwenk und segnet die Kirchenbesucher. Der Gottesmann gibt den Weihrauchkessel dem Messdiener und nimmt eine große Hostie aus dem goldenem Pokal, der auch mit Edelsteinen geschmückt ist. Die Hostie hält er hoch, während ein Messdiener eine Schelle in der Hand hält und diese hin- und herbewegt. Die Köpfe der Kirchenbesucher erheben sich, und alle Blicke folgen der Hostie in der Hand des Priesters. Und der Messdiener schwenkt voller Ehrerbietung den Weihrauchkessel.
Dann tritt der Priester nach vorne. Die älteren Kinder und Jugendlichen gehen zuerst zum Altar, gefolgt von den Schwestern, den erwachsenen Heimbewohnern und den Dorfbewohnern. Die kleinen Kinder, die noch nicht zur Kommunion dürfen, bleiben artig auf den Bänken sitzen und falten ihre Hände. Jeder, der die heilige und gottgesegnete Hostie empfangen hat, geht auf seinen Platz zurück.

Nach der Zeremonie stehen die Kirchenbesucher auf und falten die Hände. Sascha riskiert noch einmal einen Blick auf die gegenüberliegende Bankreihe. Er schaut in die gottesfürchtigen Kindergesichter, auf ihre gefalteten Hände. Dann schaut er von ihnen weg zu Schwester Sabine, die von ihrem Platz aufsteht und die Kirche über den Mittelgang verlässt. Sein Blick fällt auf Schwester Emanuela, und er nimmt wahr, dass sie ihrer Mitschwester verächtlich hinterher schaut.
Dann stimmt der Priester ein Gebet an, und alle beten mit.
Zum Schluss erklingt Orgelmusik, und die Kirchenbesucher fangen an zu singen. Sascha schaut zur Schwester Berta hoch und sieht an ihren heftigen Bewegungen, dass sie mit Leib und Seele voll in der Orgelmu-

sik aufgeht. Für diese alte, liebenswerte Schwester scheint die Kirchenorgel der einzige Lebensinhalt zu sein.
Plötzlich geht ein lauter Knall wie ein Echo durch die Kirche. Ein Kind ist durch den Geruch des Weihrauchs bewusstlos zu Boden gefallen. Alle Augen schauen dorthin. Unbeeindruckt von dem Geschehen betätigt Schwester Berta die Tasten der Orgel, und alle singen weiter mit. Schwester Emanuela und eine Mitschwester eilen von ihren Plätzen aus zu dem gefallenen Kind. Beide versuchen, das Kind durch ein Schütteln aus der Ohnmacht zurückzuholen, doch ohne Erfolg. Sie heben das Kind auf und tragen es über den Mittelgang aus der Kirche.

9

Frank, den Schwester Emanuela nach der Prügelorgie auf der Dachkammer eingeschlossen hat, liegt, während die Kirchenbesucher andächtig dem Gottesdienst beiwohnen, immer noch auf dem Boden der Dachkammer und wacht auf. Er schaut auf das alte, verstaubte und mit Spinnweben überzogene Kreuz. Dann schläft er wieder ein und versinkt in einen Traum.

Frank liegt bäuchlings auf dem Altar der Kirche. An der Kirchenorgel sitzt Schwester Berta, ihre alten, zittrigen Hände berühren mit großer Leidenschaft die Tasten. Die alte Frau spielt eine traurige Musik. Frank erhebt seinen Kopf und sieht das große Kreuz vorne im Kirchenschiff. Plötzlich schreit er laut auf, denn am Kreuz ist nicht die Jesusfigur an Händen und Füßen gekreuzigt, sondern Schwester Emanuela in ihrer schwarzen Schwesterntracht und ihrem schwarzen Schleier. Ihr Kopf hängt seitlich herunter. Um den Hals trägt sie die Kette mit dem Kreuz. Ihre gesamte vordere Tracht ist unterhalb ihrer rechten Brust mit Blut verschmiert, das auf den Boden hinuntertröpfelt.
Die fromme Frau blickt Frank an, und ihr Gesicht ist leichenblass. An ihrem Gesichtsausdruck erkennt Frank, dass sie lebt und große Schmerzen und Qualen aushalten muss.
Frank hält sich plötzlich die Ohren zu, denn Schwester Emanuela ruft aus voller Kehle:
„Mein Gott, mein Gott, warum hast du mich verlassen?"
Frank zittert am ganzen Körper, Angstschweiß rinnt über sein Gesicht, und er schreit laut auf.

Frank wacht, laut schreiend, schweißgebadet und am ganzen Körper zitternd, auf und öffnet seine Augen. Am Hintern spürt er einen stechenden Schmerz. Dort kann er mehrere Striemen erkennen. Langsam steht er auf und bewegt sich zur Mitte der Dachkammer. Während er die Hose und die Unterhose nimmt und sich anzieht, blickt er zu dem

mit Spinnweben überzogenem Kreuz. An der Tür vernimmt er plötzlich ein Geräusch und sieht, wie sie aufgeht. Im Türrahmen steht Schwester Sabine und geht in schnellen Schritten auf ihn zu. Frank umklammert sie und drückt sich ganz fest an ihren Körper. Schwester Sabine blickt ihm ins Gesicht und in die leicht geröteten Augen. Sie sieht Tränen und Schweiß über das Gesicht kullern. Mit einer Hand streichelt sie über Franks Haar, und mit der anderen Hand wischt sie ihm mit einem Taschentuch die Tränen und den Schweiß aus dem Gesicht.
„Ich habe Angst vor Schwester Emanuela", schluchzt er, „sie hat mich mit dem Rohrstock verprügelt und hier eingesperrt. Ich hasse sie."
Schwester Sabine schaut ihn an, und ihre Augen füllen sich mit Tränen.
„Frank, ich weiß, wie du dich fühlst! Ich kann dir nicht helfen, ich fühle mich selbst so alleine und hilflos. Ich kann dir nur eins versprechen: Schwester Emanuela wird sich eines Tages vor dem „Jüngsten Gericht" und vor Gott für alles verantworten müssen ..."
Frank unterbricht sie.
„Wenn es Gott wirklich gibt, warum bestraft er sie nicht jetzt. Warum lässt Gott es zu, dass Schwester Emanuela uns immer und immer wieder so sehr weh tut?"
Schwester Sabine schweigt einen Moment, bevor sie ihm mit betroffener Stimme antwortet.
„Es wird der Tag kommen, wo sie Rechenschaft dafür wird ablegen müssen, dass sie euch seelisch und körperlich quält. Sie wird Gott erklären müssen, warum sie eure Körper, eure Seelen und Gefühle täglich mit ihren Händen, Füßen und Schlagstöcken verletzt. Sie wird vor dem „Jüngsten Gericht" erklären müssen, warum sie euch eure Kindheit raubt und euch jahrelang in Angst und Schrecken aufwachsen lässt!"

10

Unruhig geht Schwester Emanuela in ihrem Zimmer auf und ab. In den Händen hält sie ihren Rosenkranz fest umklammert. Und für einen kurzen Moment schließt sie die Augen.
Sie öffnet sie wieder und kniet sich dann auf eine Kniebank vor dem großen Kreuz nieder und schließt sie erneut. Tränen der Einsamkeit und der Hilflosigkeit bahnen sich ihren Weg durch die geschlossenen Augenlider der frommen Frau. Mit weinender Stimme betet sie und klagt sich vor ihrem Gott an.
„Gott, mein himmlischer Vater, ich habe gesündigt; ich kann meine Sünde nicht ungeschehen machen. Du alleine kannst Sünden vergeben. Du hast deinen Sohn Jesus Christus gesandt, dass er die Schuld

der Welt auf sich nehme und die Sünder zu dir zurückführe. Herr Jesus Christus, führe auch mich von meinen Irrwegen zurück auf den Weg der Wahrheit und des Lebens."
Schwester Emanuela fasst sich ans Herz und hält inne. Ihr Herz klopft rasend schnell, und sie atmet schwer durch. Sie öffnet wieder die Augen und schaut auf das große Kreuz. Während sie mit leiser Stimme weiter betet, fixieren ihre Augen den gekreuzigten Jesus.
„Ich bekenne meine Sünde und bereue sie, weil sie mich von dir fernhält. Herr, verzeih mir und schenk mir deinen Geist, damit ich deine Liebe erkenne und sie dankbar erwidere."
Die alte Frau nimmt das Kreuz an ihrer Halskette in die Hand und schaut eine längere Zeit die Jesusfigur an. Zärtlich küsst sie den heiligen Männerkörper.

11

Schwester Emanuela betritt die Kirche und geht, während sie auf das große Kreuz blickt, über den Mittelgang zum Vorplatz des Altars. Die alte Frau bekreuzigt sich und fängt an zu weinen. Ihr Gesicht spiegelt Einsamkeit, Angst und Niedergeschlagenheit wider. Sie macht eine Kniebeuge, geht zum Beichtstuhl, öffnet die Tür und tritt ein. Auf der Kniebank kniet sie sich nieder und faltet ihre zittrigen Hände. In den Beichtstühlen und in der Kirche herrscht eine beängstigende Stille, die plötzlich durch die Stimme des Beichtvaters beendet wird.

„Seien Sie gegrüßt, meine Schwester!"
„Im Namen des Vaters und des Sohnes und des Heiligen Geistes. Amen" erwidert Schwester Emanuela mit leiser Stimme, während sie sich gleichzeitig bekreuzigt.
„Gott, der unser Herz erleuchtet, schenkt Ihnen wahre Erkenntnis Ihrer Sünden und seiner Barmherzigkeit", erwidert der Beichtvater.
„Amen!" antwortet sie im leisen Ton.
„Gott, der barmherzige Vater, hat durch den Tod und die Auferstehung seines Sohnes die Welt mit sich versöhnt und den Heiligen Geist gesandt zur Vergebung der Sünden. Durch den Dienst der Kirche schenke er Ihnen Verzeihung und Frieden", flüstert ihr der Priester durch das Holzgitter hindurch zu.
Es herrscht wieder für eine kurze Zeit diese beängstigende und unheimliche Stille, die von dem Beichtvater erneut beendet wird.
„Schwester, was haben Sie mir zu beichten?"
Schwester Emanuela bemüht sich um einen Blickkontakt, doch das Holzgitter und die schwache rote Beleuchtung lassen das jeweilige Gegenüber nur schemenhaft erkennen.

Die fromme alte Frau, die kein Wort über die Lippen bekommt, fängt erneut an zu weinen und zu schluchzen. Der Beichtvater geht auf das Weinen mitfühlend ein.

„Schwester, Sie wissen, dass Sie mir alles beichten müssen. Vertrauen Sie mir! Erleichtern Sie Ihr Gewissen! Sprechen Sie! Ich kann Ihnen sonst leider unmöglich die Absolution erteilen!"
Noch einige Sekunden lang schweigt Schwester Emanuela, dann sagt sie mit leiser, weinender Stimme:
„Ich habe ... Ich habe sehr schwer gesündigt!"
Sie hält inne und schweigt. Der Beichtvater wird im Ton eindringlicher und mahnender.
„Reden Sie bitte weiter! Was für eines schlimmen Vergehens erklären Sie sich schuldig?"
Mit leiser, weinender und stotternder Stimme fährt sie fort:
„Ich habe mich der Fleischeslust hingegeben. Ich konnte nicht widerstehen! Ich war dem Verlangen, der sexuellen Begierde hilflos und willenlos ausgeliefert!"
Der Priester ist zunächst sprachlos, und dann findet er nur schwer Worte.
„Wollen", er wirkt nervös und gereizt, „wollen ... Sie sich ... schuldig bekennen, sich an einer Mitschwester ... vergangen zu haben?"
Schwester Emanuela fühlt sich am Ende ihrer Kraft. Sie atmet schwer durch, und ihr Herz klopft rasend schnell.
„Nein! Mein Vergehen ist noch schlimmer: Ich habe einen kleinen Jungen aus meiner Gruppe sexuell missbraucht. Ich wollte es nicht. Das Verlangen und die sexuelle Lust brachen über mich herein. Glauben Sie mir: Mit aller Kraft habe ich versucht, diesen Lustgefühlen zu widerstehen und sie zu bekämpfen! Ohne Erfolg! Die Begierde war stärker als die göttliche Enthaltsamkeit!"

Schwester Emanuela spricht nicht weiter. Auch der Beichtvater schweigt. Die Stille wird plötzlich durch das Läuten der Abendglocke unterbrochen.

Die Dienerin Gottes schließt ihre Augen und sieht die Bilder des sexuellen Missbrauchs: Wie sie vor ihrem Bett steht und sich neben dem nackt daliegenden Stefan hinkniet; sie erkennt ihre Hand, mit der sie ganz leicht auf Stefans Rücken schlägt und dann ihre Hände, die über den Knabenkörper entlang gleiten und ihn streicheln; die alte Frau erkennt das ängstliche, hilflose und irritierte Kindergesicht und den verkrampften Knabenkörper; sie nimmt ihr eigenes Schnaufen und das wilde, aufbegehrende Stöhnen ihrer alten und zittrigen Stimme wahr. Plötzlich erschreckt die beichtende Schwester, denn sie sieht wie in einem Spiegel ihr rötliches, verschwitztes Gesicht und ihre gierigen großen Augen.

Schwester Emanuela erlangt ihre Sprache wieder und fährt fort:
„Bei Gott, dem Allmächtigen des Himmels und der Erde, ich schwöre Ihnen: Ich wollte es nicht! Meine Arme, meine Hände, meine Finger bewegten sich auf den Knabenkörper zu und fassten ihn an. Ich hatte keinerlei Kraft, sie zurückzuhalten! Sie verselbständigten sich ohne mein Zutun! Mein Körper und meine Seele bebten vor Lust. Fremde Gefühle, die ich zuvor noch nie hatte und noch nie kannte, machten sich in mir breit. Sie nahmen meinen Körper und meine Seele in Besitz!"
Mit lauter Stimme unterbricht sie der Beichtvater.
„Im Namen Gottes, im Namen der Jungfrau Maria und im Namen Jesus: Schweigen Sie! Sie haben sich an dem Jungen und an Gott vergangen. Sie haben sich eines schweren Verbrechens schuldig gemacht! Der Teufel muss Sie geritten haben! Hüten Sie sich davor, sich noch einmal solch eines schwerwiegenden Verbrechens schuldig zu machen! Beten Sie hundertmal das Ave-Maria!"
Die Dienerin Gottes schweigt wie befohlen und bewegt sich nicht.
„Im Namen des Vaters und des Sohnes und des Heiligen Geistes" flüstert der Gottesmann hektisch und bekreuzigt sich.
„Amen!" erwidert Schwester Emanuela kleinlaut.
„Danken Sie dem Herrn, denn er ist gütig", antwortet wieder hektisch der Beichtvater.
„Sein Erbarmen währt ewig!" bekennt die alte Frau mit leiser, zitternder Stimme.
Der Beichtvater schweigt einen kurzen Moment, als würde er mit seinem Gewissen, ja mit seinem Gott kämpfen. Dann findet er die heiligen, befreienden Worte.
„Ich werde Ihnen im Namen und Auftrage Gottes die Absolution erteilen und Ihnen somit verzeihen und vergeben! Der Herr hat Ihnen soeben die Sünden vergeben! Geh hin in Frieden!"

Schwester Emanuela ist unfähig, ein Wort hervorzubringen. Der Mund steht weit offen, die Augen sind durch die Tränen gerötet. Mit aller Kraft versucht die alte Frau aufzustehen, doch ihr Körper wehrt sich zunächst dagegen. Nach mehreren Anläufen schafft sie es. Die Dienerin Gottes hält sich am Türgriff fest und verlässt den Beichtstuhl. An den Rücklehnen der Bänke stützt sie sich ab, während sie langsam nach vorne geht, die erste Bankreihe erreicht und sich niederkniet.
Schwester Emanuela schaut zum Altar, dann zum Kreuz und faltet die Hände. Sie schließt die Augen und fängt leise an zu beten. Beim Beten öffnet sie kurz die Augen, sieht den Beichtvater vorne am Altar knien und schließt sie wieder.

12

Sascha steht an einem Fenster im Gruppenflur und sieht einen Jungen aus dem Dorf, der mit seinem Fahrrad auf dem Heimvorplatz herumfährt. Der Junge, der bemerkt, dass er beobachtet wird, schaut zu dem Fenster hoch und blickt in Saschas trauriges Gesicht. Sascha ist zunächst irritiert, doch dann fängt er an zu lächeln.
„Hey, du da! Komm doch runter. Hast du Lust, Fußball zu spielen?" ruft ihm der Junge zu.
„Ja, schon", antwortet Sascha ihm, „aber wir dürfen das Heimgelände nicht verlassen."
„Angsthase!" ruft der Junge ihm zu.
Sascha zögert einen Moment und schafft es, seine Angst zu überwinden.
„Ich bin gleich unten", erwidert Sascha.
Sascha schleicht sich von der Gruppe fort und erreicht den Heimvorplatz. Er geht auf den Jungen zu, der ihn anlächelt.
„Ich bin David, und du, wie heißt du?"
„Ich bin der Sascha!"
Sascha und David nehmen plötzlich hinter sich eine Frauenstimme wahr. Noch bevor die beiden die Möglichkeit haben, sich umzuschauen, verspürt Sascha einen heftigen Schmerz im Rücken. Sie schauen sich um und sehen eine Schwester, die ihre zu einer Faust zusammengeballte Hand wieder öffnet. Sascha und David reagieren sofort und bewegen sich nach vorne, um abzuhauen. Doch die Schwester ist schneller und bekommt beide an den Armen zu fassen.
„Halt! Hier geblieben!"
David, der sich gegen die Schwester wehrt, kann sich aus dem Griff befreien und rennt los.
„Du Mistkerl!" schreit die Schwester hinter ihm her.
Sascha, der ihm nachschaut, steht bewegungslos da. Angst und Sprachlosigkeit machen sich in ihm breit. Die Schwester packt blitzschnell mit beiden Händen sein Haar und zerrt ihn zu sich, während Sascha vor Schmerz laut aufschreit.
„Du Schweinsbraten, dir werde ich es zeigen", fängt sie laut an zu fluchen, „und wenn ich mit dir fertig bin, wird sich Schwester Emanuela mit dir beschäftigen!"
Sascha tritt plötzlich nach der Schwester, die laut aufschreit und sein Haar los lässt. Diese Chance nutzt er und fängt an zu rennen, als würde er um sein Leben laufen. Nach einigen Metern dreht er sich um und sieht die Schwester hinter sich herlaufen. Sascha läuft und läuft. Schweiß fließt über sein Gesicht; er atmet keuchend. Die Schreie der Schwester verstummen nicht. Sascha sieht sich erneut um und sieht, dass die Schwester ihn immer noch verfolgt.

„Bleib sofort stehen! Du Mistkerl, wenn du nicht sofort stehen bleibst, schlage ich dich tot", schreit die Schwester völlig erschöpft und fängt an zu fluchen, „ich wünsche dir die Hölle und den qualvollen Tod!"
„Ich wünsche dir einen Herzinfarkt, du sollst Tod umfallen", flucht Sascha zurück.
Sascha sieht David vor sich herlaufen und holt ihn ein. Beide haben Tränen in den Augen und atmen tief und schwer. Schnell laufen sie über ein Feld, dann über eine Wiese und erreichen einen Wald. Jetzt erst bleiben beide kurz stehen und schauen zurück. Die Schwester ist nicht zu sehen. Doch ihre laut fluchende Stimme ist als Echo gegenwärtig. Während beide weiterlaufen, sehen sie plötzlich eine Kapelle. An der Kapelle bleiben sie stehen, öffnen die Tür und treten ein.
Sascha und David sehen einen kleinen Altar, auf dem ein Kreuz und brennende Kerzen stehen. Sie gehen bis zum Stufenansatz, der zum Altar führt, vor und lassen sich dort nieder. Das Sonnenlicht, das die buntbemalten Fenster durchdringt, lässt ihre Gesichter in bunten Farben erleuchten.
„Sascha, du bist ganz schön mutig. Was wird dir passieren, wenn du zurückgehst?" fragt David plötzlich mit einem ernsten Gesichtsausdruck.
Sascha schaut David entsetzt ins Gesicht, denn schlagartig wird er mit seiner eigenen Wirklichkeit konfrontiert. Ihm läuft es eiskalt den Rücken hinunter, und er bekommt eine Gänsehaut.
„Die Schwestern werden mich fertig machen", antwortet er, während er auf das Kreuz und der dort angebrachten Jesusfigur schaut. „Sie werden mich prügeln und strafen, weil ich abgehauen bin und es gewagt habe, gegen eine Schwester Widerstand zu leisten. Ich habe sie getreten, das werden die mir nie verzeihen!"
Er fängt an zu weinen und schaut David in die Augen. David nimmt seine Finger und wischt ihm die Tränen aus dem Gesicht.
„David, ich bin dabei, mich wie alle anderen Kinder daran zu gewöhnen, von den Schwestern Prügel zu beziehen!" fährt Sascha fort, während er wieder auf das Kreuz blickt. „An was ich mich jedoch nie gewöhnen werde, ist die große Angst! Die macht mich fertig!"
David gehen Saschas Worte sehr nahe.
„Schlagen die euch wirklich?" fragt er Sascha beklommen. „Meine Eltern sagen immer, den Kindern im Heim geht es gut. Die werden nie geschlagen und bestraft! Wenn die dich wirklich schlagen, dann wehre dich nicht, du bist zu schwach, und die sind zu stark!"
Sascha nickt und blickt zu der Wand, auf die durch die Kerzenlichter verursachten Schatten des Kreuzes und der Jesusfigur.
„Ich müsste einen Freund haben, der müsste ganz stark sein, stärker als alle die Schwestern zusammen", antwortet Sascha ihm, „er müsste ein Riese sein! Er müsste mich und alle anderen Kinder vor den Schwestern beschützen!"
Draußen ist es dunkel geworden, und der Mond wirft ein schwaches Licht in die Kapelle. Die Kerzenflammen entfalten erst jetzt ihre volle

romantische Schönheit. Sascha nähert sich mit seinem Gesicht dem von David.
„David, sei mir nicht böse, aber ich muss jetzt ganz schnell zurück ins Heim."
David schaut ihn irritiert und entsetzt an.
„Sascha, warum gehst du zurück ins Heim, obwohl du weißt, das man dich schlagen wird?"
Sascha schaut aus einem kleinen offenen Fenster hinaus zu den Sternen am Himmel.
„Ich habe keine andere Wahl: Die Schwestern bekommen dich immer zu fassen, egal, wo du bist! Und: Wo soll ich hinlaufen! Ich habe kein wirkliches Zuhause. Mein Zuhause ist das Heim!"
Sascha und David stehen auf, umarmen sich und verlassen die Kapelle Hand in Hand. Vor der Kapelle bleiben sie stehen und schauen zum wolkenlosen Sternenhimmel. Sascha fängt an, die Sterne zu zählen.
„Ich wünsche mir sehr, dass wir uns wiedersehen", flüstert David ihm ins Ohr und umarmt ihn. „Ich werde an dich denken. Tschau!"
David entfernt sich langsam von Sascha, der ihm hinterher schaut und sieht, wie er sich immer weiter entfernt.
Sascha geht den entgegengesetzten Weg. Nach einiger Zeit nimmt er den unverkennbaren Ton der Heimkirchenglocke wahr. Mit jedem Schritt, mit dem er sich dem Heim nähert, nimmt der Glockenton an Lautstärke zu. Dann sieht er vor sich den von Scheinwerfern angeleuchteten Heimkomplex.

Im Gruppenflur stehen einige Kinder herum und plaudern miteinander. Plötzlich geht die Gruppentür auf, und Sascha steht mitten im Türrahmen. Die Kinder schauen bewegungslos zu Sascha und werden, wie in einem Kinderchor, wo Kinder auf Befehl des Dirigenten schweigen, schlagartig still. Nur der gewaltige laute Ton der Kirchenglocke, der die Mauern und Fenstern durchdringt, ist wahrnehmbar.
Michael beendet die Stille und geht auf Sascha zu.
„Mensch, pass auf: Schwester Emanuela wird dich ganz schön zurichten! Zeige ihr deine Angst nicht! Du weißt, dass sie dann noch brutaler auf dich einschlagen wird! Achtung, Sascha, da kommt sie."
Schwester Emanuela und Schwester Sabine kommen aus dem Speisesaal und sehen Sascha. Schwester Emanuela, die ein Gebetbuch in der Hand hält, blickt auf ihre Uhr. Dann schaut sie Sascha in die Augen und geht mit großen Schritten auf ihn zu. Breitbeinig bleibt sie vor ihm stehen und schaut mit einem aggressiven Blick auf ihn herab.
„Sascha!" schreit sie plötzlich aus voller Kehle, während sie ihre Hand erhebt und ihm eine kräftige Ohrfeige gibt, „du Mistkerl, wegen dir komme ich zu spät zum Gebet. Du kommst sofort zu mir, sofort!"
Sascha zittert am ganzen Körper. Seine große Angst, die er nicht vor ihr verbergen kann, steht ihm buchstäblich im Gesicht geschrieben. Die Angst vor der allmächtigen Schwester Emanuela sitzt sehr tief in seinem Inneren. Dem bösen, wütenden Blick der alten Frau kann er

sich nicht entziehen. Mit ihren Augen fesselt sie seine Kinderaugen an sich. Wie unter Hypnose stehend geht Sascha auf sie zu. Schwester Emanuela erhebt ihre Hände und stößt das Kind Sascha mit voller Wucht zu Boden. Dabei fällt ihr das Gebetbuch aus der Hand. Blitzschnell steht Sascha wieder auf und sieht ihre Faust vor seinem Gesicht. Sascha versucht ihr auszuweichen, doch er schafft es nicht mehr. Er spürt die Faust in seinem Gesicht und schreit laut auf. Langsam geht er in die Knie. Aus seiner Nase fließt Blut, das auf sein Hemd und auf das am Boden liegende, aufgeschlagene Gebetbuch tröpfelt. Schwester Sabine schaut sprachlos auf Sascha und faltet ihre Hände.

Sascha hat große Schwierigkeiten aufzustehen, denn seine Beine zittern. Schwester Emanuela schaut in sein ängstliches Gesicht und sieht die blutende Nase. Sie packt Sascha erneut und schubst ihn mit voller Kraft gegen einen Heizkörper. Sascha schreit erneut laut auf und geht, während er sich mit seinen Händen an den Hinterkopf greift und dort eine blutende Platzwunde bemerkt, erneut zu Boden. In den Innenflächen seiner Hände sieht er Blut.

„Ich werde dir helfen, Bürschchen, dich zu widersetzen", hört Sascha, der fast besinnungslos vor ihr liegt, die allmächtige Schwester Emanuela laut schreien, „du Bastard, ehe du das schaffst, schlage ich dich krankenhausreif!"

Schwester Emanuela schlägt weiter auf das hilf- und wehrlose Kind ein. Saschas Schmerzensschreie, die immer lauter und hoffnungsloser klingen, halten länger an.

In der ganzen Gruppe, in allen Räumen, hört man die um Hilfe schreiende Kinderstimme.

Im Aufenthaltsraum sind einige Kinder, die die lang anhaltenden Schmerzensschreie wahrnehmen. Sofort hören sie mit dem Spielen auf und sitzen bewegungslos auf ihren Stühlen. Einem kleinen Jungen kommen die Tränen. Er nimmt seinen Teddybären und drückt ihn ganz fest an sich. Plötzlich lässt er den Teddybären fallen und hält sich die Ohren zu. Dann fängt er laut an zu schreien.

Im Gruppenflur tritt Schwester Emanuela mit den Füße wahllos auf Sascha ein, der sich vor Schmerzen krümmt.
„Hören Sie bitte, bitte auf", fleht Sascha sie an. „Ich gebe alles zu! Ja, ich war frech, ich habe mich der Schwester widersetzt, ich habe die Schwester getreten."
Sascha fängt heftig an zu weinen, und die Tränen kullern über sein Gesicht.
„Schwester Emanuela", fleht Sascha erneut, während er auf die Knie geht, seine Hände faltet und sie ihr entgegenstreckt, „bitte, hören Sie auf zu schlagen! Ich mache alles, was Sie wollen, alles!"
„Du wirst mir keine heilige Schwester und Vertreterin Gottes mehr anrühren! Du Satansbrut", schreit sie aus voller Kehle.

Schwester Emanuela hört plötzlich, für Sascha völlig unerwartet, mit dem Schlagen auf. Sie ist völlig erschöpft und außer Atem, der Schweiß läuft ihr über das Gesicht. Mit einem Ärmel ihrer Schwesterntracht beseitigt sie ihn. Sascha schaut sie ängstlich und flehend an; sein Schreien ist verstummt.

Auch der kleine Junge im Aufenthaltsraum hört auf zu schreien und nimmt die Hände von den Ohren. Er hebt den Teddybären vom Boden auf und geht langsam zur Tür.
Im Gruppenflur sieht er Sascha, der immer noch mit gefalteten Händen vor Schwester Emanuela kniet. An Saschas Hinterkopf erkennt er die blutende Platzwunde.
Erst jetzt bemerkt Schwester Emanuela, dass ihr Gebetbuch, aufgeschlagen und mit Blut besprizt, auf dem Boden liegt. Ohne ein Wort zu sagen, hebt sie das Gebetbuch auf und geht zum Ausgang. Sie schaut der weinenden Schwester Sabine ins Gesicht und verlässt die Gruppe. Schnell geht Schwester Sabine auf Sascha zu, der immer noch am Boden kniet, und hilft ihm, aufzustehen. Sie umarmt ihn, wischt die Tränen aus seinem Gesicht und begutachtet dann die Wunde am Hinterkopf, während sie ein Taschentuch aus ihrer Schwesterntracht holt und es auf die Wunde legt.
Frank geht auf Sascha zu und stützt ihn. Beide gehen in den Schlafsaal. Sascha legt sich ins Bett. Mit einem Zipfel der Bettdecke wischt er sich die Tränen aus dem Gesicht. Frank setzt sich auf die Bettkante und hält seine Hand.
„Frank, weißt du, wie ich mich fühle?"
„Sascha", antwortet ihm Frank mit betroffener Stimme, „ich kann das nachempfinden! Weine nur! Ich habe dich sehr gerne!"
Frank blickt Sascha tief in die verweinten Augen.
„Sascha, es hat keinen Sinn, sich gegen die Schwestern zu wehren. Die sind alle stärker. Die haben die christliche Macht. Die haben ihre Rohrstöcke, ihre Hände, ihre Fäuste, ihre Füße und ihren Gott!"
„Willst du mir sagen", fragt ihn Sascha erstaunt, „uns wird immer nur die Angst bleiben?"
„Ja", antwortet Frank, „uns bleibt nur die Angst, sie wird uns irgendwann auffressen! Die Angst bestimmt unser ganzes Leben hier!"

13

Schwester Emanuela, die eben noch wild auf Sascha eingeschlagen und eingetreten hat und noch völlig erschöpft ist, steht vor der großen Tür, die zur Kirche führt, und hört ihre Mitschwestern laut beten. Leise öffnet sie die Tür. Auf den vorderen Bänken sitzen die Schwestern. Vor dem Altar steht der Priester mit gefalteten Händen und betet.

Die alte Frau betritt die Kirche, schließt die Tür hinter sich und taucht ihre Finger in das Weihwasserbecken. Mit den Fingern berührt sie die Stirn und bekreuzigt sich. Sie geht den Mittelgang entlang und blickt zu dem Priester, der sie mahnend anschaut. Neben ihren Mitschwestern nimmt sie Platz und legt das Gebetbuch auf die Bankablage. Dann faltet sie die Hände und schließt ihre Augen.
Schwester Emanuela öffnet wieder ihre Augen und schlägt das Gebetbuch auf. Die Mitschwester neben ihr sieht die aufgeschlagene, blutbeschmierte Seite. Schwester Emanuela, die gerade seitlich zu ihr hinschaut, nimmt den geschockten und fragenden Blick wahr. Sie selbst schaut auf die aufgeschlagene Seite, schreckt auf, und wechselt diese schnell.
Wie ein Echo hört sie plötzlich tief im Innern Saschas Schmerzensschreie. Ein kurzes aufschreckendes Zittern geht durch ihren Körper. Sie hält sich ihre Ohren zu, schaut in Richtung Altar und Kreuz. Statt des Altars und des Kreuzes sieht sie das hilfeschreiende Kind Sascha, das vor ihr in die Knie geht, die Hände faltet und sie anfleht. Sie bemüht sich, die Selbstbeherrschung nicht zu verlieren und konzentriert ihre Gedanken auf den Gottesdienst.

Der Priester, der seine Augen schließt, fängt an zu beten, und die Schwestern stimmen in das Gebet mit ein.
„Wir bitten Gott, den Herrn, um Vergebung für das Leid, das wir einander antun; dass wir einander vernachlässigen und vergessen; dass wir einander nicht verstehen und nicht ertragen; dass wir Böses reden und oft von Groll und Bitterkeit erfüllt sind; dass wir nicht vergessen können. Lasset uns beten um Verziehung für alle Sünden, die die Menschen in ihrer Ohnmacht gegeneinander begehen."
Der Priester geht hinter den Altar und erhebt seine Hände. Eine Schwester, die sich erhebt, geht zur Treppe, die zum Altar führt und dreht sich zu ihren Mitschwestern um. Als Vorbeterin spricht sie zu ihren Mitschwestern, und diese antworten ihr:

„Vater, wir haben gesündigt vor dir."
„Vater, wir haben gesündigt vor dir."
„Wir sind schuldig geworden an unseren Mitmenschen."
„Vater, wir haben gesündigt vor dir."

Schwester Emanuela, die leise zu weinen beginnt, schaut der Vorbeterin in die Augen und kämpft gegen ihre Tränen an. Die Vorbeterin bemerkt die Tränen in ihren Augen und betet unbeirrt weiter vor.

„Wir sind schuldig geworden an denen, die uns besonders nahe stehen."
„Vater, wir haben gesündigt vor dir."
„Wir sind schuldig geworden an der Gemeinde deines Sohnes, an der Kirche."

„Vater, wir haben gesündigt vor dir."
„Wir sind schuldig geworden an dir."
„Vater, wir haben gesündigt vor dir."
„Vater, vergib uns."
„Vater, vergib uns."
„Wir bekennen voneinander unsere Schuld."
„Vater, vergib uns."
„Wir bekennen vor der Kirche unsere Schuld."
„Vater, vergib uns."
„Wir bekennen vor dir unsere Schuld."
„Vater, vergib uns."

Nach Beendigung der Zeremonie begibt sich der Priester hinter den Altar, kniet dort nieder, schließt seine Augen und betet leise vor sich hin. Die Schwestern stehen auf und verlassen über den Mittelgang die heilige Stätte.

14

Einige Kinder sitzen in der Kirche Gottes auf der ersten Bank und schauen zur Schwester Sabine, die vor dem Altar steht und mit ihnen über Gott spricht.
„Wir haben uns hier versammelt", erklärt sie den Kindern, „um über die Firmung zu reden. Das Gespräch hier in der Kirche dient der Vorbereitung. Meine Kinder: Habt ihr Fragen über Gott? Ihr braucht keine Angst zu haben! Fragt nur! Alles, was wir hier besprechen, bleibt unter uns! Ihr könnt mir vertrauen!"
Die Kinder sitzen bewegungslos auf der Bank, ihre Gesichter strahlen große Traurigkeit aus.
Ein Kind schaut ihr ins Gesicht. Schwester Sabine ist sich bewusst, dass dieses traurige, trostlose und hoffnungslose Kindergesicht den Gemütszustand aller Kinder widerspiegelt. Sie blickt dem Kind in die Augen und schaut gleichzeitig in alle Kinderaugen und erkennt voller Schmerz, dass die Kinder keine Kinder mehr sind. Selten sieht Schwester Sabine sie lachen.
Gefühle, Glücklichsein, Spontaneität und Fröhlichkeit haben für die Kinder keine Bedeutung mehr.
„Wenn ich jetzt sterbe", unterbricht das Kind, das seinen Blick immer noch auf ihr Gesicht gerichtet hat, stotternd die Stille, „komme ich dann in den Himmel? Wie sieht es im Himmel aus?"
„Schwester Emanuela sagt immer, wir Kinder kommen niemals in den Himmel", meldet sich Sascha zu Wort, „wir kommen alle in die Hölle. Wir würden bei lebendigem Leibe im Fegefeuer verbrannt. Schwester

Sabine, kommen nur Kinder in die Hölle oder auch Erwachsene wie Schwester Emanuela?"
Schwester Sabine zuckt vor Schreck in sich zusammen. Sie geht auf Sascha zu und geht mit ihrer Hand zart durch sein Haar.
„Gott liebt alle Kinder auf der ganzen Welt! Ihr seid die Kinder Gottes!" erklärt sie allen mit betroffener Stimme.
„Sascha", fährt sie im ruhigem Ton fort, „niemals würde Gott auch nur ein einziges Kind in die Hölle schicken, geschweige bei lebenden Leib im Fegefeuer verbrennen!"
Sie schaut zum Kreuz und fährt fort:
„Natürlich würde Gott euch in sein Himmelreich holen! Wie es dort aussieht, weiß niemand!"
„Warum bedrohen uns die Schwestern", fragt Frank ungläubig, „wenn sie wütend sind, dann mit der Hölle?"
Schwester Sabine schaut ihn sprachlos an. Ihr kommen die Tränen. Die Kinder sehen an ihrem Gesicht, dass ihr die Fragen sehr nahe gehen und sie im Inneren berühren. Über den Mittelgang verlässt sie schweigend die Kirche.

15

Im Schlafsaal ist es fast dunkel und ruhig, nur der halbe Mond gibt etwas Licht. Frank kann nicht einschlafen. Er steht auf, geht ganz leise zu Saschas Bett und streichelt sein Gesicht.
Sascha wacht auf und bewegt sich. Bevor er vor Schreck laut werden kann, legt Frank ihm die Hand zärtlich auf dem Mund. Sascha ist völlig überrascht und erkennt im Mondlicht Franks Gesicht.
„Frank, was machst du da?"
Frank antwortet ihm nicht. Er schiebt die Bettdecke zur Seite, legt sich neben ihn und deckt sich und Sascha zu. Dann kuschelt er sich eng an Saschas Körper und spürt dessen Körperwärme, die auf ihn übergeht. Frank fängt Sascha an zu streicheln und bemerkt, dass sich sein verkrampfter Körper langsam entspannt.
„Sascha, ich mag dich sehr! Du bist einfach toll, du gefällst mir unheimlich", flüstert Frank Sascha ins Ohr und gibt ihm einen zarten Kuss auf den Mund. „Sascha", fährt er fort, „du brauchst keine Angst zu haben: Ich würde dir nie wehtun! Ich mag nur mit dir schmusen!"
Frank schaut Sascha im Mondlicht an und sieht, wie seine Angst sich Stück für Stück verflüchtigt. Sascha lächelt Frank an, und der erwidert sein Lächeln. Sie pressen ihre warmen Körper aneinander und tauschen viele Küsse aus. Frank streichelt Saschas Haar und geht ganz zart mit den Fingern über sein Gesicht. Dann legt er sich auf Sascha, und ihre Körper bewegen sich unter der schützenden Bettdecke hin und her. Ihre Herzen klopfen rasend schnell, und sie atmen

tief und schwer. Plötzlich stöhnen beide leise auf. Während Frank sich auf Saschas Körper fallen lässt, fällt die Bettdecke auf den Boden. Beide liegen auf dem verschwitzten, nassen Bettuch.
„War es schön?" fragt Frank Sascha flüsternd.
„Ja! Es war sehr schön!" antwortet Sascha ebenfalls flüsternd.
„Wollen wir das jetzt öfters machen?" haucht ihm Frank ins Ohr.
„Oh ja!" antwortet Sascha und gibt ihm einen Kuss auf den Mund.

Sascha und Frank hören plötzlich ein ihnen bekanntes Geräusch. Die Schritte nähern sich. Im Türrahmen sehen sie die große dunkle Gestalt der allmächtigen und allgegenwärtigen Schwester Emanuela. Beide hören, wie von ihr der Lichtschalter betätigt wird. Schwester Emanuela steht da, erstarrt und sprachlos, ihr Gesicht wird schlagartig blass. Den Mund vor Schreck weit geöffnet, nimmt sie ihre rechte Hand und führt diese langsam zum Mund. Die alte Frau, die sich am Türgriff festhält, hat sich nicht mehr unter Kontrolle, ihr ganzer Körper fängt an zu zittern.
Sascha und Frank greifen gleichzeitig nach der am Boden liegenden Bettdecke, ziehen diese blitzschnell über ihre Körper und halten sie fest umklammert. Schwester Emanuela kommt wieder zur Besinnung und rennt auf die beiden zu. Von oben blickt sie auf die ängstlichen Kindergesichter herab.
„Ihr Schweine!" schreit sie aus voller Kehle, „ihr Drecksäue! Heucheln, den ganzen Tag heucheln, und abends im Bett solche perversen Schweinereien!"
Mit aller Kraft versucht Schwester Emanuela, den beiden die schützende Bettdecke wegzureißen, doch das Ende der Decke in ihren Händen reißt. Die Bettdeckfedern fliegen in alle Himmelsrichtungen und lassen sich auf Sascha, Frank und Schwester Emanuela nieder. Sascha und Frank liegen völlig verstört da und zittern vor Angst am ganzen Körper. Schwester Emanuela ballt ihre Hände zu Fäusten und schlägt ohne Vorwarnung auf die Kinder ein. Sascha und Frank schreien laut auf und fangen an zu weinen.
Einige der wachgewordenen Kinder schauen ängstlich unter ihrer Bettdecke hervor; andere verkriechen sich darunter.
Schwester Emanuela schlägt weiter wahllos auf die beiden Kinder ein. Mit den Händen greift sie die Bettkante und hebt das Bett mit aller Kraft hoch. Sascha und Frank versuchen sich, am Bettgestell festzuhalten, doch sie finden keinen richtigen Halt und fallen auf den Boden. Die Dienerin Gottes tritt mit den Füßen auf die Jungen ein. Sie tritt Sascha in die Genitalien, der noch lauter aufschreit. Sie schaut ihm ins Gesicht und sieht, wie er vor Schmerz sein Gesicht verzerrt und sich krümmt. Mit seinen Händen schützt er die Genitalien vor weiteren Tritten.
„Jawohl, so geht man mit schwulen und perversen Schweinen um", schreit sie laut lachend, „so und nicht anders!"

Einem kleinen Jungen kommen die Tränen, die er vorsichtig mit der Bettdecke abwischt.
„Glaubt ja nicht, dass das alles war, das wird für euch böse Folgen haben! Ich werde morgen Herrn Müller von euren perversen und krankhaften Spielen berichten. Stellt das Bett wieder auf, und geht sofort in eure Betten!"

16

Im Vorzimmer des Büros von Herrn Müller sitzen Sascha und Frank bewegungslos auf den Stühlen. Sascha beobachtet die Sekretärin, eine ältere, streng wirkende Frau, die ihr graumeliertes Haar unter einem Haarnetz trägt und hinter einem Schreibtisch sitzt. Ihm fällt auf, dass diese Frau, während sie auf einer Schreibmaschine tippt, ihn und Frank über ihre Brillenränder hinweg beobachtet. Plötzlich geht mit Wucht die Tür, die in das Büro des Heimleiters führt, auf. Und leibhaftig erscheint in voller Größe Herr Müller, der, ohne ein Wort zu sagen, auf die beiden Kinder zugeht und ihnen zur Begrüßung eine Ohrfeige gibt. Dann fordert er sie auf, ihm in sein Zimmer zu folgen. Mit großen Schritte geht Herr Müller voraus und setzt sich hinter seinem Schreibtisch. Im lauten Ton fordert der Geistliche von den Kindern, auf den Stühlen vor seinem Schreibtisch Platz zu nehmen.
Es herrscht eine erdrückende Stille. Saschas und Franks Gesichter drücken Angst, Einsamkeit und Hilflosigkeit aus. Herr Müller schaut den Kindern ins Gesicht, seine Gesichtszüge zeugen von großer Gefühlskälte.
An der Tür klopft es, und Schwester Emanuela betritt den Raum. Ohne ein Wort zu sagen, nimmt sie auf einem Stuhl neben Herrn Müller Platz. Der Gottesmann wirft ihr einen kurzen Blick zu und schaut dann zum Kreuz, das an der Wand hängt.
„Ihr habt sehr, sehr schwer gesündigt", erklärt der Priester im aggressiven Ton, „das werden ich und auch der Heilige Vater im Himmel euch niemals verzeihen! Warum habt ihr so schwer gesündigt und solche Schweinereien gemacht? Was habt ihr euch dabei gedacht? Wie oft und wie habt ihr das gemacht? Was habt ihr dabei gefühlt?"
Schwester Emanuela will etwas sagen, doch Herr Müller winkt mit einer Handbewegung ab. Sascha schaut ihn und dann Schwester Emanuela ängstlich an. Ihn schmerzen noch die Körperstellen, auf die Schwester Emanuela wild eingeschlagen und eingetreten hat.
„Wir mögen uns eben", antwortet er mit leiser und zitternder Stimme.
Der Gottesmann ist für einige Sekunden sprachlos und schaut Sascha wütend an. Dann findet er wieder Worte.
„Ihr meldet euch sofort bei Dr. Schulz", sagt Herr Müller lautstark, und seine Stimme wirkt plötzlich nicht mehr wie die eines Priesters.

„Ihr werdet euch vor Gott und uns verantworten müssen. Ihr werdet heute Abend in die Kirche kommen und bei mir wahrheitsgemäß die Beichte ablegen!"

Frank will etwas sagen und blickt ängstlich zu Herrn Müller. Doch er schafft es nicht, den Mund aufzumachen. Der Geistliche schaut ihn mit einem mahnenden Blick an.

„Lasst euch gesagt sein", sagt er barsch, „von solchen perversen und krankhaften Spielen wird man geisteskrank! Wenn ihr das noch einmal macht, werde ich euch höchstpersönlich in die Anstalt für Geisteskranke bringen."

Herr Müller greift zum Telefonhörer und wählt eine Nummer. Am anderen Ende ist der Heimarzt Dr. Schulz.

„Herr Dr. Schulz, ich schicke Ihnen Frank und Sascha von der Gruppe St. Martin vorbei. Die beiden wurden von Schwester Emanuela bei perversen Sex-Spielen erwischt. Kümmern Sie sich bitte um die beiden!"

„Herr Müller, was sagen Sie da", antwortet Dr. Schulz ihm erstaunt. „Und ich dachte, solche Schweinereien haben aufgehört, nachdem wir noch vor kurzem als Abschreckung zwei Jungen in eine Anstalt verbracht haben. Ich werde hier zunächst einmal versuchen, das Problem medikamentös aus der Welt zu schaffen!"

„Tun Sie das!" erwidert der Geistliche und beendet das Gespräch.

„Ihr geht jetzt sofort mit Schwester Emanuela zu Herrn Dr. Schulz auf die Krankenstation", schreit Herr Müller die Kinder an, während er zur Tür geht und diese öffnet. Schwester Emanuela erhebt sich vom Stuhl und fordert sie auf, ihr zu folgen.

„Ich schwöre euch bei Gott, dem Allmächtigen: Wenn ihr das noch einmal macht, werden wir dafür sorgen, dass ihr euch nichts Sehnlicheres wünscht, als niemals geboren worden zu sein!" schreit der Priester den Kindern hinterher.

Sascha und Frank gehen an der Sekretärin vorbei, die den Kindern hinterher schaut; ihr Gesicht zeigt keinerlei Regung.

17

Schwester Emanuela steht mit Sascha und Frank vor der großen Glastür, die zur Krankenstation führt. Sie betätigt die Klingel, und eine Krankenschwester öffnet die Tür. Schwester Emanuela schubst die beiden Kinder in die Krankenstation und geht wieder. Von innen verschließt die Krankenschwester die Tür und fordert beide auf, auf einer Bank Platz zu nehmen. Sascha und Frank nehmen den Geruch der Krankenstation wahr. Sie beobachten die Krankenschwester, die in ein Zimmer verschwindet, an deren Tür der Name des Heimarztes: „Dr. Schulz" steht. Die Tür öffnet sich wieder, und Dr. Schulz, ein älterer,

dicker Mann mit graumeliertem Haar und einer Hornbrille auf der Nase, steht im weißen Kittel, ein Stethoskop um den Hals, mitten im Türrahmen. Mit strengem Blick schaut er zu Sascha und Frank. Sascha hält den Blick nicht aus und schaut voller Angst zur Seite. Dr. Schulz winkt Frank zu sich, der ihm widerwillig ins Arztzimmer folgt.
Sascha, der von der Krankenschwester beobachtet wird, hört plötzlich Dr. Schulz laut schreien:
„Du bist ein absolutes Dreckschwein! Du bist krank!"

Dr. Schulz sitzt auf der Vorderseite seiner Schreibtischplatte und schaut Frank, der vor ihm auf einem Stuhl sitzt, aggressiv an. Für Frank völlig unerwartet springt Dr. Schulz plötzlich auf und geht direkt auf ihn zu. Im Stuhl zuckt Frank vor Angst zusammen und fängt an zu weinen. Er schaut Dr. Schulz ins Gesicht, dessen schweißbedeckte Stirn mit Pickeln behaftet ist.
„Weißt du, wie man mit solchen Perversen umgeht?" schreit der Heimarzt durch das Arztzimmer. „Diese Perversen stellen generell eine Gefahr für die Öffentlichkeit dar! Die werden ihr Leben lang in eine Anstalt für Geisteskranke zwangsuntergebracht."
Wütend blickt Dr. Schulz Frank ins Gesicht.
„Diese Kranken haben niemals mehr die Chance, in Freiheit zu leben", schreit er plötzlich aus voller Kehle, „sie sind lebendig begraben!"
Mit dem Gesicht geht Dr. Schulz ganz nahe an Franks Gesicht, der mit seinem Kopf nach hinten ausweicht. Und doch kann Frank nicht verhindern, dass sich ihre Nasenspitzen berühren und sie sich in die Augen schauen. Frank schließt seine Augen, während sich die Tränen ihren Weg unter den Augenlidern hindurch bahnen.
Dr. Schulz beobachtet Frank und sieht die Tränen in seinem Kindergesicht.
„Mein schöner Knabe", flüstert der Heimarzt dem Kind Frank ins Ohr, „kennst du das Gefühl, niemals in Freiheit zu leben und lebendig hinter Mauern begraben zu sein?"
Frank, der von diesen Worten aus dem Mund eines Arztes total geschockt ist, sitzt bewegungslos auf dem Stuhl und durchlebt eine zuvor noch nie gekannte Angst. Diese Angst lähmt ihn für einen kurzen Moment. Er öffnet wieder die Augen und sieht Dr. Schulz, der zum Arztschrank geht, dort eine Medikamentenpackung herausholt und sie auf seinen Schreibtisch stellt. Frank schaut sich die Packung an und liest den Namen „Androcur". Während Dr. Schulz die Packung wieder an sich nimmt, diese öffnet und eine Tablette herausnimmt, fordert er Frank auf, den Mund aufzumachen. Frank weigert sich. Dr. Schulz, der die Tablette in seinen Fingern hält, geht ganz nahe an Frank heran und versucht, sie zwischen dessen Lippen hindurch in den Mund zu schieben. Doch Frank drückt seine Lippen fest zusammen.
„Wenn du nicht sofort deinen Mund aufmachst", schäumt Dr. Schulz vor Wut, „werde ich dir das Mittel mit einer Spritze verabreichen!"

Langsam öffnet Frank den Mund und schaut ihm ängstlich ins Gesicht. Dr. Schulz lächelt zufrieden und schiebt ihm die Tabelle tief in den Mund.
„Das Medikament wird Schwester Emanuela dir und dem Sascha ab heute verabreichen", erklärt er Frank mit seiner tiefen, angsterregenden Stimme. „Das Medikament wird euch die perverse und krankhafte Lust austreiben!"
Sprach- und hilflos blickt Frank ihm in die Augen.
„Wenn wir euch noch einmal bei solchen Perversitäten erwischen, kommt ihr beide in eine Anstalt!" schreit der Heimarzt das Kind an, während er zur Tür geht und diese öffnet.
Sascha schaut zur Arztzimmertür und sieht, wie die Tür aufgeht und Frank völlig verstört herauskommt. Frank blickt kurz zu Sascha und geht schweigend an ihm vorbei. Die Krankenschwester schließt die Stationstür auf, und Frank verlässt die Krankenstation. Sascha sieht die Krankenschwester, wegen der Tränen nur verschwommen, breitbeinig an der offenen Tür stehen und rennt plötzlich los. Die Krankenschwester, die sofort reagiert, bekommt ihn an den Haaren zu fassen und zerrt ihn zu sich.
„Aua! Das tut weh!" schluchzt Sascha laut auf.
„Stehen geblieben!" schreit die Krankenschwester zurück. „Du wagst es, die Flucht zu ergreifen! Du Satansbraten!"
Sie packt Sascha am Kragen, schiebt ihn ins Arztzimmer und macht von außen die Tür zu.

Dr. Schulz steht vor seinem Schreibtisch und mustert Sascha über seine Brille hinweg von unten nach oben. Vor Angst zittert Sascha am ganzen Körper, und er weint immer noch. Von innen schließt Dr. Schulz die Tür ab und fordert Sascha auf, zu ihm hoch zu schauen. Sascha weigert sich, dem ärztlichen Verlangen nachzukommen. Plötzlich greift der Heimarzt mit den Händen das Kindergesicht und drückt es nach oben. Sascha schreckt auf und schließt seine Augen.
„Du wirst mich sofort angucken, sofort!" brüllt der alte Mann im weißen Kittel ihn an. „Wenn du nicht sofort deine Augen öffnest, werde ich dir persönlich deine Hose ausziehen und dich übers Knie legen."
Aus Angst öffnet Sascha seine Augen und schaut ihm direkt ins Gesicht.
„Erzähle mir, was du und Frank getan habt. Was habt ihr dabei empfunden? Erzähle schon!"
Sascha antwortet ihm nicht. Dr. Schulz, der Sascha wütend anschaut, greift ihn an beiden Schultern und schüttelt ihn durch.
„Wenn du nicht sofort dein verdammtes Maul aufmachst und meine Fragen beantwortest", schreit der Heimarzt Sascha an, während er ihn weiter durchschüttelt, „werde ich dir den nackten Arsch nach Strich und Faden versohlen!"
„Wir waren zärtlich zueinander", antwortet Sascha mit leiser und zitternder Stimme.

Über seine Brillenränder hinweg schaut Dr. Schulz ihn neugierig an.
„Ich will sofort alle Details wissen, alles!"
„Wir waren ganz lieb zueinander! Wir haben uns gestreichelt und geküsst!"
Dr. Schulz blickt das Kind mit großen Augen an.
„Das ist absolut krankhaft, das ist pervers!" klärt er Sascha mit leiser, erregter und durchtriebener Stimme auf. „Probier es doch mal mit einem Mädchen! Mach dich an eine heran, fummel ihr so ein bisschen unterm Pullover herum, lang ihr mit der Hand auch ruhig mal untern Rock, und mach sie so richtig heiß auf dich! Dann sollst du mal sehen, wie schnell du sie rumkriegst!"
Der Heimarzt geht zwei Schritte zurück und greift sich an seinen Hosenschlitz.
„Sascha", die Stimme dieses alten Mannes verändert sich, und er atmet plötzlich tief und schwer, „schau mir sofort auf den Hosenschlitz!"
Vor Angst zuckt Sascha in sich zusammen. Er schaut nicht auf den Hosenschlitz, sondern auf das Kreuz. Als würde ihn Gott vor Schlimmerem bewahren wollen, ertönt plötzlich die Kirchenglocke. Sascha hat auf einmal die große Hoffnung, dass Dr. Schulz ihn sofort gehen lässt. Und tatsächlich hält er einen kurzen Moment inne. Doch dann packt er Saschas Haare und zieht diese, und dadurch auch sein Gesicht, nach unten. Sascha schreit laut auf und erkennt die Konturen des Glieds dieses Mannes. Er schreckt auf und schließt die Augen. Plötzlich lässt Dr. Schulz seine Haare los. In der Hoffnung, dass ihn jemand hört, schreit Sascha weiter laut auf. Dr. Schulz bemerkt erst jetzt, dass das Fenster weit aufsteht. Mit schnellen Schritten geht er zu dem offenen Fenster und schaut auf die Straße.
Auf der Straße gehen mehrere Schwestern, die in ihren Händen einen Rosenkranz halten und beten. Ihre Augen sind geschlossen, während sie die lauten Kinderschreie wahrnehmen. Eine Schwester öffnet die Augen und blickt zum Arztzimmerfenster hinauf. Am Fenster sieht sie den Heimarzt, der sie anlächelt und das Fenster schließt. Misstrauisch blickt die Schwester ihn an und schließt die Augen. Dann betet sie, wie ihre Mitschwestern, weiter.
Dr. Schulz geht auf Sascha zu und bleibt vor ihm stehen.
„Hör sofort auf zu schreien", zischt er ihn mit mahnender Stimme an. Saschas Hilfeschreie werden leiser und leiser, bis sie ganz verstummen. Mit den Händen greift Dr. Schulz plötzlich Saschas Taille und drückt den Körper mit voller Wucht an seinen dicken, nach Schweiß riechenden Leib. Verzweifelt versucht Sascha, sich aus dieser Umklammerung zu befreien. Seine ganze kindliche Kraft bietet Sascha auf, doch gegen Dr. Schulz hat er keine Chance. Der Heimarzt schaut in das Kindergesicht und genießt die Angst und die Hilflosigkeit, die sich dort widerspiegeln. Seine Augen sind weit geöffnet und durchdringen Saschas kindliche Unschuld.
„Gib auf", flüstert er Sascha mit stöhnender Stimme lächelnd ins Ohr, „du hast gegen mich überhaupt keine Chance!"

Blitzschnell lässt Dr. Schulz Saschas Taille los und bekommt seinen Kopf zu greifen. Mit großer Kraft drückt er den Kopf zu sich hoch und schaut ihm ins Gesicht. Seine Lippen pressen sich an die Lippen des Kindes. Mit letzter Kraft versucht Sascha, sein Gesicht wegzudrehen, doch der Heimarzt hält seinen Kopf festumklammert. Vor Kraftanstrengung läuft Saschas Gesicht rot an. Dr. Schulz küsst Saschas Gesicht und seinen Hals mehrfach. Der alte Mann kommt in Fahrt und zittert am ganzen Körper. Schweißperlen kullern über sein Gesicht, das rot anläuft. Seine Hornbrille rutscht bis zur Nasenspitze hinunter. Mit einer Hand öffnet Dr. Schulz plötzlich den Reißverschluss seiner eigenen Hose, während die andere Hand Saschas Hals festumklammert. Mit einem gierigen Blick schaut er in Saschas Augen und holt seinen Penis hervor.
„Nimm meinen Penis in deine Hände und reibe an ihm, aber kräftig!" fordert er das Kind mit einem Stöhnen in der Stimme auf.
Sascha sieht, wie der Penis aus seiner Hose herausragt. Der Anblick ekelt ihn an, und er hat das Gefühl, erbrechen zu müssen. Jetzt erst lässt Dr. Schulz seinen Hals los. Sascha nutzt die Gelegenheit, rennt zum Fenster, öffnet es, beugt sich aus dem Fenster und muss erbrechen. Er blickt nach unten auf die Straße, will in die Tiefe springen und beugt sich noch weiter hinaus. Dr. Schulz steht der Schreck im Gesicht geschrieben. Mit einem großen Sprung ist er bei Sascha und bekommt ihn am Hals zu packen. Sascha ballt seine Hände zu Fäusten und versucht verzweifelt, gegen den großen Körper anzuboxen. Dr. Schulz zerrt Sascha, der am ganzen Körper zittert und weint, zu seinem Schreibtisch und lässt nicht los.
„Bist du denn total übergeschnappt!" schreit Dr. Schulz aus voller Kehle.
Noch einmal fordert er Sascha auf, den Penis in die Hände zu nehmen.
„Wenn du jetzt nicht gehorchst, werde ich persönlich dafür sorgen, dass du in ein wirklich fürchterliches Heim kommst!"
Sascha hat keine Chance und greift widerwillig und langsam nach dem Penis. Die Gesichtszüge des Heimarztes verzerren sich, und er fängt laut an zu stöhnen. Nach kurzer Zeit spürt Sascha das Sperma auf seiner Hand. Dann ist es schlagartig still, nur die Kirchenglocke ist hörbar. Sascha lässt den Penis los und weicht zurück. Mit Tränen in den Augen schaut er zum Kreuz. Dr. Schulz folgt Saschas Blickrichtung, während er seinen Reißverschluss verschließt und sich den Schweiß aus dem Gesicht wischt.
„Du weißt, was dir passiert, wenn du auch nur ein Sterbenswörtchen sagst. Nicht wahr, mein Junge? Dir würde sowieso niemand glauben!"
Dr. Schulz greift in seine Hosentasche und gibt Sascha ein Taschentuch. Sascha, dessen Gesicht sich vor Angst verzerrt, reibt damit seine Hand mehrmals ab, während der Heimarzt seine Hände am Waschbecken mit flüssiger Seife reinigt.

Dann geht Dr. Schulz zur Tür, schließt diese auf und schaut Sascha überhöflich an. Langsam geht Sascha, den Kopf nach unten gesenkt, aus dem Arztzimmer.

18

Frank sieht den total verstörten Sascha auf die Gruppe zukommen und geht auf ihn zu.
„Was hat Dr. Schulz mit dir gemacht?"
Sascha zittert am ganzen Körper und fängt an zu weinen. Frank nimmt ihn in die Arme, streichelt über sein Haar und wischt, während Sascha ihm in die Augen schaut, die Tränen aus seinem Gesicht.
„Der hat sich nicht für meine blauen Flecken interessiert. Der hat ..."
Sascha hält inne und ist nicht in der Lage, weiter zu sprechen. Frank will alles wissen und fragt nach.
„Sascha, sag schon, was hat dieses Schwein mit dir gemacht?"
Einige Zeit braucht Sascha, bis es aus ihm herauskommt.
„Der hat mich gezwungen, an seinem Pimmel zu spielen."
Frank wirkt gar nicht erstaunt.
„Mit mir hat der das auch schon einmal gemacht", klärt er Sascha auf, „als ich krank war und er mich untersuchte."
Mit verweinten Augen schaut Sascha ihn verdutzt an.
„Ich kann es nicht glauben: Der macht das auch mit anderen Jungen?"
Frank nickt mit dem Kopf.
„Ich halte es hier nicht mehr aus! Ich will hier raus! Ich will abhauen. Frank, kommst du mit?"
„Was willst du, abhauen?" fragt Frank ebenso erstaunt wie entsetzt. „Du hast keine Chance! Auch wenn es dir gelingt, die Flucht zu ergreifen, die kriegen dich sowieso, egal, wo du dich versteckst. Und wenn sie dich haben, werden sie dich windelweich prügeln."
In Franks Kindergesicht macht sich Resignation und Traurigkeit breit.
„Sie werden solange auf dich draufschlagen", fährt er mit trauriger Stimme fort, „bis du dich nicht mehr bewegen kannst. Niemand hat eine Chance, den Schwestern zu entkommen, niemand! Das hast du doch am eigenen Leib erfahren!"
Sascha bekommt eine Gänsehaut, und ihm wird ganz mulmig. Dennoch will er an seinem Entschluss festhalten und türmen.
„Frank, Mensch, du, ich will frei sein! Egal was passiert: Wenn sie uns erwischen, dann sollen sie uns doch schlagen und strafen!"
Sascha schaut aus dem Fenster über die Bäume hinweg zum Himmel und sieht dort Vögel fliegen.
„Frank, ich will frei sein – du doch auch! Komm mit!" sagt er.

Frank nickt stumm. Saschas Worte haben ihn stark beeindruckt und im Inneren tief berührt. Er braucht einige Zeit, bis er die richtigen Worte findet.
„Sascha, ich komme mit dir!"

19

Sascha und Frank sitzen in der Kirche Gottes auf einer Bank direkt neben dem Beichtstuhl. Beide schauen zum Altar und sehen Schwester Berta, die mit einer Gießkanne die Blumen gießt. Plötzlich hören sie die Kirchentür und blicken nach hinten. Im Türrahmen steht, lautlos und leibhaftig, der Priester und Beichtvater. Der Beichtvater geht direkt auf die Beichtstühle zu und verschwindet in seiner Kabine. Kurze Zeit später kommt der Geistliche lautlos heraus und zeigt mit den Fingern auf Frank. Dann verschwindet der heilige Mann wieder lautlos in seiner Kabine. Frank schaut Sascha an und geht langsam in den Beichtstuhl. Einen kurzen Moment steht Frank im Beichtstuhl, dann kniet er sich auf die Kniebank nieder.
„Im Namen des Vaters und des Sohnes und des Heiligen Geistes. Amen!" sagt Frank, während er sich bekreuzigt.
„Gott, der unser Herz erleuchtet, schenke dir wahre Erkenntnis deiner Sünden und seiner Barmherzigkeit", erwidert der Beichtvater.
„Amen!" antwortet Frank.
„Frank", erklingt überhöflich die Stimme des Beichtvaters, „lege bitte hier und jetzt eine volle und wahrheitsgemäße Beichte ab über das große Verbrechen, und die große, schwere Schuld, die du und Sascha auf euch geladen habt, und bekenne dich schuldig!"
Frank ist geschockt und schweigt. Ihm gehen die Worte des Geistlichen: Verbrechen und Schuld durch den Kopf. Frank geht mit seinem Gesicht ganz nahe an das Holzgitter heran, versucht, dem Beichtvater direkt ins Gesicht zu sehen. Doch das Holzgitter und die sehr schwache Beleuchtung lassen dies nicht zu. Frank fragt sich: Hat der Gottesmann etwas zu verbergen? Und hat dieser fromme Mann Angst davor, dass ihm das Beichtkind während der Beichte in die Augen blickt? Frank bricht sein Schweigen und ist fest entschlossen, dem Beichtvater seine ganz persönliche Wahrheit zu beichten.
„Sie reden von Verbrechen und Schuld", flüstert Frank ihm mit ängstlicher, zitternder Stimme zu, „warum soll ich mich schuldig bekennen?"
Ihm kommen die Tränen, er denkt an Sascha und an die Nacht, in der sie sich im Bett geliebt haben. Schwester Emanuela sieht er vor sich, die diese Liebe brutal niederknüppelte.
„Ist es ein Verbrechen", schreit Frank plötzlich laut heraus, „wenn man jemanden mag? Sascha und ich mögen uns sehr! Wir lieben uns!

Wir haben uns im Bett geliebt. Ist das etwa ein Verbrechen, wenn man sich liebt?"

Auf eine Antwort wartet Frank vergebens. Statt dessen hustet der Beichtvater kurz auf. Frank holt tief Luft und spricht laut und erregt weiter.

„Wissen Sie, wie wir Kinder uns alle fühlen, wenn einer von uns hilflos vor aller Augen von Schwester Emanuela geprügelt wird? Haben Sie schon einmal ein Kind vor Angst und vor Schmerzen schreien gehört und weinen gesehen?"

„Schweig! Frank, ich weiß nicht, ob der heilige Vater im Himmel euch von eurem Verbrechen freispricht und euch verzeiht", schreit der Gottesmann plötzlich durch das Holzgitter. „Ich jedenfalls werde euch niemals die Absolution erteilen! Und jetzt gehe und bete hundertmal das „Ave-Maria"!"

Frank verlässt den Beichtstuhl und lächelt Sascha mit Tränen in den Augen liebevoll an.

Der Beichtvater kommt aus seiner Kabine und winkt Sascha zu sich. Sascha steht auf und geht auf ihn zu. Der Gottesmann fordert ihn per Handzeichen auf, im Beichtstuhl Platz zu nehmen und geht wieder in seine Kabine.

„Im Namen des Vaters und des Sohnes und des Heiligen Geistes. Amen!" flüstert Sascha mit zitternder Stimme und bekreuzigt sich gottesfürchtig.

„Gott, der unser Herz erleuchtet, schenke dir wahre Erkenntnis deiner Sünden und seiner Barmherzigkeit", erwidert der Beichtvater.

„Amen!" antwortet ihm Sascha.

Der Beichtvater ist bemüht, die Selbstbeherrschung nicht zu verlieren. Der heilige Mann geht mit seinem Gesicht ganz nahe an den Holzgitterzaun, als wolle er mit seinem Gesicht dort hindurch. Sascha sieht seine Augen, und ihm kommt ein übler Mundgeruch entgegen.

„Sascha", flüstert der Priester durch das Holzgitter hindurch, „lege bitte hier und jetzt eine volle und wahrheitsgemäße Beichte ab über das große Verbrechen, die große, schwere Schuld, die du und Frank auf euch geladen habt, und bekenne dich schuldig!"

Sascha schweigt. Der fromme Mann verliert schlagartig seine Selbstbeherrschung und schreit ihn an.

„Wenn du nicht wahrheitsgemäß beichtest, kann ich dir im Namen Gottes nicht die Absolution erteilen!"

Sascha bleibt stumm, ihm kommen die Tränen. Er steht auf, verlässt den Beichtstuhl und schaut zu Frank, der immer noch betet. Mit gesenktem Kopf verlässt er die Kirche, während Frank ihm nachschaut.

20

Im Speisesaal sitzen die Kinder auf ihren Plätzen. Fräulein Jung und Schwester Sabine öffnen große Töpfe, die aus der Heimküche gebracht wurden, und füllen Teller mit Kartoffelbrei, Rotkohl und Bratwurst. Sascha sieht die Bratwurst auf dem Teller, und sein Gesicht verzerrt sich.
„Fleisch mag ich überhaupt nicht" flüstert er Michael ins Ohr.
Fräulein Jung, die hinter Sascha und Frank steht, bekommt das mit und schreit beide an.
„Was auf dem Tisch steht, wird gegessen, alles!"
„Ich mag kein Fleisch!" erwidert Sascha.
Schwester Emanuela, die in dem Speisesaal erscheint, bekommt den kurzen Disput mit. Etwas unsanft schiebt sie Fräulein Jung beiseite und stürzt sich auf Sascha.
„Das werden wir doch mal sehen, mein Freundchen", schreit die alte Frau ihn an.
Zielgerichtet greifen ihre Finger Saschas Nase und drücken sie zu. Sascha bekommt keine Luft mehr und öffnet den Mund. Diese Chance nutzt sie und schiebt, ja drückt Sascha ein Stück Bratwurst in den offenen Mund. Sascha fängt an zu weinen und schaut ihr ins Gesicht. Sein Gesicht verfärbt sich rot, er muss erbrechen. Schwester Emanuela schreckt auf und schreit:
„Du wirst sofort das Erbrochene zu dir nehmen, sofort!"
Sie nimmt Saschas Hinterkopf und drückt diesen mit aller Kraft auf das Erbrochene. Verzweifelt versucht Sascha sich zu wehren. Mit seiner kindlichen Kraft bemüht er sich, den Kopf nach oben zu drücken, doch die alte Frau ist die Stärkere. Sie drückt seinen Kopf wieder nach unten. Plötzlich lässt sie den Kopf los. Sascha richtet sich auf, und sein Gesicht ist voll mit Erbrochenem, das sich mit den Tränen vermischt hat.
Die Kinder schauen zu Sascha und sind geschockt. Angst beherrscht wie immer ihr Handeln und Denken.
Bewegungslos sitzen sie auf den Stühlen und schweigen. Niemand kommt Sascha zur Hilfe. Einige haben Mitgefühl, die anderen leiden unter Gefühllosigkeit und Empfindungslosigkeit.

Schwester Sabine steht am Fenster, und ihr kommen die Tränen. Sie dreht sich um und schaut hinaus.
Schwester Emanuela bemerkt, dass die Ärmel ihrer Schwesterntracht mit dem Erbrochenem verschmiert sind.
„Das wirst du mir büßen. Das werde ich dir niemals vergessen, meine heilige Tracht zu besudeln", brüllt die alte Frau aus voller Kehle, während sich Sascha mit einem Taschentuch das Erbrochene aus dem Gesicht wischt.

„Steh auf und komm sofort mit", befiehlt sie ihm laut schreiend, „du bekommst von mir eine Tracht Prügel, die du in deinem ganzen Leben niemals vergessen wirst!"
Bevor Sascha überhaupt die Möglichkeit hat, aufzustehen, packt ihn Schwester Emanuela am Kragen und zerrt ihn aus dem Speisesaal. Schwester Sabine dreht sich wieder um und sieht, wie beide den Speisesaal verlassen.
„Was macht Schwester Emanuela nun mit Sascha?" fragt ein Junge Michael.
„Die geht mit ihm in ihr Schlafzimmer", antwortet Michael. „Sie wird ihm den nackten Po mit dem Rohrstock verhauen."
Der Junge zuckt zusammen. Betroffen schaut er Michael an.

Mit Wucht schiebt Schwester Emanuela Sascha in ihr Zimmer und schließt die Tür ab. Sascha steht mitten im Raum und zittert am ganzen Körper. In dem Zimmer befindet sich ein Bett sowie ein Nachttisch und ein Schrank. Auf dem Nachttisch nimmt er Symbole der christlichen Macht wahr: eine Statue der Jungfrau Maria, umgeben von einem Rosenkranz, und den Rohrstock. Auch auf dem Boden sieht er solch ein Symbol stehen: ein großes Kreuz mit einer Jesusfigur.
„Zieh sofort deine Hose und Unterhose runter!" hört er Schwester Emanuela plötzlich schreien.
Sascha zuckt zusammen und fängt wieder an zu weinen.
„Schwester Emanuela", fleht er, „bitte tun Sie mir nichts."
„Bürschchen! du wirst mir sofort gehorchen", fordert sie ihn, in der Sprache mahnend und eindringlich, auf.
Schwester Emanuela schaut ihn böse an und nimmt die Angst, die sich in seinem Kindergesicht widerspiegelt, wahr.
„Zieh sofort die Hose runter, und leg dich mit den Bauch auf das Bett", wiederholt sie noch einmal mahnend.
Ohne Widerstand zieht Sascha seine Hose und Unterhose herunter. Er legt sich, mit dem Bauch nach unten, auf das Bett und schließt die Augen. Die allmächtige Dienerin Gottes, deren Gesichtsausdruck regungslos ist, holt ihren Rohrstock vom Nachttisch und schlägt zu. Sascha, der seine Zähne fest zusammenpresst, versucht die seinen Körper durchziehenden Schmerzen zu unterdrücken. Der Rohrstock zischt mehrmals durch die Luft und prasselt immer wieder auf seinen Hintern. Mit jedem Schlag bäumt sich sein Körper erneut vor Schmerz auf, jeder einzelne Muskel verkrampft sich erneut.
Sascha schafft es nicht mehr, die Schmerzen zu unterdrücken. Zunächst schreit er leise, dann immer lauter auf, bis seine verzweifelten Schmerzensschreie im Gruppenflur zu hören sind.

Michael, Stefan, Frank und ein paar andere Kinder stehen im Flur. Sie hören Saschas Schmerzensschreie und zucken vor Angst zusammen. Stefan hält sich die Ohren zu. Michael und ein anderes Kind kämpfen mit den Tränen. Frank schaut aus dem Fenster und weint. Und

Schwester Sabine geht am Schwesternzimmer vorbei und hält sich, da sie die verzweifelten Schmerzensschreie nicht aushält, die Ohren zu.

Sascha öffnet die Augen und blickt auf das Kreuz, das an der Wand über dem Schwesternbett hängt. Er nimmt das schwere Atmen der alten Frau wahr und schaut sie an. Ihr Gesicht ist rötlich gefärbt, und von der Stirn ab fließt der Schweiß über ihre faltige Haut. Schwester Emanuela schreckt plötzlich kurz auf, denn sie sieht die Striemen auf Saschas Hintern. Sascha, der wie leblos auf dem Bett liegt, fällt in Ohnmacht. Die alte Frau schreckt erneut auf und eilt aus dem Zimmer. Sie gibt Fräulein Jung ein Handzeichen, die ihr ins Schwesternzimmer folgt. An Händen und Füßen tragen sie Sascha, der immer noch ohnmächtig ist, in den Schlafsaal und legen ihn in sein Bett. Dann verlassen sie den Schlafsaal.

Sascha durchlebt einen schlimmen Traum.
Er befindet sich auf einer großen Wiese. Vor sich sieht er drei Kreuze, die nebeneinander stehen. Das Kreuz in der Mitte ist das größte. An den Kreuzen sind Männer angenagelt, nur mit einem Lendenschurz bekleidet. Sascha schaut sich der Reihe nach alle an. Seine Augen bleiben am mittleren Kreuz haften, und er erkennt Jesus, der mit schmerzverzerrtem Gesicht auf ihn herabblickt. Vor Jesus steht ein Mann, der ihn auspeitscht. Jesus, dessen Körper voller Striemen und Wunden ist, schreit vor Schmerzen laut auf. Sascha hört ihn laut schreien:
„Vater, vergib ihnen, denn sie wissen nicht, was sie tun!"

Sascha wacht schweißgebadet in seinem Bett auf. Er spürt den brennenden Schmerz auf seinem Hintern. Sein Gesicht verzerrt sich vor Schmerz. Mit einer Hand geht er an den Po und fühlt die Striemen.
Erst jetzt bemerkt er Frank, der am Bettrand sitzt und mit einer Hand über sein Gesicht streichelt.
„Ich hasse Schwester Emanuela!" flüstert Frank. „Hat die dich mit dem Rohrstock geschlagen?"
Sascha antwortet ihm nicht. Er streift die Bettdecke beiseite und zieht seine Hose etwas herunter. Frank, der eine kleine Taschenlampe in der Hand hält, schaltet sie an und sieht mehrere Striemen. Beide hören plötzlich ein ihnen bekanntes Geräusch. Schritte. Frank schaltet die Taschenlampe aus. Die Schritte nähern sich. Und plötzlich steht Schwester Emanuela in voller Lebensgröße mitten im Türrahmen. Sascha und Frank haben plötzlich das Gefühl, als würden vor Angst ihre Herzen aufhören zu schlagen. Sie bewegen sich nicht in der Hoffnung, dass Schwester Emanuela nicht das Licht anmacht. Frank entschließt sich, ganz schnell zu seinem Bett zu laufen, doch es ist zu spät, der Schlafsaal ist durch das Licht hell erleuchtet.
Schwester Emanuela schaut auf die beiden Kinder. Ihr Gesicht wirkt erstarrt und verfärbt sich rötlich. Ohne ein Wort zu sagen, geht sie mit

schnellen Schritten auf die Kinder zu und bleibt vor ihnen stehen. Sascha und Frank blicken ängstlich zu ihr hoch und sehen den Rohrstock in ihrer Hand. Sie schaut mit wütenden Augen von oben auf die Kinder herab. Sascha sieht ihre Hand, die sich auf ihn zu bewegt und spürt sie am Ohr. Er gibt keinen Ton von sich und zeigt auch keine körperliche Regung.
Schwester Emanuela, die sich nun Frank zuwendet, schaut ihm in die Augen und greift nach seiner Hand. Frank zittert am ganzen Körper und fängt an zu weinen. Er hat das Gefühl, als würden sich die Füße weigern, seinen Körper in Bewegung zu setzen. Frank kämpft mit den Füßen und schafft es, sie in Bewegung zu setzen. Gehorsam folgt er der Schwester Emanuela.

Kurze Zeit später hört Sascha Franks laute Schmerzensschreie. Er erträgt die Schreie nicht, zieht die Bettdecke über den Kopf. Doch die Schmerzensschreie durchdringen erbarmungslos die dicke Bettdecke. Sascha fängt an zu weinen.
Plötzlich verstummen Franks Schreie. Schluchzend kommt er in den Schlafsaal und geht in sein Bett. Sascha wagt es, das Bett zu verlassen und geht zu Frank, um ihn zu trösten. Durch das Mondlicht, das auf Frank fällt, sieht er dessen verweintes Gesicht.
„Frank, hat sie dich auch mit dem Rohrstock geschlagen?"
Frank bringt kein Wort über die Lippen. Er zieht die Bettdecke über das Gesicht und weint leise vor sich hin. Sascha wartet, bis Frank eingeschlafen ist.
Kaum ist er in seinem Bett, erscheint die allgegenwärtige, allmächtige Schwester Emanuela. Mit schnellen Schritten geht sie gezielt auf Frank zu und weckt ihn. Frank schreckt auf und hört ihre Stimme.
„Hast du dein Nachtgebet gesprochen?"
Bevor Frank antworten kann, fordert Schwester Emanuela ihn im harten Ton auf:
„Ich befehle dir, sofort aufzustehen, dich hinzuknien, deine Hände zu falten und zu beten!"
Frank steht auf, kniet sich neben sie nieder und faltet die Hände. Mit leiser Stimme fängt er an zu beten, während sein Körper vor Angst zittert.
„Herr, ich danke dir, dass du diesen Tag zu Ende gebracht hast. Ich danke dir, dass du Leib und Seele zur Ruhe kommen ließest. Deine Hand war über mir und hat mich behütet und bewahrt."
„Bete gefälligst so laut, dass ich dich verstehen kann!" unterbricht sie ihn.
Frank schaut zu ihr hoch und betet mit lauter und ängstlicher Stimme weiter.
„Vergib alles Unrecht dieses Tages! Hilf mir, dass ich allen vergeben kann, die mir Unrecht und Böses getan haben. Ich will in Frieden unter deinem Schutz schlafen. Beschütze mich vor den Feinden der Nacht! Ich bin dir willig und befehle dir meinen Leib und meine Seele!"

21

Auf dem Heimvorplatz prüft Schwester Emanuela „ihre" Gruppe. Die Kinder stehen, Schulter an Schulter, stramm in Reih und Glied. Sie blicken alle zu ihr hoch. Mit militärischen Schritten schreitet sie die Front ab und schaut sich jeden einzelnen von oben herab genau an: Die Kindergesichter sind leblos. Kein Kind bewegt sich, alle schweigen. Schwester Emanuela bleibt vor Stefan breitbeinig stehen und schaut ihm mit brutaler Strenge von oben herab ins Gesicht.
„Nimm Haltung an!"
Stefan zuckt vor Angst zusammen.
„Ihr bildet jetzt alle wie immer Zweierreihen! Na los, wird's bald!"
Die Kinder bilden wie befohlen zwei Reihen. Schwester Emanuela geht an den Anfang des Zuges.
„Marsch, los geht's!" schreit sie laut im militärischem Ton.
Wie befohlen setzen sich die Kinder in Bewegung und gehen am Friedhof vorbei zum Waldweg. Sascha und Frank gehen am Ende des Kinderzugs. Über den Köpfen der anderen hinweg sieht Sascha den Schleier von Schwester Emanuela, die mit großen militärischen Schritten vorneweg schreitet.
„Du, das ist wie beim Militär!" flüstert Sascha Frank zu.
Frank lächelt und haucht Sascha ins Ohr:
„Sascha, jetzt ist der Moment sehr günstig abzuhauen! Los jetzt!"
Beide entfernen sich von der Gruppe und laufen in den Wald.
Vom Weg her hören sie plötzlich als Echo die allgegenwärtige Stimme der Schwester Emanuela.
„Kommt ihr auf der Stelle zurück! Wenn ihr nicht sofort zurückkommt, gibt es eine Tracht Prügel, an die ihr euch ein Leben lang erinnern werdet!"
Sascha und Frank rennen und rennen und nehmen das Geschrei kaum noch wahr. Auf einer Lichtung bleiben sie erschöpft stehen und schauen hinter sich, doch niemand hat sie verfolgt. Vor sich sehen sie einen See und lassen sich auf eine Wiese fallen. Sascha nimmt einen Daumen in den Mund und schließt die Augen. Frank greift nach einem Grashalm und geht mit ihm über Saschas Gesicht. Und Sascha öffnet die Augen und fängt an zu lachen.
„Ich sehe dich nach langer Zeit wieder einmal lachen", flüstert Frank ihm ins Ohr, „so gefällst du mir am besten!"
„Frank", erwidert Sascha liebevoll, „ich habe eine große Angst davor, irgendwann nicht mehr lachen zu können!"
Er schaut zu einem Baum hoch und sieht Vögel. Er beobachtet, wie einige von ihnen wegfliegen.
„Man müsste ein Vogel sein. Ein Vogel ist frei", flüstert er mit trauriger Stimme. „Ein Vogel kann überall hinfliegen! Als Vogel würde ich weit, weit wegfliegen und niemals zurückkommen!"

Frank kitzelt Sascha, der laut auflacht und versucht, die „Angriffe" abzuwehren. Auch Sascha fängt an, Frank zu kitzeln. Dann raufen beide liebevoll miteinander und rollen über die Wiese. Sie halten sich ganz fest umschlungen und schauen sich in die Augen.

Frank kann es gar nicht erwarten, in die Stadt zu gehen.
„Sascha, ich will in die Stadt. Ich will sie endlich sehen, diese Stadt. Ich will wissen, was für Menschen dort leben. Und andere Kinder will ich sehen: lächelnde, glückliche und lebendige Kinder!"
Sascha schaut zum Himmel.
„Ich war noch nie in einer Stadt. Was ist eine Stadt?" fragt er Frank neugierig. „Wie sieht sie aus? Wie sehen die Menschen dort aus?"
„Sascha, ich war auch noch nie in einer Stadt. Meine Oma hat mir einmal erzählt: In einer Stadt gibt es viele, viele Häuser. Dort leben ganz viele Menschen. Und viele Autos fahren dort auf den Straßen."
Sascha und Frank machen sich auf den Weg, und gelangen auf einen Weinberghang.
„Schau mal", ruft Frank voller Begeisterung aus, „da unten ist die Stadt und der Rhein! Die Schiffe und die Häuser sehen so klein aus."
Sie gehen den Hang hinunter und erreichen die Stadt. Die Straßen sind voller Menschen. Sascha und Frank sind neugierig und ängstlich. Sie versuchen, sich durch die große Menschenmenge hindurchzuarbeiten. Beide schauen zu den Erwachsenen hoch. Dann sehen sie Kinder, an den Händen ihrer Eltern; sie hören, wie Eltern mit ihren Kindern schimpfen; sie sehen eine Mutter, die ihrem Kleinkind einen Klaps auf den Po gibt. Das Kind schreit auf. Eine andere Mutter zerrt ihr Kind an der Hand durch die Menschenmenge. Das Kind fängt an zu schreien.
„Frank, so glücklich scheinen die Kinder auch nicht zu sein. Siehst du, wie sie weinen und schreien! Vielleicht geht es denen genauso schlecht wie uns! Sie werden von ihren eigenen Eltern geschlagen. Frank, ist das die Freiheit? Die Freiheit, von der wir träumen und nach der wir uns so sehr sehnen!"

Auf dem Marktplatz sehen sie einen Obststand.
„Sascha, ich habe Hunger! Unterhalte dich mit dem Mann dort am Obststand. Ich versuche, Obst zu besorgen."
Sascha unterhält sich mit dem Obstmann.
„Die Bananen dort, was kosten die?"
Der Obstmann lächelt Sascha an.
„Das Pfund kostet drei Mark vierzig!"
Sascha beobachtet Frank und sieht, wie er zwei Bananen und eine Birne in seiner Jacke verstaut.
Beide entfernen sich vom Obststand und gehen zum Rhein.
Sie setzen sich auf eine Bank am Rheinufer und sehen, wie die Sonne langsam am Horizont untergeht. Sascha ist fasziniert vom Sonnenuntergang, der sich in seiner ganzen Pracht im Wasser widerspiegelt.

Während sie das Obst essen, schauen sie zu den Schiffen. Ein paar Bänke weiter sehen sie ein junges Pärchen, dass ganz zärtlich miteinander knutscht. Sascha schaut dem Liebespaar völlig gehemmt zu. Er sieht, wie sie sich in den Armen liegen und zärtlich küssen und streicheln.
„Sascha, hättest du auch gerne eine Freundin?" fragt Frank ihn neugierig. „Würdest du die auch so liebevoll küssen und streicheln?"
„Ich weiß nicht! Ich weiß gar nicht, wie ein Mädchen fühlt, ob sie auch so fühlt wie ein Junge! Mit Jungs habe ich keine Probleme, aber mit Mädchen?"
Sascha lächelt Frank liebevoll an und fährt fort: „Frank, es ist komisch: Wir Jungen dürfen zu den Mädchen keinen Kontakt haben und die Mädchen nicht zu uns!"
Sascha und Frank sind müde. Sascha legt den Kopf auf Franks Schoß und nimmt den Daumen in dem Mund. Sie schlafen beide ein.

Durch ein kräftiges Rütteln werden Sascha und Frank wach und schrecken auf. Es ist frühmorgens. Sie blicken direkt in das Gesicht eines Polizeibeamten. Sascha schaut nach hinten und sieht einen zweiten Polizisten. Frank reagiert sofort.
„Sascha, los hau ab!"
Bevor der Polizist, der vor ihnen steht, reagieren kann, springt Frank auf und rennt davon. Sascha reagiert zu spät, die Polizisten sind schneller.
„Halt! Stehen bleiben!" schreit einer von ihnen.
Sie holen Sascha ein und halten ihn fest. Einer der Polizisten, ein älterer Mann, ist ganz außer Atem. Er schnauft laut und wischt sich mit einem Tuch die verschwitzte Stirn ab. Sascha schaut Frank hinterher, der für ihn mit jedem Meter, mit dem er sich weiter entfernt, immer kleiner wird, bis er nicht mehr zu sehen ist. Sascha bemerkt, dass der ältere Polizist ihn mit einem väterlichen Blick anschaut.
„Wie heißt du?" fragt ihn der Polizist höflich.
Sascha schaut ihn ängstlich an und bekommt vor Angst den Mund nicht auf.
„Mein Junge, du brauchst vor der Polizei keine Angst zu haben! Wie heißt du?"
Sascha, der anfängt zu zittern, bekommt den Mund immer noch nicht auf. Langsam verliert der Polizist die Geduld.
„Sag mir sofort deinen Namen und wo deine Eltern wohnen!"
Sascha fängt an zu weinen.
„Ich heiße Sascha Hesse und bin ein Heimkind", antwortet er mit leiser Stimme.
Der Polizist ist erstaunt.
„Du bist ein Heimkind? Ein kleiner Ausreißer? Du bist sicherlich aus dem „Heim der traurigen Kinder" ausgerissen?"
Sascha nickt stumm. Die Polizisten nehmen ihn in ihre Mitte und gehen mit ihm zum Polizeirevier.

Im Polizeirevier schaut sich Sascha um und sieht drei Polizeibeamte, die hinter ihren Schreibtischen sitzen und Büroarbeiten verrichten. Ein vierter Polizist vernimmt einen älteren Mann.
Der väterliche Polizist holt einen Stuhl und bittet Sascha mit einer Handbewegung, auf ihm Platz zu nehmen. Sascha setzt sich artig hin.
„Mein Junge, warum bist du aus dem „Heim der traurigen Kinder" ausgerissen?" fragt er ihn.
„Im Heim werden wir Kinder geschlagen!" antwortet Sascha mit leiser Stimme.
Der Polizist schaut Sascha mit weit geöffneten Mund an, ihm fehlen einige Sekunden lang die Worte.
„Was sagst du da? Wer schlägt euch?"
„Schwester Emanuela!"
Der Polizist reibt sich mit einer Hand die Stirn und schaut Sascha misstrauisch an.
„Schwester Emanuela? Sagst du auch die Wahrheit?"
„Ja, ich sage die Wahrheit!"
Der Polizist nimmt den Telefonhörer in die Hand.
„Ich werde jetzt das Heim benachrichtigen! Dazu bin ich verpflichtet!"
Sascha springt vom Stuhl auf, rennt auf den Polizisten zu und umklammert ihn weinend.
„Bitte, bitte, rufen Sie nicht im Heim an. Ich will nicht mehr dorthin. Ich will zu meiner Mutter!"
Der Polizist befreit sich ohne Gewaltanwendung aus Saschas Umklammerung, wobei ihm der Telefonhörer aus der Hand fällt, und stößt ihn ungewollt nach hinten. Sascha, der auf den Boden fällt, kniet sich vor dem Polizisten nieder und faltet seine Hände.
„Bitte, bitte, ich will nie mehr ins Heim zurück!"
Der Polizist bekommt Mitleid und geht mit einer Hand über Saschas Haar. Sascha blickt zu ihm hoch, und der Polizist schaut in seine flehenden Kinderaugen.
Der Polizist greift zum Telefonhörer, der neben dem Schreibtisch herunterhängt, und wählt die Nummer des Jugendamts.
„Guten Tag, Frau Schneider, hier ist das Polizeirevier 1, Becker ist mein Name. Ich habe hier einen Jungen namens Sascha Hesse, der aus dem „Heim der traurigen Kinder" ausgerissen ist. Er will zu seiner Mutter. Bitte kommen Sie vorbei. Bis gleich!"
Dann schaut er mitleidig zu Sascha.
„Du brauchst keine Angst zu haben, gleich kommt ein Fräulein vom Jugendamt. Die kümmert sich um dich."
Der Polizist setzt sich hinter seinem Schreibtisch und holt ein leeres Papier aus einer Schublade. Das Papier spannt er in die Schreibmaschine und fängt an zu tippen. Sascha sitzt wieder zusammengekauert und weinend auf dem Stuhl.

Frau Schneider vom Jugendamt erscheint auf dem Polizeirevier. Sie geht auf den Polizisten zu und deutet auf Sascha.

„Guten Tag! Ich bin Frau Schneider vom Jugendamt. Ist das der kleine Ausreißer?"

Der Polizist nickt.

„Der Junge scheint Angst vor dem Heim zu haben", berichtet er Frau Schneider, „er will zu seiner Mutter zurück. Er spricht von Schlägen und nennt in diesem Zusammenhang den Namen Schwester Emanuela."

„Schwester Emanuela?" wiederholt Frau Schneider, während sie auf Sascha zugeht.

„Sascha, ich bin Frau Schneider vom Jugendamt. Du brauchst keine Angst zu haben. Ich habe deine Mutter angerufen, die wird bald hier sein."

Frau Schneider erinnert sich plötzlich daran, dass sie mit Sascha schon einmal konfrontiert wurde. Damals war dieser noch ein Kleinkind. Sie macht dem Polizisten gegenüber eine Handbewegung, der den Wink versteht und ihr in das Nebenzimmer folgt. Hier wird Frau Schneider in der Sprache deutlicher.

„Es könnte sein, dass es gleich, wenn Saschas Mutter da ist, zu einer Katastrophe kommt. Die Mutter hat Sascha als Kleinkind schwer misshandelt und sich seit seinem ersten Lebensjahr nicht mehr um ihn gekümmert. Ich habe sie trotzdem angerufen; möglicherweise hat sie sich im Laufe der Jahre positiv verändert, so dass wir Sascha in ihre Obhut entlassen können."

Betroffen schaut der Polizist Frau Schneider an und schüttelt den Kopf. Er will mehr wissen.

„Frau Schneider, Sie sagen: Saschas eigene, leibliche Mutter hat ihn schwer misshandelt, als er noch ein Kleinkind war. Können Sie etwas konkreter werden?"

„Sascha war damals noch ein Kleinkind! Als wir von seiner Oma benachrichtigt wurden, fanden wir ihn nackt in seinem Bettchen."

Während Frau Schneider, deren Stimme große Betroffenheit ausdrückt, leise weiterspricht, schaut sie den Polizisten an.

„Ich höre heute noch seine Schreie! Sein Körper war voller Hämatome. In seinem Kinderzimmer stank es nach Kot und Urin. Das Zimmer glich einer Müllhalde. Sascha war damals dem Tode sehr nahe: Nur durch den Einsatz der Notärzte konnte er überleben! Wir haben ihn damals in einem Kinderheim untergebracht."

„Frau Schneider, wie ist es dann erklärlich, dass der Junge zu seiner Mutter will?" fragt der Polizist.

Frau Schneider blickt durch eine Glastür auf Sascha und antwortet ihm.

„Sascha hat als Kleinkind diese Zeit des Grauens verdrängt, um psychisch überleben zu können. Das kostet eine große Kraft, gerade für ein Kleinkind. Durch das erfolgreiche Verdängen kann Sascha seine Mutter wieder so sehen, wie er sie erlebt hat, bevor sie ihn schweren Misshandlungen ausgesetzt hat: als liebenswerte Mutter. Er sieht in ihr wieder die geliebte Mutter. Natürlich kann irgendwann einmal der

Tag kommen, wo alles wieder aufbricht, wo er sich wieder erinnert an diese grauenvolle Zeit."

Die Tür zum Polizeirevier geht auf, und Saschas Mutter, eine junge schöne Frau mit langem blondem Haar, steht im Türrahmen. Das Gesicht ist geschminkt, und die Augen sind auf ihren Sohn gerichtet. Sascha blickt ihr in die Augen. Dann springt er vor Freude mit weit ausgestreckten Händen vom Stuhl und läuft auf sie zu. Die Mutter erhebt blitzschnell eine Hand, stürzt sich auf ihren Sohn und gibt ihm eine Ohrfeige. Irritiert und sprachlos schaut Sascha zu ihr hoch und geht mit einer Hand an sein Ohr.
„Was soll ich mit dieser Brut? Schickt ihn zurück, wo er hingehört! Und anständig durchprügeln sollen sie das Miststück, dass er sich bloß nicht einfallen lässt, noch mal abzuhauen! Nichts als Ärger mit dem Kerl. Los, bringt ihn weg!" hört Sascha die Mutter sagen.
Sascha fängt an zu weinen und schreit aus voller Kehle:
„Mama, Mama, ich habe mich so sehr nach dir gesehnt! Ich will zu dir! Ich liebe dich! Lass uns wieder eine glückliche Familie sein!"
Die Mutter sagt kein Wort mehr und schaut Sascha verächtlich an. Sie will sich von ihrem Sohn abwenden, doch Sascha umklammert sie blitzschnell.
„Mama, Mama, bitte lass mich hier nicht alleine zurück!" schreit er noch lauter, und seine Schreie hallen durch das ganze Polizeirevier. „Ich will für immer bei dir bleiben! Ich bin doch dein Sohn!"
Saschas Mutter greift mit ihren Händen nach den Händen ihres Sohnes und versucht, sich aus seiner Umklammerung zu befreien. Auch ihre lauter werdende Stimme hallt durch das Polizeirevier.
„Du Missgeburt, nimm endlich deine Pfoten von mir! Du bist nicht mehr mein Sohn!"
Frau Schneider und der Polizist stehen fassungslos im Raum. Ihre Gesichter zeigen, wie entsetzt sie sind. Frau Schneider geht auf die beiden zu und versucht, die Mutter aus Saschas Umklammerung zu befreien.
„Sascha, bitte, lass deine Mutter los!"
Sascha reagiert nicht. Frau Schneider nimmt behutsam seine Hände und befreit die Mutter aus der Umklammerung.
Stumm steht Sascha vor seiner Mutter, die sich umdreht und, ohne ein Wort zu sagen, das Polizeirevier verlässt. Plötzlich schreit Sascha erneut laut auf und läuft ihr hinterher.
„Mama, Mama", seine Stimme drückt Hoffnung, aber auch Verzweiflung und Hoffnungslosigkeit aus, „bitte, verlass mich nicht! Ich bin doch dein Sohn, dein einziges Kind!"
Frau Schneider und der Polizist reagieren sofort. Nach ein paar großen Schritten hat der Polizist Sascha eingeholt und hält ihn fest. Mit Händen und Füßen wehrt sich Sascha, doch er hat keine Chance. Aus den großen Händen des Polizisten kann er sich nicht befreien. Entsetzt schaut Frau Schneider der Mutter hinterher und geht auf Sascha und

den Polizisten zu. Während der Polizist Sascha los lässt, nutzt dieser die Chance und läuft seiner Mutter hinterher.

„Mama, Mama, bitte nimm mich mit nach Hause!"

Die Mutter dreht sich hastig um und sieht ihren Sohn auf sich zulaufen. Sie beschleunigt ihre Schritte. Sascha holt sie ein und stürzt dabei zu Boden. Mit seinen Händen greift er blitzschnell die Beine der Mutter und krallt sich an diese fest.

„Lass mich sofort los!" herrscht sie ihn an. „Hast du gehört: Lass mich sofort los, du Missgeburt!"

Frau Schneider und der Polizist sind jetzt bei Saschas Mutter und befreien sie aus dessen Umklammerung. Der Polizist hebt Sascha vom Boden auf und hält ihn fest. Die Mutter schaut den Polizisten böse an, geht schweigend zu ihrem Auto und steigt ein. Sascha schaut ihr nach und sieht, wie sie mit dem Wagen davonfährt.

Frau Schneider nimmt Sascha in die Arme und versucht, ihn zu trösten.

„Sascha, was du hier erlebt hast, tut mir sehr, sehr leid! Mein Junge, mir bleibt nichts anderes übrig: Ich muss dich ins Heim zurückbringen."

Aus ihrer Tasche holt sie ein Taschentuch und wischt die Tränen aus Saschas Gesicht, während er sie traurig anschaut.

„Ich will nicht zurück ins Heim, niemals!" schluchzt Sascha.

Betroffen und mitfühlend schaut Frau Schneider ihn an.

„Ich muss dich leider zurückbringen! Ich sehe keine andere Möglichkeit! Ich werde dich natürlich dorthin begleiten und mit Schwester Emanuela reden."

„Junge", verabschiedet sich der Polizist von Sascha, „lass den Kopf nicht hängen. Es wird schon alles wieder gut werden!"

Schwester Emanuela steht an der Eingangstür des Heimes und blickt auf die Straße. Sie sieht einen Wagen, der auf sie zufährt und erkennt Sascha auf dem Rücksitz. Mit einem Lächeln im Gesicht geht sie mit schnellen Schritten auf das Auto zu. Frau Schneider und Sascha schauen durch die Frontscheibe zu ihr hoch und steigen aus dem Wagen. Schwester Emanuela und Frau Schneider geben sich die Hand und stellen sich gegenseitig vor.

„Frau Schneider, Sie können ja nicht erahnen, was für große Sorgen wir uns gemacht haben!"

„Seien Sie froh", erwidert Frau Schneider und schaut die alte Frau dabei misstrauisch an, „dass dem Jungen nichts passiert ist. Es hätte ein Unfall oder ähnliches passieren können."

Schwester Emanuela, der einen kurzen Moment lang die Worte fehlen, faucht Frau Schneider wütend an:

„Sie glauben doch nicht im Ernst, dass wir das einfach so hinnehmen werden! Der Junge wird seine gottgewollte und gottgerechte Strafe schon noch bekommen!"

Mitleidsvoll schaut Frau Schneider zu Sascha.

„Tun Sie bitte nichts, was Sie nicht vor Gott verantworten können", erwidert sie Schwester Emanuela mit betroffener Stimme. „Gehen Sie bitte pädagogisch an den Fall heran. Prügel und Strafe sind keine pädagogischen Maßnahmen!"
Mitfühlend streichelt sie mit einer Hand durch Saschas Haar.
„Der Junge wird schon seine Gründe für die Flucht gehabt haben", fährt sie fort. „Im übrigen hat er eben seine Mutter gesehen, die ihn als ihren Sohn abgelehnt hat. Der Junge braucht jetzt Zuwendung und das seelsorgerische Gespräch."
Schwester Emanuela blickt ihr entsetzt und zornig ins Gesicht.
„Ich verbitte mir solch einen Ton und derartige bösartigen Unterstellungen!" erwidert sie laut, in der Tonlage aggressiv und erregt. „Sascha, du kommst sofort mit mir!"
Hilfesuchend und hoffnungsvoll blickt Sascha zu Frau Schneider hoch.
„Frau Schneider", flüstert er ihr verzweifelt zu, „ich will bei Ihnen bleiben. Ich will nicht ins Heim zurück!"
Frau Schneider hat Schwierigkeiten, ihre Tränen vor Sascha und Schwester Emanuela zurückzuhalten. Sascha schaut ihr in die Augen und bemerkt, dass sie mit den Tränen kämpft. Frau Schneider dreht sich um und wischt mit einem Taschentuch die Tränen aus ihrem Gesicht. Ohne ein Wort zu sagen, geht sie zum Wagen. Dann schaut sie sich noch einmal um und sieht Schwester Emanuela, die Sascha am Arm packt und ihn hinter sich her zerrt.
„Helfen Sie mir! Bitte!" ruft Sascha ihr hilfeflehend zu.
Er will sich losreißen, doch Schwester Emanuela hat ihn fest im Griff. Frau Schneider fährt mit dem Wagen davon.

22

Einige Kinder stehen im Gruppenflur herum. Ihre Augen sind auf Schwester Emanuela und Sascha gerichtet, die gerade auf die Gruppe zukommen. Die Kinder sehen, dass Sascha zittert, obwohl er mit großer Anstrengung versucht, es ihnen gegenüber zu verbergen. Sie spüren, fühlen die Angst, die sich in seinem Gesicht widerspiegelt. Die Angst, die Sascha ausstrahlt, macht vor ihnen nicht Halt. Sie überträgt sich auf die Kinder und fesselt und lähmt sie. Diese gottverdammte Angst, die sich immer weiter und immer tiefer in ihre Gefühle und Kinderseelen hineinfrisst. Wie angewurzelt stehen die Kinder da und sind, wie immer, wenn die Dienerin Gottes erscheint, zum Schweigen verurteilt. Das Schweigen und die Angst spiegeln sich auch in ihren Gesichtern wider.
Schwester Emanuela zerrt Sascha am Arm an den Kindern vorbei in ihr Schwesternzimmer und sperrt hinter sich die Tür zu.

Sascha steht zitternd in der Mitte des Zimmers und schaut mit ängstlichem Blick in das Gesicht dieser alten Frau. Mit ihren leblos wirkenden Augen, die von oben herab starr auf Sascha gerichtet sind und eine eisige Kälte ausdrücken, fesselt sie ihn an sich. Sascha schreckt in sich zusammen, und sein Herz klopft rasend schnell. Angstschweiß bildet sich auf seiner Stirn und rinnt über das Gesicht.
Ohne Vorwarnung schlägt Schwester Emanuela mit ihren zu Fäusten zusammengeballten Händen auf Sascha ein.
Sascha geht in die Knie, faltet seine Hände und fleht:
„Bitte hören Sie mit dem Schlagen auf! Gott, ich flehe dich an!"
Indem er seine Hände faltet, provoziert er Schwester Emanuela unbeabsichtigt.
„Du wagst es, unseren Allmächtigen Herrgott lächerlich zu machen", schreit die Dienerin Gottes aus voller Kehle. „Dir werde ich es zeigen, du Sinnbild des Teufels!"
Die alte Frau steigert ihren Wutanfall, und ihre Schläge nehmen an Härte zu. Mit den Fäusten schlägt sie auf Saschas Kopf ein, während er versucht, sich mit den Händen zu schützen.
Schwester Emanuela blickt zu dem großen Kreuz und scheint zu erschrecken. Für Sascha unerwartet hört sie mit dem Schlagen auf. Sascha, der jetzt das Gesicht mit seinen Händen schützt, schaut durch die Finger hindurch zu ihr hoch. Plötzlich tritt sie nach ihm und hält sich dabei an dem großen, auf dem Boden stehenden Holzkreuz fest. Sascha schreit vor Schmerz laut auf und geht langsam zu Boden. Dann versucht er blitzschnell, seinen Körper zusammenrollen, um sich wenigstens etwas zu schützen. Schwester Emanuela bemerkt das und dreht völlig durch. Mit beiden Händen greift sie sich das Kreuz und hält dieses christliche Symbol hoch. Sascha schaut auf die Jesusfigur, und seine Schreie werden immer lauter. Die Dienerin Gottes schlägt mit dem Holzkreuz mehrmals auf ihn ein.

Im Flur hören die Kinder Saschas Schmerzensschreie. Michael geht zu einem Fenster, schaut hinaus und fängt an zu weinen. Fräulein Jung kommt auf ihn zu und lächelt.
„Nanu, ein Junge weint doch nicht!"
„Sascha ist mein Freund!" schreit Michael sie an.
Fräulein Jung lächelt nicht mehr. Ihr Gesichtsausdruck verwandelt sich in einem ernsten, betroffenen und fassungslosen Blick. Schweigend geht sie an ihm vorbei in den Speisesaal.

Die Tür zum Schwesternzimmer geht auf, und Schwester Emanuela erscheint, gefolgt von Sascha, der ein Taschentuch an seiner Stirn hält und gekrümmt an ihr vorbeigeht. Die Kinder sind geschockt. Sie schauen dem weinenden Sascha ins Gesicht und sehen ein angeschwollenes Auge. Schwester Emanuela bleibt vor den bewegungslosen und stummen Kindern stehen und schaut von oben herab in ihre verängstigten Gesichter.

„Ihr wisst sicherlich alle, dass sich Sascha eines großen Verbrechens schuldig gemacht hat!" brüllt sie voller Wut, während einige Kinder vor Angst zusammenzucken. „Er hat es wieder gewagt, das Heimgelände zu verlassen und zu flüchten. Das verdiente eine große Bestrafung!"
Während sie laut schreit, beobachtet Michael ihren Mund und sieht, wie eine weiße schaumartige Flüssigkeit aus ihm heraustritt.
Dieser Mund, der die Kinder in Angstzustände versetzt und bei ihnen Weinkrämpfe auslöst – auch wenn er sich nicht öffnet, um sie lautstark anzuschreien; dieser Mund, der, wenn er sich öffnet und der alten, bebenden und doch so lauten Stimme der Schwester Emanuela zum Ausbruch verhilft, ihre kleinen Körper zum Zittern und zu Angstschweißausbrüchen bringt.
„Ich warne euch nochmals alle: Niemand hat eine Chance zu flüchten", schreit Schwester Emanuela aus voller Kehle. „Jeder wird von der Polizei gefasst. Und lasst euch eins gesagt sein: Jeder, der es wagt, abzuhauen, wird seine gottgewollte und gottgerechte Strafe bekommen!"
Ihr lautes Geschrei dröhnt in den Ohren der Kinder. Einige Kinder wie Sascha halten sich die Ohren zu.
„Sascha", schreit sie weiter, „damit du die Chance hast, über dein verbrecherisches Tun nachzudenken, wirst du heute den Rest des Tages auf der Dachkammer verbringen. Da oben solltest du dir Gedanken darüber machen, ob es nicht deine von Gott gewollte Pflicht ist, sich bei mir zu entschuldigen und Gott um Verzeihung zu bitten! Ich werde dafür sorgen, dass du zur Firmung nicht zugelassen wirst!"
Schwester Emanuela geht auf Sascha zu und packt ihn am Kragen. Mit ihm verlässt sie die Gruppe und geht durch das Treppenhaus die Stufen hoch zur Dachkammer. Während sie die Dachkammertür aufschließt, beobachtet sie ihn. Mit Wucht stößt sie ihn in die Kammer und schließt von außen ab. Sascha schaut sich um und sieht das verstaubte und mit Spinnweben überzogene Kreuz an der Wand. Er legt sich auf die Matratze und fängt an zu weinen. Nach einigen Minuten steht er wieder auf und geht zum Fenster, hinter dem sich das Gitter befindet, und schaut hinaus. Auf der Wiese sieht er Kinder Fußball spielen.
Nach einiger Zeit hört Sascha plötzlich ein Geräusch an der Tür und schreckt zusammen. Er fühlt die in ihm aufkommende Angst, die in jedes Glied seines Körpers vordringt, und fängt an zu zittern. Sascha drückt sich an das Fenster und blickt ängstlich zur Tür. Dann nimmt er das Geräusch eines Schlüssels wahr, der sich im Schloss dreht. Die Tür bewegt sich, und hinter der aufgehenden Tür steht die allmächtige Schwester Emanuela. Erneut schreckt Sascha zusammen und hält seine Hände vor das Gesicht. Ihre Stimme ist schneidend.
„Du begleitest mich jetzt auf die Gruppe und ziehst dir die Sonntagskleider an", befiehlt sie ihm im lauten Ton. „Dr. Schulz wartet bereits auf dich. Ein Richter will mit dir sprechen."
Sie schaut Sascha drohend und mahnend an.

„Du weißt sicherlich, was du ihm antworten darfst und was nicht! Haben wir uns verstanden?"
Sascha schaut sie ängstlich an und nickt stumm.

23

Sascha und Dr. Schulz stehen vor einem großen alten Gebäude. Auf einem Schild steht in großen Buchstaben geschrieben: Amtsgericht. Dr. Schulz öffnet die große, schwere Holztür, und beide treten ein. Sie laufen durch eine große Halle, in der sich viele Menschen bewegen, und gehen die Treppen hinauf. Sascha hat Angst vor diesen vielen Menschen und versucht, die Angst zu unterdrücken, doch es gelingt ihm nicht. Sein Herz schlägt rasend schnell, und er spürt den Schweiß, der sich auf seiner Stirn bildet. Von oben schaut er die Treppen hinunter und sieht zwei Polizisten mit einem Mann, dessen Hände mit Handschellen auf den Rücken gefesselt sind.

Dr. Schulz und Sascha betreten einen großen Gerichtssaal und bleiben in der Mitte des Saals stehen. Sascha schaut sich um und sieht ein großes, hohes Pult, hinter dem ein älterer Mann in einer schwarzen Robe sitzt. Er hat eine väterliche Ausstrahlung. Über ihm hängt ein großes Kreuz. Sascha blickt diesem alten Mann ins Gesicht und ahnt nicht, dass er Richter ist und gleich über das Kind Sascha verhandeln wird.
„Im Namen des Volkes" wird dieser Mann über Saschas Freiheit oder Unfreiheit entscheiden.
Neben dem Richter sitzt eine Protokollantin, die die ganze Verhandlung schriftlich festhalten wird. Der Richter lächelt Sascha und Dr. Schulz höflich an und bitte sie zum Richterpult.
„Guten Tag, Herr Dr. Schulz! Nehmen Sie bitte dort an dem Tisch Platz!"
Sascha schaut sich den Richter, der in einer Akte blättert, und den Gerichtssaal genauer an. Der Richter richtet sich auf und blickt zu Dr. Schulz. Dann eröffnet er die Verhandlung.
„Es erscheint der Minderjährige Sascha Hesse aus dem „Heim der traurigen Kinder" und der behandelnde Heimarzt Dr. Schulz."
Mit einem väterlichen Blick schaut der Richter zu Sascha und lächelt. Er bemerkt, dass Sascha ängstlich ist und leicht zittert. Auch den Angstschweiß auf Saschas Stirn nimmt er wahr.
Dr. Schulz blickt auf ein Schild, das an einer Wand angebracht ist und auf dem geschrieben steht:

„Die Würde des Menschen ist unantastbar!"

Der Richter fängt an, Sascha behutsam und einfühlsam zu befragen.
„Mein Junge, du brauchst keine Angst zu haben! Wie heißt du?"
Sascha schaut den Richter ängstlich und scheu an. Die Fragen des alten Mannes beantwortet er mit furchtsamer und zitternder Stimme.
„Ich heiße Sascha Hesse."
„Wann bist du geboren?"
„Am 20. März 1975."
Für ein paar Sekunden herrscht Stille. Dann fragt der Richter behutsam und einfühlsam weiter.
„Wo bist du geboren?"
„In Wiesbaden"
„Wie alt bist du?"
„Dreizehn Jahre."
„Wie viel ist sieben und vier?"
„Elf."
Der Richter steht auf und geht zu Sascha. Mit seiner zittrigen Hand streichelt er über Saschas Haar.
„Herr Dr. Schulz, bitte erklären Sie dem Gericht, warum eine weitere Heimunterbringung des Minderjährigen zwingend notwendig ist."
Dr. Schulz holt aus seinem Aktenkoffer eine Akte und blättert in ihr. Dann blickt er zu Sascha und bewegt sich nervös auf dem Stuhl hin und her. Der Tag, an dem er das Kind Sascha sexuell missbrauchte, lebt plötzlich in ihm auf.

Der Heimarzt erkennt seine eigenen Lippen wieder, die sich auf Saschas Lippen pressen. Und er sieht Sascha vor sich: dessen verzweifelte kindliche Gegenwehr, seinen Versuch, das Gesicht wegzudrehen. Dr. Schulz fühlt den eigenen Körper, der vor Erregung und sexueller Begierde zittert und sieht sein Gesicht, das voller Schweißperlen ist. Er spürt seinen Mund, die Lippen, die das Kindergesicht und den Kinderhals mehrfach küssen. Die zitternde Hand sieht er, die Saschas Hals festumklammert und die andere zitternde Hand, die den Reissverschluss seiner eigenen Hose öffnet und den Penis hervorholt. Die eigenen Augen erkennt dieser Mann, die Sascha gierig ins Gesicht blicken. Dr. Schulz hört wieder Saschas laute Hilfeschreie und seine eigene Stimme, die das Kind auffordert: „Nimm meinen Penis in deine Hände und reibe an ihm, aber kräftig!"

Der Richter bemerkt die geistige Abwesenheit des Arztes.
„Herr Dr. Schulz, haben Sie meine Frage verstanden?"
Irritiert schaut Dr. Schulz den Richter an.
„Ja, Herr Vorsitzender! Sascha ist mir als Heimarzt bekannt. Er leidet an einer Geistesschwäche im Sinne einer Debilität, eines Schwachsinns leichten Grades, und an Verhaltensstörungen."
Dr. Schulz schaut kurz zu Sascha und versucht krampfhaft, ein Lächeln aufzusetzen.

„Das weitere Verbleiben des Minderjährigen liegt unbedingt in seinem fürsorglichen Interesse. Sascha kann sich nicht frei entscheiden. Seine Kritik- und Urteilsfähigkeit ist erkennbar eingeschränkt. Im Wesen ist das Kind ängstlich, zurückhaltend, zeitweise sogar ablehnend und weinerlich."
Dr. Schulz blickt zum Richter und fährt im kühlen, trockenen Ton fort.
„Er leidet unter einer großen Gefühlskälte. Mit einer Heilung der wahrscheinlich endogen bedingten Geistesschwäche ist nicht zu rechnen! Der Junge ist jedoch bildungs- und erziehungsfähig, allerdings nur im Rahmen einer für nicht absehbaren Zeit langen Heimunterbringung mit Heimsonderschule. Nur hier kann mit einem günstigen erzieherischen und schulischen Erfolg gerechnet werden!"

Der Richter durchblättert die Gerichtsakte und massiert sich gleichzeitig mit einer Hand die Stirn.
„Der Junge macht auf mich nicht den Eindruck, als würde er an einer Geistesschwäche leiden!"
„Ohne dem hohen Gericht zu nahe treten zu wollen", erwidert Dr. Schulz sichtlich gereizt, aber in der Sprache überhöflich, „das kann ein Arzt sicherlich aus fachlicher Sicht besser beurteilen!"
Mit einem kritischen Blick schaut der Richter den Heimarzt an und bleibt ruhig und gelassen. Während er Dr. Schulz weiter befragt, macht er sich Notizen.
„Herr Dr. Schulz, besitzen Sie eine psychiatrische und neurologische Fachausbildung? Ich möchte Ihnen nicht zu nahe treten, doch Ihre ärztliche Stellungnahme hier bedeutet für den Minderjährigen auf unabsehbare Zeit eine möglicherweise jahrelange, wenn nicht gar eine lebenslange Heimunterbringung!"
Sprachlos schaut Dr. Schulz den Richter an. Die innere, aufkommende Wut steht ihm buchstäblich im Gesicht geschrieben, und er findet nur schwer Worte.
„Ich verfüge ... nicht über eine ... Fachausbildung. Aus eigenen, langjährigen Erfahrungen kann ich jedoch durchaus psychiatrisches Fachwissen aufweisen. Ich stehe aus ärztlicher wie auch aus persönlicher Sicht voll hinter jedem hier ausgesprochenen Satz. Die gesamte Erklärung kann ich mit meinem persönlichen und ärztlichen Gewissen voll verantworten!"
Nachdenklich blickt der Richter den Heimarzt an. Dann wendet er sich Sascha zu und schaut ihn lächelnd, doch sorgenvoll an.
„Sascha, gefällt dir das „Heim der traurigen Kinder"? Und bist du gerne dort?"
Sascha schaut irritiert und unsicher zu dem Richter und dann zu Dr. Schulz. Gleichzeitig ballt er seine Hände, die sich unter dem Tisch befinden, zu Fäusten. Sein Blick wendet sich von Dr. Schulz ab zu einem offenen Fenster. Er schaut zum Himmel und kann nicht verhindern, dass ihm die Tränen kommen. Der Richter, der das bemerkt, wird ungeduldig und folgt Saschas Blickrichtung.

„Mein Junge, du brauchst nicht zu weinen! Du brauchst auch keine Angst zu haben! Hast du meine Frage verstanden? Soll ich sie wiederholen?"
Der Richter blickt zu Dr. Schulz, der dem Blick nicht standhalten kann und wegschaut. Sascha antwortet dem Richter, während seine Stimme unsicher wirkt:
„Ich bin gerne dort und will auch dort bleiben!"

Mit einem kritischen Blick lehnt sich der Richter in seinem Stuhl zurück und verkündet folgenden Beschluss:
„In der Familienrechtssache, betreffend das minderjährige Kind Sascha Hesse, geboren am 20. März 1975 in Wiesbaden, zur Zeit im Sonderpädagogischem Zentrum „Heim der traurigen Kinder", wird die durch Beschluss des Amtsgerichts vom 26. Mai 1981 – 13 VII 303/81 – dem Vormund erteilte vormundschaftliche Genehmigung zur Unterbringung des Minderjährigen in einer geschlossenen Anstalt aufrechterhalten, da die Gründe, die zur Genehmigung der Unterbringung geführt haben, nach wie vor fortbestehen ..."
Hier unterbricht der Richter plötzlich die Verkündung und schaut Dr. Schulz nachdenklich an.
„Herr Dr. Schulz, fühlen Sie sich als behandelnder Heimarzt möglicherweise befangen?"
Irritiert und verwirrt schaut der Heimarzt, der große Schwierigkeiten hat, die Selbstbeherrschung nicht zu verlieren, den Richter an.
„Diese Frage kann ich mit einem uneingeschränkten Nein beantworten", antwortet er dann im ruhigen Ton, „ich fühle mich in keiner Weise befangen!"
Der Richter fährt in seiner Begründung des Beschlusses fort.
„Anlässlich der heutigen Anhörung des Minderjährigen und des behandelnden Arztes vor dem Amtsgericht wurde festgestellt, dass sich das psychische Zustandsbild des Minderjährigen nicht geändert hat. Er leidet an einer Geistesschwäche im Sinne einer Debilität und an Verhaltensstörungen. Er bedarf weiterhin der entsprechenden Behandlung und Betreuung in dem heilpädagogischen und geschlossenen „Heim der traurigen Kinder".
Rechtsmittelbelehrung: Diese Entscheidung ist mit sofortiger Beschwerde anfechtbar. Die Beschwerde ist binnen 2 Wochen nach Bekanntmachung dieses Beschlusses beim hiesigen Amtsgericht schriftlich oder zu Protokoll der Geschäftsstelle anzubringen."
Erleichtert lehnt sich der Richter in seinem Richterstuhl zurück und atmet schwer durch.
„Hiermit ist die Verhandlung beendet!"
Der Richter, die Protokollantin, Dr. Schulz und Sascha erheben sich. Mit einem traurigen Gesicht blickt der Richter zu Sascha.
„Mein Junge", sagt er im väterlichen Ton, „Gott möge dich beschützen!"

Im Gerichtsflur geht der Richter auf Sascha zu und nimmt ihn beiseite.
„Sascha, ich habe Probleme, dir zu glauben, dass du dich im „Heim der traurigen Kinder" wirklich glücklich fühlst und gerne da bist. Du kannst offen mit mir reden: Niemand erfährt hiervon!"
Sascha blickt traurig zu ihm auf. Dann richtet sich sein Blick auf Dr. Schulz, der am Fenster steht und beide beobachtet.
„Ich weiß nicht, ob ich Ihnen wirklich vertrauen kann", antwortet Sascha dem Richter. „Mir ist noch kein Erwachsener begegnet, den man vertrauen kann!"
Sorgenvoll und mitleidig schaut der Richter ihn an.
„Sascha, glaube mir: Du kannst mir völlig vertrauen! Niemand erfährt vom Inhalt unseres Gespräches!"
„Na ja: Ich fühle mich in Wirklichkeit im „Heim der traurigen Kinder" nicht wohl: Die Schwestern sind nicht gut zu uns! Sie schlagen und bestrafen uns für jede Kleinigkeit!"
Mit ernsten Blick schaut der Richter zu Dr. Schulz und dann wieder zu Sascha.
„Mein Junge, Gott möge dich beschützen!"
Der Richter gibt ihm die Hand und schaut noch einmal zu Dr. Schulz. Dann verabschiedet er sich von Sascha und geht den langen Gerichtsflur entlang. Sascha schaut ihm nach. Dr. Schulz geht, sichtbar nervös und angespannt, langsam auf Sascha zu.
„Was hat der Richter dich gefragt?" fragt er Sascha unsicher.
Sascha geht an ihm vorbei, ohne die Frage zu beantworten.

Saschas Lebenslauf

Sascha wird im Frühjahr 1975 unehelich geboren. Er erblickt die Welt – und sein Weg durch die Heime ist unwiderruflich vorprogrammiert. Sein Vater, von Beruf Maurer, und seine Mutter, Hausfrau, leben völlig verarmt von der Sozialhilfe. Kurz nach Saschas Geburt verlässt der Vater die Familie. Die Mutter, als Kind von ihren Eltern misshandelt, ist dieser Situation hilflos ausgeliefert. Hilfe von außen kann sie nicht erwarten. Ihre Wut, Hoffnungslosigkeit, Zukunftsangst lässt sie an Sascha aus: Sie vernachlässigt und misshandelt das eigene Kind.
Das Jugendamt wird durch seine Oma, die alltäglich die Schmerzensschreie ihres Enkelkindes hört, eingeschaltet. Mit rund zwei Jahren kommt Sascha in ein katholisches Kinderheim. Sascha weiß von diesem Kinderheim nur Gutes zu berichten. Das Kind Sascha ist sechs Jahre alt, als eine Diplom-Psychologin sich anmaßt, bei ihm einen leichten Grad des Schwachsinns, nämlich Debilität zu diagnostizieren. Das vernichtende psychologische Urteil hat zur Folge, dass Sascha in ein sogenanntes – katholisches – heilpädagogisches Heim kommt. Die-

ses Heim wird von Nonnen geleitet. Hier durchlebt Sascha im Laufe seiner weiteren Kindheitsjahre die „Hölle auf Erden".

Die Kindheit: Die natürliche Entwicklung der Bewegungsorgane und der Sinne, das beginnende Erkennen der Umwelt, das soziale Lernen, das Ausleben von Gefühlen – sprich: Emotionalität – wird „im Namen Gottes" durch die katholische Heimerziehung gehemmt, behindert, unterdrückt, abgetötet.

Statt liebevoller Zuneigung bekommt Sascha „im Namen Gottes" die von Sadismus geprägte körperliche und seelische Gewalt der Nonnen zu spüren.

Statt in Geborgenheit und Sicherheit lebt das Kind in einer Welt, die aus Gewalt, Angst, Hoffnungslosigkeit besteht; Schuldgefühle werden erzeugt und verinnerlicht.

Statt Zärtlichkeit, Wärme und Hautkontakt, die ein Kind zum (Über-)Leben dringend braucht und die Sascha nicht bekommt, wird er brutal mit der Erwachsenen-Sexualität konfrontiert: Sascha wird vom Heimarzt sexuell missbraucht.

Statt Fürsorge erlebt er militärische Zucht, Strenge, Disziplin, Isolation, Drangsalierung, Demütigung, Diskriminierung, Entwürdigung, Ablehnung, Verachtung und Herabsetzung.

Als Sascha versucht, bei einem Freund Zärtlichkeit, Wärme und Hautkontakt zu finden und beide von einer Nonne miteinander im Bett erwischt werden, schlägt und tritt sie auf die wehrlosen und hilflosen Kinder ein. Der Heimarzt verschreibt ihm das sexuell hemmende Mittel: Androcur. Die „chemische Kastration" zeigt eine schnelle Wirkung: Saschas Libido zeigt einen völligen Stillstand.

Mit neunzehn wird Sascha in die „Freiheit" entlassen. Sascha ist voller Angst, Schmerz und Hoffnungslosigkeit. Er leidet an Vereinzelung, Unselbständigkeit und dem Nichtvorhandensein von Selbstvertrauen und Selbstbewusstsein. Die Welt „da draußen" macht ihm Angst. Er schafft es nicht, sich „da draußen" zurechtzufinden. Sascha leidet an Kontakt- und Beziehungslosigkeit. Zweimal versucht er, sich das Leben zu nehmen. Zweimal wird er daran gehindert, endlich in Freiheit zu leben. Zweimal hindert man ihn daran, die nie gekannte und nie erlebte Ruhe und den eigenen Frieden zu finden.

Saschas Heimkarriere findet im Jahr seiner Heimentlassung, 1994, eine Fortsetzung: Durch mehrere strafbare Handlungen, darunter schwerer Raub und schwere Körperverletzung, wird er, nachdem alle anderen Erziehungsmittel innerhalb des Jugendstrafrechts ins Leere laufen, zu einer mehrjährigen Haftstrafe verurteilt.

24

Die Kirchenglocke verkündet ein großes christliches Ereignis, auf das sich viele ältere Kinder gefreut haben. Und das sich manche von ihnen zuvor in Monaten, Wochen, Tagen, Stunden, ja Minuten herbeigewünscht und herbeigezählt haben. Heute soll es christliche Wirklichkeit werden. Viele Jungen und Mädchen haben das große unwiderrufliche Glück, durch die Firmung die Vollendung der Taufe zu erfahren.
Den Kindern wurde immer wieder erklärt, die Firmung ist das Siegel und die Urkunde der Gotteskindschaft und der Indienstnahme für Christus. Durch das Sakrament der Firmung würden sie vollkommener mit der Kirche verbunden und mit einer besonderen Kraft des Heiligen Geistes ausgestattet sein. Und als Dank für die Firmung, die ihnen als großes Geschenk Gottes angekündigt wurde, seien sie absolut verpflichtet, den Glauben als wahre Zeugen Christi in Wort und Tat zu verbreiten und zu verteidigen.

Die Jungen und Mädchen stehen von der Eingangstür bis kurz vor dem Altar im Mittelgang in zwei Reihen. Die Mädchen tragen alle weiße Blusen und weiße Röcke. Die Jungen tragen schwarze Anzüge. Alle halten gottesfürchtig eine große brennende weiße Kerze in den Händen.
Während Schwester Berta beginnt, auf der Kirchenorgel zu spielen, bewegen sich die Firmlinge langsam nach vorne und reihen sich rechts und links vor den Altar auf.
Sascha, der nicht die göttliche Absolution für die Firmung erhalten hat, schaut mit Tränen in den Augen zu den Firmlingen. Der Bischof, der – gewissermaßen im Auftrag von Schwester Emanuela – dieses Urteil „Im Namen Gottes" gegen Sascha erlassen, verkündet und vollstreckt hat, steht vor dem Altar und segnet die Firmlinge mit dem Weihrauchfass. Und ein Messdiener bewegt gleichzeitig die Glocken. Der Bischof übergibt einem Messdiener das Weihrauchfass, faltet seine Hände und schaut zum Kreuz.
Dann nimmt der Bischof von allen zusammen das Taufbekenntnis entgegen.
„Widersagt ihr dem Satan und all seiner Verführung?"
„Ich widersage!"
„Glaubt ihr an Gott, den Vater, den Allmächtigen, den Schöpfer des Himmels und der Erde?"
„Ich glaube!"
„Glaubt ihr an Jesus Christus, seinen eingeborenen Sohn, unsern Herrn, der geboren ist von der Jungfrau Maria, der gelitten hat und begraben wurde, von den Toten auferstand und zur Rechten des Vaters sitzt?"
„Ich glaube!"

„Glaubt ihr an den Heiligen Geist, die heilige katholische Kirche, die Gemeinschaft der Heiligen, die Vergebung der Sünden, die Auferstehung der Toten und das ewige Leben?"
„Ich glaube!"

Sascha, der aufmerksam zuhört, denkt über die Worte: „Auferstehung der Toten" nach und bekommt es mit der Angst zu tun. Soll das etwa bedeuten, dass, wenn eine Schwester tot ist, sie wieder aufersteht und ihr christliches Werk im Namen Christi und der Nächstenliebe an den Kindern fortführt? Sascha schaut zum Bischof und sieht, wie dieser zum Altar geht, seine Augen schließt und sagt:
„Wir wollen jetzt alle in der Stille beten."
Alle knien sich nieder und falten die Hände. Dann herrscht plötzlich eine angstvolle Stille. Nach einiger Zeit unterbricht der Bischof die Stille und streckt seine Hände über die Firmlinge aus. Und während er sie einzeln anschaut, betet er laut.
„Allmächtiger Gott, Vater unseres Herrn Jesus Christus, du hast diese jungen Christen, unsere Brüder und Schwestern, in der Taufe von der Schuld Adams befreit, du hast ihnen aus dem Wasser und dem Heiligen Geist neues Leben geschenkt. Wir bitten dich, Herr, sende ihnen den Heiligen Geist, den Beistand. Gib ihnen den Geist der Weisheit und der Einsicht, des Rates, der Erkenntnis und der Stärke, den Geist der Frömmigkeit und der Gottesfurcht. Durch Christus, unseren Herrn. Amen."
Der Bischof geht auf die Firmlinge zu und zeichnet jedem einzelnen mit Chrisam das Kreuz auf die Stirn. Dabei spricht er immer wieder dieselben Worte:
„Sei besiegelt durch die Gabe Gottes, den Heiligen Geist!"
„Amen!" erwidert jeder Firmling gottesfürchtig.
„Der Friede sei mit dir!" erwidert der Bischof jedem einzeln.

25

Die Kinder sitzen beim Essen und haben noch ihre Anzüge von den kirchlichen Feierlichkeiten der Firmung an. Manche flüstern miteinander, doch das Geflüster geht in dem verschieden klingenden Töne des Geschirrs und Bestecks unter. Schlagartig und zeitgleich schrecken die Kinder plötzlich auf, denn sie nehmen den dunklen, beängstigenden Ton der Kirchenglocke wahr. Angst und Sprachlosigkeit macht sich unter ihnen breit. Alle hören mit dem Essen auf. Einige legen das Besteck auf den Tisch, andere bewegen sich nicht mehr und halten Messer und Gabel fest in den Händen. Im Speisesaal ist es schlagartig still. Außer der Kirchenglocke ist kein Ton und kein Geräusch wahrnehmbar.

Die Kinder schauen alle zur Tür und sehen Schwester Emanuela und Schwester Sabine, die heute ganz in Schwarz gekleidet sind, im Türrahmen stehen. Den Gesichtern der Schwestern sieht man an, dass etwas ganz Schlimmes passiert ist. Beide weinen und wischen sich die Tränen mit einem Taschentuch aus dem Gesicht.
„Schwester Ilse ...."
Schwester Emanuela holt tief Luft und ringt nach Worten.
„... Schwester Ilse ist letzte Nacht von uns gegangen. Sie hat sehr gelitten. Es war kein friedliches Sterben."
Die alte Frau hält inne und ringt wieder nach Worten. Sie schaut Fräulein Jung an.
„Steht bitte alle auf", fordert Schwester Emanuela alle im leisen Ton auf, während sie ihre Hände faltet, „und faltet eure Hände zum Gebet für Schwester Ilse."
Die Kinder stehen langsam auf und falten, wie auch Schwester Sabine und Fräulein Jung, die Hände. Schwester Emanuela, der die Tränen über das Gesicht laufen, betet mit bewegender, trauriger Stimme laut vor:
„Herr, unser Gott, du bist allen nahe, die zu dir rufen. Auch wir rufen zu dir aus Not und Leid. Lass uns nicht versinken in Mutlosigkeit und Verzweiflung, sondern tröste uns durch deine Gegenwart. Gib uns die Kraft deiner Liebe, die stärker ist als der Tod. Mit unseren Verstorbenen führe auch uns zum neuen und ewigen Leben."
Nach dem Gebet fordert Schwester Emanuela die Kinder durch eine Handbewegung auf, wieder Platz zu nehmen.
„Jetzt dürft ihr weiter essen! Wir werden, wie es auch alle anderen Gruppen tun, nach dem Essen von Schwester Ilse im Leichenschauhaus Abschied nehmen, alle!"
Stefan springt plötzlich vom Stuhl auf und rennt schreiend zur Tür. Schwester Emanuela reagiert sofort. Sie rennt ihm hinterher und bekommt ihn an den Haaren zu fassen. Mit voller Wucht zerrt die alte Frau ihn daran zu sich und schlägt ihm mit der Hand mitten ins Gesicht. Stefan schreit auf und fängt an zu weinen. Seine Nase blutet. Mit einer Hand fasst er dorthin und schaut sich die blutbeschmierte Hand an. Schwester Sabine steht fassungslos am Fenster.
„So nicht mein Kleiner, so nicht", schreit Schwester Emanuela, „du wirst von Schwester Ilse genauso Abschied nehmen wie jeder andere hier im Saal auch! Wage sich ja keiner von euch, sich zu verstecken."
Schwester Sabine schaut Schwester Emanuela sprachlos an und geht auf sie zu.
„Schwester Emanuela, es ist aus pädagogischer Sicht unverantwortlich, alle Jungen, gerade die Kleinen, ins Leichenschauhaus zu zwingen, um von der Toten Abschied zu nehmen!"
Ohne ein Wort zu sagen, schaut Schwester Emanuela ihre Mitschwester an und lächelt.
Die Kinder blicken plötzlich zur Tür und sehen den Heimleiter und Frank, der mit Sascha zusammen aus dem Heim ausgerissen war und

von der Polizei eingefangen worden ist. Ihre Augen richten sich auf Franks Backe, die angeschwollen ist, und sie nehmen das Blut wahr, dass aus seiner Nase tröpfelt.
Schwester Emanuela geht mit einem Lächeln im Gesicht auf Frank zu. Sie erhebt ihre rechte Hand und lässt diese auf seine geschwollene Backe niedergehen. Frank ist stumm und bleibt stumm.
„Kinder, was habe ich euch gesagt", schreit die trauernde alte Frau laut durch den ganzen Speisesaal, „jeder, der abhaut, wird wieder eingefangen! Niemand hat die Chance, zu entkommen! Niemand!"
Der Geistliche nimmt Schwester Emanuela zur Seite.
„Die Polizei hat Frank aufgegriffen", flüstert er ihr ins Ohr. „Ich habe mich entschlossen, den Jungen in ein anderes Heim unterzubringen. Sie wissen selbst: Der Junge ist für uns nicht mehr tragbar! Er stellt eine sittliche und moralische Gefahr für die anderen Kinder dar!"
Der Priester schaut zu Sascha.
„Und was Sascha betrifft, sehe ich auch für ihn hier keine Zukunft mehr, wenn er sich nicht ab sofort unterordnet!"
Dann blickt er mitleidig zu Frank.
„Schwester Emanuela, bitte, packen Sie sofort Franks Kleider und Wäsche zusammen. Er wird gleich abgeholt!"

Schwester Emanuela geht in den Schlafsaal und holt aus einem Schrank Franks Kleider und Wäsche. Zwischen der Wäsche findet sie ein Bild und erkennt auf ihm Sascha. Ihr Gesichtsausdruck nimmt mitleidige Züge an, und sie blickt auf Frank, der auf dem Bett sitzt, und gibt ihm das Bild. Dann packt sie alles in einen Koffer.
Herr Müller kommt in den Schlafsaal und blickt wieder mitfühlend auf Frank.
„Frank", klärt Herr Müller ihn auf, „ich habe mich entschlossen, dich in einem anderen Heim unterzubringen. Du bist für uns leider nicht mehr tragbar! Du bist für alle anderen Kinder eine sittliche und moralische Gefahr!"
Irritiert und hilflos blickt Frank in die Augen dieses Mannes, der breitbeinig, die Arme überkreuz, vor ihm steht.
Dann richtet er seinen Blick auf das Bild und fängt an zu weinen. Mitleidig schaut Schwester Emanuela zu ihm, und ihr Blick wirkt traurig.
„Frank", sagt sie, und ihre Stimme verwirrt Frank, denn sie klingt plötzlich unerwartet liebevoll, „du darfst dich von deinen Kameraden verabschieden!"
Frank geht in den Speisesaal und bleibt in der Mitte des Saals stehen. Die Kinder sitzen alle sprachlos und bewegungslos an den Tischen. Sie blicken ihm ins verweinte Gesicht.
Sascha steht auf und läuft zu ihm. Beide umarmen sich, und Sascha fängt an zu weinen.
„Sascha", schluchzt Frank laut, „die stecken mich in ein anderes Heim!"

Franks Worte bewirken bei einigen Kindern noch schrecklichere Angst und Traurigkeit.
Michael steht auf und fängt an zu weinen. Langsam geht er auf die beiden zu und blickt ihnen ins Gesicht. Dann verlässt er geknickt den Saal.
Sascha schaut Frank in die Augen.
„Frank, ich werde dich sehr vermissen! Ich liebe dich und werde dich immer lieben. Du wirst in meinem Herzen für immer einen Platz haben!"
Frank wischt Sascha die Tränen aus dem Gesicht und sieht, dass immer neue hinzukommen.
„Sascha, auch ich liebe dich! Auch du wirst für immer ein Teil meines Herzens sein! Ich werde immer an dich denken! Auf Wiedersehen!"
Frank schaut den Kindern alle einzeln in das leblose Gesicht: In einigen der Gesichter sieht Frank, als würde er in einen Spiegel blicken, seine eigene Angst, Trauer und den Schmerz. In den anderen Gesichter erkennt er Gleichgültigkeit und Gefühllosigkeit.
Mit trauriger Stimme verabschiedet er sich.
„Tschüs, auf Wiedersehen!"
Schwester Emanuela erscheint im Speisesaal und geht auf Sascha und Frank zu.
„Frank, wir müssen jetzt gehen", erklärt sie ihm, und ihre Stimme wirkt immer noch liebevoll. „Der Wagen wartet schon!"
Frank und Sascha geben sich die Hand. Dann verlassen Schwester Emanuela und Frank den Speisesaal. Sascha folgt ihnen in den Flur und sieht, wie sie zum Ausgang gehen. Frank, der den Koffer trägt, blickt zurück und winkt Sascha zu.

Schwester Emanuela und Frank gehen über den Heimvorplatz auf einen Wagen zu. Neben dem Wagen steht Herr Müller und unterhält sich mit zwei Herren. Er stellt Frank den beiden Herren vor.
„Das ist Frank!"
Die beiden Männer geben Frank die Hand.
„Ich hoffe, du machst während der Fahrt keine Probleme, mein Freund!" sagt einer von ihnen.
Der andere Mann schaut Frank streng an.
Die Kinder, Schwester Sabine und Fräulein Jung stehen an den zahlreichen Fenstern im Gruppenflur und blicken hinunter zum Heimvorplatz.
Frank sieht sich das Heim, das er wegen der Tränen leicht verschwommen wahrnimmt, noch einmal an. Sein Blick bleibt an den Fenstern haften, aus denen die Kinder hinunterschauen. Frank winkt ihnen zu, und sie winken zurück. Einige von ihnen weinen.
Herr Müller und Schwester Emanuela geben Frank die Hand.
„Frank", mahnt ihn der Geistliche eindringlich, „strenge dich an und mache was aus deinem Leben, bevor es zu spät ist! Ich wünsche dir

für deine Zukunft alles Gute! Mögen deine Wünsche und Hoffnungen in Erfüllung gehen!"
Schwester Emanuela, die Frank mitleidig anblickt, will ihn umarmen, doch er weicht zurück. Die alte Frau schreckt auf und will ihm tröstende Worte mit auf dem Weg geben. Aber es fällt ihr schwer, entsprechende Worte zu finden.
„Frank", flüstert sie mit zittriger Stimme, „ich hoffe, dir hat es hier sehr gefallen! Gott möge dich beschützen!"
Frank lächelt sie abfällig an und spuckt auf den Boden. Einer der Männer packt Frank an einer Schulter und schiebt ihn behutsam ins Auto. Aus dem Auto heraus blickt Frank noch einmal auf das Heimgebäude und zu dem Fenster, an dem Schwester Sabine und Sascha alleine stehen. Er winkt ihnen zu, und sie winken noch einmal zurück.

Dann fährt der Wagen los. Und mit ihm verschwindet Frank. Frank, den die Kinder in guter Erinnerung behalten werden; Frank, der immer zu ihnen gehalten hat; Frank, der unter der Gewalt von Schwester Emanuela mehr gelitten hat als manch andere Kinder; Frank, der im Gegensatz zu vielen anderen Kindern manchmal in der Lage war, Angst, Schmerzen, Traurigkeit und Hoffnungslosigkeit, aber auch Träume zu zeigen. Frank ist fort, und die Kinder, die noch Trauer empfinden können, weinen und trauern um ihn. Die Kinder blicken dem Wagen hinterher, der mit Frank hinter der Kurve verschwindet.

Franks Lebenslauf

Franks Eltern sind strenggläubige Katholiken, die jeden Sonntag in die Kirche gehen. Sie sind überglücklich, als Frank im Herbst 1973 das Licht dieser Welt erblickt. Da die Eltern arbeitslos sind und von der Sozialhilfe leben, kommt es immer wieder zum Streit. Beide führen einen Überlebenskampf, da die Sozialhilfe bereits kurz nach der Auszahlung verbraucht ist und es an allem fehlt. In dieser Armut, gepaart mit gegenseitigen Anwürfen, Aggressionen und Hoffnungslosigkeit verbringt Frank seine ersten drei Kindheitsjahre. Das Kind ist schlimmsten Misshandlungen durch die eigenen Eltern, die in ihrer Kindheit selbst durch ihre Eltern Gewalt erfahren haben, hilflos und wehrlos ausgesetzt.
Durch Nachbarn alarmiert, die die Eltern immer wieder beim Schlagen ihres Kindes beobachtet haben, wird Frank ein Fall für das Jugendamt. Während intensiver Gespräche mit Frank kommt eine Diplom-Psychologin zu der Überzeugung, dass das Kind vom Vater nicht nur körperlich schwer misshandelt, sondern auch mehrfach sexuell missbraucht worden ist.

Die Kindheit von Frank wird ab jetzt in Hunderten von Seiten in einem Aktendeckel mit Aktenzeichen festgehalten.

Das Jugendamt veranlasst die sofortige Unterbringung in einem katholischen Kinderheim. Frank erlebt hier zwei verschiedene Welten: Da ist eine Nonne, die liebevoll mit den Kindern umgeht, ihnen Zuneigung und Beachtung entgegenbringt. Und da sind die Nonnen, die für die Kinder nur Gefühlskälte, Gleichgültigkeit, Verachtung und Aggressionen übrig haben. Das Kind Frank, das in seinen ersten drei Lebensjahren schlimmste Prügel, Vernachlässigung, Ablehnung und sexuellen Missbrauch in der Familie erfahren hat, wird auch hier sehr schnell mit der Schwarzen Pädagogik, der klerikalen (Heim-)Erziehung, auf das brutalste konfrontiert: Das Kind sieht weinende und schreiende Kinder, die auf ihren Stühlen sitzen, Kinder, deren Gesichter traurig sind; Kinder, die völlig apathisch mit bewegungslosem Blick ins Leere schauen.

Die Nonnen kennen kein Erbarmen: Ihre Unfähigkeit, gewaltfrei, gefühlvoll, liebevoll auf die ihnen anvertrauten Kinder zuzugehen und ihnen Wärme und Geborgenheit entgegenzubringen, kompensieren sie dadurch, dass sie die psychische und physische Gewalt – die sie oft selbst in der eigenen Kindheit erlebt und durchlebt haben – in all ihren Formen nicht nur verinnerlicht haben, sondern teilweise in sadistischen Gewaltorgien an den Hilflosen und Wehrlosen auslassen.

Frank selbst wird zum Opfer dieser Perversionen: Im Laufe der Zeit provoziert, erzwingt er die alltäglichen Prügel, die bei ihm zu einer masochistischen Abhängigkeit ausartet. Das Kind ringt geradezu nach körperlicher Nähe, die er glaubt dadurch ausleben zu können, dass Nonnen ihn verletzen, misshandeln, körperliche Gewalt anwenden.

Die Nonnen merken sehr bald, dass sich Frank, seine Kinderseele, nicht völlig brechen lässt. Sie geben Frank in dem bewussten Glauben, dass dieses Kind vom Teufel besessen und für ihren Gott verloren ist, auf: Das Kind, das nach Auffassung des Heimleiters nicht mehr tragbar ist und eine „sittliche und moralische Gefahr" für die anderen Kinder darstellt, wird in ein Erziehungsheim abgeschoben.

Nachdem Frank durch die klerikale Heimerziehung, ohne Hoffnung auf ein positives Leben, zu einem psychischen Krüppel gemacht worden ist, wird er 1989 durch einen Rausschmiss aus dem Erziehungsheim in die „Freiheit" entlassen. Der Grund seiner „Entlassung": Die Erzieher, die mit ihm nicht mehr fertig werden, haben ihn aufgegeben. Frank sucht auf den Straßen, in verfallenen Häusern, in Bahnhöfen, bei Homosexuellen und Prostituierten nach Nähe, Beziehungen und Freundschaft.

26

Es ist der große Augenblick gekommen, der sich in die Kinderseelen erbarmungslos hineinfressen wird; das große Ereignis, das die Kinder niemals mehr werden vergessen können und sie ein Leben lang Tag und Nacht verfolgen wird; das große Erlebnis, das ihre Kindheit, Jugend und ihr Erwachsensein maßgeblich mitbestimmen wird.
Die Kinder sind von den Stellvertretern Christi dazu auserkoren worden, höchstpersönlich Abschied zu nehmen von der toten Schwester Ilse.
Während sich die Gruppen auf dem Platz vor dem Leichenschauhaus versammeln, fängt die Kirchenglocke im dunklen Ton an zu läuten. Die Gruppen der Mädchen bilden die ersten Reihen, gefolgt von den Gruppen der Jungen. Hinter ihnen stehen die Schwestern, die nicht auf den Kindergruppen arbeiten und die vielen erwachsenen Heimbewohner, die seit ihrer Kindheit im „Heim der traurigen Kinder" leben! Auch sie sind nach Geschlecht getrennt. Erst kommen die Frauen, dann die Männer. Viele von ihnen halten sich an der Hand eines anderen fest oder stützen sich an dessen Schultern ab. Ihre gealterten Gesichter sind gekennzeichnet von großer Einsamkeit, Hoffnungslosigkeit und Hilflosigkeit. Ihre gealterten Körper bewegen sich langsam und schwer. Ein paar von ihnen gehen, mit ihrem Oberkörper vorgebeugt, den Kopf und das Gesicht nach unten gerichtet, an Krücken. Ihre grauen Haare sind durch den Wind in Unordnung geraten. Manche von ihnen weinen und halten ein Taschentuch vor dem Gesicht.
Schwester Emanuela geht auf Schwester Sabine zu. Beide weinen und halten Taschentücher vors Gesicht.
„Schwester Ilse war so ein gutmütiger Mensch", sagt Schwester Sabine mit betroffener Stimme, „warum musste gerade sie es sein, die unser Herr Vater zu sich in den Himmel holte?"
Schwester Emanuela sagt kein Wort. Mit einem gekonnten Blick überprüft sie die Vollständigkeit „ihrer" Gruppe durch Zählen und stellt fest, dass Sascha, Michael und Stefan fehlen. Sie geht auf Fräulein Jung zu, um sie nach dem Verbleib der fehlenden Kinder zu befragen.
„Fräulein Jung, es fehlen einige Kinder. Wo sind die abgeblieben?"
„Ich weiß es nicht. Soll ich noch einmal auf die Gruppe gehen, um nachzusehen?"
„Nein! Die können sich auf etwas gefasst machen!"

Sascha, Michael und Stefan haben sich im Keller versteckt. Sascha blickt aus dem Kellerfenster und sieht die vielen trauernden Menschen.
„Das wird später was geben", sagt er zu den anderen, „ich sehe schon Schwester Emanuela, wie sie uns einzeln vor der Gruppe vorführt und uns verprügeln wird ...!"

„Das werden wir auch überleben!" fällt Michael ihm ins Wort. „Stefan, der früher auf der Gruppe St. Josef war, erzählte mir, die Schwester Ilse sei ganz schön brutal und gewalttätig gewesen. Warum sollen wir ihr die letzte Ehre erweisen? Wann ist eigentlich so eine Schwester tot genug, um uns in Ruhe zu lassen?"
Stefan, der vor Angst am ganzen Körper zittert, nickt zustimmend und erinnert sich an eine schlimme Situation, die er in seinem ganzen Leben nie vergessen wird.

Schwester Ilse steht vor der Badewanne und lässt sie mit kaltem Wasser voll laufen. Neben ihr steht Stefan, der weint und am ganzen Körper zittert, in Unterhose. Schwester Ilse herrscht ihn an:
„Stefan, du steigst sofort in die Badewanne!"
Stefan reagiert nicht und bleibt vor Angst wie angewurzelt stehen. Mit einer Hand greift sie sein Haar und zerrt ihn zur Badewanne, während Stefan vor Schmerz laut aufschreit. Stefan steigt „freiwillig" in die Badewanne und geht in die Knie, während er weiter laut aufschreit. Schwester Ilse drückt mit aller Kraft seinen kleinen Kopf unter Wasser. Stefan versucht sich verzweifelt, mit den Händen zu wehren. Immer wieder schafft er es, einen kurzen Moment aufzutauchen und tief Luft zu holen. Stefan denkt an den lieben Gott und fängt an zu beten. Er bittet den lieben Gott um Gnade und Hilfe und muss feststellen, dass dieser ihm nicht zur Hilfe kommt.
Schwester Ilse, der Stefan die Kraftanstrengung im Gesicht ansieht, drückt ihn wieder und wieder unter Wasser. Zwischen der alten Frau und Stefan baumelt das an ihrer Halskette hängende Kreuz mit der Jesusfigur über dem Wasser. Die Dienerin Gottes sieht, wie Stefans Gesicht blau anläuft und lässt von dem Kind ab.

Im Keller herrscht eine bedrückende, betroffene und traurige Stille. Stefan, der einen Daumen im Mund hat, schaut zu Sascha und will ihm etwas sagen, doch er bekommt kein Wort über die Lippen.
„Weine, wenn dir danach ist", flüstert Sascha, der sich zu Stefan niederkniet und ihn ganz fest an sich drückt, liebevoll.
„Sascha", stottert Stefan plötzlich und fängt an zu weinen, „ich habe Angst! Was wird Schwester Emanuela mit uns machen? Wird sie uns totschlagen?"
„Nein Stefan!" antwortet Sascha, „sie wird uns nicht totschlagen. Aber sie wird uns schlagen und uns bestrafen! Sie wird ihre Wut an uns auslassen! Du musst stark sein! Ich würde dich gerne vor Schwester Emanuela beschützen, doch ich bin zu schwach!"

Die letzten Mädchen einer Mädchengruppe verlassen das Leichenschauhaus, gefolgt von zwei Schwestern, die ein kleines Mädchen hinaustragen, das beim Anblick der toten Schwester ohnmächtig wurde. Vor Angst schrecken die Kinder, die das Ereignis noch vor sich haben, auf. Die Herzen schlagen schneller, und Angstschweiß bildet sich auf ihre Haut. Schwester Emanuela gibt „ihren" Kindern durch eine Handbewegung zu verstehen, dass der große Augenblick jetzt unwiderruflich gekommen ist und schreitet mit großen Schritten voraus. In den Kindergesichtern ist ablesbar, dass niemand freiwillig hier ist. Die Kinder gehen zögernd die Stufen, die ins Leichenschauhaus führen, hinunter. Der süßliche Leichen- und Verwesungsgeruch kommt ihnen ohne Vorwarnung entgegen. Einige bringen den Mut auf und halten sich die Nase zu. Schwester Emanuela schaut die Kinder mit einem strengen Blick an, worauf sie ihre Finger von der Nase nehmen.

Die Kinder sehen die tote Schwester Ilse, umgeben von Blumen und Kerzen, auf einem Bett aufgebahrt. Der Körper ist durch eine weiße Decke geschützt. Ihr Kopf liegt auf einem weißen Kopfkissen und ist von einem weißen Schleier umgeben. Das Gesicht wirkt friedlich und ihre Augen sind geschlossen. Die Haut ihres Gesichts und ihrer Hände ist weiß-gelb und voller Falten. Die Hände sind gefaltet und halten einen Rosenkranz. Schwester Emanuela stellt sich am Kopfende des Totenbettes auf. Und mit einer Handbewegung gibt sie den Kindern zu verstehen, dass sie sich um das Bett aufzureihen haben.

Ein Kind hält sich die Nase zu, und das Gesicht nimmt eine blasse Farbe an. Schnell dreht es sich nach hinten um und muss erbrechen. Schwester Emanuela, die mit geschlossenen Augen betet, schreckt auf und öffnet die Augen. Sie geht auf das Kind zu und gibt ihm eine Ohrfeige. Die Kinder schauen ängstlich zu und schweigen. Das Kind fängt an zu weinen. Die Dienerin Gottes will wieder zuschlagen, doch das Kind weicht ihrer Hand aus und geht langsam zum Ausgang. Alle Blicke sind auf es gerichtet.

Das Kind geht an den wartenden Kindergruppen vorbei. Einige Kinder drehen sich nach ihm um und sehen, wie es in einer Seitentür des Heimgebäudes verschwindet.

Michael schaut aus dem Kellerfenster und beobachtet die vielen Kinder.

„Wir sollten jetzt auf die Gruppe zurückkehren", schlägt er den anderen vor.

„Michael, ich habe große Angst!" sagt Stefan stotternd und vor Furcht schlotternd.

Sascha, der weiß, dass ihnen alle Prügel droht, versucht, Stefan zu beruhigen, obwohl er an seine tröstenden Worte selbst nicht glaubt.

„Stefan, wir können nur hoffen, dass Schwester Emanuela jetzt barmherzig ist und uns nicht schlägt!"

Einem Wutanfall nahe, irrt Schwester Emanuela durch die Gruppenräume auf der Suche nach Sascha, Michael und Stefan.

„Wo halten sich diese Mistkerle nur versteckt", flucht die alte Frau ununterbrochen, „wenn ich die Dreckskerle finde, werde ich sie windelweich schlagen!"

Während ihr Geschrei durch den Aufenthaltsraum hallt, verlässt sie diesen und traut ihren eigenen Augen nicht: Sie sieht Sascha, Michael und Stefan, die leise den Flur entlang schleichen. Mit großen Schritten rennt sie auf die Kinder zu. Stefan schreckt auf und versteckt sich hinter Sascha.
„Ihr Mistkerle! Euch werde ich es zeigen!" schreit die Dienerin Gottes aus voller Kehle. „Ihr habt euch meinen Befehlen widersetzt!"
Alle drei Kinder zittern vor Angst, und sie kämpfen erfolglos gegen die Tränen an. Schwester Emanuela erhebt ihre Hand und gibt, mit voller Wucht, Michael, der keinen Laut von sich gibt, eine Ohrfeige. Dann stürzt sie sich auf Sascha und boxt ihm mit einer geballten Faust voll in den Magen. Sascha, der laut aufschreit, krümmt sich vor Schmerz und hält die Arme an den Magen.
„Stefan, du brauchst dich nicht hinter Sascha zu verstecken", brüllt die alte Frau.
„Komm sofort zu mir, auf der Stelle!"
Stefan, der sich die Tränen aus den Augen wischt, steht wie versteinert hinter Sascha.
„Ich warte", ruft die Dienerin Gottes, „du Satansbraten! Kommst du sofort zu mir!"
Schwester Sabine erscheint im Flur und schaut ihre Mitschwester entsetzt an.
Stefan dreht sich plötzlich um und rennt zur Ausgangstür und öffnet sie.
Im Treppenhaus läuft er die Stufen hinauf und blickt zurück. Er sieht Schwester Emanuela und Schwester Sabine, die ihm folgen.
„Bleib sofort stehen, du kleiner Bastard", hört er Schwester Emanuela lautstark schreien.
Einige Kinder, darunter auch Sascha und Michael, sind den Schwestern gefolgt. Stefan erreicht das letzte Stockwerk und bleibt am Geländer stehen. Von oben herab blickt er in die Tiefe. Die Kinder schauen zu ihm hoch und bleiben sprachlos und bewegungslos auf den Stufen stehen. Die Schwestern schauen, während sie die Stufen hinauflaufen, nach oben und sehen Stefan, dessen Oberkörper über dem Geländer sichtbar ist.
„Um Gottes willen, Stefan", schreit Schwester Sabine, deren Stimme Verzweiflung und Hilflosigkeit zum Ausdruck bringen, ihm zu, „bleib vom Treppengeländer weg!"
Stefan blickt in die erschrockenen Gesichter der beiden Schwestern.
„Wenn Sie nicht sofort stehen bleiben", schreit er stotternd, „springe ich: Ich meine es ernst!"
Die Schwestern bleiben mit offenen Mündern stehen. Schwester Emanuela ringt nach Worten und findet ihre Sprache wieder.
„Bitte, Stefan, spring nicht", fleht sie ihn mütterlich und liebevoll an, „geh bitte sofort vom Treppengeländer weg! Ich tue dir auch ganz bestimmt nichts! Ich schwöre bei Gott, dem Allmächtigen: Dir passiert nichts!"

Durch die lauten Schreie, die als Echo durch das ganze Treppenhaus schallen, aufgeschreckt, versammeln sich auch Kinder aus anderen Gruppen, gefolgt von Schwestern und Erzieherinnen, am Treppengeländer von unten nach oben. Und ganz unten versammeln sich erwachsene Heimbewohner. Alle Augen sind auf Stefan gerichtet. Einige der vielen Kinder schreien laut auf.
Sascha schaut zu Stefan und ruft aus voller Kehle:
„Nein! Nein! Stefan, Stefan, bitte, spring nicht!"
„Um Gottes willen!" bricht es aus einer Schwester hervor; sie hält die Hand vor den Mund.
„Ich kann den Jungen verstehen, wenn er in den Tod springt!" sagt ein erwachsener Heimbewohner zu einem Mitbewohner. „Wenn ich noch ein Kind wäre: Ich glaube, ich würde es auch machen!"
Der angesprochene Heimbewohner schaut ihn erstaunt und sprachlos an.
Eine alte Heimbewohnerin schaut zu Stefan hoch. Ihre Augen füllen sich mit Tränen, so dass sie Stefan nur leicht verschwommen wahrnimmt.
„Der Arme, der hat doch noch das ganze blühende Leben vor sich", flüstert sie einer Mitbewohnerin zu, die sie, ohne irgendeine Reaktion zu zeigen, wortlos anschaut.

Herr Müller und Dr. Schulz, der seine Arzttasche in einer Hand hält, erscheinen plötzlich im Treppenhaus und gehen schweigend an die Menschenmenge vorbei nach oben. Sie erreichen Schwester Emanuela und Schwester Sabine und bleiben vor ihnen stehen.
„Herr Müller, was soll ich tun?" fragt Schwester Emanuela flehend und schaut beide hilflos an. „So hilflos habe ich mich in meinem ganzen Leben noch nicht gefühlt!"
Beide lassen die Schwestern schweigend stehen und gehen, für Stefan nicht sichtbar, eng an der Wand entlang weiter nach oben.
„Ihr seid alle sofort still und geht leise auf eure Gruppen", zischt Schwester Emanuela plötzlich hysterisch nach unten.
Die Kinder und die erwachsenen Heimbewohner werden von den Schwestern aufgefordert, ihnen auf die Gruppen zu folgen. Kurze Zeit später sind nur noch Stefan, Herr Müller, Dr. Schulz, Schwester Emanuela und Schwester Sabine im Treppenhaus.
Es herrscht Totenstille, doch diese wird durch Stefans Schluchzen durchbrochen. Schwester Emanuela, die zu Stefan hochschaut, faltet ihre Hände, schließt die Augen und fängt an zu beten.
Herr Müller und Dr. Schulz sind oben angekommen. Ganz leise schleicht sich der Geistliche von hinten an Stefan heran, gefolgt von dem Heimarzt. Mit seinen Händen packt Herr Müller Stefans Taille und zieht ihn mit ganzer Kraft zu sich hoch. Stefan schlägt und tritt um sich. Mit einem Fuß gerät er dabei an den Bauch des Heimarztes, der sein Gesicht verzerrt und zurückweicht.

„Lassen Sie mich los!" schreit Stefan. „Ich will sterben! Ich will nicht mehr leben!"
Der Geistliche schaut ihn betroffen an.
„Mein Junge", versucht er Stefan im väterlichen Ton zu besänftigen, „beruhige dich erst einmal! Dir passiert doch nichts!"
Dr. Schulz öffnet seine Arzttasche und greift nach einer Spritze und einer Ampulle. Die Spritze füllt er mit der Flüssigkeit der Ampulle. Dann hält er die Spritze hoch, drückt am Ende ein wenig, so dass Flüssigkeit herauströpfelt. Herr Müller beobachtet ihn dabei, während er Stefan festumklammert hält. Mit der Spritze in der Hand geht Dr. Schulz langsam auf Stefan zu, der vor Angst zu zittern beginnt. Dr. Schulz blickt ihm ins Gesicht und sieht den Angstschweiß auf seiner Stirn.
„Nein, nein, nein, bitte nicht! Bitte nicht!" schreit Stefan.
Der Hilfeschrei hallt durch das ganze Treppenhaus. Und während Herr Müller Stefan mit aller Kraft festhält, streift Dr. Schulz den rechten Hemdsärmel des Kindes hoch und setzt die Spritze am Arm an. Stefan spürt den Einstich, und seine hilfeflehenden Schreie werden mit einem Schlag noch lauter. Mit bewegungsloser Gesichtsmiene blickt Dr. Schulz in Stefans Kindergesicht und drückt an der Spritze, bis sie leer ist.
„Der Junge wird gleich ruhig sein und einschlafen!" erklärt er dem Geistlichen.
Stefans Widerstand ist gebrochen. Seine Gegenwehr lässt nach. Der Körper insgesamt erschlafft; die Arme und Füße baumeln hin und her. Herr Müller ist außer Atem und lässt das Kind los.
Schwester Emanuela und Schwester Sabine sind oben angelangt und blicken mitleidig auf Stefan.
„Ich schlage vor, den Jungen in der Psychiatrie unterzubringen", schlägt Dr. Schulz Herrn Müller vor. „Ich werde Frau Dr. Franke anrufen."
Herr Müller nickt schweigend. Schwester Sabine geht auf Stefan zu, umarmt ihn und streichelt ihm über das Haar. Stefan weint und fällt in sich zusammen.

Stefans Lebenslauf

Stefans Eltern gelten beim Jugendamt als asozial. Die Asozialität, so das Jugendamt, steht ihnen im Gesicht geschrieben. Ihnen wird die Fähigkeit, ihr 1978 geborenes Kind großzuziehen, abgesprochen. Noch schlimmer: Ihnen wird das Sorgerecht über das eigene Kind auf entsprechenden Antrag der Jugendbehörde vom Vormundschaftsgericht aberkannt und dem Jugendamt zugesprochen. Mit dem richterlichen

Beschluss, ausgesprochen „Im Namen des Volkes", beginnt Stefans unwiderrufliche Heimkarriere.

Stefan erlebt seine ersten Jahre zunächst glücklich in einem katholischen Säuglings- und Kinderheim und im Anschluss daran in einem katholischen Heim. Hier führen Nonnen ein brutales, militärisches Regiment. „Im Namen Gottes" haben die Kinder ihren militärischen Befehlen zu gehorchen. Ungehorsam und Unpünktlichkeit werden hart bestraft. Widerrede und Widerstand werden gnadenlos niedergeprügelt. Gefühlsregungen werden nicht nur durch Prügel den Kindern ausgetrieben, sondern auch durch verbale Bedrohungen wie: „Der liebe Gott ist allgegenwärtig, er verfolgt und beobachtet euch auf Schritt und Tritt."

Der „liebe Gott" wird somit als pädagogisches Druckmittel, Sanktionsmittel und Strafinstrument bewusst gegen die Kinder eingesetzt.

Stefans Kinderseele wird im Laufe der Zeit durch diese Schwarze Pädagogik, sprich: klerikale (Heim-)Erziehung, die überwiegend aus psychischer wie physischer Folter besteht, Stück für Stück abgetötet. Diese Form der christlichen Heimerziehung findet einen vorläufigen Höhepunkt: Das hilflose und wehrlose Kind Stefan wird von einer Nonne sexuell missbraucht.

Stefans trauriges Kindergesicht zeichnet ein Bild des psychisch wie physisch gebrochenen Kindes: ein lebloses Kindergesicht; leblose, von Erstarrung gekennzeichnete Augen; die fast bewegungslose Motorik; das Zusammenzucken des Körpers, wenn man auf das Kind zugeht und mit ihm reden will; die Unfähigkeit dieses Kindes, sich zu artikulieren, wenn es etwas zu sagen beabsichtigt und statt dessen sein Körper spricht: Angstvoll fängt dieser an zu zittern, und die Worte kommen nur stotternd – gebrochen und stückweise – aus ihm heraus.

Stefan, der die Suche nach Wärme, Zärtlichkeit, Geborgenheit aufgegeben hat, gibt sich immer mehr auf und flüchtet vor dieser brutalen, menschen- und kinderfeindlichen Heimrealität: Er fängt an, in einer Traumwelt zu leben. Das Kind weigert sich, diese Traumwelt zu verlassen. Nur in seiner Traumwelt kann Stefan ein menschenwürdiges Dasein leben.

Das hat für das Kind schlimmste Folgen: Der Heimarzt versucht mit ihm, ein Gespräch zu führen, doch Stefan sitzt ängstlich, am ganzen Körper zitternd, vor dem Mann im weißen Kittel und schweigt. Für den Heimarzt ohne psychiatrische oder psychologische Zusatzausbildung ist der Fall eindeutig und unwiderruflich klar: Er diagnostiziert eine Debilität, einen leichten Grad des Schwachsinns. Der Mediziner scheint nicht in der Lage zu sein zu erkennen, dass Stefans Verhalten – seine Verschlossenheit, die Introversion – zurückzuführen ist auf das Syndrom: Hospitalismus mit autistischen Wesensmerkmalen. Überdies erkennt der Arzt nicht, dass sich die sozialpathologischen Strukturen in Stefan wie ein Krebsgeschwür ausbreiten und die „sozial auffälligen" Verhaltensreaktionen hervorrufen.

> Nachdem Stefan wieder einmal von einer Nonne misshandelt wird, versucht er, sich das Leben zu nehmen. Seine Flucht vor der „Hölle auf Erden" misslingt. Dies hat für ihn eine noch schlimmere Folge: Die Heimleitung spricht ein nicht wiedergutzumachendes Urteil gegen ihn aus: Das Kind wird in eine Kinder- und Jugendpsychiatrie abgeschoben, zwangsuntergebracht. Stefan, der nie die „Freiheit" kennen lernen durfte, „lebt" dort heute noch.

In allen Gruppenfluren stehen Kinder, ältere Heimbewohner, Schwestern und Erzieherinnen an den zahlreichen Fenstern. Sascha geht zu dem Fenster, wo Schwester Sabine alleine steht und zum Heimhofvorplatz hinunterblickt. Sie schauen sich an, und beide haben Tränen in den Augen. Schwester Emanuela steht ebenfalls alleine an einem Fenster; ihr Gesicht drückt Gefühlskälte und Gleichgültigkeit aus.
Die Kinder hören plötzlich den Ton der Kirchenglocke, der wie immer die dicken Heimmauern durchdringt. Und sie sehen einen Krankenwagen auf dem Heimhofvorplatz vorfahren.
Zwei Sanitäter steigen aus und öffnen die hintere Tür. Stefan, der auf einer Bahre liegt, wird von Dr. Schulz und einer Krankenschwester in den geöffneten Krankenwagen hineingeschoben. Die Sanitäter schließen die Tür und steigen wieder in den Krankenwagen.

Sascha fängt heftig an zu weinen. Er schaut auf die Scheiben des Krankenwagens und kann es noch nicht richtig erfassen, dass er seinen Freund Stefan soeben verloren hat. Sascha erinnert sich zurück an die Zeit, als er hier im „Heim der traurigen Kinder" ankam und Stefan kennen lernte. Seinen Freund Stefan sieht er vor sich, der damals noch ein richtiges Kind war. Ein Kind, das in der Lage war, Gefühle zuzulassen; ein Kind, dass lachen und glücklich sein konnte; ein Kind voller Spontaneität, Hoffnungen und Träume.
Sascha sieht aber auch den heutigen Stefan vor sich, der, wie so viele andere Kinder, im Laufe der Zeit seine Kindheit brutal und unter großen Schmerzen aufgegeben hat: Stefan, das an der Kinderseele gebrochene Kind; Stefan, der die verzweifelte und hoffnungslose Suche nach menschlicher Wärme und Geborgenheit aufgegeben hat; Stefan, der keine Gefühle mehr zuließ und verzweifelt versuchte, sie abzutöten; Stefan, der nicht mehr aus seinem Inneren heraus lachte und glücklich war; Stefan, der seine kindliche Spontaneität, Hoffnungen und Träume aufgegeben hat; Stefan, der nur ab und zu, wenn er die Schmerzen und die innere Einsamkeit gar nicht mehr aushalten konnte, Schmerzgefühle und Schmerzensschreie nach außen hin zuließ; Stefan, dessen Gesicht wie viele andere Kindergesichter im Laufe der Zeit nur noch Leere, Leblosigkeit, Ängste, Einsamkeit, Trauer und Hoffnungslosigkeit ausstrahlte.

Stefan, der fest an den lieben Gott glaubte und immer wieder zu ihm betete, in der großen Hoffnung, der liebe Gott würde ihn und die anderen Kinder beschützen und ihnen helfen, und der schmerzlich erkennen musste, dass der liebe Gott ihnen allen nicht die heilige Hand reichte und für sie Gottes Himmelreich verschlossen blieb. Stefan, das Kind, dass den Glauben an Gott und sein Himmelreich im „Heim der traurigen Kinder" aufgegeben hat.

Alle schauen dem Krankenwagen hinterher, der mit Blaulicht das Heimgelände verlässt, bis er hinter der Kurve verschwunden ist. Nur wenige Kinder haben Tränen in den Augen. Die anderen sind nicht mehr in der Lage, Gefühle der Trauer zu zeigen.
Auf der Gruppe St. Martin stehen noch ein paar Kinder an den Fenstern. Plötzlich geht Bewegung durch die ganze Gruppe. Die Kinder rennen in den Aufenthaltsraum und sehen ein schreiendes Kind, dass vor einem auf dem Boden liegenden Kind steht.
Das am Boden liegende Kind hat einen epileptischen Anfall. Die Hände und Füße des Kindes sind weit nach oben ausgestreckt. Der Körper bewegt sich ununterbrochen krampfartig und zitternd. Das Gesicht, das mit Schweiß überzogen ist, läuft rot an. Speichel, vermischt mit Blut, fließt aus dem Mund. Das Kind gibt nicht verständliche, verworrene Laute von sich. Schwester Emanuela und Schwester Sabine kommen angerannt und verscheuchen die Kinder. Sie knien sich zu dem Kind nieder und halten es mit aller Kraft fest.
Der Heimarzt erscheint und gibt ihm eine Spritze. Die krampfhaften Bewegungen des Kindes werden weniger, bis es ganz ruhig am Boden liegt. Dr. Schulz schaut in seinen Mund und ist sichtlich erleichtert.
„Gott sei Dank! Er hat sich mit den Zähnen nur seine Zunge verletzt!"
Michael blickt betroffen zu dem Kind und dann zu Sascha.
„Hoffentlich stirbt Franz bald, wenn er tot ist, hat er endlich seinen Frieden gefunden", flüstert er Sascha ins Ohr. „Franz käme bestimmt in den Himmel!"
„Vielleicht hast du recht, ich weiß es nicht", erwidert Sascha und schaut Michael nachdenklich an.

27

Erneut werden die Kinder mit dem Tod der Schwester Ilse konfrontiert. Sie müssen ihr die letzte Ehre auf Erden erweisen und der Beerdigung beiwohnen.
Der große Schock, der dadurch eingetreten ist, dass die Kinder zuvor in das Leichenschauhaus gezwungen wurden, um von der toten Schwester Ilse Abschied zu nehmen, hat sich bereits tief in ihre Kin-

derseelen hineingefressen. Und heute wird der letzte brutale und grausame Akt an den Kindern vollzogen.
Auch nach ihrem Ableben verfolgt Schwester Ilse die Kinder erbarmungslos: Tage, Wochen, Monate und Jahre werden sie nachts immer wieder der alten Frau begegnen und angesichts des Todes große Ängste durchleben und schweißgebadet aufwachen. Diese furchterregende und traumatisierende Begegnung mit dem Tod wird ein ständiger Begleiter ihres Lebens sein.

Die Gruppen stehen in Viererreihen auf dem Platz vor dem Leichenschauhaus. Die Gruppen der Mädchen bilden die ersten Reihen, gefolgt von den Gruppen der Jungen. Die Kinder müssen mitbeten und die Hände falten.
Hinter ihnen gehen die alten und zum Teil gebrechlichen erwachsenen Heimbewohner. Mehrere dieser alten Menschen wischen sich die Tränen aus dem Gesicht. Eine alte Heimbewohnerin, die laut weint und schluchzt, hat einen Weinkrampf und wird von zwei älteren Mitbewohnerinnen gestützt. Das Ende bilden die Schwestern, die alle weiße Taschentücher in den Händen halten. Auch unter ihnen sind einige, die sich die Tränen aus dem Gesicht wischen. Schwester Berta geht geknickt an einem Stock. Ihre Augen sind durch Tränen errötet. Mitten in dem trauernden Menschenzug befindet sich der Wagen, auf dem der Sarg aufgebahrt ist. Auf ihm sind Blumen, Kränze und eine große Schleife mit der Aufschrift: „Gott vergibt dir! – Ruhe in Frieden."
Die Kirchenglocke läutet im dunklen Ton, während sich die Menschen in Bewegung setzen. Der Glockenton verstärkt in den Kindern die großen Ängste, die sie ertragen müssen und denen sie hilflos ausgeliefert sind. Es gibt kleine Kinder, die sich die Ohren zuhalten.
Der Wagen mit dem Sarg wird von erwachsenen Heimbewohnern geschoben. Der Priester, der mit ein paar Messdienern dem großen trauernden Menschenzug vorausgeht, erreicht den Heimfriedhof und bleibt vor dem offenen Grabloch stehen. Auch die Trauernden erreichen den Friedhof und bilden einen großen Kreis um das Grab. Die erwachsenen Heimbewohner heben den Sarg von dem Wagen und tragen ihn zum Grab. Der Geistliche blickt in Betroffenheit auf den Sarg und hält eine Totenrede.
„Allmächtiger Gott, Herrscher des Himmels und der Erde, unser Gebieter, hier stehen wir, bewegungslos, hilflos und voller Schmerz. Wir können nur schwer begreifen und schwer akzeptieren, dass wir einen lieben Menschen verloren haben, den wir alle so sehr geliebt und verehrt haben. Wir alle können nicht begreifen, dass du Schwester Ilse zu dir geholt hast. Und trotzdem lieben und glauben wir alle an dich. Bestärke uns in dem Glauben und schenke unseren Toten neues Leben!"
Die aus alten Heimbewohnern bestehende Musikkapelle fängt an zu spielen, während der Sarg ins Grabloch hinuntergelassen wird. Die Schwestern versammeln sich am Grab und werfen, wie der Priester, nacheinander eine Schaufel Erde und Blumen auf den Sarg.

Schwester Berta steht, von zwei Mitschwestern gestützt, weinend vor dem Grab und wirft eine Blume hinein. Und Schwester Emanuela, die ihr Taschentuch vor dem Gesicht hält, fängt heftig an zu weinen.
Die Kinder und die älteren Heimbewohner blicken auf die Schwestern. Einige weinen, andere schauen teilnahmslos und gleichgültig dem Geschehen zu.
Dann löst sich langsam die trauernde Gemeinschaft auf.
Zurück bleibt der Friedhofsgärtner, der dabei ist, das Grab mit Erde zuzuschaufeln. Und ein alter Heimbewohner, dessen faltiges Gesicht keine Trauer, sondern Wut und Hass ausdrückt. Der gebrechliche Mann, der Tränen in den Augen hat, geht langsam zu dem Grab. Er blickt auf den Sarg, spuckt auf ihn und sieht, wie dieser durch die Erde immer mehr zugedeckt wird. Dann richtet der alte Mann seinen mit Hass erfüllten Blick zum Himmel.

28

Sascha liegt unruhig im Bett und kann nicht einschlafen. Im Arm hält er seinen kaputten Teddybären und drückt ihn ganz fest an sich. Eine längere Zeit liegt er so da; dann schließt er die Augen und versinkt schlafend in einen Traum.

Mitten im Leichenschauhaus wacht Sascha auf und nimmt die Töne der Orgel und der Kirchenglocke wahr. Vor ihm liegt die aufgebahrte tote Schwester Ilse. Sascha bekommt einen furchtbaren Schreck und schreit laut auf. Er will wegrennen, doch er steht da, wie gelähmt. Sascha sieht, wie die tote Schwester langsam ihre glasigen Augen öffnet und ihn mit einem starren, leblosen Blick anschaut. Plötzlich lacht sie laut auf. Sascha beobachtet ihren Oberkörper, der in Bewegung ist, und die Hände, die sich auf ihn zu bewegen. Jetzt schreit er auf und versucht mit aller Kraft, sich nach hinten fortzubewegen. Doch er schafft es nicht. Ihre Hände bekommen seine Hände zu fassen und zerren ihn mit voller Wucht auf das Bett. Beide sehen sich in die Augen. Und während Sascha aus voller Kehle laut schreit, grinst sie ihn an und gibt keuchende Laute von sich.

Sascha wacht schweißgebadet, am ganzen Körper zitternd, schreiend auf. Er hört Schwester Emanuela, die an seinem Bett steht, sagen:
„Sascha, du hast wohl einen schlimmen Traum gehabt! Guten Morgen, aufstehen!"
Ein kleines Kind bleibt im Bett liegen. Ohne ein Wort zu sagen, geht Schwester Emanuela zu ihm und reißt die Schlafdecke beiseite. Die alte Frau sieht dem Kind in das ängstliche Gesicht. Dann blickt sie auf

die Schlafanzughose und erkennt eine große feuchte Stelle. Sie greift sich an die Nase und hält sie zu.

„Du stinkst wie eine Drecksau", schreit die Dienerin Gottes das Kind an. „Du Dreckschwein, steh sofort auf, sofort!"

Das Kind liegt voller Angst bewegungslos im Bett. Schwester Emanuela schaut das Kind aggressiv und kaltherzig an.

„Steh auf der Stelle auf", brüllt sie.

Das Kind, das sich immer noch nicht bewegt, schaut ihr mit verweinten Augen ins Gesicht. Es bemerkt, dass sich der Blick dieser alten Frau nicht verändert. Das Kind, das plötzlich anfängt zu zittern, greift nach der Bettdecke und hält diese mit den kleinen Fingern ganz fest an seinen Körper.

Schwester Emanuela verliert die Geduld. Sie greift nach dem Bettlaken am Fußende des Bettes und zieht mit geballter Wucht das Laken zu sich. Das Kind, das in ihrer Richtung mitgeschleift wird, fängt plötzlich laut an zu schreien. Mit ihrer ganzen Kraft packt sie das Kind an den Füßen und zerrt es über die Bettkante hinaus zu sich. Das schreiende Kind versucht sich mit seinen Händen am Bett festzuhalten, doch es findet keinen Halt. Mit dem Oberkörper fällt es auf den Boden und stößt mit dem Kopf an die Bettkante.

Das Kind schreit wieder laut auf. Es greift sich an den Kopf und bemerkt dort eine Platzwunde. Und an den Händen sieht es Blut. Schwester Emanuela lässt die kleinen Füße los und greift nach dem Bettlaken, das in der Mitte einen großen feuchten Fleck hat. Sie hält das Bettlaken in ihren Händen und schlägt damit auf das Kind ein.

„Du Dreckschwein!" schreit Schwester Emanuela, während sie weiter erbarmungslos auf das Kind einschlägt, „du wirst sofort ins Bad gehen und das Bettlaken mit deinen eigenen Hände waschen. Gnade dir Gott, wenn du noch einmal solche eine Schweinerei fabrizierst, schlage ich dich krankenhausreif! Hast du mich verstanden?"

Das Kind schreit immer lauter und versucht verzweifelt, die Schläge abzuwehren.

„Wenn du nicht sofort deine Pfoten beiseite lässt, werde ich dir den Arsch nach Strich und Faden versohlen!"

Vor Angst gibt das Kind seine schützende Haltung Stück für Stück auf.

29

Die Kinder haben um Michael und Herbert, die auf dem Boden liegen und sich prügeln, einen Kreis gebildet. Sie beobachten Michael, der Herbert in den Schwitzkasten nimmt und sein Kopf mit dem Gesicht nach unten fest auf dem Boden drückt.

„Los Michael, mach ihn fertig!" schreien einige voller Begeisterung.

In ihren Kindergesichtern spiegeln sich die in ihnen aufgestaute Wut, Aggressionen und Hass wider. Herbert hält den Schmerz nicht mehr aus und schreit laut auf. Seine Schmerzensschreie vermischen sich mit dem lauten Gebrüll der anderen.
Schwester Emanuela, die sich in ihrem Zimmer aufhält, hört das Gegröle. Sie reißt die Tür ihres Zimmers auf und rennt über den Flur in den Aufenthaltsraum.
Die lauten begeisterten Schreie und Herberts Schmerzensschreie verstummen schlagartig. Die Kinder stehen sprachlos da und bewegen sich nicht. Schwester Emanuela, die in einer Hand einen Besenstiel hält, läuft direkt auf sie zu.
„Platz da, lasst mich sofort durch!" schreit sie laut.
Alle weichen voller Angst zurück und machen der allmächtigen Schwester den Weg frei.

Groß und breitbeinig steht Schwester Emanuela vor Michael und Herbert, die immer noch auf dem Boden liegen. Michael schaut zu ihr hoch und nimmt den Besenstiel in ihrer Hand wahr. Dann sieht er, wie der Besenstiel mit voller Wucht auf ihn niedergeht und spürt den Aufprall auf seinen Kopf. Michael stößt einen lauten Schmerzensschrei aus und versucht blitzschnell aufzustehen, um wegzurennen. Doch da spürt er bereits den zweiten Aufschlag. Vor Schmerz schreit er noch lauter auf und geht zu Boden. Verzweifelt versucht er, sich mit den Händen zu schützen.
„Du Satansbraten, dir werde ich es zeigen! Du rührst mir keinen anderen Jungen mehr an", schreit die alte Frau, während sie weiter auf Michael einschlägt.
Michael weint innerlich, doch nach außen hin unterdrückt er die Tränen.
„Bitte, bitte Schwester Emanuela", fleht er sie an, „hören Sie auf mit dem Schlagen. Ich werde kein anderes Kind mehr schlagen!"
Das Gesicht der Schwester Emanuela verfinstert sich und läuft rot an. Ihre Stirn ist mit Schweiß bedeckt.
„Du Satansbrut! In der Hölle sollst du schmoren", schreit die Dienerin Gottes, während sie wahllos mit dem Besenstiel auf Michaels Kopf und Rücken und Arme einschlägt. „Du Sohn des Teufels! In der Hölle sollst du lebendig und elendig krepieren!"
Michaels Schreie werden immer leiser, bis man sie nicht mehr hört. Er bewegt sich nicht mehr.
„Der Michael ist tot!" schreit einer plötzlich unerwartet laut.
Schwester Emanuela schreckt zusammen und hört mit dem Schlagen auf. Michael, der ein im Ansatz blaues, geschwollenes Auge hat, bewegt sich plötzlich und fängt wieder laut an zu schreien. Mit einer Hand geht er an den Hinterkopf und fühlt das Blut an seinen Fingern.
Schwester Emanuelas Gesicht, das eben noch für einige Sekunden von Erstarrung gekennzeichnet war, fängt plötzlich an zu strahlen. Michael schaut ihr ins Gesicht und sieht das fromme Lächeln.

Die alte Frau wendet sich wieder Michael zu und will nach ihm treten. Doch Michael reagiert sofort, rollt sich blitzschnell zur Seite und springt auf. Er packt einen Tisch und schmeißt ihn mit voller Wucht um. Dann greift er sich mit beiden Händen einen Stuhl, hält ihn in Kopfhöhe und richtet diesen auf Schwester Emanuela, die vor Schreck zurückweicht.

„Du Dreckschwein, komm schon, traue dich, du Feigling, ich mache dich fertig, du Bastard", schreit sie plötzlich siegessicher aus voller Kehle.

Wenn ihr Blick töten könnte, würde Michael tödlich getroffen umfallen und sich in der göttlichen Hölle wiederfinden.

Michael blickt in ihr gefühlloses, aggressives Gesicht und fängt an zu zittern. Unsicherheit macht sich in ihm breit. Und die große Angst vor der allmächtigen Dienerin Gottes holt ihn wieder ein. Langsam stellt er den Stuhl wieder auf den Boden. Auf diesen Augenblick hat Schwester Emanuela gewartet. Ihr Gesicht glänzt vor Freude, und sie genießt ihren christlichen Sieg.

„Du bist ein erbärmlicher Versager!" schreit sie laut lachend. Und dann stürzt sie sich ohne Vorwarnung auf Michael und verpasst ihm mit voller Wucht eine Ohrfeige. Michael fällt zu Boden und bleibt liegen.

Der Heimarzt und drei Schwestern kommen Schwester Emanuela zur Hilfe. Die Schwestern stürzen sich alle auf Michael und halten ihn an den Armen und Füßen fest. Michael liegt unter ihnen und leistet massiven Widerstand. Dr. Schulz greift mit seinen Händen Michaels Hals und drückt ihn so fest zu, dass er keine Luft mehr bekommt.

Michaels Gesicht läuft rot an. Dr. Schulz lässt seinen Hals los und holt eine bereits fertige Spritze aus dem Arztkoffer und setzt diese an Michaels Arm an. Dann drückt er den ganzen Inhalt der Spritze in Michaels Kinderkörper. Michael, dessen Körper langsam erschlafft, gibt seinen Widerstand Stück für Stück auf. Und gegen die Tränen kann er nicht mehr ankämpfen.

Die Schwestern lassen Michael los, der daraufhin eine Hand erhebt. Schwester Emanuela verfolgt seiner Handbewegung und sieht, wie er auf das Kreuz zeigt. Ihr Gesicht färbt sich rötlich. Und im Aufenthaltsraum ist es plötzlich beängstigend still.

Mit letzter Kraft erhebt sich Michael und geht schwankend auf Schwester Emanuela zu. Die alte Frau weicht zurück. Michael stürzt sich auf sie, umklammert ihren Körper und schaut zu ihr hoch. Ihre Blicke treffen sich. Die Augen der Schwester Emanuela sind leblos und kalt. Und Michaels Augen glänzen durch die Tränen.

„Schwester Emanuela", schreit Michael, „ich himmle Sie an, ich bete Sie an, ich begehre Sie. Ich möchte Ihnen alleine gehören. Ich möchte von Ihnen geliebt werden. Ich liebe Sie. Ich sehne mich nach Ihrer Wärme und Zärtlichkeit. Bitte, bitte, ich wünsche mir von ganzen Her-

zen, dass Sie meine Mutter werden! Meine Mutter hat mich auch durch Schläge so sehr verletzt – wie Sie!"
Schwester Emanuela ist völlig irritiert. Mit aller Kraft befreit sie sich aus Michaels Umklammerung und schubst ihn mit voller Kraft von sich. Michael fällt zu Boden. Plötzlich ist es wieder furchterregend still. Nach einigen Sekunden wird die Stille durch Dr. Schulz unterbrochen.
„Schwester Emanuela, bitte geben Sie dem Jungen ab sofort je eine Tablette Truxal, und zwar am frühen Morgen und am frühen Abend!"

30

Im Aufenthaltsraum stehen Sascha und Schwester Sabine vor der Fensterbank, auf dem der leere Vogelkäfig steht.
„Warum wünscht sich Michael Schwester Emanuela als Mutter, verstehen Sie das?" fragt Sascha Schwester Sabine verwirrt.
Schwester Sabine schaut ihn erstaunt an.
„Wenn Schwester Emanuela da ist, ist sie der Teufel! Und trotzdem: Ihr Kinder seid alle von ihr total abhängig! Ohne sie könnt ihr alle nicht leben und nicht existieren!"
Sie schaut aus dem Fenster und fängt an zu weinen. Und ihre Stimme ist voller Traurigkeit.
„Sascha, man kann das auch so ausdrücken: Wenn man die Wahl hat zwischen dem Teufel und dem Nichts, wählt man den Teufel!"
„Warum bekommt Michael Truxal?" fragt Sascha neugierig weiter.
Auf Schwester Sabines Haut bildet sich eine Gänsehaut. Es fällt ihr schwer, Saschas Fragen weiter zu beantworten.
„Truxal ist ein Mittel, mit den man Kinder ruhigstellen kann", antwortet sie ihm mit leiser Stimme, „wenn Michael das Zeug eine gewisse Zeit geschluckt hat, wird er immer ruhiger und stiller, dann wird man von ihm nichts mehr hören. Er wird dann tagein, tagaus total schlaff und müde den langen Flur auf und ab gehen – ohne ein Ziel vor Augen! Er wird nicht mehr ansprechbar, dafür aber absolut friedlich und harmlos sein. Er ist dann gefügig und fällt nicht mehr auf! Und mit ihm kann man dann machen, was man will!"
Sascha blickt sie ahnungsvoll an.
„Schwester Sabine, seit ich dieses Androcur bekomme, sind meine Gefühle wie abgestorben! Wenn ich mich berühre, spüre ich nichts mehr!"
Schwester Sabine schaut ihn betroffen an und drückt ihn ganz fest an sich. Dann gehen beide langsam zur Tür. Im Gruppenflur trauen sie ihren Augen nicht.
Dort sitzen einige Kinder teilnahmslos auf der großen Bank. Sie alle blicken Michael an, der den langen Flur immer wieder auf und ab geht. Michael wirkt auf die Kinder total apathisch. Sein Kopf ist auf

den Boden gerichtet; er gibt keinen einzigen Laut von sich. Alle Kinder sind ganz still. Nur die Aufschläge von Michaels Schuhen auf dem Boden sind hörbar.
Schwester Sabine geht auf Michael zu, umarmt ihn und spürt grenzenlose Gleichgültigkeit. In seinem Gesicht erkennt sie eine beängstigende Gefühlsarmut und Leblosigkeit.

Michaels Lebenslauf

Michael wird im Frühjahr 1976 von einer Prostituierten, die ungewollt schwanger wurde und Kinder nicht ausstehen konnte, zur Welt gebracht. Die innere Ablehnung lässt sie ihn von Anfang an spüren; dieses kleine Lebewesen bedeutet für sie nur Ballast. Das Kind Michael, das nur wenige Monate bei der Mutter lebt, wird von dieser bei ihren Eltern, beide streng katholisch, untergebracht. Im Haus der Großeltern verlebt er die ersten vier Lebensjahre in glücklicher Harmonie. Dem Kind, das sehr lebendig ist und viel anstellt, sind die Großeltern, die ihr Enkelkind über alles lieben, mit der Zeit jedoch nicht mehr gewachsen. Sie suchen verzweifelt Hilfe und wenden sich an das Jugendamt. Statt den Großeltern Beratung und Hilfeleistung an die Hand zu geben, tritt die Jugendbehörde als Ankläger gegen sie auf: Den Großeltern wird pauschal die Unfähigkeit zur Erziehung eines Kindes bescheinigt. Durch das pädagogische Urteil verurteilt, wird ihnen das Kind weggenommen. Und obwohl sie sich dagegen zur Wehr setzen, können sie nicht verhindern, dass Michael in einer „Nacht-und-Nebel-Aktion" in ein katholisches Kinderheim verfrachtet wird.
Michael, vom Wesen her ein sehr emotionales und nachdenkliches Kind, provoziert die Nonnen bereits seit seiner Ankunft dadurch, dass er sehr zurückgezogen und verträumt in den Tag hineinlebt. Die Nonnen kommen mit dem verschlossenen Kind nicht klar: Sie schreien Michael zum Beispiel dann an, wenn er alleine an einem Fenster steht, die Vögel beobachtet, vor sich hin singt und träumt. Michael zuckt dann vor Angst und Schrecken in sich zusammen.
Irgendwann beginnt Michael, den Nonnen einen kindlichen Widerstand entgegenzusetzen, doch er hat gegen die Übermacht dieser Frauen keine Chance: Der Widerstand wird durch Prügel und Abstrafen sehr schnell gebrochen. Und der Heimarzt verschreibt ihm Truxal, an das sich das Kind mit der Zeit gewöhnt. Die „medizinische Therapie" in Form der „chemischen Keule": Truxal zeitigt – planmäßig und gewollt – einen schnellen Erfolg: Das Kind wird immer ruhiger, stiller, bewegungsloser – kurzum: Es wird schlaff und müde.
Durch die Persönlichkeitsveränderung, die mit der medikamentösen Dauerbehandlung einhergeht, tritt die gewollte Widerstandsunfähigkeit und gleichzeitig die Willfährigkeit ein. Das Kind funktioniert, wird

fremdbestimmt, passt plötzlich in das Erziehungssystem der Schwarzen Pädagogik. Michael ist in den Augen der Nonnen wie ein „neugeborenes" Kind: friedlich, harmlos, unterwürfig, willig.

1993 aus dem Heim entlassen, findet auch Michaels Heimkarriere eine traurige Fortsetzung: Michael wird eines schweren Diebstahls überführt und muss sich vor dem Jugendgericht verantworten. Er wird eindringlich verwarnt und muss zur Strafe in einem Krankenhaus arbeiten. Nachdem die richterliche Verwarnung und die Ableistung von Arbeitsstunden in dem Krankenhaus Michael nicht zur Vernunft bringen und er sich der schweren Körperverletzung und des Raubes schuldig macht, kennt der Jugendrichter kein Erbarmen mehr: Der jugendliche Angeklagte wird zu einer mehrjährigen Haftstrafe verurteilt.

31

Die Kinder sind beim Essen. Einige reden leise miteinander, andere lachen, wieder andere sitzen stumm und bewegungslos auf ihren Stühlen. Plötzlich verstummen alle. Kinder, die eben noch lachten, sind todernst. Ihre Gesichter spiegeln die Angst wider, die in ihnen lebt.
Mit ernster und strenger Miene hat Schwester Emanuela den Speisesaal betreten. In den Händen hält sie zwei verschiedene Medikamentenpackungen. Auf der einen Packung steht Truxal, auf der anderen Androcur. Die Kinder verfolgen ängstlich jeden ihrer Schritte und jede Bewegung ihrer zittrigen Hände. Die alte Frau geht auf Michael zu und öffnet die Packung mit der Aufschrift: Truxal. Während sie ihm in das verängstigte und verunsicherte Kindergesicht blickt, nimmt sie mit einer zittrigen Hand eine Tablette aus der Packung.
„Michael, mach sofort den Mund auf, und schluck die Tablette hinunter!" fordert sie ihn auf.
Michael öffnet vor Angst freiwillig den Mund, und Schwester Emanuela schiebt ihm die Tablette tief in dem Mund. Dabei beobachtet sie Michael ganz genau, der den Mund schließt und die Tablette hinunterschluckt.
„Mach den Mund auf und streck deine Zunge hinaus", fordert sie ihn im harten Ton auf, „damit ich mich davon überzeugen kann, dass du die Tablette auch tatsächlich runtergeschluckt hast!"
Michael öffnet den Mund und streckt die Zunge hinaus. Die alte Frau blickt in Michaels Mund und Rachen und fängt zufrieden an zu lächeln. Dann geht sie zu dem verängstigten Sascha und gibt ihm eine Tablette aus der Packung mit der Aufschrift: Androcur in die Hand.

Auch Sascha nimmt aus Angst die Tablette freiwillig in den Mund und schluckt sie mit einer Tasse Tee hinunter. Schwester Emanuela lächelt wieder zufrieden. Sie bewegt sich auf zwei andere Kinder zu, die besonders lebhaft sind und sich häufig widersetzen, und gibt ihnen je eine Tablette der Marke Truxal in die Hände. Eines der Kinder führt die Tablette ängstlich mit zitternder Hand zum Mund und schluckt sie mit einer Tasse Tee unaufgefordert hinunter.
Das andere Kind schaut sich die Tablette schweigend an und weigert sich, sie hinunterzuschlucken.
„Ich will keine Tablette mehr", fleht das Kind Schwester Emanuela an, „ich will auch ganz, ganz brav sein!"
„Immer dasselbe Theater mit dir", schreit die alte Frau das Kind laut an. „Du wirst sofort die Tablette in den Mund nehmen und diese hinunterschlucken, sofort!"
Das Kind fängt vor Angst an zu zittern, und auf seiner Stirn bildet sich Angstschweiß. Verängstigt blickt es Schwester Emanuela ins Gesicht und weigert sich, den Mund aufzumachen. Schwester Emanuela geht mit ihrem Gesicht nahe an das Gesicht des Kindes heran. Plötzlich sieht das Kind ihre Finger, die sich auf seine Nase zu bewegen und nach ihr greifen.
„Aua! Das tut weh!" schreit das Kind vor Schmerz laut auf.
„Das ist erst der Anfang", erwidert sie laut, „wenn du nicht sofort gehorchst, werde ich dich vor aller Augen aufs Knie legen und dir deinen Po versohlen!"
Da das Kind über die Nase keine Luft mehr bekommt, öffnet sich der Mund nun „freiwillig". Das Kind sieht, wie sich die leblosen und strengen Gesichtszüge der alten Frau auflösen und sie anfängt zu grinsen. Und es nimmt die zittrigen Finger wahr, die ihm die Tablette tief in den Rachen schieben. Plötzlich überkommt das Kind ein Brechreiz, und es muss erbrechen. Das Erbrochene, in dem sich auch die Tablette befindet, spritzt auf Schwester Emanuelas Hand und auf den Tisch. Die Dienerin Gottes sieht das Erbrochene auf ihrer Hand und knallt dem Kind mit dieser Hand eine Ohrfeige. Das Kind fängt an zu weinen und gerät ins Wanken. Mit großer Kraft versucht es, sich an der Tischdecke festzuhalten. Dabei zieht das Kind die Tischdecke und gleichzeitig ein paar Teller, Tassen und Besteck mit in die Tiefe. Das laute Klirren der herunterfallenden Teller, Tassen und des Bestecks, die auf das Kind niederfallen und zum Teil zu Bruch geht, hallt durch den ganzen Speisesaal.
Schwester Emanuela stellt sich in voller Größe und breitbeinig vor dem Kind auf und blickt von oben auf es herab. Das Kind sieht, wie die alte Frau ihren rechten Fuß hochhebt und blickt ihr erschrocken ins Gesicht.
„Nein!" schreit das Kind laut auf, „bitte nicht, Schwester Emanuela!"
Schnell versucht das Kind aufzustehen, doch es ist zu spät. Die allmächtige Dienerin Gottes versetzt dem Kind einen Fußtritt in den Magen. Das Kind schreit laut auf und krümmt sich vor Schmerzen.

„Du Mistkerl!" schreit sie laut, „du wirst alle kaputten Teller und Tassen bezahlen: Du bekommst mindestens für ein halbes Jahr kein Taschengeld! Du beseitigst sofort die Scherben! Wenn du fertig bist, gehst du sofort ins Bett! Und jetzt nimmst du die ausgespuckte Tablette und schluckst sie hinunter!"
Die Kinder schauen zu dem daliegenden Kind und sind sprachlos. Niemand von ihnen erhebt seine Stimme. Keiner steht auf und stellt sich schützend zwischen das Kind und die allmächtige Schwester Emanuela. Sie blicken dem vor Schmerzen brüllenden Kind in das verzerrte Gesicht und sitzen bewegungslos auf den Stühlen. Aus einigen Kindergesichtern spricht Anteilnahme, aus anderen eine Gleichgültigkeit gegenüber dem Schicksal dieses Kindes. Doch die große Angst vor Schwester Emanuela ist bei allen Kindern spürbar. Sie fangen an zu zittern bei dem Gedanken, einer von ihnen könnte der nächste sein.

Mit zitternden Händen holt das Kind die Tablette aus dem Erbrochenen und schluckt sie hinunter. Dann kriecht es auf dem Boden herum und sammelt die kaputten Teller und Tassen zusammen. Sascha und ein paar andere Kinder stehen plötzlich spontan von ihren Stühlen auf und wollen helfen. Doch sie hören die Stimme der Schwester Emanuela und schrecken in sich zusammen.
„Setzt euch sofort wieder hin! Niemand hilft dem Jungen! Dafür ist er ganz alleine verantwortlich!"
Ohne Widerworte setzen sie sich wieder hin. Während das Kind die zerbrochenen Teller und Tassen in einen Eimer schaufelt, fordert Schwester Emanuela alle auf, zum Gebet aufzustehen. Die Kinder stehen von ihren Stühlen auf, falten die Hände und beten mit ihr gemeinsam.
„Lieber Gott, jeden Tag schenkst du uns erneut die Speisen, die wir zum Leben brauchen! Segne sie! Wir danken dir dafür!"

Schwester Emanuela erhebt eine Hand, streckt sie aus und bewegt diese blitzschnell nach unten. Die Kinder wissen, dass sie sich wieder auf ihre Plätze zu setzen haben, und tun es. Sie blicken alle ängstlich zu der alten Frau auf.
„Morgen Mittag erwarten wir unsern Bischof", erklärt sie den Kindern. „Er macht sich die Mühe, uns zu besuchen. Der Bischof will euch sehen. Wenn ihr morgen aus der Schule kommt, werdet ihr alle eure Sonntagsbekleidung anziehen und brav und anständig sein. Wenn sich auch nur einer danebenbenimmt, passiert etwas ganz Schlimmes!"
Ihre drohenden Worte kommen bei den Kindern gezielt an. Sie haben Angst vor dem Morgen, Angst, sich daneben zu benehmen, Angst, dass das Schlimme unwiderruflich eintreten könnte.

32

Herr Müller, Oberin Andrea, Schwester Emanuela und mehrere andere Schwestern stehen an der großen Toreinfahrt. Ihre Blicke richten sich ungeduldig auf die Straße. Der Heimleiter schaut nervös auf seine Uhr. Dann endlich ist der große Augenblick gekommen. Alle Augen sehen einen schwarzen großen Wagen um die Straßenkurve auf sich zukommen. Alle treten zur Seite, um den Wagen Platz zu machen, der langsam an ihnen vorbei durch das Tor zur Eingangshalle des Heimes rollt. Mit großen Schritten gehen der Priester und die Schwestern auf das Auto zu. Auf dem Heimvorplatz steht die Musikkapelle, die sich aus alten Heimbewohnern zusammensetzt. Die Musiker fangen an zu spielen, während dem Wagen drei in Schwarz gekleidete Herren entsteigen. Der Priester geht auf einen älteren, gebrechlichen, grauhaarigen Mann mit Brille zu, der um seinen Hals eine goldene Kette mit goldenen Kreuz trägt. Auf dem Kreuz befindet sich nicht die Jesusfigur, sondern zahlreiche Diamanten, die Jesus darstellen sollen. Der Priester gibt dem Mann die Hand und macht eine tiefe, ehrerbietige Verbeugung.
„Guten Tag, Euer Exzellenz!" begrüßt er den alten Mann. „Im Namen aller Kinder und Erwachsenen heiße ich Sie ganz herzlich willkommen!"
Die Schwestern haben sich hinter dem Priester aufgebaut. Mit erhobenem Haupt geht Oberin Andrea auf den alten Mann zu, der ihr seine rechte zittrige Hand hinhält. Mit göttlicher Verehrung blickt sie in sein faltiges Gesicht. Ihr Blick, der Frömmigkeit und Unterwürfigkeit ausdrückt, richtet sich auf seine faltige Handoberfläche, die sie gottesfürchtig küsst. Die alte Frau verbeugt sich ehrerbietig und blickt dann lächelnd zu ihm hoch.
„Euer Exzellenz, Herr Bischof", begrüßt sie ihn schwärmerisch, „wir alle und die Kinder besonders sind überglücklich! Wir freuen uns alle!"
Zur Bestätigung blickt sie zu den Mitschwestern, die alle liebevoll lächeln.
Der Bischof wendet sich von ihr ab und blickt auf das Heimgebäude. Mit weit ausgestreckter Hand macht der Gottesmann ein Kreuzzeichen und nuschelt, für die Anwesenden nicht hörbar, vor sich hin. Dann dreht er sich um und folgt den anderen.

Im Aufenthaltsraum sitzen die Kinder regungslos und kerzengerade in den Sonntagskleidern an den Tischen. In ihren Gesichtern ist kein Lächeln. Der gesamte Saal ist feierlich geschmückt. Auf Schränken, Regalen und Tischen stehen Blumen und brennende Kerzen.
Herr Müller erscheint im Aufenthaltsraum, gefolgt vom Bischof und seiner Begleitung, Oberin Andrea und Schwester Emanuela.

„Meine lieben Kinder", sagt Schwester Emanuela in liebevollem Ton und lächelt, „steht bitte auf und gebt Euer Exzellenz, unserem Herrn Bischof, die Hand!"
Die Kinder stehen alle gleichzeitig artig auf. Die in ihnen lebende Angst beherrscht wieder ihre Gefühlswelt. Ihre Herzen klopfen rasend schnell. Einige Kinder zittern leicht, und auf ihrer Stirn bildet sich Angstschweiß.
Schwester Sabine geht auf dem Bischof zu, verbeugt sich gottesfürchtig und küsst die von ihm ausgestreckte Hand. Dann grüßt jedes Kind den Bischof und gibt ihm die Hand. Der Stellvertreter Christi genießt für alle sichtbar diese Unterwürfigkeit. Mit seiner zittrigen Hand geht der Gottesmann über das Haar jedes einzelnen Kindes. Michael, der vor Müdigkeit kaum seine Augen aufhalten kann und seinen Körper nicht unter Kontrolle hat, schwankt. Mit seinem blauen, geschwollenem Auge steht er vor dem Bischof, der ihn von oben herab irritiert anschaut.
„Mein Junge, geht es dir nicht gut?" fragt der Bischof ihn erstaunt.
Michael schaut den Gottesmann mit seinen traurigen Augen an und schweigt.
„Herr Bischof", antwortet Schwester Emanuela für Michael, „der Junge bekommt seit einiger Zeit ein Medikament. Der Nachteil ist: Er ermüdet schnell!"
Der Bischof nickt stumm.

Nach dieser herzlichen Begrüßung erhebt der Bischof seine rechte Hand und streckt sie den Kindern entgegen. Dann macht er ein Kreuzzeichen und segnet sie im Namen Gottes. Die Kinder bekreuzigen und bedanken sich für seinen göttlichen Segen. Im gleichen Moment faltet Schwester Emanuela ihre Hände zum Gebet und schließt die Augen. Der Bischof blickt die Kinder der Reihe nach an und winkt Sascha zu sich.
„Mein Junge, wie heißt du?"
Sascha sieht dem alten Mann angstvoll ins Gesicht. Schwester Emanuela, die eben noch liebevoll lächelte, ist plötzlich todernst. Sie geht auf Sascha zu und berührt ihn mit einer Hand an der Schulter. Erschrocken blickt er zu ihr und erwidert dem Bischof.
„Sascha Hesse."
Nachdenklich schaut der Bischof ihn an.
„Gefällt es dir hier im „Heim der traurigen Kinder"?"
Sascha zögert mit einer Antwort. Er blickt erst zu Schwester Emanuela, dann zu Schwester Sabine und dreht sich zu den Kindern um.
„Mein Junge", wiederholt der Bischof die Frage, „ich habe dich gefragt, ob es dir hier gefällt!"
„Herr Bischof", antwortet Sascha mit unsicherer, leiser Stimme, „mir gefällt es hier ganz gut!"
Etwas irritiert blickt der Bischof zu Schwester Emanuela, die sich bemüht, ein Lächeln aufzusetzen.

„Mein Junge", fragt er Sascha noch einmal, „hast du vor jemandem Angst? Du brauchst keine Angst zu haben. Gefällt es dir hier wirklich gut und fühlst du dich hier auch wohl?"
Erneut blickt Sascha in Schwester Emanuelas Gesicht. Die Dienerin Gottes erwidert seinen Blick mit einer strengen, herausfordernden Gesichtsmiene. Vor Angst fängt Sascha an zu zittern.
„Mir gefällt es hier sehr gut, Herr Bischof!" antwortet Sascha schnell.
Sichtlich erleichtert lächelt der Bischof zufrieden. Schwester Emanuela bittet den Bischof und seine Begleitung zum Kaffeetrinken in den Speisesaal.

Im Speisesaal sind die Tische alle mit weißen Tischdecken, Blumen und brennenden Kerzen ausgestattet und wegen dem hohen Besuch mit schönem Porzellan gedeckt. An diese wunderschön zubereiteten Tische setzen sich nun die Kinder. Am Fenster sitzt kein einziges Kind, dort nimmt der Bischof mit Begleitung, Herr Müller, Oberin Andrea und Schwester Emanuela Platz. Schwester Sabine und Fräulein Jung bedienen die Herrschaften mit Kaffee und Kuchen. Die größeren Kinder haben die Ehre, die Kleinen mit Kuchen und Tee zu versorgen.
Der Bischof schaut sich den Saal näher an, und sein Blick richtet sich auch auf die Kinder. Der Gottesmann sieht wieder Michaels blaues und geschwollenes Auge und blickt fassungslos zu dem Priester. Der Stellvertreter Christi deutet mit einer Hand auf Michael.
„Herr Müller", fragt er, „ich wollte es vorhin nicht vor den Kindern sagen: Der Junge da drüben, der hat ein blaues, geschwollenes Auge. Wie konnte das passieren?"
Schwester Emanuelas Gesicht wird vor Schreck blass. Mit flehendem und gottesfürchtigem Blick schaut sie zu dem Priester. Dann lehnt sie sich mit einem leichten Aufstöhnen verkrampft im Stuhl zurück. Der Priester blickt ihr tief in die Augen und schaut dann zu Michael.
„Der Junge hat sich mit einem anderen Jungen gestritten, dabei ist das passiert. So sind Kinder nun einmal!" antwortet der Priester dem Bischof im ruhigen Ton.
Der Bischof ist beruhigt und Schwester Emanuela sichtlich erleichtert. Nach dem Kaffeetrinken führt Schwester Emanuela, mit erhobenem Haupt und voller Stolz, den Bischof durch die ganze Gruppe. Nach dieser Besichtigung geht der Bischof noch einmal in den Aufenthaltsraum, in dem die Kinder spielen, und verabschiedet sich.

Im Gruppenflur geht der Priester besorgt und unsicher auf Schwester Emanuela zu.
„Schwester Emanuela, heute Nachmittag kommt Schwester Sabine zu mir. Wissen Sie, was Ihre Mitschwester so brennend auf dem Herzen hat?"
Entsetzt blickt sie Herrn Müller in die Augen.

„Ich weiß nicht, was Schwester Sabine mit Ihnen besprechen will. Vielleicht sehen Sie eine Möglichkeit, mich später über den Inhalt des Gesprächs aufzuklären."
Herr Müller schaut sie verwundert an und nickt stillschweigend.
Mit dem Bischof, seiner Begleitung und Oberin Andrea verlässt er die Gruppe.

Der Bischof und der Priester betreten kurze Zeit später gemeinsam die Kirche und lassen sich auf der ersten Bankreihe nieder.
Die Kirchenmänner schließen die Augen, falten die Hände und beten.
Es herrscht geradezu Totenstille.
Nach dem Gebet öffnet der Bischof die Augen und geht zu den Beichtstühlen. Der Priester, der den Kopf nach unten gerichtet hält, öffnet ebenfalls die Augen, richtet sich auf und folgt ihm schweigend.
Der Bischof geht in die Kabine, die eigentlich der Priester für sich beansprucht, wenn er den Kindern die Beichte abnimmt. Heute betritt der Priester den Beichtstuhl, der für die Kinder reserviert ist. Die Kirchenmänner schließen schweigend hinter sich die Tür.
Der Priester kniet sich auf die Kniebank nieder, auf dem sonst ein Kind niederknien muss, um sich dem Bischof und Gott zu unterwerfen und zu offenbaren. Die Dunkelheit, die durch das dunkelrote Licht leicht durchbrochen wird, ist dem Priester unheimlich. Er richtet seine Augen auf die mit einem roten Samttuch ausgestatteten Wände und die Decke. Dann blickt er zu dem Holzgitter und erkennt schemenhaft das Gesicht seines Bischofs. Ihm wird schlagartig bewusst, dass er von seinem Bischof durch die Holzwand mit dem dort angebrachten Holzgitter räumlich getrennt ist.
Schweigsam schließt der Priester die Augen. Plötzlich fängt sein Herz rasend schnell an zu schlagen, und auf der Stirn bilden sich Schweißtropfen. Sekunden später fängt der Geistliche an zu zittern, und auf der Haut bildet sich eine Gänsehaut. Dem Kirchenmann wird es plötzlich schlecht, und ihn überkommt ein Brechreizgefühl, das er unterdrückt. Mit einer Hand wischt er sich immer wieder den Schweiß aus der Stirn.
Der Bischof blickt durch das Holzgitter und beobachtet ihn einige Minuten stillschweigend.

Mit seiner männlichen Begleitung steht der Bischof, Herr Müller und die Oberin Andrea an dem großen Wagen, der mitten auf dem Heimvorplatz abgestellt ist.
Der Bischof schaut sich den gesamten Heimkomplex noch einmal an und gibt dem Priester die Hand.
„Herr Müller, ich bedanke mich sehr für den herzlichen Empfang!"
Während er weiterspricht, schaut er andächtig zum Himmel.
„Möge Ihnen auch in Zukunft unser Allmächtiger Gott bei allem, was Sie tun, mit seiner göttlichen Güte und Gnade beistehen!"

Die Oberin Andrea geht auf dem Bischof zu, verbeugt sich voller Ehrfurcht und küsst die von ihm ausgestreckte Hand.
„Euer Eminenz, Herr Bischof", sagt sie im flüsternden Tonfall, „wir haben uns alle sehr gefreut! Es ist für uns alle eine große, große Ehre, dass Sie Zeit gefunden haben, uns zu besuchen!"
Der Bischof lächelt sie dankend an.
Ein Begleiter öffnet dem Bischof die Wagentür, der auf dem Rücksitz Platz nimmt. Während der Wagen langsam anrollt, blickt der Bischof zu dem Priester und zur Oberin Andrea. Der alte Kirchenmann erhebt seine zitternde Hand und macht ein Kreuzzeichen. Dann winkt er ihnen zu. Auch der Priester und Oberin Andrea, die beide Tränen der Rührung in den Augen haben, winken dem Bischof zu.
Der Wagen fährt durch das Tor auf die Straße. Der Priester und die Oberin Andrea schauen und winken ihm hinterher, bis er hinter der Kurve verschwindet.

33

Schwester Sabine sitzt dem Heimleiter in seinem Büro gegenüber. Sie ist unsicher und spielt nervös mit ihrer Goldkette und dem Kreuz, das auf ihrer Brust hängt, herum. Der Priester, der sehr selbstsicher hinter seinem Schreibtisch sitzt, schaut kurz auf seine Uhr und blättert gelangweilt und uninteressiert in einer Akte herum.
„Schwester Sabine, ich habe nicht viel Zeit. Meine Zeit ist sehr kostbar! Also bitte: Was haben Sie auf dem Herzen?"
Schwester Sabine schaut über seinen Kopf hinweg auf das große, an der Wand hängende goldene Kreuz.
„Herr Müller" – sie hält kurz inne, ringt nach Luft und spricht mit unsicherer Stimme weiter – „ich habe große Schwierigkeiten zu akzeptieren, dass man hier im „Heim der traurigen Kinder" unter christlicher Nächstenliebe versteht, Kinder zu demütigen, zu schlagen und zu bestrafen."
Mit offenem Mund starrt der Kirchenmann sie an. Mit starker Stimme äußert er Worte des Entsetzens.
„Schwester Sabine, habe ich Sie eben richtig verstanden: Sie behaupten, dass hier in diesem christlichem Heim Kinder gedemütigt, geschlagen und bestraft werden?!"
Der Gottesmann hält inne, um nach Luft zu schnappen.
„Wissen Sie überhaupt", schreit er sie laut an, „was Sie da gerade gesagt haben?"
„Natürlich weiß ich, was ich gerade gesagt habe", antwortet sie ihm, und ihre Stimme gewinnt mehr und mehr an Sicherheit. „Die Menschenwürde der Kinder wird alltäglich durch Mitschwestern und Mitarbeiterinnen mit Füßen getreten!"

Sprachlos und entsetzt steht der Geistliche vom Stuhl auf und geht auf und ab. Dann bleibt er vor dem Kreuz stehen und blickt die Jesusfigur an. Und während der Priester die Jesusfigur anschaut, spricht er im leisen, ruhigem Ton mit Schwester Sabine.
„Was konkret werfen Sie Ihren Mitschwestern und den Mitarbeiterinnen vor?"
„Ich habe mit eigenen Augen gesehen, wie Kinder geschlagen und getreten wurden. Ich habe mit eigenen Augen gesehen, wie Kinder, ja zum Teil kleine Kinder, gegen Tische, Heizkörper und Wände gestoßen wurden. Ich habe mit eigenen Augen gesehen, wie sie zum Essen oder auch zur Beichte gezwungen wurden. Und noch schlimmer: Kinder wurden gezwungen, von Schwester Ilse im Leichenschauhaus und bei ihrer Beerdigung Abschied zu nehmen!"
Schwester Sabine ist plötzlich nicht in der Lage, weiterzusprechen. Sie ist ergriffen von der Erinnerung an die verschiedenen Misshandlungen, denen Kinder wehrlos und hilflos ausgesetzt waren und sind. Und sie weiß, dass sie dies immer wieder mitbekommt und schweigt und keinen Protest erhebt. Die junge Frau sieht plötzlich vor sich, wie in einem Film, schreiende, flehende und weinende Kinder, während sie auf das Kreuz blickt.
Ihre Augen werden feucht: Tränen bahnen sich ihren Weg. Aus ihrer Schwesterntracht holt sie ein Taschentuch und wischt sich die Tränen aus dem Gesicht.
„Ich kann und will", fährt sie fort, „diesen gravierenden, brutalen und unmenschlichen Widerspruch zwischen dem christlichen Auftrag der Nächstenliebe im Rahmen der christlichen Erziehung auf der einen Seite und der kaum vorstellbaren und doch real existierenden Brutalität, die hier alltäglich herrscht, auf der anderen Seite nicht akzeptieren! Ich kann den christlichen Auftrag so nicht erfüllen!"
Wieder hält sie inne und schaut den Priester, der immer noch auf das Kreuz und die Jesusfigur blickt, von hinten an. Die Kirchenglocke ertönt, und Schwester Sabine spricht unbeirrt weiter.
„Herr Müller, ich leide mit den Kindern! Wenn eine Mitschwester oder eine Mitarbeiterin ein Kind schlägt und sich das Kind vor Schmerzen krümmt und laut schreit, dann krümme ich mich innerlich auch vor Schmerz und fange innerlich an zu schreien. Wenn das Kind dann weint, dann weine ich in meinem Inneren mit!"
Der Gottesmann dreht sich zu ihr um. Sein Gesicht ist versteinert und leblos. Dann verändert sich schlagartig sein Gesichtsausdruck. Der Kirchenmann schaut Schwester Sabine mit kalter, strenger Miene an und nähert sich ihr. Breitbeinig bleibt er vor ihr stehen.
„Schwester Sabine", brüllt er sie an, „ich kann Ihre bösartigen Unterstellungen und Verleumdungen nicht akzeptieren. Überhaupt kann ich Ihre Auffassung von christlicher Erziehung nicht teilen, ich verurteile sie auf das Schärfste!"
Der Gottesmann geht zum Fenster und schließt es.

„Ohne Zucht, Ordnung und Sanktionen", brüllt er weiter auf die junge Frau ein, wobei ihm Speichel aus dem Mund läuft, den er sich mit dem Ärmel seiner Anzugsjacke abwischt, „sind der Heimalltag und die Heimwirklichkeit nicht vorstellbar. Wenn Sie es konkreter haben wollen: Prügel und Bestrafung sind notwendig, um die Heimordnung und den Heimfrieden zu erhalten und eine erfolgreiche christliche Erziehung, orientiert an Jesus Christus und Gott, dem Allmächtigen im Himmel und auf Erden, zu gewährleisten!"
Schwester Sabine fängt erneut an zu weinen und wischt sich die Tränen aus dem Gesicht. Mit eisernem und kaltem Blick schaut der Gottesmann auf sie herab.
„Wir können hier hochsensible Menschen nicht gebrauchen", fährt er fort, „sie stellen eine sehr, sehr große Gefahr dar: für die Heimordnung, den Heimalltag, die Gesellschaft und unsere christliche Pädagogik! Ich kann Ihnen nur nahe legen..."
Der Kirchenmann hält kurz inne und schreit es dann laut heraus:
„... Schwester Sabine, verlassen Sie uns sofort: Wenn Sie nicht freiwillig gehen, werde ich über Ihr Mutterhaus dafür sorgen, dass Sie zurückgerufen werden! Sie sind für unser Haus und für unsere Kinder eine große Gefahr und daher nicht mehr tragbar!"
Entsetzt und schockiert blickt Schwester Sabine zu ihm hoch.
„Herr Müller", erwidert sie mit leiser Stimme, „haben Sie schon einmal so ein Kind schreien gehört und weinen gesehen? Können Sie den Schmerz auch nur annähernd nachempfinden, den ein Kind verspürt, wenn ihm Unrecht geschieht? Herr Müller, können Sie das alles persönlich und vor Gott verantworten...?"
„Schwester Sabine", fällt der Priester ihr im erregten und aggressiven Ton ins Wort, „wir müssen uns alle am Jüngsten Tage vor dem Jüngsten Gericht verantworten. Sie und ich!"
Der Geistliche geht zur Tür, öffnet sie und fordert Schwester Sabine mit einer Handbewegung auf, sein Büro zu verlassen. Schwester Sabine steht langsam auf, und während sie mit langsamen Schritten an ihm vorbei geht, blickt sie, mit Tränen in den Augen, in sein Gesicht. Der Geistliche weicht ihren Augen aus und schließt hinter sich die Tür.
Der Priester geht zum Telefon und wählt eine Nummer. Am anderen Ende der Leitung ist Schwester Emanuela.
„Schwester Emanuela, soeben habe ich mit Schwester Sabine gesprochen. Sie ist für unser Heim nicht mehr tragbar. Ich habe sie aufgefordert, uns zu verlassen! Falls sie nicht freiwillig gehen sollte, werde ich höchstpersönlich dem Mutterhaus die Abberufung auferlegen!"
Schwester Emanuela ist verwirrt und will mehr erfahren.
„Herr Müller, können Sie nicht konkreter werden?"
„Das ist leider nicht möglich!" erwidert der Gottesmann und legt auf.

34

Schwester Berta sitzt am frühen Morgen an der Kirchenorgel und blickt auf Schwester Sabine herunter, die über den Mittelgang zum Altar geht. Während die alte Frau auf der Orgel spielt, ertönt die Kirchenglocke. Schwester Sabine kniet sich vor dem Altar nieder und faltet die Hände. Dann schließt sie die Augen, und Tränen der Einsamkeit bahnen sich ihren Weg durch die Augenlider hindurch. Sie öffnet wieder die Augen und schaut mit verschwommenem Blick auf den Altar und zum Kreuz.
Langsam steht Schwester Sabine wieder auf und geht zum Aufgang, der hoch zum Kirchturm führt. Über die Wendeltreppe erreicht sie den Turm und öffnet die Tür, die ins Freie führt. Ihr kommt ein starker Wind entgegen. Hier nimmt sie den Ton der Kirchenglocke in seiner ganzen Lautstärke wahr. Schwester Sabine kämpft gegen die Windstärke an und betritt die Kirchturmplatte. Hastig versucht sie, den Schleier festzuhalten, der wie ihre Schwesterntracht im Winde weht. Doch der löst sich durch einen starken Windstoß und schwebt, getragen vom Wind, über ihre zierliche Gestalt hinweg. Schwester Sabine schreckt kurz auf und schaut dem Schleier hinterher, der sich immer weiter von ihr fortbewegt und ganz langsam auf die Wiese niederfällt.

Im Schlafsaal ist Sascha durch den lauten Glockenton wachgeworden. Er steigt aus seinem Bett und verlässt den Schlafsaal. Langsam geht er im Flur an der Fensterfront entlang und schaut hinaus. Er traut seinen Augen nicht: Auf der Kirchturmplatte erblickt er Schwester Sabine, er kann sie deutlich erkennen, denn die Kirche wird nachts durch Lichtstrahlen erleuchtet. Sascha fängt an zu zittern, Angstschweiß bildet sich auf seiner Stirn, und sein Herz klopft rasend. Er reißt blitzschnell ein Fenster auf und schreit laut aus voller Kehle:
„Nein! Nein! Schwester Sabine! Schwester Sabine! Bitte, springen Sie nicht!"
Schwester Sabine zuckt zusammen, blickt auf die Fensterfront und erkennt Sascha.
Dann wendet sie ihren Blick von ihm ab und richtet diesen zum Himmel. Durch die Tränen nimmt sie die am Horizont langsam aufsteigende Sonne nur undeutlich wahr. Während die Tränen über ihr Gesicht laufen, fallen die ersten Sonnenstrahlen auf sie.
Die junge Frau löst die Kette mit dem Kreuz von ihrem Hals und hält beides in den Händen. Ihre Augen richtet sie auf den gekreuzigten Jesus, der durch das Sonnenlicht angestrahlt wird. Und während sie ihn anblickt, tröpfeln Tränen auf den Gekreuzigten nieder.
Das Kreuz hält sie fest umklammert und faltet die Hände. Ihre Lippen bewegen sich langsam, sie betet leise.

Schwester Sabine öffnet ihre gefalteten Hände und zieht den goldenen Ring vom Finger ab. Den Ring legt sie zu der Kette mit dem Kreuz in ihrer Hand und faltet wieder die Hände.
Dann geht sie bis zur Absperrung vor, streckt ihre gefalteten Hände weit darüber hinaus und öffnet sie. Durch die Öffnung der Hände fällt die Kette mit dem Kreuz und der Ring in die Tiefe.
Schwester Sabine schaut wieder zum Himmel hoch und flüstert:
„Mein Gott, mein Gott, warum hast du mich verlassen?"

Verzweifelt und hilflos schaut Sascha zur Schwester Sabine und schreit erneut:
„Schwester Sabine, bitte springen Sie nicht!"
Durch Saschas Geschrei sind einige Kinder und Schwester Emanuela wachgeworden. Sie kommen alle zu Sascha ans Fenster. Sascha kann plötzlich nicht mehr sprechen und fängt an zu weinen. Er schaut Schwester Emanuela starr ins Gesicht und zeigt mit einer Hand zum Kirchturm. Schwester Emanuelas Augen, aber auch alle Kinderaugen, folgen Saschas Handbewegung. Ihre Blicke richten sich auf den Kirchturm und auf Schwester Sabine.
„Mein Gott! Mein Gott! Um Gottes willen!" ruft Schwester Emanuela und hält gleichzeitig eine Hand vor den Mund.
Entsetzt blickt sie auf die Kinder herab.
„Ihr geht sofort wieder in eure Betten, sofort!" befiehlt sie mit verzweifelter Stimme.
Einige Kinder gehen wieder in ihr Bett. Die anderen bleiben wie versteinert am Fenster stehen und sehen, wie in allen Fluren des ganzen Heimes die Lichter angehen. Überall werden Fenster aufgerissen. Und sie hören innerhalb weniger Sekunden das laute Geschrei von Kindern und Erwachsenen.
Sascha blickt zur Ausgangstür, rennt auf diese zu, reißt sie auf und läuft die Treppen hinunter. Völlig außer Atem kommt er unten an und öffnet eine kleine Tür, die nach draußen führt. Gezielt läuft er, schwer durchatmend, auf den Kirchturm zu. Er schaut nach oben und sieht Schwester Sabine.
Der Ton der Kirchenglocke und die Orgelmusik sind schlagartig verstummt! Schwester Sabine blickt nach unten und sieht Sascha. Sie klettert über den Absperrzaun, geht dann zum äußersten Rand der Kirchturmplatte und blickt in die aufgehende Sonne.
Dann springt sie in die Tiefe.
„Nein, nein", brüllt Sascha aus voller Kehle, „Schwester Sabine..."
Sascha nimmt den Aufprall ihres Körpers wahr und sieht Schwester Sabine ein paar Meter vor sich bewegungslos auf der Wiese liegen. Langsam geht er auf sie zu und bleibt vor ihr stehen. Nicht weit entfernt sieht er den Schleier, das Kettchen mit dem Kreuz und den Ring liegen.
Sascha richtet seinen Blick auf sie und erkennt in ihrem Gesicht ein Lächeln. Ihre Augen sind weit geöffnet und glänzen durch die Tränen

der Einsamkeit und Verzweiflung, die sich über ihr ganzes Gesicht verteilt haben. Ihre Hände sind gefaltet.
Sascha weint jetzt heftiger und fängt noch lauter an zu schreien.
„Mein Gott, mein Gott: warum nur, warum nur?"
Er kniet sich neben Schwester Sabine hin und streichelt zart ihr Gesicht. Mit leiser, schluchzender Stimme spricht er mit ihr und will zunächst nicht wahrhaben, dass sie tot ist.
„Bitte, bitte, Schwester Sabine, wachen Sie auf!"
Sascha bewegt den leblosen Körper und erkennt schmerzhaft, dass Schwester Sabine nicht mehr aufwachen wird. Er faltet die Hände, blickt zum Himmel und beschwört den lieben Gott im Himmel.
„Lieber, lieber Gott, wenn es dich wirklich gibt, so lasse Schwester Sabine wieder aufwachen!"

Hinter sich hört Sascha plötzlich Schreie und Schritte. Er blickt nach hinten und sieht Mädchen und Jungen, Frauen und Männer und Schwestern, die auf ihn zulaufen. Viele haben noch ihren Schlafanzug oder ihr Nachthemd an. Alle bilden einen großen Kreis um Sascha und die tote Frau und bleiben stumm stehen. Ihre Blicke sind auf die Tote gerichtet. Manche fangen an zu weinen.
Schwester Emanuela geht auf Sascha zu und bleibt hinter ihm stehen. Sie schaut über Sascha hinweg auf die tote Mitschwester. Sie nimmt ihren Rosenkranz aus der Tasche, faltet die Hände und bewegt den Rosenkranz zwischen ihren Fingern. Während sie leise vor sich hinbetet, füllen sich ihre Augen mit Tränen. In die beklommene Stille hinein erklingt der dunkle Ton der Totenglocke.
Der Priester taucht plötzlich auf und bleibt fassungslos vor Schwester Sabine stehen. Dann bückt sich der Geistliche zu der Toten nieder und schließt ihr die Augen. Er dreht sich zu Sascha um, der immer noch weinend neben der Toten kniet, und schaut ihm in die Augen.
Sascha erwidert kühl seinen Blick und beugt sich über das Gesicht der Toten. Seine Lippen bewegen sich auf ihre Stirn zu und ruhen dort für ein paar Sekunden. Dann schaut er zum Himmel.

35

Die Kirchenglocke läutet im dunklen Ton der Trauer und durchdringt die dicke Kirchenmauer.
Sascha schaut zum Sarg, der, umgeben von Blumen und Kränzen, vor dem Altar aufgebaut ist. Die Kränze sind mit Schleifen umgeben, auf denen steht:
„Gott hat für dich das Himmelreich auserwählt!" – „Lebe wohl, Schwester Sabine!" – „Wir lieben dich alle und werden dich in guter Erinnerung behalten!"

Sascha weint und schluchzt laut auf. Tränen der Trauer laufen über sein Gesicht. Er dreht sich um und bemerkt, dass die Kirche bis auf den letzten Platz voll besetzt ist mit Menschen, die wie er über den Tod von Schwester Sabine trauern. Schwestern, Kinder und ältere Heimbewohner weinen und schluchzen. Viele von ihnen haben Taschentücher vor den Gesichtern. Sie blicken alle zum Sarg.
Schwester Berta hat Tränen in den Augen, die über ihr altes Gesicht rinnen. Die gebrechliche Frau sitzt oben an der Kirchenorgel und spielt mit einer bemerkenswerten großen Ausdauer eine Musik der Trauer, der Einsamkeit und der Hoffnungslosigkeit.
Sascha ist von der Musik tief beeindruckt. Das Weinen und Schluchzen nehmen an Intensität zu. Und Tränen kullern vermehrt über sein Gesicht.
Er vermag die Augen vom Sarg, den er wegen der Tränen nur verschwommen sieht, nicht zu lösen.
Ein Messdiener überreicht dem Priester das Weihrauchfass. Der Geistliche segnet den Sarg und dann die Trauernden.
Sascha beobachtet den Priester, der völlig unerwartet in Tränen ausbricht. Der Gottesmann geht hinter den Altar, macht eine Kniebeuge und blickt in die Menschenmenge. Mit einer Stimme, der man seine Trauer anmerkt, hält er eine Rede für die aus dem Leben geschiedene Schwester Sabine, während die Orgelmusik weiterhin ertönt.
„Schwester Sabine ist freiwillig aus dem Leben geschieden! Sie hat uns für immer verlassen! Mit ihr verlieren wir eine liebe und aufopferungsvolle Schwester, die mit ihrer ganzen Kraft und großem persönlichen Einsatz für unsere armen Kinder da war. Sie war eine treue Dienerin Gottes auf Erden! Wir werden sie alle in guter Erinnerung behalten!"
Der Geistliche hält inne und wischt sich die Tränen aus dem Gesicht. Dann fährt er fort:
„Die schmerzvolle Antwort auf die schmerzvolle Frage, warum sie ihrem jungen Leben ein so tragisches und nicht fassbares Ende bereitet hat, wird für immer ihr ganz persönliches Geheimnis bleiben. Dieses persönliche Geheimnis wird sie mit ins Grab nehmen!"

Alexander Markus Homes

Von der Mutter missbraucht
Frauen und die sexuelle Lust am Kind

Das Buch gibt auf etliche Fragen im Zusammenhang mit Frauen und Müttern, die Kinder sexuell missbrauchen oder misshandeln, umfassend Antworten. Wie die dort aufgeführten Fakten beweisen, muss die Geschichte des sexuellen Kindesmissbrauchs umgeschrieben, wenn nicht gar neu geschrieben werden.

Erschienen bei Books on Demand (ISBN 3-8334-1477-4)